总　序

跨入21世纪,我们迎来一个战略构想的时代。

回首以往,人类历经磨难与碰撞,大战略研究在纷繁复杂的现实中产生、起步、发展;展望未来,人类进步面临着巨大不确定性和机遇,理想与现实交织构成一幅饱含想象与塑造空间的宏大画卷,未雨绸缪事关各国尤其是主要大国的未来,大战略研究即将迎来黄金时代。

一

大战略是对历史的总结、当前的把握、未来的选择。对大国或潜在大国的未来而言,战略谋划至为关键,而大战略研究可为国家战略谋划奠定理论基础、历史纵深、世界眼光、全球视野,对其战略目标的确定、战略路径的选择、战略步骤的安排至关重要。作为国家实力与世界地位之间的桥梁,大战略研究与大国的前景休戚相关。极言之,它事关一个大国的贫富、兴衰、存亡。

对战略重要性的推崇,历代战略家从来不惜笔墨,真知灼见更是俯拾皆是,如"运筹帷幄之中,决胜千里之外","夫权谋方略,兵家之大经,邦国系以存亡,政令因之而强弱"。安德烈·博富尔(Andre Beaufre)的总结恰当其实:"当历史之风吹起时,虽能压倒人类的意志,但预知风暴的来临,设法加以驾驭,并使其终能服务于人类,则还在人力范围内。战略研究的意义即在于此。"大战略研究发端于20世纪早期,随着世界形势的变化,尤其是全球化的日趋加深和各国战略手段的多样化,其重要性逐渐凸显出来。但正如利德尔·哈特(B. Liddell Hart)所言:"大战略研究的极大部分领域尚属于有待探勘和了解的未知地带。"冷战结束以来,世界进入大战略谋划的新时代,促

进大战略研究的现实条件已经具备。

大战略研究不仅需要现实的磨砺，更需要学者的推动。大战略研究强调战略学者的重要性，将他们的深谋远虑视为国家保持长治久安的基础条件，如欧阳修指出的，“盛衰之理虽曰天命，岂非人事哉”。孟子曰：“汤以七十里，文王以百里。”即使没有雄厚的物质基础，伟大的战略家依旧可以建功立业。鉴于大战略研究的全局性、宏观性、前瞻性等特征，战略学者必须具有专业性的战略素养。简言之，大战略学者应是饱学的史学家、远见的哲学家、深刻的思想家、敏锐的战略家，具有丰富的学识、弹性的心灵、高度的智慧、进取的精神。

大战略研究强调把握时代的脉搏，体现时代的特征，满足时代的需求。恩格斯指出：“每一个时代的理论思维，从而我们是代的理论思维，都是一种历史的产物，它在不同的时代具有非常不同的形式，同时具有非常不同的内容。”①只有把握着时代的脉搏，预知、掌握并引导时代的潮流，大战略研究才能更好地以国家战略利益为依归。

二

21世纪初年，世界迎来了中国崛起的曙光。这场历史性巨变肇始于1949年中华人民共和国成立，加速于1978年启动的改革开放，其高潮却刚刚来临。我们尚不把握这场巨变的最终结果，但是全世界却从中感知到了中国崛起带来的震撼。

对中国而言，20世纪是一个真正的大时代，一个处于“千年未有之大变局”的转折年代。20世纪前半叶，中国尚处于不稳定的国际体系的底层，所求者首先是恢复19世纪失去的独立与主权；20世纪下半叶，中国迎来历史性的崛起，中华民族的伟大复兴成为现实的期望。尤其是20世纪的最后20年，中国主动开启了融入国际体系的进程，并逐步成为国际体系一个负责任的、建设性的、可预期的塑造者。概言之，20世纪，中国由弱国向强国发展，从封闭走向开放；世纪之交，世界政治经济体系面临空前广泛而深刻的变革，中国改革开放步入关键阶段；进入21世纪，综合国力竞争日趋激烈，世界的力量组合和利益分配正在发生深刻变化，中国的未来走向更是举世瞩目，中国

① 《马克思恩格斯选集》第四卷，北京：人民出版社1995年版，第284页。

崛起成为全世界关注和研究的全球性议程。中国崛起与世界转型似乎相约而行,这种历史性重合既给人类发展带来了空前的机遇,也给世界带来了巨大的挑战。

中国崛起为我们的大战略研究提供了时代机遇和理论诉求。中国崛起在全球化和复合相互依赖加深的背景之下,而它们极大地扩展了中国的战略议程。对于面临重大契机的中国而言,如何确立适宜的大战略至为关键。只有确立了大战略,中国才能据此开发、动员和运用国家政治、经济、军事、外交和精神资源实现国家的根本战略目标,而不至拘泥于一时一事的得失。在思考这一问题之时,我们遗憾地发现,大战略思维储备不足、目标不甚清晰、框架不够宏观、途径不具操作性、手段不够多元化、心态不甚客观等构成了当前中国战略研究的种种缺憾。值得注意的是,当前的相关大战略研究往往以西方历史经验比附中国的战略思想与战略选择,忽视中国五千年的战略思想积淀,这无疑构成制约中国大战略研究取得突破的重要障碍。

从全球层次着眼,这是一个诸大国进行战略谋划的时代;对中国而言,这是一个呼唤大战略的时代,更是一个构建大战略的时代。战略学者生逢其时、躬逢其盛,中国崛起为之指点江山、激扬文字提供了历史机遇。

三

有鉴于此,自 2005 年起,我们开始出版“大战略研究丛书”。

“大战略研究丛书”以中国崛起为经,以大战略理论探索为纬,以史为镜、评估当今、展望未来,致力于推动中国大战略研究的民族化、国际化和专业化,力图在一个不太长的时期,从研究范围、研究内容、研究方法、技术路线等方面逐步确立中国大战略研究的基础,搭建大战略研究的中国平台,并推进中国大战略研究基地的创建。

“大战略研究丛书”由两部分组成:西方学者的经典之作和最新力作,中国学者的最新研究成果,而大战略基础理论和方法论、大战略国际比较、中国大战略等构成本套丛书的重点。简言之,我们不仅要推窗鉴月,还寄希望于推陈出新。具体地说,引进是促进中国大战略研究不可或缺的环节和纽带。相比而言,西方学者的大战略研究起步较早、基础雄厚,精品璀璨。一些经典著述所蕴藏的思想财富、

战略意义和学术价值，为学界同仁所允可，乃获推崇。翻译引进这些著作将是促进中国大战略研究的积极因素。在中国丰富的传统战略思想基础之上推陈出新更将体现我们的学术追求。中华文明有着几千年生存发展的战略智慧，其现代化将使人类文明进入一个崭新的时代。中国学者应该从中国传统文化中找寻战略研究之道，融合东西方文化之长，从而撰写出既体现中国传统战略思想底蕴又包含西方文化精髓、既立足于当前现实又着眼于未来谋划的战略著作。基于这种考虑，我们将延请国内一流的战略学者撰写学术精品，以飨海内外学者与读者。

10 年来，中国与世界的关系发生着天翻地覆的变化，大战略研究的学术价值和现实意义日益凸显。10 年来，我们先后出版了大战略理论、大国战略研究、中国战略研究等著述 10 种，始终处于大战略研究的前沿。10 年来，我们愈加深刻认识到原创性理论研究的重要性，致力于推陈出新，呼唤学术精品。10 年来，我们初衷未改，我们依旧抱持学术理想，我们同样强调学以致用，新的学术出版计划在酝酿之中。

期盼中国各界支持我们的学术追求，让我们一同畅想大战略研究的未来。

是为序。

门洪华 

2015 年 1 月 5 日

本书献给尼古拉斯和他们这一代人，
愿他们永远不知道什么是战争

致　谢

大约在十年以前，受到正在出现的两种趋势的启发，我开始认真思考本书的中心主题。第一种趋势是当时国际体系中实力集中程度的降低。这一发展促使我们思考这样一个问题：单极世界能否和平地过渡到多极世界。第二种趋势是美国和欧洲之间日益扩大的分歧——双方的不和在20世纪90年代后期表现得很明显，并在2003年美国领导的入侵伊拉克的战争中达到了顶峰。这种不和所引发的许多争执不禁让人们思考这样一种可能性：在20世纪的半个世纪中由大西洋民主国家打造的政治共同体可能会发生动摇，再一次成为地缘政治对抗的牺牲品。

在我的上两本著作中，我开始阐述国际政治中的这些变革。2001年，我的合作者和我出版了《转变中的权力：国际秩序的和平变革》(*Power in Transition: The Peaceful Change of International Order*)一书，明确地论述了我们应该如何应对全球权力的转换。十分感谢我的各位合作者：伊曼纽尔·阿德勒(Emanuel Adler)、让-马克·夸科(Jean-Marc Coicaud)、邝云峰(Yuen Foong Kong)。杰森·戴维森(Jason Davidson)和米拉·苏查拉夫(Mira Sucharov)贡献了其中一章，并且提供了其他有价值的研究帮助。联合国大学出版了这本书并提供了财政资助。我在《美国世纪的终结：美国对外政策和21世纪的地缘政治》(*The End of the American Era: U.S. Foreign Policy and the Geopolitics of the Twenty-first Century*, Knopf, 2002)一书中聚焦于美国国际主义和跨大西洋关系的性质变化、美国首要地位的衰落和多极时代的发端。

这两本著作帮助奠定了本书的知识基础。国家应该如何以及在什么时候能够和平地应对变革、逃脱地缘政治对抗的宿命？围绕这一问题的探讨促使我思考一个既简单又深刻的问题——也是本书的中心命题：如何才能化敌为友？

我所属的两个的机构——乔治城大学和对外关系理事会——为我探究这一问题提供了十分理想的环境。乔治城大学的同事和同学们组成了一个充满活力的群体，在其中我们可以尝试提出新的思想、考察历史上的案例。罗伯特·格鲁奇(Robert Gallucci)是外交事务学院的前任院长，为我的研究提供了一贯的鼓励和慷慨的支持。对外关系理事会的同事们同样给我许多帮助和启发，提供了一个在政策圈内测试我的分析、结论的场所。我要感谢对外关系理事会的主席理查德·哈斯(Richard Haass)先生，感谢他个人和理事会的支持，以及他为本书初稿所提供的富有洞见的评论。

在写作本书的过程中，我十分幸运地成为几个学术机构的研究员。2007年到2008年间，我在伍德罗·威尔逊国际学者中心(Woodrow Wilson International Center for Scholars)担任研究员，在国会图书馆的克卢格中心担任亨利·基辛格讲席研究员(Henry A. Kissinger Chair)。我很感激这两个机构的支持和他们为我所提供的鼓舞人心、无可替代的学术研究环境。我要感谢威尔逊研究中心主任李·汉密尔顿(Lee Hamilton)和克卢格中心主任卡罗琳·布朗(Carolyn Brown)，以及这两个机构中的其他各位同事在学术上所给予我的关心和帮助。我也要感谢欧盟委员会给予对外关系理事会的慷慨资助，从而使我能够获得研究所需要的资金。

很多人对我的研究提供了各种帮助，对此我发自内心地感激。我在对外关系理事会的研究副手——约翰·埃利奥特(John Elliott)和乔舒亚·马库赛(Joshua Marcuse)——不仅在历史研究的案例上提供帮助，对于整个项目也提供了十分重要的智力支持。亚当·芒特(Adam Mount)是乔治城大学的博士研究生。他在研究接近尾声的时候加入进来，帮助我锤炼了本书的论点，澄清了这一论点对于更广泛的理论争论的意义。我还要感谢以下为研究提供帮助的人们：简·卡特赖特(Jan Cartwright)、卡拉勒格·霍夫尔森(Caralegh Holverson)、塞布丽娜·卡里姆(Sabrina Karim)、布莱恩·洛(Brian Lowe)、克里斯托弗·马克森(Christoph Markson)、乔纳森·蒙腾(Jonathan Monten)、帕克·尼科尔森(Parke Nicholson)、亚历山德罗·彼得森(Alexandros Petersen)、提姆·罗根(Tim Rogan)、康纳·萨瓦(Conor Savoy)以及布莱恩·蒂德(Brian Thiede)。

对外关系理事会召集的评阅会为本书初稿提供了反馈意见。感谢伊肯伯里(G.John Ikenberry)教授主持会议。评阅会的参加者包括:迈克尔·奥斯林(Michael Auslin)、迈克尔·巴尼特(Michael Barnett)、戴尔·科普兰(Dale Copeland)、丹尼尔·德德尼(Daniel Deudney)、查尔斯·多兰(Charles Doran)、戴维·埃德尔斯坦(David Edelstein)、帕特里克·杰克逊(Patrick Jackson)、查尔斯·金(Charles King)、杰弗里·勒格罗(Jeffrey Legro)、罗伯特·利特瓦克(Robert Litwark)、凯思琳·麦克纳马拉(Kathleen McNamara)、亚伯拉罕·纽曼(Abraham Newman)、丹尼尔·内克松(Daniel Nexon)、艾维尔·罗什沃德(Aviel Roshwald)、斯蒂芬·萨博(Stephen Szabo)、塞缪尔·韦尔斯(Samuel Wells)、迈克尔·维尔茨(Michael Werz)以及威廉·沃尔弗斯(William Wohlforth)。里卡德·本特松(Rikard Bengtsson)、史蒂文·库克(Steven Cook)、马格纳斯·埃里克森(Magnus Ericson)、阿里·卡科维奇(Arie Kacowicz)、拉纳·米特(Rana Mitter)、马格纳斯·耶内克(Magnus Jerneck)、彼得·特鲁波维兹(Peter Trubowitz)和汉斯-乌尔里希·约斯特(Hans-Ulrich Yost)对初稿进行了反馈。各位同事能够如此慷慨地发表这么多有益的评论,我感到十分幸运。

下列大学和研究机构传阅过本书的未完成版本:加州大学伯克利分校、米兰天主教大学(the Catholic University of Milan)、康奈尔大学、对外关系理事会(在华盛顿和旧金山)、哈佛大学、希伯来大学(Hebrew University)、国会图书馆克卢格研究中心、隆德大学(Lund University)、牛津大学、普林斯顿大学、得克萨斯大学奥斯汀分校、东京大学、弗吉尼亚大学、伍德罗·威尔逊国际学者中心。感谢相关讨论会的组织者和参与者所给予的评论。

与普林斯顿大学出版社的查克·迈尔斯(Chuck Myers)先生的合作从一开始就是十分愉快的。他与戴比·特加登(Debbie Tegarden)、凯伦·沃德(Karen Verde)以及他们的同事在指导本书的出版过程中做了极为出色的工作。我也要感谢我的著作经纪人安德鲁·怀利(Andrew Wylie)所提供的明智建议。

最后,我要深深感谢我的家人。南希·库普乾·索尼斯(Nancy Kupchan Sonis)、克利福德·库普乾(Clifford Kupchan)、桑迪·库普乾(Sandy Kupchan),以及尼古拉斯·库普乾(Nicholas Kupchan)带给我无

尽的爱、支持和鼓励。我的父亲莫里斯·库普乾(S. Morris Kupchan)，给予我的实在太多太多，包括好奇心、守纪律、决断力等等——而这些对于做学问来说是至关重要的。我的祖父理查德·索尼斯(H. Richard Sonis)，是一个真正的朋友和彬彬有礼的人。在本书的写作过程中，希玛·阿舍(Simma Asher)是我忠实的伙伴。她现在已经是我的妻子。这清楚地表明她能够顽强地忍受我们这些作者在写作时必然伴随的特殊生活习性。她的爱、情和苹果酱蛋糕陪伴我度过难关。

查尔斯·库普乾
于华盛顿特区

目　录

第一章　持久和平 ………………………………………………… (1)

和平如何、为何发生 ………………………………………… (5)
历史案例 ……………………………………………………… (8)
从理论到政策 ……………………………………………… (12)

第二章　从国际无政府状态到国际社会 ……………………… (15)

理论基础 …………………………………………………… (15)
关于持久和平的现有文献 ………………………………… (19)
重新审视现实主义 ………………………………………… (24)
定　义 ……………………………………………………… (27)
限定条件 …………………………………………………… (30)
持久和平是如何开始的 …………………………………… (32)
持久和平为什么发生 ……………………………………… (48)
对持久和平光谱及其分解的理论化 ……………………… (62)

第三章　英美和解 …………………………………………… (67)

大不列颠与美利坚合众国(1895—1906) ………………… (67)

第四章　和解：支持案例 …………………………………… (101)

挪威和瑞典之间的和解(1905—1935) ………………… (102)
巴西和阿根廷的和解(1979—1998) …………………… (110)
英日同盟的兴起和消亡(1902—1923) ………………… (121)
中苏和解的兴起和消亡(1949—1960) ………………… (141)
小　结 ……………………………………………………… (161)

第五章　安全共同体 …………………………………………………… (163)

“欧洲协调”的演变(1815—1848) ……………………………… (168)
欧洲共同体的演变(1949—1963) ……………………………… (178)
1967 年以来东盟的演变 ………………………………………… (192)
“欧洲协调”的消亡(1848—1853) ……………………………… (208)
1981 年以来海湾合作理事会的演变和动摇 ……………… (224)
小　结 ……………………………………………………………… (245)

第六章　统一体 …………………………………………………… (251)

瑞士邦联的演变(1291—1848) ………………………………… (253)
易洛魁族邦联(1450—1777) …………………………………… (272)
阿拉伯联合酋长国的演变(1971 年至今) ………………… (285)
阿拉伯联合共和国的兴起和消亡(1958—1961) ………… (300)
塞内冈比亚邦联的兴起和消亡(1982—1989) …………… (311)
结　论 ……………………………………………………………… (324)

第七章　交友与择友 ……………………………………………… (346)

交　友 ……………………………………………………………… (347)
择　友 ……………………………………………………………… (360)

参考文献 …………………………………………………………… (369)

译后记 ……………………………………………………………… (389)

图表目录

图

图 5.1　安全共同体：研究发现的总结 ……………………（248）

地图

地图 5.1　马来西亚 ………………………………………（195）
地图 5.2　海湾合作理事会 …………………………………（227）
地图 6.1　瑞士邦联 ………………………………………（256）
地图 6.2　易洛魁族邦联（1750 年）………………………（273）
地图 6.3　阿拉伯联合酋长国 ………………………………（287）
地图 6.4　塞内加尔和冈比亚 ………………………………（313）

表

表 1.1　案例研究 …………………………………………（11）
表 2.1　国际政治、国际社会和国家政治的逻辑 …………（17）
表 2.2　持久和平的类型和界定特征 ………………………（29）
表 2.3　持久和平：出现的四个阶段 ………………………（33）
表 2.4　持久和平的路径顺序 ………………………………（34）
表 2.5　持久和平的因果条件 ………………………………（50）
表 4.1　和解：主要发现 ……………………………………（162）
表 6.1　统一体：总结相关发现 ……………………………（345）

第一章
持久和平

在欧洲移民抵达北美很久以前,易洛魁族(Iroquois)人的部落定居于今天的纽约州北部地区。这些部落之间时常发生战争,严重损耗了他们的人口。到了15世纪中叶,五个易洛魁部落痛感人口损失日益增多,于是聚集在奥内达加族人一个村庄的公共火堆旁,商议停止彼此间的争斗。他们建立的邦联(Confederation)不仅结束了战争,还带给了易洛魁族人超过三百年的和平。几个世纪之后,维也纳和会也构成了欧洲一个类似的转折点。1814年到1815年间,欧洲政治家们的这次聚会不仅标志着拿破仑战争所造成的破坏的结束,也带来了"欧洲协调"(Concert of Europe)——该协定维持了大国间超过30年的和平。易洛魁族的代表们通过设立在奥内达加的大理事会定期举行会议、解决争端,而欧洲外交官们更偏爱非正式的、视情况所需召开的会议来舒缓潜在的危机。但两者的结果是一样的——持久和平。

尽管易洛魁族部落邦联和"欧洲协调"已经成为历史陈迹,但它们都雄辩地证明了通过外交来克服地缘政治对抗的可能性,后者往往被视为国际政治的一个必然特征。巴拉克·奥巴马(Barack Obama)总统十分欣赏外交的这一潜力;他从总统任期开始,就决定不仅要修复美国同其传统盟友的紧张关系,还要运用美国的影响力来处理一些世界上最为棘手的冲突。在就职演说中,奥巴马总统声称,经历过内战和随之而来的民族复兴的美国人"不得不相信:有一天历史的仇恨将会过去;部族的分界线很快将会消失;随着世界变得越来越小,人类共同的天性将会显现;美国应该在引领新时代的和平进程

中发挥它的作用”①。

奥巴马毫不犹豫地将他的言辞付诸行动。就职两天后，新政府就派遣高级别的使团出访，其任务是缔造巴勒斯坦和以色列之间的和平，以及维持阿富汗和巴基斯坦的稳定。正如奥巴马所选择的中东特使、前国会参议员乔治·米切尔（George Mitchell）所说，“再没有比结束冲突更困难的事情了……冲突由人类所引发、实施和持续，它们也能够被人类所终结”②。即使是对于伊朗这个美国最难与之和解的对手，新政府也决心要开展对话。奥巴马当局显然相信敌人可以变成朋友。

易洛魁族邦联和“欧洲协调”并不是证明外交可以带来持久和平的特例。例如，在19世纪末，英国巧妙地接纳了美国的崛起，为持续至今的战略伙伴关系扫清了道路。不仅美国和平地取代了英国作为全球霸权国，整个20世纪中北美和欧洲的自由民主国家打造了一个具有空前凝聚力和持续性的政治共同体。尽管这个共同体的建立是为了应对纳粹主义、法西斯主义和共产主义的威胁，但大西洋共同体绝不仅仅是一个军事联盟。的确，就像易洛魁族邦联和“欧洲协调”一样，它演变为一个持久和平区——在该区域内，战争已经不再是合法的国家手段。

持久和平区之所以成为一种独特、有意思的现象，并不仅仅是因为在其中战争已经消除这么简单。相反，正是因为出现了这样一种更深刻、持久的和平，战争得以避免的根源不再是来源于威慑、中立或者冷漠，而是来源于国家间高水平的互相礼让，从而有效地消除了武装冲突的可能性。当一个持久和平区形成时，其成员国就会放松它们的戒备，非军事化它们的关系，以及理所当然地认为彼此间任何可能出现的冲突都应该通过和平手段解决。研究国家如何成功地避免地缘政治对抗的历史事件，就是为了探讨持久和平如何、何时以及为什么会出现。

在探究持久和平的根源时，本书不仅提供了一个化敌为友的外交路线图，也揭露了几种流行的有关和平根源的迷思。基于民主国

① http://edition.cnn.com/2009/POLITICS/01/20/obama.politics/index.html.

② http://edition.cnn.com/2009/POLITICS/01/23/mitchell.mideast/.

家之间不会开战的假设,学者和政策制定者们时常表达类似的论点,即传播民主就是促进和平。为了实现这一目标,共和党和民主党政府相继出台了促进民主的大胆政策。的确,在2008年的总统大选中,双方都有一些有影响力的声音呼吁建立"民主国家联盟"(League of Democracies)——这样一个新的国际机构将会制度化民主国家间的和平,而被认为不值得成为伙伴的专制国家则被排除在外。① 有一些学术和政策共同体受到经济相互依赖促进稳定这种主张的深刻影响,它们也存在类似的思维倾向。常见的观点认为,美国和中国、以色列和巴勒斯坦当局或者塞尔维亚和科索沃之间的商业联系不仅会有助于繁荣,在促进和平方面也是富有成效的投资。

本书直接挑战了这些常见的理念。本书否认民主是和平的必要条件,证明非民主国家也可以是国际稳定的可靠支持者。相应地,美国应该依据他国的国家战略来判断敌友,而非依据其国内制度的性质。类似地,本研究表明,贸易上的相互依赖在促进和平方面只扮演了一个辅助性的角色,它有助于假设不同社会之间的联系,但只是在国家之间的政治开放性先为和解扫清道路之后才有可能发挥作用。巧妙的外交,而非贸易或者投资,是化敌为友、实现和平的关键要素。

关于国家如何以及何时得以避免地缘政治竞争、找到持久和平之道的这些和其他见解具有深刻的学术和政策意义。从理论意义来说,对持久和平现象的理解具有头等的重要性。国际关系史的特征是反复出现的和看起来不可避免的地缘政治竞争和战争周期。持久和平区的出现清楚地说明,冲突并非难以解决或者不可避免,国际体系存在转型的可能性。因此,对持久和平的理论化促进了我们对于全球政治中一个长期困惑的理解:这个困惑就是我们如何解释国际体系特征的变革——尤其是从国际无政府状态向国际社会的转型。

---

① 例如,参见:G.John Ikenberry and Anne-Marie Slaughter, Princeton Project on National Security, *Forging a World Under Liberty and Law: U.S.National Security in the 21st Century*(Princeton, NJ: Woodrow Wilson School of Public and International Affairs, 2006); Ivo Daalder and James Lindsay,"Democracies of the World, Unite!" *American Interest* 2, no.3(January/February 2007); Robert Kagan,"The Case for a League of Democracies," *Financial Times*, May 13, 2008; and Senator John McCain, address to The Hoover Institution on May 1, 2007, available at: http://www.johnmccain.com/informing/News/Speeches/43e821a2-ad70-495a-83b2-098638 e67aeb.htm。

对持久和平的研究显然也具有重要的实践意义。如果学者和政策制定者都对如何促进和维持消除战争前景的国际共同体有更为深入的了解，和平的现象将更加普及。和平为什么在英国和美国之间、挪威和瑞典之间、东南亚国家联盟（ASEAN）的创始成员国之间以及阿拉伯联合酋长国的游牧部落之间出现？对于中国和日本之间、希腊和土耳其之间或者其他竞争对手之间建构和平区的进程来说，我们可以获得哪些经验教训？在中东和非洲，区域制度可能有助于抑制竞争和制止战争，但它们仍然发展得不成熟。怎样做可以提升这些地区实现持久和平的前景呢？

和平的可持续性绝不是可以想当然的问题，因此，对于政策制定者来说，另外一个优先考虑的问题就是如何保住现有的和平区。自从 1815 年拿破仑战争结束以来，“欧洲协调”成功地维持了大国间超过三十年的和平。但是，到 1853 年，欧洲的主要大国又陷入了战争——这次是在克里米亚。苏联和中国在 20 世纪 50 年代打造了一个十分亲密的伙伴关系，但是到了 60 年代初，它们又转变成公开的对手。美国的各州之间享受了长达超过七十年的稳定和繁荣的联盟关系，仅仅在 19 世纪 60 年代的时候陷入内战。美国的统一体性经受住了挑战，但其他的联盟就没有这么幸运。苏联、南斯拉夫、塞内冈比亚邦联以及捷克斯洛伐克在今天已成历史，它们只是许多联盟中少数几个例子罢了。

上述这些和平区的脆弱性表明，大西洋民主国家之间的礼让决不能被认为是理所当然的。的确，自从冷战结束以来，跨大西洋之间的紧张关系在一系列热点问题上不断上升。这些问题包括巴尔干的族群暴力、2003 年美国入侵伊拉克以及正在阿富汗进行的冲突。基于伊拉克战争所导致的不和，欧洲人开始质疑他们是否仍然可以从美国那里获得负责任的国际领导。反过来，美国开始质疑他们是否应该继续支持欧洲的统一体，并且怀疑欧洲联盟正在逐步地将其自身从美国的伙伴转变为美国的对手。大西洋共同体仍然是一个持久和平区——其成员国之间发生武装冲突仍然是不可思议的事——但是地缘政治竞争，即使仅仅是以微妙的形式出现，也已经回溯到美国和欧洲的关系之中。

对当代治国方略的挑战不只包括维持现有的持久和平区，还包

括巩固和扩大这些持久和平区。即便已经把范围延伸到了南欧和东欧，欧盟继续加强中央治理机构的权威，将其新成员纳入制度的和平效应之内。东盟的成员规模也在扩大，考验着该机构协调地区外交的能力。南美地区最近在协调贸易和防务方面取得了进展，但是地区一体化的加深仍然面临着一些重大的障碍。克服地缘政治对抗的实验还未结束。

在大国间缔造持久和平是另外一个关键的挑战。随着欧盟、中国、俄罗斯、印度、巴西等国家的崛起，实力分配的重大变革有可能会重新导致围绕着位置（position）和地位（status）的危险竞争。但是，全球均势的转换也很有可能不会助长大国竞争。"欧洲协调"的历史提供了如何营造大国合作的重要经验——但是也敲响了这些合作可以被轻易腐蚀的警钟。美国和英国之间的和解证明，霸权的转移可以和平地发生——但它仅仅是唯一一个记载在册的和平转移案例。① 因此，考察"欧洲协调"、英美和解的发端以及其他持久和平的例子有可能说明多极世界形成时所伴随的那些机会和挑战。②

和平如何、为何发生

两个困惑促成、引导了这一研究。首先，通过什么样的途径，各国可以消除彼此间那些突出的不满、抑制地缘政治竞争以及成功地建构一个和平区？化敌为友的进程顺序是怎么样的？第二，在什么条件下我们可以建立一个持久和平区？使得持久和平出现和持续的因果条件是什么？

---

① 冷战的结束可以被视为霸权和平转移的一个案例——从两极向单极转移、没有发生大战。但是，这一转换实际上是偶然性的。随着卫星国的脱离和苏联的解体，苏联集团崩溃了。美国成为唯一的超级大国。相反，英国是深思熟虑地将霸权让渡于美国，逐步放弃了自己对西半球的承诺。

② 关于多极化的趋势，参见：Charles A.Kupchan, *The End of the American Era: The Geopolitics of the Twenty-first Century*(New York: Knopf, 2002); and Fareed Zakaria, *The Post-American World*(New York: Norton, 2008)。关于美国首要地位的持续潜力，参见：Stephen Brooks and William Wohlforth, *World Out of Balance: International Relations and the Challenge of American Primacy*(Princeton, NJ: Princeton University Press, 2008)。

持久和平的出现需要经历四个阶段。和解发端于**单方面的包容行动**：面临多重威胁的国家通过战略克制和对敌人做出让步以消除某个不安全的根源。这些让步是向对手伸出了和平的橄榄枝，一个表明善意而非恶意的开局让棋(Opening Gambit)。第二个阶段则需要**相互的克制**。涉及的国家相互做出让步，小心翼翼地避免发生对抗，以期地缘政治竞争可能让位于有计划的合作。

迈向持久和平的第三个阶段需要加深伙伴国(Partner States)之间的**社会一体化**(Societal Integration)。伙伴国之间交往频率、强度的增加，将会带来各国政府官员、私营部门精英以及普通公民之间更加广泛的接触。从这种更加密切的关系中获益的利益集团就会在进一步削减经济和政治壁垒的方面进行投入和游说，从而增强和解进程的动力。

第四个也是最后一个阶段需要的是产生**新的表述和认同**(New Narratives and Identities)。通过精英的陈述、大众文化(媒体、文学、戏剧)，以及诸如宪章、旗帜、颂歌等具有政治象征意义的事物，有关国家接受了一种新的国内话语，转变了它们相对于他者的认同。自我和他者之间的界线不再分明，让位于共有认同(Communal Identities)和共同的团结感(Sense of Solidarity)，从而实现持久和平进程的开端。

那么，化敌为友需要什么样的因果条件呢？当有关国家满足了三个条件之时，持久和平就会出现：制度化的克制、相容的社会秩序以及文化共同性(Cultural Commonality)。制度化的克制是一个有利条件，但并不是必需的，而相容的社会秩序和文化共同性则是必要条件。因果逻辑是按照如下情形展开的：

国家如果接受了**制度化的克制**，它们就会表现出特别适宜于推进持久和平的政治特性。愿意在国内克制其权力的政府是最有可能对它们的对外行为施加战略克制的。实施战略克制和权力克制能够带来善意的沟通、减少竞争，从而让潜在的伙伴感到安心。战略克制的实践在自由民主国家中是最为常见的；法治、选举问责(Electoral Accountability)以及权威分散于相互独立的治理机构都是有力的权力制衡机制。但是，自由民主制度并不是持久和平的必要条件。其他

的宪政秩序也常常实施战略克制。① 例如,宪政君主制以制度化的形式对不受克制的权力进行了制衡,从而表现出有助于持久和平的政治特性。而且,本书的案例研究部分将会说明,即便是缺乏权力制衡的独裁专制的国家,有时也会实施战略克制。这意味着,虽然实施战略克制是持久和平的一个必要条件,制度化克制的存在并不是一个必要条件。相应地,单单政体类型这一点并不能决定某个国家是否适宜于谋求持久和平。

持久和平的出现也有赖于国家间**相容社会秩序**的存在。当参与建设某个和平区的国家推进政治和经济一体化时,有关各国的国内社会以更大的频率和强度进行互动。如果它们社会结构相容的话,一体化将会加强现有政治和经济精英的地位——并且快速推进。如果它们的社会秩序不相容的话,一体化将会扰乱和威胁到其中某个或者更多成员国的统治方式(Patterns of Authority),导致这些国家在国内形成势力联合,阻碍朝向持久和平的下一步动作。社会秩序的如下方面是尤其值得注意的:不同社会阶层之间政治权力的分配;不同族群和种族之间政治权力的分配;经济生产和商业活动的组织原则。

第三个使得持久和平成为可能的条件是**文化的共同性**。文化指的是由实践和符号组成的一个内在联结的网络,这些实践和符号首要地是基于族群、种族和宗教。文化共同性的相互认知是由社会建构而成的,是各种实践、符号互动变化的综合产物,并非是原生不变的那些认同。作为和解的产物,认为彼此在族群和宗教属性方面不相容的不同民族最终可以找到彼此之间的族群和宗教相似性。同时,相容性和相似性的表述在特定的人群中可能比在其他人群中要更加容易。跨越清教徒和天主教徒之间的文化藩篱可能要比跨越基督教徒和穆斯林之间的文化藩篱更加容易。当英国在 19 世纪末寻找潜在伙伴的时候,它试图改善同美国和日本的关系。盎格鲁-撒克逊的共同性在英国人和美国人之间提供了一种很强的文化亲和感,这

① 有关宪政秩序和战略克制之间关系的详细说明,参见:G.John Ikenberry, *After Victory: Institutions, Strategic Restraint, and the Rebuilding of Order After Major Wars* (Princeton, NJ: Princeton University Press, 2001), pp.29-37。

一因素为英美持久和解的开始提供了便利条件。相反，有关共同性的表述在英国人和日本人之间就不太容易获得。的确，文化差异感最终成为英国和日本建立持久伙伴关系的一块绊脚石。

从这一视角出发，文化共同性和持久和平之间的因果关系与社会选择的因果关系十分相似。当国家在和平时期选择潜在的伙伴时，它们会被吸引向那些更容易与之建立有关共同传承的表述（Narrative of Common Heritage）的国家。对于持久和平出现的后期阶段来说，文化共同性的作用甚至更为重要。当精英们试图通过一种传播共同认同感的表述以巩固持久和平时，他们已经认识到国家间存在的文化纽带，后者可以为其所用。

文化共同性并不能保证社会的相容性；拥有共同传承的国家常常也是苦涩的对手。但文化的共同性的确有利于持久和平的出现，不管是在发端还是成型之时。同样不可否认的事实是，有关共同文化的观念是捉摸不定的——就如上面所提到的，它具有可塑性，常常是政治和社会建构的产物而非原初特质。尽管观念具有可塑性，事实证明，在文化共同性的观念和持久和平之间存在某种很强的相关性。

历史案例

持久和平区可以有三种不同的表现形式——和解、安全共同体和统一体。和解是持久和平最初级的形式。长期敌对的双方放弃军备竞赛，统一体通过友善的方式解决争端，并最终彼此都能够期待和平共处。安全共同体则是持久和平的高一级形式。它是两个或者两个以上的国家所组成的集团，这些国家为了和平地管理它们之间的关系制度化了一系列的规范和规则。统一体是持久和平的最高级形式。它是两个或者两个以上国家合并成为一个单一的政治实体，最大程度地限制——如果不是消除了的话——现存边界的地缘政治效应。

这三种持久和平的形式都会通过广泛的历史案例研究进行考察。案例的选择是经过深思熟虑的。实证章节既考察了成功的案例，也考察了失败的案例——也就是说，既包括持久和平出现的历史

事件，也包括持久和平破产的历史事件。① 通过考察不同的结果，可以有助于发现持久和平生根发芽、持续存在的条件。此外，对成功和失败案例的考察也为推动新的和平区建设、巩固和扩大现有的和平区提供了思路，从而使得本书能够更直接地参与到政策议程的讨论中。案例的选择还确保了主要解释性变量在不同情形下有明显的变化——政体类型、社会秩序的相容性以及文化的共同性——以分离出这些不同变量的因果作用和它们之间的反馈机制。基于类似的理由，案例部分在地理区域和历史时期方面也存在显著的差异。

因此，本书所考察的持久和平成功或者失败的案例是一个广泛的案例集合的多样化子集。② 而且，考虑到围绕本主题的文献仍然处在演进过程中这一特别的情况，本书倾向于在不涉足太深的情况下考察尽可能多的案例，而非尽可能深入考察少数几个案例。这种对广度而非深度的强调使得本书能够更有效地探索不同案例之间的相似性和差异性，发现其中所存在的模式——只有通过考察长时段和广地域的历史事件这种模式才会显现出来。更多的案例——虽然可能放弃一些细节——能够让理论的建构具备更大样本的可信度。

案例章节采取如下结构正是基于这些考虑。第三章深入考察了一个和解案例——1895 年到 1906 之间美国和英国的和解。这一详尽的案例研究有助于在仔细考察关键案例的丰富性和更多案例研究带来的严谨性之间打造一种平衡。将一整章用于这一个案例的结果是，和解比起安全共同体或者统一体获得了更全面的探讨。之所以会有这样的侧重，是因为我们观察到，国家从对抗向持久和平的转变

① 我对失败的界定是有关国家试图建立一个持久和平区，但是最终没有成功。在一些案例中，参加各方仅仅是在非军事化方面取得渐进式的进展，但后来就放弃了努力。在其他一些案例中，它们可能在建立和平区方面取得了成功，但是在后来的某个时候就分崩离析了。我把成功界定为和平区的持续时间超过十年。从这一角度出发，有些案例既可以被认为是成功的，也可以被认为是失败的。例如，1815 年开始的“欧洲协调”作为一个有效的安全共同体持续了超过三十年，但在 1848 年以后就瓦解了。美利坚合众国代表了统一体成功的代表性案例；从 1789 年开始其持续时间超过了七十年。但是，由于 1861 年内战的爆发，它也是一个失败的案例。

② 不仅历史章节只提供了所有案例的一个代表性样本，而且案例的数目以及语言的障碍也使我们不能对所选案例的所有材料进行详尽的检验。第三章到第六章的历史总结源自于和案例相关的最权威的著作、论文，但肯定不能说对所有可用的文献都做了十分详尽的考察。

过程在和解中表现得最为积极和富有成效。在从无政府状态到统一体的这个光谱上，国家间关系的最大变化发生在从不受克制的竞争到和解这一部分，而不是从和解到安全共同体和（或）统一体这一部分。一旦和解得以实现，迈向安全共同体或者统一体的步伐需要的是继续推动已经带来转型效果的这些进程；许多工作已经做了。从这个意义上说，理解持久和平的"要点"很可能是根植于驱动和解进程的核心机制之中。安全共同体和统一体，作为持久和平的更高级形式、具有更广泛的社会特征，正是基于这些核心进程及其不断深化的基础上。

对单个案例的细致研究必须对战略互动、国内政治和观念变迁互相作用、带来持久和平的复杂进程有着十分详细的了解。历史学家们已经广泛地考察了英美关系的案例；现有的丰富资料来源使得我们特别有兴趣对它做深度研究。不可否认的是，对一个和解案例的这种依赖会面临理论建构过程中单个案例的分量太重的风险。但是，冒这个风险如果不是必需的话，看来也是合理的。在建构持久和平理论的初期，十分重要的一点是，通过仔细阅读某个关键性的案例，掌握更丰富和更系统的见解。

第四章研究了和解的另外四个案例。其中，两个是成功的案例：1905 年到 1935 年的挪威和瑞典、1979 年到 1998 年的阿根廷和巴西；两个是失败的案例：1902 年到 1923 年的英国和日本，以及 1949 年到 1960 年的中国和苏联。

第五章研究了安全共同体的五个案例。其中，三个是成功的案例：1815 年到 1848 年的"欧洲协调"；1949 年到 1963 年的欧洲共同体（EC）；以及 1967 年到现在的东南亚国家联盟（ASEAN）。两个是失败的案例：1848 年到 1853 年间的"欧洲协调"；以及 1981 年到现在的海湾合作理事会（GCC）。

第六章研究了统一体的五个主要案例。其中，三个是成功的案例：1291 年到 1848 年的瑞士邦联；1450 年到 1777 年的易洛魁族邦联；以及 1971 年到现在的阿拉伯联合酋长国（UAE）。两个是失败的案例：1958 年到 1961 年的阿拉伯联合共和国（UAR），以及 1982 年到 1989 年的塞内冈比亚邦联。本章在结论部分更加粗略地考察了另外三个成功的案例：1789 年的美国；1861 年的意大利；1871 年的德国；

以及另外两个失败的案例:1861 年的美国内战和 1965 年新加坡从马来西亚分离出来。表 1.1 总结了各章的案例情况。

对这些案例的考察没有呈现出某种一以贯之的情节。相反,每个和平区的形成和解体都有着自己的独特途径,在一系列独特的条件下发生。但是,在持久和平如何出现以及出现的因果条件方面,的确存在着反复出现的模式。前面总结的论点在下一章将会得到充实。论点是对化敌为友这一复杂过程的提炼,是对案例部分的一般性解释而非针对某个案例的精确解释。这样做的目的是将各不相同的案例串起来,发现国家得以避免地缘政治竞争宿命的机制和条件。这些结论对于关注持久和平瓦解的案例来说同样适用。当一个和平区解体时,朋友变成敌人的过程是按照相反的方式来展开的;相互对立的表述加深了社会分裂,反过来降低了合作水平,最终复苏了地缘政治竞争。正是因为缺少持久和平的关键缘由——制度化的克制、相容的社会秩序以及文化的共同性,它们才会变成失败的案例。但是,持久和平瓦解的每一个案例都是沿着自己的路径发生的,基于一系列独特的环境条件。

而且,下列各章仅仅考察了一些案例样本;持久和平开始和瓦解的其他案例可能以完全不同的方式展开。相应地,本书并不试图发展和测试某个决定论性质的模型或者对于某个和平区将会在何时、何地成功或失败做出预言。相反,在如何以及为何化敌为友、持久和平区出现和持续所需要的条件等问题上,它为学者们提供了一个分析框架,为政策制定者提供了一个指引。

表 1.1 案例研究

和解(第三、四章)

成功

主要案例(第三章)

英国和美国(1895—1906)

支持案例(第四章)

挪威和瑞典(1905—1935)

巴西和阿根廷(1979—1998)

失败

英国和日本(1902—1923)

苏联和中国(1949—1960)

安全共同体(第五章)

成功

“欧洲协调”(1815—1848)

欧洲共同体(1949—1963)

东盟(从1967年起)

失败

“欧洲协调”(1848—1853)

海湾合作理事会(从1981年起)

统一体(第六章)

成功

瑞士邦联(1291—1848)

易洛魁族邦联(1450—1777)

阿拉伯联合酋长国(从1971年起)

失败

阿拉伯联合共和国(1958—1961)

塞内冈比亚邦联(1982—1989)

结论部分案例

成功

美国(1789)

意大利(1861)

德国(1871)

失败

美国内战(1861)

新加坡/马来西亚(1965)

从理论到政策

本书针对的是两类读者。它讨论了学者们所关注的主要理论问题,寻求推动有关全球政治的学术争论。同时,本书也希望对政策圈内正在进行的辩论有所贡献。在这一方面,本书所发展出来的五个首要论点都对于外交政策行为有着直接的意义。

其一,同敌人接触并不是绥靖而是外交。长期的竞争不是通过孤立和遏制能结束的,而是要通过谈判和相互的包容。在合适的环

境条件下,通过巧妙的外交,敌人**能够**变成朋友。在结束地缘政治竞争方面,接触政策并不一定能取得成功——就如本书中许多历史案例所表明的。但是,这样的可能性的确存在。相应地,政策制定者应该给持久和平的出现一个机会。

其二,民主并不是持久和平的必要条件。如前所述,美国外交政策圈一种常见的看法是,自由民主制度是持久和平的唯一来源。但是,本书的分析否认了只有自由民主制度适合于构建和平区。专制国家有能力在彼此之间以及和民主国家之间建立持久的伙伴关系。相应地,美国与其他国家之间关系的确定,应该首要地基于这些国家对外政策的性质,而非它们国内制度的性质。

其三,持久和平始于政治而非经济领域。学者和政策制定者常常把持久和平的发端归因于经济和社会的相互依赖;一般认为,社会互动为政治和解铺平了道路。相反,本书认为,如果社会互动能够带来好的地缘政治结果的话,那么首先需要有政治和解。只有在政治精英们成功地驯服了地缘政治竞争之后,经济相互依赖的和平效应才会对持久和平的发端做出重要贡献。持久和平的突破口是战略性而非经济性的。外交而非贸易或者投资充当着和平的货币。

其四,相容的社会秩序是促进持久和平的关键因素,而不同的社会秩序则是关键性的阻碍因素。社会秩序相反的国家——贵族统治相对于平等主义;工业社会相对于农业社会;经济开放相对于保护主义——源自政治和解的社会一体化威胁到各国社会的特权部门,导致它们阻碍迈向持久和平的下一步。这意味着,在评估潜在伙伴的适应性时,政策制定者应该更多关注社会秩序而非政权的形态。这还意味着,致力于社会变革和融合的政策比起仅仅关注民主化的政策更有可能促进和平。

最后,文化的共同性在塑造持久和平的可能性和持续性方面扮演着重要角色。在试图扩展现有的和平区和建立新的和平区之时,政策制定者们因而需要考虑到文化因素。文化的分界线并不是原生的或者本质主义的;在彼此看来文化差异明显的社会随着时间的推移可能认为彼此具有共同的文化认同。但是,认同的这种可塑性也不是无限的。如果存在可资利用的共同性的表述,那么成功的概率就要更大一些;对于那些本来就拥有族群和宗教共同性的国家来说,

它们在建构共同认同时就要更加容易。政策制定者绝不应该把这一发现理解为证实了不同的文明一定会发生冲突的假设。但是,他们应该认识到,对于持久和平的创建而言,拥有共同传承的国家是更好的候选者。政策制定者也应该重视文化共同性的表述在促进和平方面做能发挥的重要作用——尤其是在分处不同文化圈的国家之间。

下一章更加细致地展开论述了本书的概念基础,更深入地探讨了持久和平的原因。第三章到第六章是对历史案例的研究,依次考察了和解、安全共同体和统一体这几种情况。最后一章进行了理论总结,并且详细说明了研究的政策意义。

第二章
从国际无政府状态到国际社会

理论基础

本书所探讨的国际政治生活领域属于国际政治无政府特征(anarchy characteristic)和国家政治的有秩序特征(order characteristic)之间的中间地带。这就是**国际社会**(international society)领域。

作为研究的起点,本书分享了现实主义的一个假设,即国家生存在一个霍布斯式的国际体系之中,这一体系默认的平衡状态(default equilibrium)就是地缘政治竞争随处可见。但是,即使竞争在全球政治中是普遍性的,它也是可以被克服的。在这一点上,本书与现实主义分道扬镳了。随着国际体系的成长,霍布斯式的世界有可能转变为洛克式的世界——互惠行为的实践和政治契约的订立抑制了竞争。在此基础上,国际体系有可能演进为多伊奇式的世界(Deutschian world)——基于共同规范和认同的国际社会,在其中,地缘政治竞争得以消除,为持久和平提供了根基。①

国际社会的逻辑是对国际政治逻辑和国家政治逻辑的一种整合。在国际政治领域,每个国家都是利己主义的,并且拥有主权,拥有对立的认同,秩序在它所存在的范围内是来源于权力的使用。在国家政治的领域,主权是统一体的,认同是一致的,而秩序则来自于权力的制度化——正如马克斯·韦伯(Max Weber)和其他国家理论家们所述。国际社会处于这两个领域的交叉点,同时表现出两者的特征。在这个多伊奇式的中间地带,国家主权被弱化,国家间存在共

---

① 参见 Karl W.Deutsch, *Political Community and the North Atlantic Area*(Princeton, NJ: Princeton University Press, 1957)。

同认同但并不是完全相同的，秩序来自于对权力的克制和限制，而非其使用或制度化。在由国家组成的社会中，国家间关系的社会性特征压倒了无政府竞争和实力均衡的规则——即使它没有带来成熟的治理制度和与单一国家相关联的官僚机构。表 2.1 提供了这些不同的政治逻辑的概念关系图。

国际社会是一个重要的学术研究主题，有关它的许多研究源自所谓的英国学派（English School）。[①] 在与英国学派的传统保持一致的同时，本书并不偏爱任何单一的理论方法。相反，本书的分析明显是折中主义和综合性的，希望从多个范式中吸取营养而不是捍卫其中的某一个范式。就如国际政治学者所研究的其他许多问题一样，对持久和平的探讨也受到理论分歧所带来的知识藩篱的损害。现实主义的解释倾向于和自由主义的解释相对立，而理性主义的解释又倾向于和建构主义的解释相对立。其结果是，对于打破范式边界的方法没有给予足够的注意。很显然，本书致力于超越这些边界。由于所研究的进程是动态的——国家间关系如何从固有的竞争迈向犹豫不决的合作，再迈向持久的友谊——采用理论折中主义就是必需的；在持久和平开始的不同阶段，发挥作用的包括迥异的政治和社会进程。

至少在表面上，所涉及的现象给人的第一印象是非现实主义的；和平区的出现否定了认为国际竞争不可避免、国际变革只能是物质力量分布的转换的范式。现实主义方法在持久和平问题上存在不足是不言自明的；只要存在一个和平区，那么现实主义的核心原则就被证明失效了。但是，在接下来将要探讨的历史事件中，现实主义的关

---

① 在国际关系领域的主要理论传统中，英国学派对于国际社会的研究是最深入的。这一传统中最有影响力的著作可能是：Hedley Bull, *The Anarchical Society*（London: MacMillan, 1977）。对于布尔（Hedley Bull）来说，"当一群国家意识到它们存在共同的利益和价值观，认为彼此关系的处理受到一系列共同规则的克制，参与共同制度的运作，在这种意义上组成一个社会时，国家组成的社会（或者说国际社会）就出现了"（p.13）。这一传统的其他学者包括巴里·布赞（Barry Buzan）和理查德·利特尔（Richard Little）。参见 Barry Buzan and Richard Little, *International Systems in World History: Remaking the Study of International Relations*（Cambridge: Cambridge University Press, 2000）；以及 Barry Buzan, *From International to World Society? English School Theory and the Social Structure of Globalization*（Cambridge: Cambridge University Press, 2004）。

注扮演了十分显著的角色，这同样也是事实。的确，历史案例表明，物质力量分布的不利转换所带来的战略需要和战略调整在最开始时驱动了和解的进程，而和解最终带来了持久和平。

表 2.1　国际政治、国际社会和国家政治的逻辑

<table>
<tr><th></th><th colspan="5">国际政治</th><th colspan="3">国际社会</th><th colspan="2">国家政治</th></tr>
<tr><td>思想家</td><td colspan="5">霍布斯　　　　洛克</td><td colspan="3">多伊奇</td><td colspan="2">韦伯</td></tr>
<tr><td>组织原则</td><td>无政府状态</td><td>均势</td><td>霸权</td><td>偶然性合作</td><td colspan="2">和解</td><td>安全共同体</td><td colspan="2">联邦制统一体</td><td>单一国家</td></tr>
<tr><td>主权特征</td><td colspan="5">硬性的主权</td><td colspan="3">弱化或者联合的主权</td><td colspan="2">结合或者单一的主权</td></tr>
<tr><td>关系特征</td><td colspan="5">国家间的</td><td colspan="3">跨国的</td><td colspan="2">超国家或者单一的</td></tr>
<tr><td>秩序来源</td><td colspan="5">秩序源自权力的运用</td><td colspan="3">秩序源自对权力的自我和共同约束</td><td colspan="2">秩序源自权力的制度化</td></tr>
<tr><td>认同性质</td><td colspan="5">互相对立的认同</td><td colspan="3">共同认同</td><td colspan="2">相同认同</td></tr>
</table>

与现实主义相反，自由主义传统已经开始描绘国际政治领域和国际社会领域之间的边界地带。毕竟，自由主义研究日程上的一个中心任务就是考察制度、国际法、观念的交融、政体类型如何驯化国际体系、消除其竞争性刺激以及促进合作。但是，自由主义仍然坚持国际体系是由利己主义主权国家构成的这一概念框架——即使它认为可以时不时地进行国际合作。和平区的出现要求国家间关系实现比自由主义者所设想的更深层次的转型。① 从终极意义来说，持久和平不是支配自由主义范式的理性主义考量的产物，而是赋予国家间关系以社会特征的社会联系的产物。

由于本书讨论的是国际政治的深层变革，建构主义学派有关国家认同的变化有能力促进国际体系转型的见解自然就成为本书理论建构的起点。而且，建构主义认识到了国家间关系的社会特征，因此

① 就如巴里·布赞所观察到的，国际社会的理念"与机制理论有一些相似之处，但是它更加深入，具有建构效应而非仅仅是工具效应"。Buzan, *From International to World Society*? p.7.

十分有利于对国际社会进行理论化。但是，建构主义对国际社会的解释通常与现实主义和自由主义普遍坚持的物质性权力概念分歧太大，从而忽视了理性主义地缘政治观念的重要性。此外，许多建构主义者没有回答国家认同何时、如何发生变化，从而使得国际社会的出现成为可能的问题。①

本书试图为不同理论之间的鸿沟搭建桥梁——而非挑起不同范式之间的斗争。为了实现这一目的，本书集中关注了两个具体的结合(linkage)。一个是现实主义—建构主义合成。这里的中心问题是有关意图、动机、政治特征和认同的认知在塑造国家如何应对物质力量的集中状况时所发挥的调节作用。标准的现实主义解释认为，在力所能及的情况下，国家将会制衡其他的力量中心；当不得不追随强者的时候，它们也会这样做。本书接受了现实主义的这一中心观点。迈向和解的第一步是某种形式的追随强者；一个国家之所以接纳其他国家，是因为战略上的劣势使得制衡的选择不具吸引力。这一步骤由战略必要性和客观的国家利益而非主体间建构的意义所驱动。

不过，建构主义对于实践、话语和认同的关注在解释最初的接纳行为最终为什么带来持久和平时也是必要的。一个始于战略交易的进程最终以社会一体化和认同变化而告终，促使国家把彼此看作是友善的政治组织。当各国认为他国是友善的伙伴时，物质力量的集中不会变成威胁的来源，而是作为传播共同规范的工具以及建立国际社会的引力中心。因此，本书结合了理性主义有关外交信号在调节不确定性能够发挥作用的观点，和建构主义有关实践和话语在认同改变方面能否发挥作用的观点，以解释相互的友善是如何发生以及有助于开启持久和平之门的。

---

① 在《国际政治的社会理论》一书中，亚历山大·温特(Alexander Wendt)认为国际无政府状态可以有三种不同的形式：霍布斯式的；洛克式的；以及康德式的。这一视角大体上与本书的论点相一致：国家群体可以从霍布斯式的暴力环境，通过订立洛克式的互惠契约，最终发展为以共同认同为特征的多伊奇式的社会。(经验案例表明，政体类型并不是持久和平的一个必需的决定因素，因此，对多伊奇式的、关注共同认同的偏好取代了康德式的对共和政府的偏好。)但是，温特的探讨没有解释国家在这三种形式的无政府状态中转变的机制。在接下来的研究中，温特的确提供了这些无政府状态如何进步的技术性模型。进一步的讨论请参见下面的第65页注释①。Alexander Wendt, *Social Theory of International Politics* (Cambridge: Cambridge University Press, 1999), chap.6; and Alexander Wendt, "Why a World State Is Inevitable," *European Journal of International Relations* 9, no.4(2003).

本书探讨的第二个关键性的结合是自由主义和建构主义合成。本书所研究的现象不仅仅是战争的消失，而是更深、更持久的和平现象。在解释战争的消失方面，仅仅自由主义就足够了；民主和评论的文献包含了对于民主国家间关系和平性质的相当丰富的规范和制度论点。对持久和平的探究则需要进一步的分析，使我们能够解释不同的政治组织如何建立社会联系、接受共同认同以及在某些情况下融合成为一个单一的国家，享受统一所带来的社会团结。随着建设持久和平的进程从理性主义阶段迈向社会学阶段——从早期发出善意的信号到后期的社会建构—自由主义—建构主义的合成就是必不可少的。

本书对持久和平的探究并不试图提出某种有关政治生活的本体论内容的独特观点，也不是想要实现理论的大一统。相反，它鼓励结合理性主义和社会学进程，以及现实主义、自由主义和建构主义的解释。它仅仅致力于尽可能准确地描述持久和平区的形成。

关于持久和平的现有文献

尽管本书的研究主题从理论和实践来说都很重要，我们对于和平区的形成和持续仍然知之甚少。之所以学界关注不足，部分的原因在于，持久和平区并不常见；即便在国际冲突很少出现的那些地区——诸如南美，紧张仍然是常态，而礼让则是例外。此外，学者们对于持久和平的案例关注不够，恰恰是因为它们是和平的，所以常常被忽视。由于和平区没有引起学者们的关注——它们不算什么事儿或者说是不会叫的狗——长期以来缺乏相应的研究。就如托马斯·哈代(Thomas Hardy)的妙语所言："战争造就极好的历史，而和平只是贫瘠的读物。"①

与持久和平直接相关的主要文献集中关注的是安全共同体——成功避免了地缘政治对抗的国家群体。在卡尔·多伊奇(Karl W. Deutsch)的指引下，有关安全共同体的文献在20世纪50年代开始初具规模。多伊奇主持了一个有多个作者参加的项目，做了很多案例

① Thomas Hardy, *The Dynasts: An Epic-Drama of the War with Napoleon* (London: Macmillan, 1920), p.71.

研究，目前仍然没有公开。① 所出版的主要产品是《政治共同体与北大西洋区域》，这是多伊奇所著的开创性作品，为后来的安全共同体研究打下了基础。② 在冷战期间，多伊奇所创立的研究日程很大程度上被搁置了。冷战促使学者们在研究中关注冲突和威慑，而非合作安全。其结果是，到苏联解体之前，有关安全共同体的文献没有出现明显的增加。冷战结束以后，两本合著明显地回归到多伊奇研究议程的轨道上来。1998 年，伊曼纽尔·阿德勒（Emanuel Adler）和迈克尔·巴尼特（Michael Barnett）出版了《安全共同体》。两年之后，阿里·卡科维奇（Arie Kacowicz）、雅科夫·巴-希曼-托夫（Yaacov Bar-Siman-Tov）、奥利·艾尔格斯特伦（Ole Elgström）和马格纳斯·耶内克（Magnus Jerneck）出版了《国家间的持久和平》。③ 其他做出重要贡献的作者包括肯尼思·博尔丁（Kenneth Boulding）、斯蒂芬·洛克（Stephen Rock）和布鲁斯·克罗宁（Bruce Cronin）。④ 接下来的概述以时间先后为序，重点说明这些作者的主要的概念性认识。⑤

---

① Karl W.Deutsch, *Backgrounds for Community: Case Studies in Large-Scale Political Unification*, unpublished manuscript.

② Deutsch, *Political Community.*

③ Emanuel Adler and Michael Barnett, eds., *Security Communities* (Cambridge: Cambridge University Press, 1998); Arie Kacowicz, Yaacov Bar-Siman-Tov, Ole Elgström, and Magnus Jerneck, eds., *Stable Peace Among Nations* (Lanham, MD: Rowman & Littlefleld, 2000).

④ Kenneth Boulding, *Stable Peace*(Austin: University of Texas Press, 1978); Stephen R. Rock, *Why Peace Breaks Out: Great Power Rapprochement in Historical Perspective* (Chapel Hill: University of North Carolina Press, 1989); Stephen R.Rock, *Appeasement in International Politics* (Lexington: University of Kentucky Press, 2000); Bruce Cronin, *Community Under Anarchy: Transnational Identity and the Evolution of Cooperation* (New York: Columbia University Press, 1999).

⑤ 另外两类文献与持久和平的研究直接相关：对统一体的研究和对民主和平论的研究。虽然我没有查询这些文献，我在后面的章节中广泛地引用到它们。例如，有关统一体的问题，参见：Murray Forsyth, *Unions of States: The Theory and Practice of Confederation* (New York: Leicester University Press and Holmes & Meier Publishers, 1981)。有关民主和平论的研究源自伊曼纽尔·康德：Immanuel Kant, *Perpetual Peace: A Philosophical Essay*, in M.Campbell Smith, trans.and ed.(London: Swan Sonnenschein, 1903)。民主和平的理念并不完全等同于持久和平的理念。民主和平论是讨论战争的消失。持久和平的理念要深入得多，它讨论的是消除地缘政治竞争和国家间关系的非军事化。但是，民主和平论的研究的确为持久和平的研究提供了丰富的理论和经验素材。

尽管安全共同体的理念最初是由理查德·瓦格嫩（Richard Van Wagenen）在20世纪50年代初期所提出来的，但直到1957年多伊奇的《政治共同体与北大西洋区域》一书出版，这一概念才得到系统的发展。多伊奇把安全共同体界定为“确信共同体的成员之间不会动粗（fight physically）”的国家群体。他区分了多元安全共同体和合并安全共同体（即统一体），而他对共同体形成的解释主要基于交往分析。沟通和经济、社会互动是安全共同体演进的首要工具，不断的交流和一体化逐渐导致了“相互的同情和忠诚”、一种“我们感”（we feeling），以及“在自我形象和利益方面的部分认同”。① 多伊奇指出了有助于国家群体迈向共同的和平变革期望的几个条件：起初是对共同威胁的认知，然后是存在一个主导性的国家带头促进一体化、相容的价值观，以及反响良好的、有效的治理制度。

尽管多伊奇对于持久和平出现的解释主要是交往分析和功能主义的，但他在几个方面的论述的确为其他的研究方法奠定了基础。他对国家自我形象和“我们感”演变的关注提出了认同变化的问题——这是诸如阿德勒和巴尼特这样的建构主义者关注的中心。多伊奇也认识到了次国家行为体扮演的角色，注意到个体国家内的利益集团和基于阶级的跨国联盟有助于推动一体化的进程。最后，多伊奇的研究预示了战略克制的重要性——尤其是对于大国来说。他观察到，如果各国相信更强大的伙伴愿意让自己在共同安排的形成中发出声音、施加影响的话，它们就会更愿意降低戒备、在自主性的问题上做出妥协。多伊奇发现，之所以建立和维持多元安全共同体比建立和维持合并安全共同体要更加容易，其原因恰好在于，前者允许它们的成员保留更大的自主性。②

有关持久和平的下一本主要著作出现在二十年之后，它就是肯尼思·博尔丁的《持久和平》。该书共有五章，其中四章是来自公开演说，这使得该书更多是对持久和平主题的思考，而非一种系统的分析。博尔丁采用的方法与多伊奇十分接近。他对持久和平的定义遵循了多伊奇的思路：“持久和平是这样的一种情况，战争的可能性是

---

① Deutsch, *Political Community*, pp.5, 36.

② 有关次国家行为体的论述参见：Deutsch, *Political Community*, pp.176-179；有关克制和自主性的论述参见：pp.30-31, 40, 66。

如此之小,以至于相关的人们实际上不会去考虑它。”[①]他也同意多伊奇关于“相容的自我形象”和“旅行和通讯的频繁”是持久和平的重要因素的观点。[②] 博尔丁在帮助发现和解初期政治动态的作用方面做出了显著的贡献。虽然多伊奇首要关注的是作为触发性进程的通讯和一体化,博尔丁的著作采用了类似于多伊奇著作的研究方法,指出了相互让步的重要性,表明互惠性的包容在推动各方面形成“相容的国家形象”方面发挥着关键作用。[③]

斯蒂芬·洛克于1998年出版的有关大国和解的著作对持久和平研究做出了三个方面的贡献。[④] 其一,洛克把和解这一现象与普遍的持久和平现象区分开来,从而集中关注一些关键性的成对的国家——这些成对的国家常常充当着范围更大的持久和平区的核心群体。其二,他假设经济和地缘政治利益具有互补性而非同质性的国家最容易实现和解。异质经济(例如,一个是原材料供应者,一个是制造业国家)的一体化给双方都能带来收益,而相似经济(例如,两个制造业经济体)之间的一体化则会导致竞争性的利益冲突。基于同样的逻辑,洛克认为,海权国家和陆权国家之间比两个陆权国家之间更容易达成和解。两个国家如果都是陆权国家,那么它们的战略利益更有可能是冲突性的。其三,洛克认为,只有当国家具有相似的政治体系和意识形态取向时,国家才能参与到和解进程之中。政治相似性促进了共同认同和亲近感,而政治差异则会加强相互的猜忌和意识形态竞争。

伊曼纽尔·阿德勒和迈克尔·巴尼特在1998年出版的《安全共同体》一书中回到了多伊奇最初的研究议程,试图推动对持久和平如何发端的理论探索,通过八个案例研究章节把增加的经验材料进行汇编。[⑤] 他们引入了一个全新的理论镜头——建构主义,这使得他们拥有了必要的分析工具,远远胜过多伊奇对安全共同体所做的交往分析。尤其是建构主义对规范、观念变革和认同的核心关注,使得阿

---

① Boulding, *Stable Peace*, p.13.

② Ibid., pp.17-18, 63.

③ Ibid., pp.112-113.

④ Rock, *Why Peace Breaks Out*.

⑤ Adler and Barnett, *Security Communities*.下面的总结来自概述的第1—2章。

德勒和巴尼特有能力更深入地考察多伊奇的研究中不够充分的国家自我形象和“我们意识”(We-ness)共同观念等方面。通过聚焦于实践和制度如何导致对现实的新理解以及共同含义、认同,他们推进了持久和平的社会维度的概念化。

阿德勒和巴尼特也更加深入地探讨了安全共同体形成的进程及其支撑条件。在促成安全共同体的进程方面,他们发现了演变过程的三个阶段:发生期、上升期和成熟期。在发生期,国家联合起来应对某个共同的威胁或者其他相同的诱因,互动的频率和密度不断上升。在上升期,交往进一步增多,多边主义的规范被制度化,而这些制度则充当了社会学习的引擎——所谓社会学习,乃是“对现实再定义和再诠释的积极过程”①。在成熟期,社会网络进一步变密,参与各方开始享受到相互的信任和共同认同,为它们对和平变革抱有可靠期望奠定了基础。

在有关安全共同体形成的支持条件方面,阿德勒和巴尼特同意多伊奇的看法,即共同的外部威胁常常是促使一群国家联合起来的最初诱因。他们也支持多伊奇的主导国家通常会发挥领导作用的观点,尽管他们关注的是大国推介共同规范和认识的能力而非物质力量优势。很重要的一点是,阿德勒和巴尼特表明,自由民主制度比其他类型的政治组织形式更加适合于参与到安全共同体之中,原因在于,他们对社会化十分敏感,有能力接纳共同规范。他们认为,自由民主制度虽然不是安全共同体形成的必要条件,却可以在促成持久和平方面发挥显著的作用。

在《无政府状态下的共同体》一书中,布鲁斯·克罗宁采用了类似于阿德勒和巴尼特研究路径的建构主义方法。在克罗宁看来,持久和平有赖于一种跨国认同的传播,从而“转变自我的利己主义界定,将其置于某个观念性的社会群体的成员身份之上”②。随着这个群体的成员拥抱一种跨国性的认同,他们也可能会用同样的方式来界定其利益,接纳一系列共同的指导性规范。克罗宁发现了跨国认同形成所必需的三个主要条件:诸如族群、地区或者政体类型这样的共同特征;这种共同特征具有排他性;有关国家之间高水平的、积极

① Adler and Barnett, *Security Communities*, p.43.

② Cronin, *Community Under Anarchy*, p.19.

的相互依赖。克罗宁考察了安全共同体（“欧洲协调”）和统一体（德国和意大利），从而使得他的研究具有广泛的实证支持。

在《国家间的持久和平》一书中，阿里·卡科维奇与合著者们提出了一个介于多伊奇交往分析与阿德勒和巴尼特建构主义分析之间的中间概念地带。[①] 在卡科维奇看来，持久和平的出现，是认知学习和共同规范框架发展的结果，后两者使得伙伴国家有可能发展出关于和平变革的共同期望。“每一方都认识到，它的安全依赖于他者”，这导致“它们对于在彼此之间建立和维持和平拥有共同的利益……国家利益观念的这种变革意味着各方把战争视作是一种达到国家目标的非法手段”[②]。和解的达成带来了一系列的积极效应，其中包括贸易和社会一体化的实质性的扩展。在这个分析框架内，和平变革期望的开始要早于社会一体化，而非社会一体化的结果。

至于是什么条件促成了这种认知上的觉醒和继而对国家利益的再定义，作者们发现如下因素：行为可预期，具有连贯性的稳定的政治政权的存在；各方对现状都感到满意；开放的沟通渠道。就如阿德勒和巴尼特所认为的那样，卡科维奇与他的合作者们把自由民主制度看作是促进持久和平的一个便利而非必要条件。

重新审视现实主义

按照现实主义所坚持的地缘政治对抗普遍存在的观点，我们就不会惊讶于现有关于持久和平的全部文献都非出自现实主义传统这一情况。刚才回顾的这些著作都是基于自由主义或者建构主义传统——而且它们之中许多的见解都吸收自民主和平论的文献。但是，现实主义的一支虽然没有直接阐述民主和平问题，却与之直接相关。这就是有关威胁认知（threat perception）和国家类型的现实主义文献。这个领域的研究十分丰富、范围广泛；下面对此进行了一个有选择性的考察，目的只在于为本章后面更深入的探讨提供概念性的

① 在此之前卡科维奇已经出版过相关著作，其中包括：Arie Kacowicz, *Zones of Peace in the Third World: South America and West Africa in Comparative Perspective* (Albany: State University of New York Press, 1998)。

② Kacowicz, et al., *Stable Peace Among Nations*, p.25.

基础。

势力均衡逻辑为现实主义坚持国际对抗具有普遍性提供了分析依据。在一个无政府和自助的世界,追求拥有优越实力的国家都会自然而然地激起其他国家的制衡反应。斯蒂芬·沃尔特(Stephen Walt)修正了现实主义原则中的这一中心教义。他认为,国家所制衡的本质上是威胁而非实力,而对威胁的认知则既来自于对实力的评估,也来自于对意图的评估。① 沃尔特并没有充分利用好他关注威胁而非仅仅关注实力所带来的概念上的开放性(conceptual opening);他认为国家对意图的评估首要还是依据地理因素、国家维持进攻力量态势的倾向等物质性的变量。但是,他的著作的确使意图的问题浮现出来,从逻辑上说提出了彼此互认为没有威胁意图的国家或许有能力不遵循现实主义所坚持的地缘竞争难以克服的主张。

其他人试图展开沃尔特关注意图所带来的逻辑含义。例如,沃尔特的学生戴维·埃德尔斯坦(David Edelstein)考察了国家如何评估他国的意图以及这些评估如何反过来塑造政策选择。② 他认为,在评估意图时,政府既会考察行为信号,也会考察国内特征(诸如意识形态和政体类型)。当某个政治组织的意图被观察国看作是与其利益互相补充时,它就会被认为是友善的;而当观察国的评估结果认为他者的意图不利于本国利益时,他国就会被认为是不善的。

埃德尔斯坦总结认为,尽管国家在研究他国意图方面的确投入了可观的时间和能量,这类评估的不确定性损害了它们最终对于外交政策行为产生影响。正如埃德尔斯坦所写的,"国内特征和行为信号"作为意图指标仅仅具有有限的价值。③ 领导人个人和特定政权的性质是不稳定的。所观察对象的行为有可能没有太多迹象就发生了变化。其结果是,处于困境的政府会谨慎地对待评估结果为友善的情况。但是,埃德尔斯坦注意到,国家有时执行合作性的战略,寻求善意的沟通和鼓励目标国给予回报。但是,意图不确定是普遍性的,这使得国家不愿意降低戒备,以免评估被证明是错误的。

---

① Stephen Walt, *The Origins of Alliances* (Ithaca, NY: Cornell University Press, 1987).

② David Edelstein, "Managing Uncertainty: Beliefs about Intentions and the Rise of the Great Powers," *Security Studies* 12, no.1(Autumn 2002).

③ David Edelstein, "Managing Uncertainty," p.10.

埃德尔斯坦的研究承认了这样一种可能性，即彼此都认为对方怀有善意的国家应该是特别合作的，但是他根据实证研究的结果——即评估意图的努力常常被不确定性所抵消——又否定了这样一种可能性。不过，如果国家对它们的评估更有信心的话，那么埃德尔斯坦的见解将具有十分重要的意义。在这种情况下，相互的善意评估将会具有推动变革的潜力，使得各国可以避开地缘政治竞争，开始迈向持久和平。

有关国家类型的文献为这一研究思路提供了一个有用、有利的起点，可以使我们进一步考察意图评估和持久和平之间是如何联结的。诸如查尔斯·格拉泽（Charles Glaser）、安德鲁·基德（Andrew Kydd）、兰德尔·施韦勒（Randall Schweller）和斯蒂芬·洛克这样的作者在他们的研究中区分了维持现状国家和修正主义国家。[①] 在他们看来，维持现状国家的首要目标是维持现存的国际秩序。它们追求的是安全而非权力。修正主义国家的首要目标是推翻现存的国际秩序，按照自己的喜好进行重塑。它们是贪婪的国家，寻求最大化自己的权力而非安全。

如果国家有能力辨明它们是在同安全追求者还是贪婪国家打交道的话，那么一个仅仅包括安全追求者的国际体系应该是没有地缘政治竞争的。假设维持现状国家可以彼此之间发出善意的信号——而这些信号能够被确实地接受和理解——它们应该能够避免战略竞争。格拉泽和施韦勒都关注了军事政策所释放的信号，包括单边的动议——例如获取防御性而非进攻性的武器，以及互惠性的措施，例如军备控制。[②] 基德扩展了这一方法的范畴，指出“当我们思考国家如何深思熟虑地传递有关动机的信号时，我们不应该把我们的注意

① Charles L.Glaser, “The Security Dilemma Revisited,” *World Politics* 50, no.1 (October 1997); Andrew Kydd, “Sheep in Sheep's Clothing: Why Security Seekers Do Not Fight Each Other,” *Security Studies* 7, no.1 (Autumn 1997); Andrew Kydd, “Game Theory and the Spiral Model,” *World Politics* 49, no.3 (April 1997); Randall L.Schweller, *Deadly Imbalances: Tripolarity and Hitler's Strategy of World Conquest* (New York: Columbia University Press, 1998); and Rock, *Appeasement in International Politics*.

② Glaser, “Realists as Optimists: Cooperation as Self-Help,” *International Security* 19, no.3 (Winter 1995/96): 68.

力限定在军事领域”①。他认为，善意的信号通过可以范围广泛的指示器——诸如意识形态、少数派的境遇（treatment of minorities）和公开演说实现沟通。洛克在他关于何种条件下绥靖是同对手打交道时的合适战略的探讨中充分利用了这些见解。他的结论是，当绥靖者对它正在同维持现状国家打交道或者该国进攻性的行为是由不安全感而非贪婪所驱动时，绥靖的条件就具备了。

这类文献的中心思想是，维持现状国家应该有能力中止安全困境、和平共处。在主张这些国家能够认识到对方没有威胁，进而执行相互包容的政策时，这些作者们为特定的国家群体何时、如何能够避免无政府竞争提供了重要的解释。由于这类文献的关注点是如何能实现安全困境中的合作，它所提供的并非持久和平的解释，而是战争消失的解释。但是，这类文献没有必要止步于维持现状国家可以避免竞争的观察。如果维持现状国家可以中止安全困境的运作，或者它们也可以反向推导其逻辑，即如果相互包容的成功回合不仅带来中立，而且是友谊和持久和平。本章的余下部分进一步探讨了这些线索，基于以上的文献回顾，试图发展出一个有关持久和平起源的全面、有说服力的理论。

定　义

所谓持久和平区，是指战略接近的一个国家群体，在其中，战争已经成为不可思议的事。② 持久和平区的成员们成功地实现了国家间关系的非军事化，从而不再将武装力量当作合法的国家战略工具加以使用。非军事化的指标包括：边界不设防和（或）从争议地区移走部队；没有针对彼此的作战计划；对相互增加国家开支的反应是中性或者积极的；建立了联合政治机构；以及有证据表明精英——最终公众——认识到有关各方爆发战争是极为遥远的事情，如果说不是

① Kydd, “Sheep in Sheep's Clothing,” p.140.

② “战略接近”一词意味着地缘政治的互动。有关国家必须是地理上接近或者是加入同一个战略舞台。巴拉圭和毛里求斯可能享有一种持久和平的状态；爆发战争对它们来说是不可思议的。但是，本书的研究并不考虑由于缺乏接触所造成的没有竞争的情况。相反，它关注的是在一个或者多个地缘政治舞台上彼此互动的国家，而这些国家有能力实现持久和平。

完全不可能的话。组成和平区的国家只是宣布在彼此间放弃使用武力，而非普遍如此。在处理同其他国家的关系时，它们单个或者集体很可能继续将武装冲突作为国家战略的工具之一。的确，持久和平区常常不伴随着隐含或者明确的集体安全承诺，后者意味着如果成员国受到攻击，其他成员援助其防务。

持久和平存在三种主要类型：和解、安全共同体和统一体。这三种类型都可以归入一个范畴之内——两个或者两个以上的国家所构成的群体，这一群体成功地避免了势力均衡的逻辑，在很大程度上消除了——如果不是完全根除了——地缘政治竞争的话。这三种类型的国际社会代表了光谱上的不同阶段；随着参与各方从和解迈向安全共同体和统一体，持久和平不断深化、成熟。而且，持久和平有着不同的层级。在一些情况下，有关各方显著地减少了安全竞争，但是地缘政治竞争的暗流仍然存在。在另外一些情况下，武装竞争的前景已经被彻底消除了。接来下具体谈谈和解、安全共同体和统一体的界定特征。

和解需要有关国家降低戒备，从武装对抗转向相互期望和平共处的关系。参与各方不再彼此互视为地缘政治威胁，开始将对方看做友善的政治组织。但是，它们并不试图建立一整套清晰的规则和规范来指导它们的行为，也不准备拥抱某种共同或者相同的认同。从这个意义上说，参与各方成功地消除了地缘政治竞争，进入了国际社会的雏形，但是它们继而安于现状，不去扩大和加深其关系的社会特征。有关各国独立地界定自己的利益，但是这些利益被认为是相互一致的。它们保持着各自的认同，但是这些认同是相容而非相对的。用历史来类推的话，封建领主们停止互相攻击和抢掠，学会了和平共处——即使它们没有通过相互援助的承诺来一起改善它们的集体福利。

就如和解的情形一样，安全共同体的成员开始把彼此看作是友善的政治组织，从而成功地避免了地缘政治对抗。但是，安全共同体代表了从和解向前的一步，在两个方面建构了持久和平的进一步形式。首先，安全共同体的成员不止步于和平共处，它们发展出管理彼此间关系的规则和制度，和平解决争端，防止实力的不平衡(power inequalities)危害到群体的团结。但是，安全共同体的成员保留了主权

的实质要素，在与外部国家交往时都是执行自主的对外政策。其次，安全共同体的成员分享一种“我们意识”或者共同认同的感觉。管制型和建构性的规范结合起来，赋予安全共同体一种突出的社会特征，有助于提升纲领性合作（programmatic cooperation）的可预见性和期望。随着自我和他者界线的模糊，对利益的界定更多是共同而非各自的。回到前面的类推，封建领主们打造了一个封地的联盟，促进它们的集体福利，共同界定它们的利益。

统一体是持久和平的最高级形式。有关国家不仅认为对方是友善的，它们还结合成为一个新的政治组织，消除了各自的主权，以及最小化领土边界的地缘政治意义。通过这样做，它们参与一种超国家的政治生活，并且认为这是合情合理的。在一个安全共同体内，成员国之间的关系受到集体管理，但是每个成员都治理它自己的国内事务，处理同非成员国的关系。而在一个统一体内部，成员国通常向一个中央权威让渡其对于国内事务和外交国防政策的控制权。利益是以一种单一而非联合的方式得到界定。共同认同逐步转变为相同认同。封建领主将他们各自的封地整合为一个统一的国家，忠诚于一个中央政府。

表 2.2　持久和平的类型和界定特征

持久和平类型	友善特征	秩序共识	利益	认同	合法化
和解	有	无	一致性	相容的	无
安全共同体	有	有	共同性	共同的	无
统一体	有	有	单一性	相同的	有

因此，在锁定持久和平的那些关键交易的正式性、范围方面，和解、安全共同体和统一体存在着差异。和解依赖于维护和平的默契；实践而非原则指导着行为。安全共同体的参与者们向前更进一步，在有关群体的秩序规则方面达成共识，并且常常在宣言和章程之中予以明确的告示；实践和原则的结合指导着行为。统一体一般来说不仅需要有关秩序规则的法典化共识，还需要有关如何制定规则的规则的法典化共识。得到公认的秩序通常是通过宪法详细说明各项具有法律克制力的承诺从而被正式确定下来；原则指导着实践和行为。表 2.2 对持久和平的这三种类型的关键属性进行了总结。

限定条件

为了限定和缩小所研究的现象，设定几个方面的限制条件是有帮助的。就如前面提到的，即便是长期持续的军事化"冷"和平，也不足以成为持久和平的案例。从 20 世纪 40 年代后期到 90 年代初期，美国和苏联之间的关系或许可以用"长期和平"(long peace)来描述，但是双方都有现成的作战计划；冲突缺失的首要原因是威慑。巴西和阿根廷最后一次爆发战争是在 19 世纪 20 年代，但是直到 20 世纪 80 年代，双方的猜忌和敌意都没有让位于和解和纲领性的合作。因此，持久和平所指的乃是由于礼让而非竞争或者冷漠所造成的没有战争的事态。

时间短暂、针对具体威胁的联盟也不在本研究的范围之内。国家建立这样的联盟是为了积聚力量来抵抗某个共同的外部威胁。为了集体防御加入联合部队的国家很可能不会思考彼此之间开战的可能性。但是，这些情况仅仅是地缘政治环境的临时产物，而非一个温暖、持久和平的出现。的确，一些联盟最终演变为和平区——就如 1815 年后的四国同盟和冷战之后的大西洋联盟。但是，这些案例仅仅是十分少见的一部分，绝大多数联盟在发展成为持久和平区之前就解体了。

同样被排除在本研究之外的案例还包括持久和平作为战争和占领直接产物的那些情况。战争之后，随之而来的持续和解的确是通向持久和平的一个合理路径。但是，其中一方的战败和投降，继而发生的领土占领和对战败政权的清洗，以及胜利者建立新政权的做法，都使得这种形式的持久和平在某种意义上来说是"矫揉造作的"。对这些案例的考察将会有助于说明占领和重建如何促进持续的政治变革，而非国家间的礼让如何能通过战争以外的手段达成。基于这些原因，美国二战后同德国和日本的和解、法德和解以及其他类似的案例都没有纳入本书的研究范围之内。①

---

① 在本书第五章，我考察了欧洲一体化的发端，这不可避免地涉及二战后的法德和解。但是，我这么做是为了研究安全共同体在西欧形成的路径，而非考察法德之间的和解。

基于类似的理由，作为武装强制结果的持久和平区也不包括在本研究的范围之内。在考察统一体的案例时，这一限定条件是尤为重要的，因为许多统一体是通过战争行为建立的。例如，英格兰、威尔士、苏格兰和北爱尔兰的统一体目前构成了一个和平区，其组成部分一致同意通过代表性制度结合起来（尽管如此，对北爱尔兰的情况明显存在附加说明）。但是，由于英格兰强制性地坚持它对其邻居的统治权，统一的进程是漫长和血腥的。相反，本书所考察的统一体案例涉及的是和平变革的历史事件，在其中，独立的各国有意结合它们的主权，合并为一个单一的政治组织。之所以做这样的区分，是因为本书有必要集中于那些基于一致同意而非武力和强制的地缘政治转型案例。①

最后一个限定条件关系到认定持久和平区何时出现的标准。从理想的角度来说，应该制定连贯一致的高标准——有证据清楚表明相关国家之间没有作战计划，已经非军事化了它们的边界和互动，而武装冲突已经被认为是不可能的。下面考察的许多案例符合这些标准，但是有一些则达不到标准。② 例如，“欧洲协调”的五个成员国的确打造了一套基于规则的秩序，同意在彼此之间通过谈判解决所有争端。但是，地缘政治对抗的细微迹象依然存在，战争对于“欧洲协调”成员来说虽然相距遥远但是并非完全不可思议。类似的评估适用于一个当今安全共同体的案例——东盟（ASEAN）。

尽管如此，基于两个主要原因，这些案例仍然被纳入本研究的范围之内。首先，成功抑制而非完全消除地缘政治对抗的类别仍然是持久和平理念所界定的政治组织范畴的一部分。既然其成员降低了戒备，放弃了个体获益的机会，同意和平解决争端，它们就是在遵循国际社会的规则，拒绝了无政府竞争的逻辑。而且，结果方面存在一

---

① 我把意大利和德国的统一当做是成功和非强制的统一案例，即使在最终形成新国家的过程中各组成部分之间出现了暴力。在这两个案例中，暴力行为首要出现在针对那些后来并未纳入统一体的组成部分的战争中——在意大利的案例中是奥地利和法国，而在德国的案例中是丹麦、奥地利和法国。而且，统一体的最终完成一般是通过一致同意的谈判和——在意大利的案例中——公民投票而非强制性的吞并。

② 安全共同体常常潜伏着地缘政治竞争的暗流。在第五章的导论部分，我考察了这一反常现象，探讨了安全共同体尽管在原则上是比和解更加高级的一种持久和平形式，但在某些情况下为什么比起和解来更加浅薄、脆弱的问题。

定程度的差异为我们提供了分析的杠杆,对初生的或者更加偶然的和平区的探讨不仅可以让我们了解国家如何成功地避免对抗,也让我们了解在安全竞争没有完全消除的情况下和解进程如何获得一个稳定的立足点。

其次,这些类别依据它们自身的条件成为一种重要的事态。同意和平解决争端以及为此付诸实践和协议的国家群体是一种少见而重要的现象。而且,考虑到在全球层面废除地缘政治竞争的黯淡前景,思考如何在地区层面鼓励建立更多的安全共同体——即使是没有完全消除对抗的安全共同体——或许为尽可能广泛地扩大持久和平提供了最为现实主义的方案之一。

持久和平是如何开始的

持久和平是通过一个有序的进程出现的,这一进程打破了长期存在的不同理论之间的鸿沟。现实主义充分解释了这一进程的发端。面临着一系列不可控威胁的国家在战略需要的促使下,试图将现有的某个对手当成朋友来对待;资源的有限性使得包容和拉拢(co-optation)比起制衡和对抗更有吸引力。这一进程的下一步则迈入了自由主义的领域。国内属性——政体类型、联盟组合和次国家的利益集团——参与发挥作用,而社会层面的一体化便利和加深了和解的进程。建构主义的视角则最好地解释了这一进程的最后阶段。政治话语和认同的变化模糊了作为地缘政治竞争根基的自我与他者的区分。

这一有序进程包含了四个不同的阶段,区分的依据是促使国家间关系转型的行为活动、伙伴国家所评估的政治属性以及所带来的彼此间的态度和影响。第一阶段包括的是**单方面的包容**。某一方对另外一方先做出让步,表明自己善意的开局姿态。接下来就取决于目标国是否愿意报以同样的接纳行动。在这些起初的让步中,各方试图分辨这些动作背后的**意图**,开始抱有这样一种**希望**,即它们是在同潜在的伙伴而非难以和解的对手打交道。第二阶段需要的是**相互的克制**。对于互惠关系的期望促进了不断往复的相互包容。各方开始评估对方更广泛意义上的**动机**,而非仅仅是与具体让步相关的有

限意图。希望让步于相互的**信心**,即对抗可以被避免,相互包容的重复行为可以带来和平乃至纲领性的合作。第三阶段包括的是**社会一体化**。随着相关政治组织之间互动的频率和强度越来越高,它们开始赋予对方友善的**政治特征**。不断培养的信心演变为相互的**信任**感。最后一个阶段是**新的政治表述的形成**。通过把共同体话语作为载体,有关的政治组织接受了一种相容、共有或者相同的认同,可以想当然地期望一种和平的关系,产生了一种社会**连带**的感觉。表 2.3 总结了迈向持久和平的四阶段进程。

表 2.3 持久和平:出现的四个阶段

阶段	活动	所评估的属性	导致的效应
一	单方面的包容	意图	希望
二	相互的克制	动机	信心
三	社会一体化	特征	信任
四	形成表述	认同	团结

按理想形式来说,持久和平从和解到安全共同体再到统一体的演变,本身应该是一个有序的进程。在国家经历了发生期的四个阶段后,它们实现了和解——和平共处。随着它们关系的不断成熟,和平共处演变为基于规则的安全共同体。当主权合并、实现统一时,这一进程达到了顶点。从这个意义上说,和解、安全共同体和统一体构成了一个光谱上的三个阶段。和解属于基础工作,一个核心的国家群体放弃了敌对竞争,接受了相容的认同。随着各方制度化合作和扩展社会联系,围绕着核心群体形成了安全共同体,其成员就管理彼此关系的规则达成共识,接受了某个共有的认同。随着时间的推移,社会一体化的加深和对相同认同的表述合法化了超国家的治理制度,为统一铺平了道路。

在现实中,这一有序模型只能是理想化的形态。持久和平发端的所有案例都遵循着某种具有历史偶然性的路径。一些安全共同体在十分短暂的和解时期后就形成了,而其他一些安全共同体的形成则是在和解多年之后。一些统一体需要数十年才得以发展成熟,而其他一些统一体形成得十分突然。由于一些持久和平的案例在光谱

上比其他案例走得更远，因此案例之间的差别也很大。一些国家实现了和解但就此止步不前，其他一些国家则止步于安全共同体，而还有一些国家则一直向前，直到形成统一体（参见表 2.4）。这些案例的确在一定程度上说明了何时以及为何不同的国家群体沿着这条光谱达到了不同的终点——这是本章最后将要继续的一个问题。这里我们首先仔细考察持久和平发端的四个阶段进程以及导致持久和平的条件。

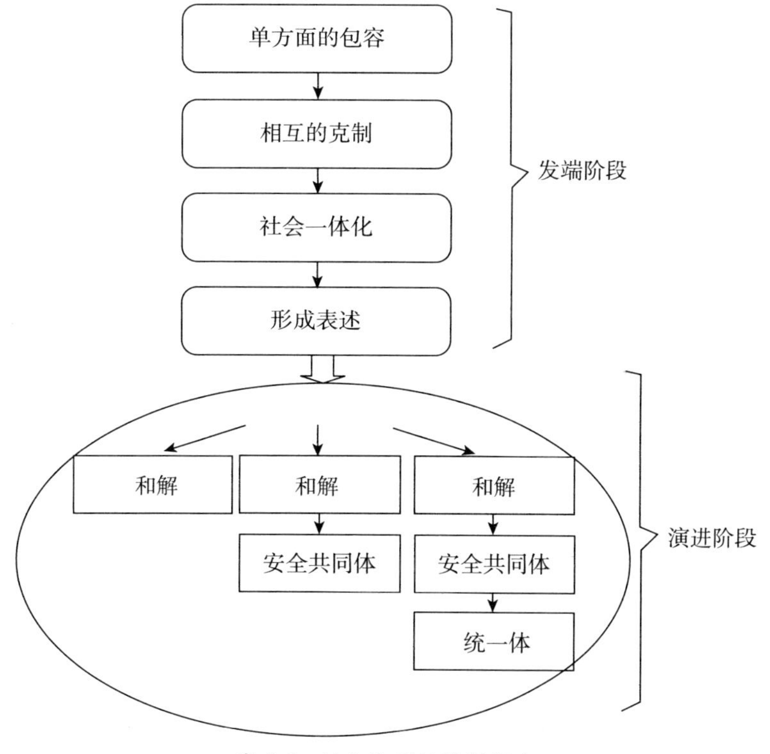

表 2.4　持久和平的路径顺序

第一阶段：单方面的包容

持久和平之路始于险境。某个国家面临着一系列自己没有足够资源应对的威胁，因此，它试图将自己的某个对手当作朋友来对待，以改善自己的战略环境。为了达到这一目标，它会在某个具有共同利益的事情上做出明确的让步，向对方发出善意的信号。通过这一

开局让棋，发起国深思熟虑地将自己置于一个容易被利用的脆弱境地。基于两个原因，这种明显的脆弱性是十分重要的。首先，通过采取某一不寻常的、有代价的行动——例如在领土争议中做出让步或者单方面从某个争议地带撤军——发起者增加了其行为被目标国注意、正确理解的可能性。其次，通过深思熟虑地将自己置于脆弱境地，发起国对所面临的风险是有预计的，即它将不会被目标国所利用。其行为不仅表明它没有掠夺性的意图，也说明它相信（或者它至少愿意表明自己希望）目标国没有掠夺性的意图。通过表明自己的意图不是掠夺性的，以及它相信目标国的意图也不是掠夺性的，发起者送出了一个清晰的信号，即它想要避免地缘政治竞争。

接下来就该目标国决定它的第一步动作了。如果它利用了发起者的让步或者没有给予类似的回应，开局让棋没有实现预期的目标，地缘政治对抗仍将继续。如果目标国准确地把这一包容举动理解为潜在的和平提议并且进行回馈，那么接下来更多的相互让步举措就具备了基础。各方迈出了朝向持久和平的第一个关键步骤。

埃德尔斯坦和其他一些学者怀疑此类包容举动能够带来和解，宣称彼此间的意图不确定性最终会构成从个别让步到常态化互惠这一过程中不可逾越的障碍。双方都害怕自己被欺骗，预计对方将会利用自己的让步，从而不准备降低它们的戒备。但是，就如格拉泽、基德和施韦勒所观察到的，国家可以，也确实做出足够的努力来表明它们行动背后的意图。格拉泽写道："谋求安全的国家应该关切的是其对手是否认识到它的动机是友善的。"①通过执行代价高昂和毫不含糊的政策动议——如果不是真的想要把对手当成朋友就基本不可能执行的政策，一国可以增强它表明善意的能力。如果这些政策措施很难被逆转的话，目标国就更不用担心这些措施可能是某种诡计，这些信号就表现得更加清楚。非军事化争议区域、撤除防御工事以及做出领土让步都是这方面的例子。这些动作有助于加强目标国理解己方行为含义的能力。就如基德注意到的，"谋求安全的行为体……需要超越象征性的姿态，做出足够分量的让步。这些让步如此之大，以至于斟酌攻击或者强制的国家是不会愿意做出的。因此，让步必

① Glaser, "Realists as Optimists," p.67.

然是有风险的，如果没有风险的话它们就没有说服力"①。当发起者和目标国都做出这样有代价的让步时——其结果是以善意看待对方的行为——支撑对抗的相互怀疑才会被有保留的和解愿望所取代，并进而引发有可能带来持久和平的后续进程。

这种开局互动的性质和意义可以从电影《猎杀红色十月》(*The Hunt for Red October*)的一个场景中得到很好的理解。② 该电影讲述的是一条试图叛逃美国的苏联潜艇。美方的潜艇悄悄地跟踪这条潜艇，所得到的指令是摧毁这条船；华盛顿的官员们相信变节的苏联潜艇是想对美国发动核导弹攻击。期间，美国潜艇上的一位情报官员知道苏联指挥官的真实意图，试图说服美方指挥官苏联船只就是想要叛逃。肩负着探查苏联船只意图同时不毁灭己方的艰难任务，美方指挥官决定逆转己方潜艇的螺旋桨，从而搅乱水流，制造对手能听见的噪音。通过这样做，他使苏联指挥官知道其存在和位置——这是潜艇战中最严重的错误之一——从而面临着被击中的风险。美方指挥官用十分口语的方式来描述他的舰只突然展现出的脆弱性："我们刚刚拉开了裤裆的拉链。"正是因为美方船只深思熟虑地让自己处于必要的容易受攻击的脆弱境地，苏联的指挥官有充分的理由相信美方的潜艇是善意的。除此以外，还有什么理由可以让对方深思熟虑地暴露自己的位置呢？苏联潜艇进行了类似的回应，有意识地避免了这种情况下通常的行为方式——全面准备对美国舰只开火——表明它也没有敌意。美方指挥官不能不注意到这一特别和有代价的姿态。他评价对方是"一个大胆又冷静的家伙"。接下来，两位指挥官直接进行了沟通——首先通过声呐发出的"砰"的声音，然后是通过潜望镜和莫尔斯电码，最后是苏联舰只上面对面的会晤——成功地安排苏联潜艇和平叛逃到美国。敌人变成了朋友。

美国指挥官的开局动作避免了冲突，为两个对手避免敌对性的接触扫清了道路。通过逆转己方的螺旋桨，美方的船只试图发出一个清晰的善意信号。苏方指挥官不能肯定这一举动背后的目的，但

---

① Kydd, "Sheep in Sheep's Clothing," pp.144-145.

② 该电影是根据汤姆·克兰西的(Tom Clancy)小说改编的：*The Hunt for Red October* (New York: Berkeley, 1984)。

是这一动作是如此不同寻常、代价高昂、确定无疑和不可逆转,以至于只能将其当做是一个经过深思熟虑的善意信号。在苏方指挥官回馈善意姿态之后,不确定性的减少使双方指挥官能够解除武器系统的戒备状态,直接探讨叛逃的安排,从而获得了相当于持久和平的结果。国家间持久和平的发端也始于类似的举动。代价高昂和确定无疑的包容举措发出善意的信号,开启了结束对抗和促进和解的大门。

尽管这一节分析聚焦的是起初的包容如何而非何时发生,对开局让棋方法所需条件的探讨有助于说明其中发挥作用的逻辑。依据现存的许多文献,接纳对手要求的战略通常与追随理念联系在一起;弱国之所以向更强的对手开出投降条件,是因为它别无他法。如果它拥有足够的资源,那么它将会制衡而非追随,从而获得更多的安全和自主性。①

下面各章所考察的历史案例挑战了这种常规的解释,揭示了这样一个事实,即通常是强大的一方采取开局让棋的方法向其对手首先做出让步。发起方面临着足以促使它将某个敌人作为朋友来对待的紧迫威胁。但是,它相对于弱国的相对实力优势也赋予了它一个更有利的做出让步的位置。原因在于,如果目标国没有做出相应的回馈,它也不至于遭受不可接受的损失,相比弱国它更有自信。回到《猎杀红色十月》这部电影,美方指挥官之所以愿意冒着向对手暴露自己位置的风险,部分是因为他处于苏联潜艇的火力范围之内,已经准备好在对方指挥官不回馈其包容举动的情况下采取敌对性的行动。国家间关系也适用类似的逻辑。来自强者的让步比起来自弱国的让步更有可能被目标国解读为安抚性的非强制行为——弱国的让步可能被强者视为是利己主义的需要。如果被追踪的处于脆弱境地的苏联潜艇是开局让棋的一方,那么美方指挥官很可能会将这一让步理解为某种屈服或者绝望的举动而不是善意的信号。

同样确实的是,对考虑做出单边接纳行动的国家来说,在决定是否以及何时付诸实施、做出重大让步的问题上,对目标国动机的最初评估是需要被纳入的。斟酌包容举动的国家至少需要掌握一些迹象,即它不是在同一个贪婪的、倾向于掠夺性征服的国家打交道。否

---

① 例如参见:Walt, *The Origins of Alliances*。

则，后者就会精确地把让步战略看作是对侵略的邀请，继而采取一种威胁和威慑战略，而不是做试探性的调查。在《猎杀红色十月》中，美方指挥官有充分的理由相信，苏联潜艇的确是准备叛逃；为苏方叛逃行为提供理由的美国情报官员成功地赢得了舰长的信任。如果美方指挥官相信苏方指挥官怀有敌意，他就不会冒向对手暴露自己位置的风险。类似地，只是在有理由相信目标国没有敌意的情况下，试图以朋友方式来对待某个对手的国家才会采取代价高昂的包容举措。本章后面将会谈到，被地缘政治竞争拖住的国家如何能对其对手的性质做出这样的初始判断。

第二阶段：相互的克制

在持久和平发端的第二个阶段，单个包容举措的交换让位于相互克制的实践。让步不再是出人意料的——为了传递友善信号和探查他人意图冒着风险开局让棋。相反，双方都愿意遵循包容的方式，预期互惠的行为；小心翼翼的尝试让位于有目的地减少对抗和促进和解的努力。

在肯尼思·博尔丁关于持久和平的著作中，他认识到了不断重复的相互包容行为的重要性，并将这类行为标记为“渐进、互惠的缓和动议”（Graduated and Reciprocated Initiative in Tension-Reduction，GRIT）。博尔丁写道：“GRIT 进程始于某些相当具体乃至戏剧性的、旨在安抚潜在敌人声明和行为（就如萨达特 1977 年访问以色列）……如果潜在的敌人做出了回应，那么发起方就会迈出第三步，而另一方则会迈出第四步，如此类推。”这就为一种“和平动态”提供了基础。[①]

随着单方面的包容让位于相互的克制，互惠实践变得越来越规范化。在和解出现的时候，克制采取的是**自我约束**的形式：各方不再止步于交换单个的包容举措，而是通过诸如非军事化、领土让步和消除贸易壁垒的措施将这种相互的权力克制常态化。战略克制的实践成为一种规则，而非例外。而当安全共同体和统一体出现之时，相互克制也包含了**共同约束**：各方通过非正式的协定或者法典化的协议

① Boulding, *Stable Peace*, pp.112-113.

将克制制度化，详细说明基于规则的秩序条款，从而彼此互相克制。共同约束和克制的制度化涉及建立权力制衡机制。这些权力制衡机制存在许多不同的形式，其中包括：解决争端和通过共识做出决策的规则；包容和保留分歧以防止争端导致冲突的条款；以及为减少实力不对称所带来的政治后果所设计的重新分配和分散政治影响、军事力量与财富的工具。①

乍一看，有关相互克制如何为和解奠定基础的说明至少与罗伯特·基欧汉（Robert Keohane）、罗伯特·阿克塞罗德（Robert Axelrod）和肯尼思·奥伊（Kenneth Oye）等学者阐述的关于合作进化的自由主义路径是完全一致的。② 由于国际机制增加了透明度，创建了引导国家遵守的实施机制，以及让国家有动力去树立一种互惠的声望，根深蒂固的竞争得以让位于常态化的合作。各方仍然是利己主义和功利主义的，但是他们的利益通过合作而非竞争得到更好的促进。就如基欧汉所写的，制度化的合作“并非利他主义的结果，而是加入机制导致长期自我利益计算发生变化所带来的”③。

不过，持久和平发端的第二阶段在一些重要的、关系结果的方面确已超出了自由主义有关国际合作的解释范围。参与和解的各方所做的相互让步在性质和范围上都是十分少见的。这些让步包括了战略性的自我约束的例子，在其中，各国通过在实体安全、领土完整这样具有重大价值利益的问题上冒险来证明它们的诚意。在国际政治中，战略克制是稀有商品——这正是它为什么引人注目、可以作为特

---

① 有关克制和共同约束的概念，参见 Daniel Deudney, *Bounding Power: Republican Security Theory from the Polis to the Global Village* (Princeton, NJ: Princeton University Press, 2007); Ikenberry, *After Victory*; 以及 Charles A.Kupchan, "After Pax Americana: Benign Power, Regional Integration, and the Sources of a Stable Multipolarity," *International Security* 23, no.2 (Fall 1998): 42-79。进一步的探讨参见本书第五章的导论部分。

② Robert Keohane, *After Hegemony: Cooperation and Discord in the World Political Economy* (Princeton, NJ: Princeton University Press, 1984); Robert Axelrod, *The Evolution of Cooperation* (New York: Basic Books, 1984); Kenneth Oye, *Cooperation under Anarchy* (Princeton, NJ: Princeton University Press, 1986).

③ Keohane, *After Hegemony*, p.116.

别的善意信号。[①] 具有压倒优势的国家实践自我约束是十分罕见的；如前所述，它常常是发起开局让棋的一方。就如约翰·伊肯伯里(John Ikenberry)通过对这些行为收益的理性主义分析所证明的，战略克制的实践不一定要超出自由主义视角的范畴。当具有压倒优势的国家克制它们的权力和影响时，它们会愿意放弃首要地位所带来的完全优势以及将物质优势资本化的眼前机会。相反，通过把小国纳入一个基于相互包容的实践之中，它们致力于寻求长期的稳定。由于几乎没有什么机会最小化物质劣势所带来的不利处境，弱国有着参加这类讨价还价的强烈意愿。[②]

尽管伊肯伯里令人信服地说明了强国和弱国都愿意参加相互包容实践的动力，他没有能够充分把握国家间关系中相互克制所带来的转变效应。在相互克制的实践中，国家不再仅仅是通过孤立的包容举动来探查彼此的意图，它们开始对对方的更广泛的动机做出评估，依据不断重复的包容举措形成对对方长期目标的稳定估算。有关善意的认知不断累积和加强，逐步成为友善动机的认知。各方开始认为彼此在国际领域具有广泛一致的利益，而不是仅仅在曾经做出过让步的问题上具有相容的意图。

从这一视角出发，相互克制的实践最终改变了参与和解的国家看待实力不对称的地缘政治含义的方式。当国家实施战略克制，明确地表明这么做的友善动机时，它们的实力能够吸引和安抚其他国家，而非带有威胁的倾向、招致制衡。物质力量不再具有强制性，相反成为引发合作和共识结果的关键要素。

可以从三个不同的角度概念化物质力量的结构效应所发生的这种关键性的转变。从功能主义视角出发，致力于友善动机的实力释放出的是向心力而非离心力，“召集”或者“聚拢”各国，而非四散奔逃寻求保护。因此，实力的集中对周边国家产生了稳定和聚拢的作用，

---

① 对于自由主义有关制度化合作的说明，现实主义者一个典型的批评是，绝大多数合作案例都限定在经济事务，后者所涉及的利害关系比安全领域要低。参见 John Mearsheimer, “The False Promise of International Institutions,” *International Security* 19, no.3(Winter 1994/1995)。在安全领域很少见到明确的克制行为，这也是它为什么能够充当可信和可见的善意信号的一个主要原因。

② Ikenberry, *After Victory*.

使各国互相接近。用多伊奇的话来说,具有压倒优势的国家开始"成为大多数情况下一体化进程发展的力量核心"①。经济力量提供了共同获益的前景,而军事力量则提供了共同安全的前景。当有关国家对它们之于其他国家动机的评估有信心时,现实主义所主张的不确定状态下的势力均衡逻辑就不再有效了。

从建构主义的视角来看,实践改变了社会现实。随着国家将战略克制规范化,它们拥抱了——用阿德勒和巴尼特的话来说——"共有意义和理解"或者"认知结构"。② 合作性实践的规范化昭示了一个社会现实,即双方认为对方不是竞争性的,这反过来让它们能够进一步降低戒备。从这个意义上说,一种自我实现的预测在发挥着作用。如果双方都开始将其关系视为非竞争性的,并且采取相应的行动,那么其关系事实上就会变成非竞争性的。随着相互克制的实践发展为规范,社会现实自然也会是和平的。③ 这一诠释直接来自现在已经成为经典的亚历山大·温特的论述:"无政府状态是国家造就的。"④

从心理学的视角来看,感动(affect)和情绪(emotion)在改变伙伴国家如何回应对方的物质力量方面扮演着重要角色。⑤ 通过相互克制,各方开始把包容行为看作是友善动机的产物而非仅仅是基于某个情境的意图,从而对彼此的实力状况也就处之泰然。各国自身的力量以及联合起来获取想要结果的能力成为相互安心的来源。它们之所以放松戒备,不是因为某种概率计算表明自己不可能被利用,而

---

① Deutsch, *Political Community*, p.38.

② Adler and Barnett, *Security Communities*, p.40. See also Alastair Iain Johnston, *Social States: China in International Institutions*, 1980-2000 (Princeton, NJ: Princeton University Press, 2008).

③ 对于自我约束实践和安全共同体形成之间关系的详细探讨,参见:Emanuel Adler, "The Spread of Security Communities: Communities of Practice, Self-Restraint, and NATO's Post Cold War Transformation," *European Journal of International Relations* 14, no.2(2008)。

④ Alexander Wendt, "Anarchy Is What States Make of It: The Social Construction of Power Politics," *International Organization* 46, no.2(Spring 1992).也可参见 Jeffrey Checkel, "International Institutions and Socialization in Europe," *International Organization* 59, no.4 (October 2005)。

⑤ 参见 John Mercer, "Emotion Adds Life," paper presented at the Annual Meeting of the International Studies Association, 18-21 February, 1999, Washington, DC。

是因为相互对友善动机的认知不断巩固所带来赞同的感情倾向。正如慷慨的行为在个人间产生共鸣一样，战略克制的行为在国家间也产生亲近感。

就如案例部分将要揭示的，这三种分析视角绝非是不相容的；在持久和平的推进过程中所有这三个进程都经常发挥作用。的确，它们所提供的有关相互克制转变效应的办法和洞见解释了各国如何成功地超越中立而达至温暖的和平。格拉泽和基德同意，对友善意图的相互认知可以阻止安全困境的运转。当各方得出他者具有友善意图的结论后，（军备竞赛①）非故意的螺旋式上升就不会再出现。但是，他们的分析也就止步于此。

相反，本书的分析认为，相互克制的实践不只是成功地制止了安全困境的逻辑，还能够使后者逆向运作。每个国家都采取行动来增进他国的安全，首先是对抗减少，实现中立，继而积极地促进关系和睦，逐步迈向温暖的和平。换句话说，和解背后的政治动力逐渐从消极转向积极。发端之时，相互克制的实践、包容的规范化以及权力制衡机制的制度化是为了减少对抗、避免竞争。随着这些实践和制度的不断成熟，它们开始致力于建设友好关系、结成友谊。随着国家间关系的安心和舒适程度增加，这一关系开始向非军事化发展，或者用奥利·瓦夫（Ole Waever）的术语来说，“非安全化”②。在持久和平发端的第一阶段，每个国家都希望他国是善意的。在这第二个阶段，每个国家都确信他国的动机是友善的。

第三阶段：社会一体化

持久和平发端的第三阶段进行的是社会一体化。相互的克制、地缘政治竞争的逐步减少以及相互认定对方的友善动机为和解中的社会加强直接联系扫清了道路。前两个阶段中，统治精英是和解进程的首要推动者，而第三阶段则相反，需要官僚机构、私营企业以及被动员起来的公民的参与。其中的作用机制与多伊奇的交往分析方

---

① 此处为译者加，旨在补充说明。

② 也可参见 Waever，“Insecurity, Security, and Asecurity in the West European Non-War Community,” in Adler and Barnett, *Security Communities*, pp.69-118。

法以及他对扩大深化社会沟通的关注相当一致。官员们定期直接联系，政治关系的改善和协调政策的机会把他们聚拢到一起。支持和解的利益集团在官僚机构内部和政治党派之间形成。私营企业抓住机会增加贸易和投资。社会一体化也通过旅游、商业纽带、新的沟通方式以及文化和学术交流在普通公民之间出现——尤其是当现代化的交通和电子通信系统问世之后。

因此，社会一体化在多个层面上展开。政府官员之间定期面对面的会晤促进了实际政策问题上构思的一致性。在和解的第一和第二阶段，精英之间的联系是偶然性的，通常是由于谈判具体问题。在第三阶段，精英之间的联系变成了例行公事。[①] 这时候，对话已经完全超出了避免对抗的范畴，首要关注的是加深合作和和睦的措施。"认知共同体"(epistemic community)的概念——一群分享共同理念和规范取向的政策制定者——恰如其分地把握住了不断加强的精英联系所带来的一个关键结果。[②]

政府利益集团也在推动社会一体化方面扮演着显要的角色——这一发展对于包容行为的国内政治管理来说是关键性的。迈向持久和平的最初步骤常常遭到强硬分子和民族主义者的反对，后者把让步描绘为有可能招致侵略的危险弱势姿态。即便是支持包容的精英，也可能保持沉默，担心被强硬分子贴上不爱国的绥靖者的标签。但是，一旦开局让棋的战略发挥作用，相互克制的实践得以持续，支持这类战略的派系就会形成，并且公开承认他们的偏好，为包容行为提供政治保护，培养和解背后的动力。这些支持通常有三个主要来源。首先，政策制定者和官僚机构站出来表明它们支持新的政策方向。其次，军方表示支持和解，承认和解提供了大大减轻负担的可能性。最后，从和解中获益的国际主义的政党支持包容，常常与伙伴国家中具有类似观点的党派协调一致地发挥作用。一国之中国际主义

---

① 经验研究已经表明，面对面的沟通实质性地增加了信任和合作性结果的可能性。参见 Elinor Ostrom，"A Behavioral Approach to the Rational Choice Theory of Collective Action，" *American Political Science Review*92，no.1(March 1998)。

② 参见 Peter Haas，"Introduction：Epistemic Communities and International Policy Coordination，" *International Organization* 46，no.1(Winter 1992)。

联盟的增强倾向于对他国中具有类似观点的联盟的政治命运有利。①

从不断增加的商品和服务流动中受益的私营企业帮助加强了社会联系。双方有势力的支持者开始成为持久和平的既得利益者，在各自国家为相互克制和经济一体化的政策进行游说。重要的是，经济一体化的积极政治效应通常发生在战略对抗减轻之后而非之前——这与多伊奇的观点**相反**。即使战略竞争出现，经济相互依赖也可能会得到加强。但是，只有在战略克制和政治和解的背景下，经济相互依赖才能在持久和平的发端中发挥一个显著的作用。

社会一体化也出现在公众之间，伙伴国家的普通公民们有机会获得对方的更多信息，在某些情况下还可以通过直接联系来获得。政府和私营部门通过教育运动、媒体和交流项目，为和解求得政治支持，而公众的参与往往就是这些明确的努力所带来的。在大众层面上，社会一体化也来源于陆地、海上和空中联系的扩展所带来的旅行机会的增多。与多伊奇在《政治共同体》一书中所描述的进程相一致，社会沟通的增加——官方代表团、文化交流、贸易、旅游和移民——逐渐产生了某种“相互同情与忠诚；‘我们意识’、相互信任和相互关心；以及基于自我形象和利益的部分认同”②。

当这些形式的社会一体化同时发生的时候，它们在四个关键方面推动了和解和持久和平的发端。首先，国家间的联系越来越全面地制度化，首先是官方层面，但常常扩展到私营部门和公民交流项目。自由主义者十分清晰地阐述了制度化所能带来的好处——透明度增加、交易成本降低以及对互惠的预期扩大。至少同样重要的还有制度化的社会效应，在相关的社会之间形成一个联系网络。就如多伊奇的著作所阐明的，随着时间的推移，这些联系培育了一种共同体和我们意识。涂尔干（Émile Durkheim）的“有机连带”（organic solidarity，有时也翻译为“有机团结”。——译者）的概念在这里就可以发挥作用了。随着一体化进程在社会的不同部门发生，“越来越多彼

---

① 参见 John Owen, “Pieces of Stable Peace: A Pessimistic Constructivism,” unpublished paper, University of Virginia; and Etel Solingen, *Regional Orders at Century's Dawn: Global and Domestic Influences on Grand Strategy* (Princeton, NJ: Princeton University Press, 1998)。

② Deutsch, *Political Community*, p.36.

此之间有充分沟通的个人有能力进行互动和反馈"①。

其次,在这一阶段,精英们明确地寻求塑造公众的态度。和解的最开始两个阶段——单方面的包容和相互的克制——主要是精英的工作。事实上,官员们深思熟虑地避开公众的参与,以获得策划最初包容行动所需要的政治操作空间。到了社会一体化的阶段,与前两阶段相反,精英们试图通过解释和解政策对公众的好处来获得更广泛的国内支持。他们也开始重构政治话语,开始把伙伴国家描绘为盟友、朋友而非敌人。这些公开的努力有助于瓦解反对包容政策的民族主义,使得大众反对和解的反冲不太可能打断——如果不是截断——这一进程。它们也使得和解对具体领导人的依赖减少,赋予了这一进程更深的政治和社会根基。因此,政府的变化也不太可能结束或者逆转促进持久和平的努力。

再次,随着社会一体化的推进,政府不仅开始评估伙伴国的动机,也开始评估其政治特征。各方对于彼此的社会和治理制度越来越了解,使得它们能够赋予对方以友善的政治特征。每一方都开始将伙伴的行为归因于素质性的——这是价值观和政治体系的产物——而非情境性的——具体环境的产物。② 相互赋予对方以友善的政治特征是一个关键性的转折点。各国不再将其包容政策建立在他者的零散意图或者动机之上,不需要依靠每一轮让步情况来摸索前行。相反,放松戒备对它们来说已经是理所当然的事情;武装冲突的前景变得越来越渺茫——如果不是说不可思议的话。持久和平开始获得了一种理所当然的含义。

社会一体化促进持久和平的最后一个方面与第三个方面直接相连。各个政治组织对于彼此的主要影响表现为从有信心发展到信任。在相互克制的过程中,友善动机的评估结果使得各国对伙伴国

---

① Émile Durkheim, *The Division of Labor in Society* (New York: Free Press, 1984), p.201.

② 乔纳森·默瑟(Jonathan Mercer)认为,国家起初会把对手的合意行为看作是某种情境压力的产物,而非是基于其本身的素质。这意味着,只有在相当时期的相互包容之后,它们会开始把让步看作是素质而非情境的产物。参见 Mercer, *Reputation and International Politics* (Ithaca, NY: Cornell University Press, 1996)。

家不会利用它们所作出的让步抱有信心。而在社会一体化的过程中，友善政治特征的评估结果使得各国信任其伙伴国家，相信它们不会背叛合作性的实践。信任最小化了不确定性的影响，使得各方甚至在信息不充分的条件下也可以降低戒备。在这个意义上说——这直接反驳了现实主义有关不确定性造成了不可逾越的合作障碍的观点——国家开始愿意容忍相互的脆弱性，尽管仍然不能完全消除对方意图的不确定性。用芭芭拉·米兹太尔(Barbara Misztal)的话来说，"信任问题之所以如此让人伤脑筋，是因为信任包含着比相信更多的东西；事实上，信任意味着在不确定的情况下也相信"①。马格纳斯·埃里克松(Magnus Ericson)也认为信任使得国家能够"看穿彼此行为背后的真实、非恶意的意图，之前无须做任何特定的动机评估或者理性的成本/收益计算"②。

既然信任是社会资本的关键成分之一，它的存在拓展了有关各方关系演变过程中的社会特征。信任也加强了社会互动的情感效应，加深了相互的亲近感。进入到从敌人转变为朋友的这一阶段，其间发挥作用的理性主义进程越来越少，更多具有社会学的特征，从而标志着国际社会的发端。

第四阶段：表述形成和认同变化

持久和平发端的第四个也是最后一个阶段是关于认同变化的。通过形成新的表述，和解进程中的各国重塑了它们对彼此的认同。③在和解阶段，各国的认同仍然是独立的，但彼此相容；在安全共同体阶段，认同部分重叠，相关国家开始享受一种共同认同或者"我们意识"。在统一体阶段，伙伴国拥抱了一种相同认同。这些认同变化最

---

① Barbara Misztal, *Trust in Modern Societies: The Search for the Bases of Social Order* (Cambridge: Polity Press, 1996), p.18.也可参见 Rikard Bengtsson, "The Cognitive Dimension of Stable Peace," in Kacowicz et al., *Stable Peace Among Nations*。

② Magnus Ericson, "The Liberal Peace Meets History: The Scandinavian Experience," unpublished paper, Lund University, p.3.See also Rikard Bengtsson, "The Cognitive Dimension of Stable Peace," in Kacowicz et al., *Stable Peace Among Nations*, pp.94-96.

③ 有关集体认同形成机制的探讨，参见 Alexander Wendt, "Collective Identity Formation and the International State," *American Political Science Review* 88, no.2(June 1994): 384-396。

终模糊了自我与他者的区分,而这种区分正是地缘政治对抗的推动力。信任发展成为团结,加深了持久和平所具有的理所当然的含义。

新的表述的形成始于精英层面,政府官员们改变了它们用来指涉伙伴国家的语言。敌对或者中立的说明让位于指向伙伴和朋友形象的语言。在不同情况下,传递相容、共有和相同认同的表述具有不同的确切内容,但是其话语通常包含了一系列标准的概念和标识。有关各方会经常提及相似性和家族关系的纽带。话语的变化常常包含了一种对过去的新考量——对冲突一带而过,突出历史联系和共同价值观。例如,在英美关系的案例中,集中于敌对竞争的表述逐步让位于对祖先和种族纽带的关注、共同的盎格鲁-撒克逊价值观以及英美战争将会是"兄弟相残"的主张。在安全共同体和统一体中,诸如旗帜、颂歌这样的共同符号常常伴随着话语的这些变化同时出现。新的语言和符号的传播也得到了非国家行为体的支持,其中包括媒体、支持经济一体化的私营企业以及通过教育、文化、电影和戏剧塑造公共舆论的教师、知识分子和作家。

如果实践的变化预示着打开持久和平之门对社会现实的新理解,那么话语的变化则预示着锁定持久和平的新认同。后现代主义的传统——强调所谓的"言语行为"——提供了一个有用的理论平台。[①] 珍妮丝·马特恩(Janice Bially Mattern)的著作尤其具有启发性,因为她的研究主题是美国和英国之间如何维持持久和平。在考察苏伊士运河危机案例中英美安全共同体的稳定性时,马特恩认为美国和英国都依赖于"表象的力量——一种通过语言实施的力量形

① 参见 J.L.Austin, J.O.Urmson, and Marina Sbisa, *How To Do Things With Words* (Oxford: Oxford University Press, 1976); Jacques Derrida, *Of Grammatology* (Baltimore: Johns Hopkins University Press, 1976); and John Searle, *Speech Acts: An Essay in the Philosophy of Language*(Cambridge: Cambridge University Press, 1969)。有关它在国际关系文献中的应用,参见 Thomas Risse, "'Let's Argue!' Communicative Action in World Politics," *International Organization* 54, no.1 (Winter 2000); Frank Schimmelfennig, "The Community Trap: Liberal Norms, Rhetorical Action, and the Eastern Enlargement of the European Union," *Interna-tional Organization* 55, no.1 (2001); Ronald Krebs and Patrick Jackson, "Twisting Tongues and Twisting Arms: The Power of Political Rhetoric," *European Journal of International Relations* 13, no.1(2007); and Patrick Thaddeus Jackson, *Civilizing the Enemy: German Reconstruction and the Invention of the West* (Ann Arbor: University of Michigan Press, 2006)。

式——来稳定它们的集体认同”①。她强调，英美精英都类似地使用语言来“系紧”或者“黏牢”一种英美认同的共有观念。这种共同认同是始于19世纪的和解进程的结果。它使得英美即使在短期利益分歧的情况下共同体意识仍然能够继续——就像苏伊士运河危机期间的情况那样。“我们意识的‘现实’，”马特恩写道：“依赖于表述的持续……这种表述描绘了行为体之间一种深入度、信任度都适宜的朋友关系。”②

共同认同表述的形成和巩固使持久和平的发端得以圆满。通过单方面包容、相互克制、社会一体化和表述形成这四个先后阶段，各国找到了通向持久和平的道路。这一进程起始于充满怀疑与竞争的现实主义世界，通过试探性的善意信号敲开了缓和对抗的大门。它结束于话语和认同变化的建构主义世界，伙伴国家们形成了新的表述和认同，模糊了激起对抗的自我与他者的分界线。沿着这一道路，国际无政府状态被转型为国际社会，敌人转变为朋友。

持久和平为什么发生

到目前为止，本章已经阐述了持久和平是如何发生的——通过这一有序的进程，地缘政治对抗让位于持久和平。这里将转向对和平何时、为何发生的分析——即在什么因果条件下敌对的国家能够避免地缘政治对抗、找到通往持久友谊的道路。这一建构持久和平理论的努力是以必要的谦逊为前提的。本书所研究的对象十分复杂，相关的理论文献还在发展之中。尽管本书所研究的案例是所有案例中有代表性的一部分，它们难免挂一漏万。本研究没有考虑到的许多案例如果经以挖掘也可以对持久和平的事业提供新的启发。而且，本研究中的每一个历史案例在完成历史诠释时都是抱着开放性的态度，从而防止对持久和平为什么发生给出决定性的结论。

---

① Janice Bially Mattern, “The Power Politics of Identity,” *European Journal of International Relations* 7, no.3(2001), p.349.

② Bially Mattern, “The Power Politics of Identity,” p.364.

尽管存在这些限定，案例研究揭示了持久和平发端所依赖的三个主要要素——**制度化的克制**、**相容的社会秩序**以及**文化的共同性**。制度化的克制是一个便利条件，而相容的社会秩序和文化的共同性则是必要条件。下面阐述了其间基本的因果逻辑。

对制度化克制的接纳，使得国家具备了特别适合于实施包容以及伙伴关系对外政策的国内属性。由于在国内制度化了制约和权力制衡机制，自由民主制度与非民主的宪政秩序都比其他政体类型更有可能在它们的对外政策行为中实施战略克制。此外，自由主义秩序所带来的透明度使伙伴国家在评估彼此的意图、动机和政治特征方面抱有信心。在持久和平发端的前两个阶段——单方面的包容和相互的克制阶段，制度化的克制尤为重要。之所以将它作为便利而非必要条件，是因为案例研究表明，在国内没有接受制度化克制的国家也可能在治国方略中贯彻战略克制的原则。

社会秩序的相容性是一个许可条件。当伙伴国家精英群体（elite sectors）的政治影响和经济利益被和解所加强时，它们就会支持持久和平、推动其发端。相反，当伙伴国家的社会秩序不相容时，受到一体化威胁的政治和经济团体通常会阻碍和解进程。社会秩序的相容性在持久和平发端的第三阶段——社会一体化阶段——尤为重要。

文化共同性在持久和平进程的开始和完成过程中扮演着重要角色。在开始的时候，一种预先存在的文化亲近感会鼓励潜在的伙伴国家思考相互包容和和解的可能性。这样的相似性促使各国选择彼此作为可能的伙伴，以及愿意冒包容相关的风险。文化的共同性在持久和平发端的最后阶段——拥抱相容、共有或者相同的认同——扮演着更加显著的角色。公共官员和舆论领袖在形成有关朋友和相似性的表述时严重地依靠有关族群、种族和宗教的纽带。

表 2.5 描述了这些因果关系。接下来将会更深入地对制度化的克制、相容的社会秩序以及文化的共同性进行考察。

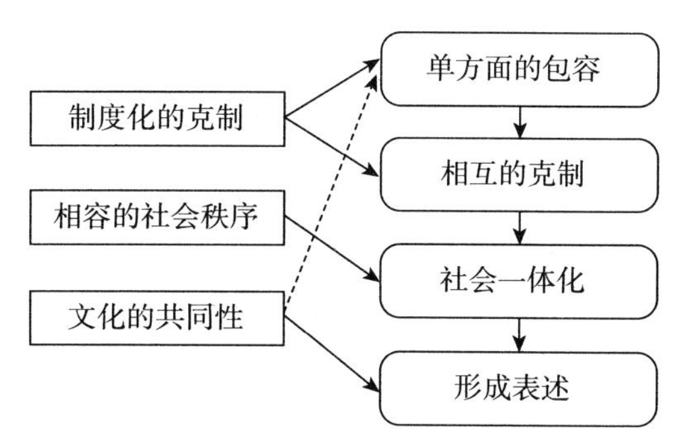

表 2.5 持久和平的因果条件

制度化的克制

民主和平论学派提供了国际关系理论中较为完善的一个研究结论——自由民主国家之间彼此不会开战。这意味着，自由民主制度可能特别适合于打造持久和平圈。但是，政体类型和持久和平之间的关系是一个复杂的问题。一方面，自由民主制度的确看起来比其他政体类型更适合于建设国际社会。另一方面，自由民主制度既不是持久和平的充分条件，也不是持久和平的必要条件。自由民主制度之所以不是充分条件，是因为它并不能自动导向持久和平——就如土耳其和希腊目前的地缘政治对抗所表明的。之所以不是必要条件，是因为持久和平在没有自由民主国家的情况下也能发生；"欧洲协调"、东盟、易洛魁族邦联、阿联酋以及统一的大英帝国——这些都是持久和平在没有自由民主国家参与的情况下演进的例子。

民主制度与国家间和平的因果联系经不起严格的实证检验。其原因在于，持久和平的必要条件是实施战略克制，而非政体类型本身。就如上面讨论的，战略克制和权力的克制在向潜在伙伴传递善意信号的过程中是必不可少的——这是减轻地缘政治对抗的关键的第一步。不可否认，战略克制的实践通常是民主国家间制度化克制形态所带来的产物——通过在多个权威中心分配权力的制度，在国内实现了对行政机关的制衡。政府权力受到制衡的国家更有可能在对外政策行为中实施战略克制。和国内治理有关的制约精英权力的机制——宪法、议会、法院——也参与到国家大事的决策中来。

但是，自由民主制度并不是制度化克制的唯一实践者。非民主

政体常常包含了宪政克制要素，从而具备了谋求和解、减少对抗所需的一些关键属性。的确，即便在国内没有接受制度化克制的国家也可能愿意在对外关系行为中实施战略克制。这表明政体类型自身并非持久和平得以发生的决定因素。①

对制度化克制与持久和平之间关联的说明，可以从考察自由民主制度为什么比其他政体类型更加适宜于建设国际社会这一问题开始。接下来的分析探讨了为何非民主政体也可能建设持久和平区。

实行自由民主制度的国家之所以更适合于持久和平，并不仅仅是因为各伙伴国家彼此认为对方是民主的这一事实。相反，民主制度所表现出来的制度属性和行为方式赋予了它们在建设持久和平过程中以独特的优势。起作用的不是某种相似感或者相互认定为民主国家，而是作为自由主义制度产物的特定能力和行为特征。构成制度化克制的四种关键属性看来发挥了作用：政治结构存在权力制衡；透明性；做出可信承诺的能力，以及政策适应性。

首先，自由民主制度的特点之一是存在制衡、分散政治权力的制度。拥有这些制度的国家从本质上来说更有可能实施战略克制；在实施政策的各方各面，领导人都受到权力制衡机制的制约。而且，如果在国内习惯于坚持以规则为基础的秩序，领导人也更有可能在国际上支持建立以规则为基础的秩序。政治克制的习惯就是战略克制的习惯；和平区很重要的地方就在于它是把国内治理的规范和制度复制到国家间关系的层面上。

其次，自由民主制度是开放、透明的政体，其他国家有机会细致地观察决策的过程，并且能够抱着较高程度的信任来评估该国行为背后的意图和动机。选举、立法过程、民意调查以及媒体辩论——所有这些活动把塑造政策的战略和政治考虑置于公众的视线之内。自

---

① 就如案例部分的一些研究将表明的，自由民主制度不是持久和平的必要条件，而且向自由民主制度的转型过程实际上可能会对持久和平构成威胁，因为这一进程将会鼓励民族主义、妨碍战略克制的实施。从这个方面来说，政体变革过程中的国家可能比非民主政权或者成熟的民主国家来说都更不适合于建设持久和平。对于这一点，可以特别参见第五章对于“欧洲协调”瓦解的考察。也可参见 Jack Snyder, *From Voting to Violence: Democratization and Nationalist Conflict* (New York: Norton, 2000)；以及 Edward Mansfield and Jack Snyder, *Electing to Fight: Why Emerging Democracies Go to War* (Cambridge, MA: MIT Press, 2007)。

由民主制度与生俱来的透明性在促使敌对各方放弃地缘政治竞争上发挥着重要作用；只有当伙伴国家能够把善意的行为理解为善意的意图和动机之时，它们才会愿意降低戒备，开始迈向持久和平的后续动作。就如安德鲁·基德观察到的，“如果一个民主国家真心实意寻求安全的话，它的政策进程的开放性将会向世界表明这一点”①。

再次，自由民主国家在做出可信承诺方面很有利，能够使潜在的伙伴对它们宣示善意的真诚性感到放心。对于那些通过选举上台的领导人来说，如果他们不能信守自己的政策诺言的话，将会面临着所谓的“观众成本”；选民认为他们需要对反复无常的行为负责。② 这些国内的制约让其他国家的精英相信，该国宣示的政策将会确实得以持续。此外，自由民主国家通过把更广泛的民众卷入和解和伙伴关系的进程，提升了持久和平的可持续性。公众的参与使持久和平不再依赖某个特定的精英群体，因而更加牢固和可信；政权更迭交替，但只要有一个深层的公民社会根基，不管是从社会的相互依赖还是相互认同的角度来看，国际社会都将继续存在。

承诺的可信度对于减少实力不对称所带来的地缘政治后果尤为重要。③ 制度化克制的前景使小国不用担心在降低戒备、同大得多的伙伴和解时被乘虚而入。当小国小心翼翼地遵循持久和平发端时的默契理解和明确安排时，不用太害怕会丧失自己的独立。在统一体形成的过程中，这样的信心是特别重要的。小国斟酌是否同一个更强大的国家进行政治合并的过程，实际上是一个克服被吸收或者被吞并的恐惧的过程。拥有压倒性优势的伙伴如果能做出可信承诺，能让它们感到放心，相信即便是在采取统一的步骤之后，它们也能维持某种程度的自主性和发言权。

最后，与自由民主制度联系在一起的多元主义使国家能够更有效地处理战略克制实践所带来的国内政治挑战。持久和平的发端需要让步战略、容忍自己处于脆弱境地，这就给执行这些政策的精英们带来了相当大的政治风险。尤其是在一个以长期对抗为特征的地缘

① Kydd, “Sheep in Sheep’s Clothing,” p.119.

② 参见 James Fearon, “Domestic Political Audiences and the Escalation of International Disputes,” *American Political Science Review* 88, no.3 (September 1994)。

③ 参见 Ikenberry, *After Victory*, pp.50-79。

政治环境中,强硬派通常会指责采取包容战略的精英们软弱胆小。

对于统治官员来说,他们面临的挑战是确保包容的政治(politics of accommodation)胜过羞辱的政治(politics of humiliation)。这么做需要决策者把让步描述为机会而不是被迫,向国内的观众说明他们正在抓住某个好机会,不会向压力屈服。出于许多方面的原因,在一个自由民主制度下,包容的理性和适当性可以更容易获得有效的统一。民主国家精英的合法性至少是部分地来自代议制政府,这使得他们不那么需要依赖冲突性的对外政策来维持自己的权威。精英和大众在讨论时更能接纳和回应新的理念和行动方案,这就使得支持让步的观点更有可能有能力挑战支持维持现状的观点。与单一制政府不同,自由民主制度下精英们还可以沟通那些从和解中获益的利益集团,在重新定调战略争论的过程中得到他们的支持。最后,政治多元主义使得反对和解的既得利益集团不太可能具有否决权,从而无法有效地阻止实施包容战略的努力。总之,自由民主制度比起单一或零碎的政策具有更大的灵活性和适应性,使得民主国家更适宜于做出的战略调整。①

自由民主制度固有的多元主义不仅促进了各伙伴国家的内部战略调整,也促进了它们在理念上的趋同。作为和解的基础,一致的利益和相容的认同需要有关各国某种程度的理念趋同。如果要从和解迈向安全共同体和统一体,那么这样的趋同就必须走得更远,使得各伙伴国家的精英们能够在建立秩序的规则方面达成共识。这些共识有赖于思想的交流以及各国精英接受彼此立场的程度。就如卡尔·多伊奇和约翰·欧文(John Owen)两位学者都指出的,自由化的联盟常常在国内和国家间形成,为合作和信息流动提供了便捷的途径。② 相反,权威主义的统治常常妨碍多元主义,使得理念的趋同更为脆弱,

---

① 参见 Hendrik Spruyt, *Ending Empire: Contested Sovereignty and Territorial Partition* (Ithaca, NY: Cornell University Press, 2005)。在他对非殖民化的研究中,斯普鲁伊特(Spruyt)发现多元主义的、不那么碎片化的政体可以更好地接受为放弃帝国承诺而实施的调整和适应战略。有关多元主义在帮助温和派战胜强硬派之中所起的作用,参见 Joe Hagan, "Domestic Political Sources of Stable Peace: The Great Powers, 1815-1914," in Kacowicz et al., *Stable Peace Among Nations*。

② Deutsch, *Political Community*, pp. 176-178;以及 Owen, "Pieces of Stable Peace: A Pessimistic Constructivism"。

一般来说将非民主国家之间的伙伴关系限定在临时性的“权宜婚姻”(marriages of convenience)的范围之内。

尽管权力制衡结构、透明性、做出可信承诺以及适应能力这些在自由民主国家之间可能获得更充分的发展，接受制度化克制的非民主国家有能力建设和平区，这在很大程度上是因为它们表现出与这些属性的许多共同点。例如，皮埃蒙特(Piedmont，位于意大利西北部。——译者)和普鲁士都不是自由民主国家，但它们成功地指导意大利和德国完成了各自的统一。两者在1848年革命后实施了宪政统治，这一动作有助于使较弱的邻居放心，即统一意味着基于一致同意的合并，而不是强制性的剥削。组成易洛魁族邦联的部落并不是自由民主的，但各部落在地方层面的克制和协商一致治理实践的传统在统一体的机构中得到复制，有效地促成了一种宪政秩序。这些例子表明，塑造持久和平的关键要素不是民众控制(popular control)，而是政府愿意通过制度化的克制自我控制以及让潜在伙伴对和平感到放心的权力制衡机制。

本书的案例研究也包括了相当数量的异类——在国内缺乏制度化克制，但在国际上却实施战略克制。“欧洲协调”中的俄罗斯、普鲁士和奥地利，20世纪50年代的苏联，1966年的印度尼西亚，以及1979年的巴西——这些都是专制主义政权致力于持久和平道路的例子。就如案例研究部分将要揭示的，当面临着战略需要或者紧迫的国内诱因时，即便是在国内不遵循战略克制的独裁政权也有能力在它们的外交政策行为中实施战略克制。

这些发现与近来的学术进展是一致的，后者挑战了只有通过选举上台的领导人才受到“观众成本”——需要向他们的公民证明其信誉和能力——的制约这一假定。这一观点认为，民主问责制(democratic accountability)加强了当选官员做出可信承诺和展示决心的能力。[①]观众成本因而有助于各国向其他国家表达可以预期的意图——就如前面所探讨的，当国家试图发出善意动机的信号和实施互惠克制时，这是一个关键性的优点(key asset)。但就如杰尔西·威克斯(Jessica

① 参见 Fearon，“Domestic Political Audiences and the Escalation of International Disputes”。

Weeks)所认为的以及接下来各章的案例所证明的,“民主政体下国内观众成员一般来说比不同专制政体类型下的观众更加重视信誉或者能力”这一说法是不准确的。威克斯指出,与此相反,“绝大多数权威主义领导人都需要国内精英的支持,这些精英作为观众的行为方式与民主制度下投票的公众的行为方式在很大程度上是一样的”①。因此,权威主义和民主主义的领导人一样受到观众成本的影响,这加强了他们做出承诺和展示决心的能力。

有关观众成本的文献倾向于只关注它们与威胁可信度之间的关系。但是,正如威克斯所恰当指出的,“就如领导人在威胁面前退却可能带来国内成本一样,他们在不侵略邻国这样的和平承诺上食言也会产生成本。因此,更高的观众成本可能通过减少维持和平的承诺是否真诚问题上的不确定性来减轻安全困境”②。的确,巴西和阿根廷的和解以及东盟的发端这样的案例都表明,即便是在军事独裁政权之间,国内的观众成本可以发挥十分重要的促进持久和平的作用。因此,威克斯对这一领域文献的两个重要修正有助于解释为什么不仅是自由民主国家,专制国家也可以成为和平区的可靠成员。就如结论那一章所探讨的,这些发现提醒我们在解释持久和平发端时不要赋予政体类型以过分重要的因果意义。

相容的社会秩序

相容的社会秩序构成了持久和平的第二个关键要素。③ 这种相容性是社会秩序的三个主要方面作用的结果:不用阶层间政治权力的分配;不同族群、种族和宗教群体间政治权力的分配;以及经济生产和商业活动的组织原则。随着持久和平的发端进入社会一体化的阶段,各伙伴国家的主导社会部门开始彼此之间的互动。当社会秩序相似时,社会一体化促进了这些主导部门的政治和经济利益——持久和平的进程迅速推进。当社会秩序不相容的时候,社会一体化

---

① Jessica Weeks, “Autocratic Audience Costs: Regime Type and Signaling Resolve,” *International Organization* 62, no.1 (Winter 2008): 42, 36.

② Weeks, “Autocratic Audience Costs,” p.60.

③ 参见 David Skidmore, ed., *Contested Social Orders and International Politics* (Nashville, TN: Vanderbilt University Press, 1997)。

威胁和损害到这些主导部门的政治和经济利益——继而它们会插手阻碍持久和平进程的推进。那么，如果社会一体化和和解的进程想要再度启动的话，那么就只有等待社会的趋同消除了这些国内障碍之时。

当贵族的特权地位受到权力并不基于阶层分化的伙伴国家的威胁时，由贵族主导的国家和一个平等主义社会之间的一体化就有可能陷入停顿。类似地，资本主义国家和社会主义国家之间、农业国家和工业国家之间、开放经济和封闭经济之间，互动的增多都会使得主导的社会部门彼此对抗，使得持久和平的发端面临着强有力的阻碍。一般而言，权力和经济特权基于某个既定社会秩序的精英们将会拒绝可能威胁和推翻这一秩序的政治经济一体化形式和水平。

社会秩序的不相容并不会妨碍各国迈上持久和平的道路，但是，随着政治和经济一体化的推进，持久和平进程所面临的社会障碍会不断增多。苏联和中国在 20 世纪 50 年代打造了一种紧密的伙伴关系，但是冲突的社会需求和意识形态的紧张将工业国家苏联和农业国家中国分裂开来，在 50 年代末导致了伙伴关系的消亡。埃及和叙利亚、塞内加尔和冈比亚的统一起初很顺利，但两者很快都因为社会秩序的差异以及关税和贸易争端失败了。类似地，马来西亚和新加坡的统一也成为社会秩序差异的牺牲品，新加坡华人占压倒性多数这一点扰乱了马来西亚微妙的族群平衡。即便是在民主国家之间，社会秩序的分歧也会危及持久和平。例如，美国曾经经历了一场流血的国内战争，起因是南方和北方存在不相容的社会秩序。当面临着潜在的社会裂痕时，自由民主制度并不能保证政治和谐。

社会秩序的变革对于持久和平的前景有着重要影响。“欧洲协调”作为一个成功的安全共同体运作了超过三十年——尽管它包含了两个决心巩固宪政君主制的自由国家（英国和法国）和三个决心捍卫绝对统治的保守政权（奥地利、普鲁士和俄罗斯）。由于这五个国家都是由贵族精英统治，彼此都同意不干涉其他成员国的国内事务，它们政体上的差异被抵消了。但是，“欧洲协调”最终也成为社会秩序分歧的受害者。“欧洲协调”的自由成员和专制成员的商业化和工业化速度不同，导致各国对待中产阶级和劳工阶级的崛起态度相反，进而导致彼此间社会和政治的裂痕扩大。1848 年革命使这种分歧表

面化，颠覆了政治现状，成功地终结了这一协调。同样，社会的变革最终也把美国带入了内战。在该国建立的早期，南方和北方达成的一种大致的政治平衡抑制了两个地区在奴隶制和是否需要城市化和工业化上的差异所带来的分裂潜力。但是，随着西进扩张以及北方人口和财富的更快增长威胁到政治平衡，统一体被证明克服不了社会秩序上的分歧。

通过类似的方式，社会趋同可以促进持久和平的前景。在19世纪上半个世纪，在德意志诸多邦国中推动政治和经济一体化的努力受到了更为商业化的北方和更为农业化的南方之间利益分歧的阻碍。但是，随着商业化扩展到南方邦国，后者政治和经济精英的利益与北方精英趋于一致，从而有助于肃清1871年建立德意志王国的道路。社会秩序的不相容是社会一体化的潜在障碍，但社会秩序的趋同则有助于推动持久和平的发端和巩固。

文化的共同性

文化的共同性是持久和平的第三个关键要素。文化指涉的是首要来自于但并非仅限于族群、种族和宗教的实践、含义和符号的整体。历史案例表明，文化相似性的认知指导着各国之间的交往；在寻找可能从敌人变为朋友的对象时，文化的共同性限定了哪些国家会彼此互相选择。文化共同性所发挥的作用类似于社会选择的作用。当地缘政治需要敦促国家尝试以朋友的方式对待一个敌手时，该国通常会选择一个有着相交的文化实践和符号网络的对象。已有的共同性意识就像是一个标签，给予双方国家一个最初的暗示，即它们或许能够从地缘政治对抗中摆脱出来。① 文化的相似性在持久和平发端之后的阶段也扮演着重要角色。随着社会一体化的加深和伙伴国家的精英试图形成一种模糊自我和他者区别的新表述，文化的共同性为塑造一种相容、共同或者相同的认同提供了现成的基础。这些发现与赫德利·布尔（Hedley Bull）所下的“不同国际社会的一个共

① 参见 Christopher Hemmer and Peter Katzenstein, “Why Is There No NATO in Asia? Collective Identity, Regionalism, and the Origins of Multilateralism,” *International Organization* 56, no.3（Summer 2002）。

同特征是它们都基于某种共同的文化或者文明”结论是十分一致的。[1] 布鲁斯·克罗宁也认为，跨国共同体需要一个“共同的特征”——诸如同属一个族群有助于塑造“超越司法边界的社会认同”[2]。

持久和平的案例最常见诸拥有文化共同性的国家之间。英国和美国之间成功实现了和解，这部分要归因于盎格鲁-撒克逊共同遗产所带来的亲近感。相反，英国和日本之间和解的失败部分要归因于根源于种族差异的疏远感。成功的安全共同体倾向于是文化同质的。“欧洲协调”和欧洲共同体都得益于文化和宗教共同性的表述。相反，澳大利亚和新西兰则被排斥在东盟之外——尽管它们与后者在战略上接近——首要的原因在于，它们的主要人口不是亚洲血统。类似地，稳定的统一体倾向于以文化画线——美国、意大利、易洛魁族邦联以及阿联酋都是恰当的例子。相反，瑞士邦联反复经受着天主教和清教徒之间冲突的考验。只有在天主教行政区在 19 世纪 40 年代的分离行动遭到军事挫败，以及 1848 年革命带来了自由主义的民族主义之后，瑞士才真正开始建设持久和平的道路。马来人和华人之间的对抗导致了新加坡和马来西亚统一体的瓦解。总之，跨越文化边界的统一体常常面临着长期的不稳定，有时沿着文化分界线解体了，苏联和南斯拉夫最近的命运就表明了这一点。

值得注意的是，语言分界线似乎远没有族群、种族和宗教分界线那么重要。相同的语言的确有助于促进国际社会的深化发展以及民族国家的建设，对美国、德国和阿联酋统一的考察表明了这一点。但是，“欧洲协调”、东盟和欧共体的案例也证明，语言的差异并不会构成持久和平的障碍。在和平进程倒退到地缘政治对抗的案例中——诸如中苏关系和瑞士，语言的差异可能并非解体的原因。

在考察族群、种族和宗教联系如何促进持久和平的机制之时，涂尔干的社会连带(social solidarity)观念可以提供重要的启发。涂尔干区别了共同体的原始形态和成熟形态。原始的共同体是通过机械连带的方式，一种根源于相似性的统一性。成熟的共同体拥有有机连

① Bull, *The Anarchical Society*, p.16.

② Cronin, *Community Under Anarchy*, pp.31-32.

带的方式,不同的社会单元以一种互补的方式共同工作。机械连带和有机连带是有序联系在一起的。用涂尔干的话来说:“社会单元为了能够区分彼此,它们必须先被它们表现出来的相似性所吸引或者归类……事实上,我们知道,更高级的社会是同类低级社会集合的结果……通过这种方式,更简单的、彼此相似的有机体复制而成更复杂的有机体,而这些简单的有机体在联系到一起之后才进行区分。”①涂尔干补充说,只有当存在共同性和相似性时,经济的相互依赖才会促进社会连带。

由于国际社会是共同体的一种初期或者原始形态,它的连带性自然倾向是机械性而非有机的。文化的相似作为一个背景条件,促成可能的连带性以及确保不断增加的相互依赖不只是带来财富,也加强社会联系。随着持久和平区的不断成长,它们所拥有的连带性也逐步成熟,在分化而非统一的基础上建立起更复杂的社会联系。但是,在早期阶段,持久和平常常依赖文化的共同性作为首要的社会亲近根源。

对于文化相似性和持久和平之间直接关联的理论观点的限度,有一个重要的提醒。造就文化共同性的是对于政治和社会建构的开放态度。通过政治、社会变革,以及话语的转变,文化意义上的他者可以变得亲近起来,而本来亲近的文化也可能变成文化意义上的他者。几个世纪以来,欧洲的地缘政治断层线(geopolitical fault line)与宗教的断裂线是平行的。今天,欧洲的天主教和新教(除了少数显著的例外)建立一种稳定的社会连带关系。在 19 世纪时,瑞典是挪威最首要的“他者”。今天,它们接受了一种共同的北欧认同。经历了 20 世纪 90 年代,南斯拉夫曾经拥有的共同认同已经让位于族群冲突的重新觉醒。

尽管文化相似性的观念具有可塑性,社会建构的确会遭遇到厄恩斯特·盖尔纳(Ernest Gellner)所说的“抗熵性”(entropy-resistant traits)。“归类就是抗熵”,盖尔纳写道,“如果这种归类是基于某种随

① Durkheim, *The Division of Labor in Society*, p.219.

着时间流逝也不会均匀分布在整个社会之中的属性的话”①。有关族群、种族和宗教的观念或许是可塑的，但这仅限于一定的范围内。要想说服法国人同德国人分享共同遗产已经足够困难，而要想说服他们同土耳其人有着文化相似性则完全是另外一个问题。在20世纪的进程中，美国和加拿大的安全共同体比美国和墨西哥之间的安全共同体演进得更快，范围也更加广泛。族群差异和认同政治在其中扮演了一个主要的角色。②

这里的要点不是说族群、种族和宗教应该被看作是持久和平得以生根的永恒决定因素。今天的文化分界线，在明天可能成为历史的遗物。另一方面，如果否认文化相似性在促使国家摆脱地缘政治竞争和建设国际社会中的重要作用也是不切实际的。尽管对文化共同性及差异的认知常常受到公众话语的调节，哪一种有关共同性的叙述受到偏爱是源于它们的可获得性。英国之所以成功地与美国而不是日本实现了持久的和解，这部分是因为有现成的盎格鲁-撒克逊统一体叙述可用。易洛魁族邦联之所以仅仅包含了易洛魁族部落，部分是因为它们彼此相邻，也是文化相似性的结果。尽管对文化相似性的认知是可塑的，族群、种族和宗教相似性仍然是持久和平区是否可能形成和持续的可靠风向标。

尽管这里的分析赋予了文化因素以相当的分量，它与塞缪尔·亨廷顿(Samuel Huntington)有关文明冲突的论著是很不一样的。③ 与亨廷顿一致的地方在于，本书承认文明分界线有着重要的地缘政治意义。但是，亨廷顿强调的是不同文明必定会发生冲突，而本书的观点则十分不同——拥有文化共同性的国家在享受持久和平方面处于一个独特的地位。这一结论具有重要的指导含义，表明建设和维持和平区的努力如果沿着——而不是跨越——文化群体的界线进行的话将会是最为成功的。如果土耳其致力于建设国际社会，它的天然伙

---

① Ernest Gellner, *Nations and Nationalism* (Ithaca, NY: Cornell University Press, 1983), p.64.

② 参见 Guadalupe Gonzalez and Stephan Haggard, “The United States and Mexico: A Pluralistic Security Community?” in Adler and Barnett, *Security Communities*, p.326。

③ Samuel Huntington, *The Clash of Civilizations and the Remaking of World Order* (New York: Touchstone, 1996).

伴可能是位于中东的邻居而不是位于欧盟的邻居。如果东亚最终拥有一个类似于欧洲的安全共同体,这一地区的国家——例如中国和日本——可能是比美国更为合适的中流砥柱。[①]

触发条件

制度化克制、相容的社会秩序和文化的共同性是持久和平的基础,但它们并不是充分条件;即使当这些因素都存在时,持久和平并不会自然而然地出现。相应地,什么样的触发条件导致了持久和平发端是最后需要探讨的一个问题。哪些因素激活了本章前半部分所阐述的和解进程?

三个条件看来有助于触发持久和平的进程。第一个条件是本章多处提到的地缘政治需要。主动从对抗中后撤的国家并不是因为利他主义。相反,它面临着一个危险的环境,缺乏应对这些威胁的足够资源。它把目前的某个敌人当成朋友来对待,是被迫而非机会的产物。

第二个触发性条件是存在某个压倒性的国家作为和平区的中流砥柱。这一条件虽然常见,并不是总有。就如卡尔·多伊奇所假设的,安全共同体倾向于围绕力量核心而形成。地区内最强大的国家并不总是持久和平的倡导者,但如果持久和平要成为可能的话,该国必须愿意实施战略克制,愿意接受和解的前景。如果主导国家仍然维持冲突性的姿态,它的弱小邻居就倾向于联合成为同盟,这就意味着国际无政府状态的制衡逻辑压倒了国际社会的"抱团"(grouping)逻辑。如果占主导的国家实施战略克制,放弃物质力量优势所带来的某些好处,它的弱小邻居就会有降低戒备、敢冒持久和平风险的强

---

① 制度化克制、相容的社会秩序以及文化的共同性在推动持久和平的途径方面往往是相互交织的。例如,在挪威和瑞典的和解案例中,政治改革通过削弱瑞典贵族的权力,迅即带来了制度化克制和社会秩序的趋同。这些变化反过来为强调两国间文化纽带的新表述扫清了道路。在英国和美国的案例中,政治改革通过扩大英国议会的权力,加强了英国的制度化克制。不过,通过削弱英国贵族的影响力——后者怀有强烈的反美情绪,带来了社会秩序的趋同。新加坡之所以从马来西亚中分离出来,在表面上是文化差异的产物——华人和马来人之间的冲突。但是,这一分裂最终是一个社会秩序问题——华人和马来人之间的权力平衡——而非族群差异。文化差异在地区层次扮演着更为显著的角色;东盟排除了澳大利亚和新西兰作为其成员,首要的原因是它们的许多人口是欧洲而非亚洲血统。

烈动机。

第三个触发条件是政策创新(policy entrepreneurship)。谋求持久和平的精英必须"面对严酷考验"，承担由包容战略及其引发的战略和政治脆弱性所带来的风险。这些创新通常出现在政权经历变革、为明显的路线变化提供了机会之后。瑞典的政府变更和新政府推动政治改革的意愿为它同挪威实现和解铺平了道路。只有在苏加诺政权倒台、苏哈托将军上台之后，印度尼西亚才结束它的"马印对抗"(*konfrontasi*)政策。在其他案例中，诸如战争和革命这样有着巨大影响的事件为新型的、有风险的国家战略提供了动力。"欧洲协调"出现在拿破仑战争之后。两伊战争为海湾合作理事会(Gulf Cooperation Council)的建立扫清了道路。开始于1775年的革命战争带来了美洲各殖民地的统一，而1848年的革命则推动意大利和德国走上了统一之路。尽管促成这些创新的事件在什么时间爆发有着内在的不确定性，政权变更和政策创新经常出现在政治危机和军事冲突之后的价值重估和分化组合时期。①

对持久和平光谱及其分解的理论化

和解、安全共同体和统一体是持久和平光谱上的不同阶段。随着各伙伴国家沿着这一光谱推进，它们的利益也从一致的变成联合的，再演变为统一的，而它们的认同也从相容的变成共同的，再变成相同的。此外，随着和平区的不断成长，自我约束和共同约束的实践越来越常规化和制度化。和解更多属于实践而非制度。各方成功实现了和平共处的状态，但是合作采取了自我约束而非共同约束的形式，实现了常规化但还没有制度化。安全共同体超越了和平共处；它们是一种更高级的国际社会形式，基于一套清楚的、制度化的秩序生成规则。统一体则更进一步，建立了成员国让渡主权的超国家制度，

---

① 有关这些关键节点在带来政策创新方面所发挥的作用，参见 Ruth Berins Collier and David Collier, *Shaping the Political Arena: Critical Junctures, the Labor Movement, and Regime Dynamics in Latin America* (Notre Dame, IN: University of Notre Dame Press, 2002)；以及 G.John Ikenberry and Charles A.Kupchan, "Socialization and Hegemonic Power," *International Organization* 44, no.3(Summer 1990)。

在国际舞台上寻求以一个单一的单位采取行动。

本研究并不是要提出一个各国何时、为何沿着这一光谱往前推进的理论;这一主题留待下一步的研究。相反,它提供的是通向持久和平的有序进程的一般性说明,以及这一进程得以发端的条件。但是,案例研究部分的确提供了一些线索,涉及从和解到安全共同体再到统一体的发展过程存在的潜在决定因素。下面对这些线索的讨论包括了观察和思考,而不是得到实证研究证实的发现。

和解是国家基于战略需要所作出的自然反应的结果。在发端之时,它是纠正战略缺陷的第一步,也是最重要的一步;持久和平建设的前景只有在和解持续推进的情况下才能具体化。从这个意义上说,和解是尝试通过外交来中和威胁的努力结果,而和解的成功又开启了两国关系更加深刻变革的可能性。1896 年,伦敦决定在英属圭亚那和委内瑞拉的边界争端问题上包容华盛顿的要求之时,它仅仅是减少对西半球的承诺,而不是把美国作为一个长期的伙伴。当瑞典选择在 1905 年不入侵挪威时,它是对眼前的战略环境做出回应,也不是同邻居谋求持久和平。和解绝不是偶然发生的,但它也不是某个经过充分论证的战略构思(strategic vision)所导致的结果;它随着地缘政治对抗的减弱而逐步出现。

相反,安全共同体与统一体是深谋远虑和战略构思的产物;精英们从一开始就把基于规则的秩序和可能出现的和平区作为他们的目标。正是出于这个原因,和解作为起初的一步常常出现在安全共同体和统一体的发端之前;只有在对抗的各方从地缘政治竞争中后退才有可能去想象一个合作型的、基于规则的秩序。20 世纪初期英美和解巩固很久之后,美国和英国的精英才能认真考虑一个跨大西洋的安全共同体。这一进程可以说要等到 1941 年夏季富兰克林·罗斯福和温斯顿·丘吉尔制定的《大西洋宪章》。印度尼西亚和马来西亚的和解为东盟的建立扫清了道路,正如法国和德国、阿布扎比(阿联酋首都)和迪拜的和解分别为欧共体和阿拉伯联合酋长国的建立扫清了道路一样。

一旦和解为设想建立一个基于规则的秩序提供了基础,那么,和解只是发展为安全共同体还是最终实现统一,这看来取决于几个方面的决定因素。安全共同体在幅员广大,文化、语言和政体类型多样

性更强的群体间更有可能出现。“欧洲协调”和东盟就是例子。它们的成员国规模、多样化语言以及政体类型差异需要安全共同体所赋予的多元主义。统一体倾向于在那些规模较小，文化、语言和政体类型不那么多样化的群体间形成。阿联酋、易洛魁族邦联、德国和意大利就是例子。考虑到领土的规模，美国是一个值得注意的例外，但它在文化和政体类型方面表现出同质性。同样属实的是，文化和语言上多元的统一体比同质的统一体更易于陷入不稳定。南斯拉夫、捷克斯洛伐克、加拿大和比利时都是恰当的例子。

政治文化和对主权的忠诚度也在决定特定的国家群体沿着持久和平的光谱能走多远方面发挥着作用。即使有1789年正式的统一法案，美国花了几十年的时间才演变为一个中央集权的联邦国家；身处自由主义（libertarian）的政治文化之中，独立的各州缓慢、勉强地向华盛顿移交权力。同样的政治文化也决定了跨大西洋共同体的发展不可能超越松散的安全共同体；例如，美国不会愿意接受今天欧盟所要求的正式削弱主权的做法。相反，一种更加社群主义（communitarian）的政治文化使得欧洲的国家形成进程较为轻松。德国比美国更易于联合起来建立联邦统一体，而意大利则从一开始就建立了单一国家。主权忠诚度较低则有助于解释欧盟为什么逐步从一个安全共同体演变为一个统一体。

关于哪些因素推动安全共同体发展为统一体的问题，社会一体化和经济一体化看来是主导性的驱动因素。社会互动、新的交通和通讯基础设施以及不断增加的社会网络都有助于共同认同向相同认同的转变。经济一体化提升了经济的相互依赖，对于公共和私营部门来说，这为它们把安全共同体推进到统一体提供了新的动力。从这一视角出发，尽管多伊奇看来错误地把和平区的形成归因于社会互动，他的互动性说明（transactional account）看来的确提供了何时以及为何安全共同体可能演进到统一体的有力解释。

外部威胁的上升在促使安全共同体加强为统一体的过程中也能发挥作用。① 但它也可能起反作用。对于那些通过内部动员可以获

① 有关国际竞争和国家中央集权化之间的关系，参见 Michael Mann, *The Sources of Social Power: The Rise of Classes and Nation-States, 1760-1914* (Cambridge: Cambridge University Press, 1993)；以及 Deudney, *Bounding Power*, especially pp.175-176。

得足够的应对外部威胁能力的安全共同体，这些威胁看来导致了共同体的加强。对于那些不得不依赖外部力量来应对外部威胁的安全共同体，这些威胁有可能削弱内在的凝聚力。

意大利和德国的统一出现在对外国的战争之中——这些战争是意大利和德国领导人以民族统一的名义精心策划的。美国的建立源于革命战争，而联邦政府的规模、权威得以实质性地加强，是由于19世纪美国作为一个大国的崛起和随之而来的地缘政治竞争。在这些案例中，构成意大利、德国和美国的各州能够积聚足够的力量来战胜它们各自的外部挑战者。相反，海湾合作理事会（GCC）被1990年后伊朗和伊拉克的威胁上升所削弱；面对上升的威胁，海湾合作理事会不是寻求统一，迈向安全共同体的原有进展被其自己的成员所损害——这些成员不能自己对抗伊拉克和伊朗，寻求来自美国的外部保护。类似地，易洛魁族邦联尽管可能有时被外部威胁所加强，最终因为在革命战争中是同美国殖民地还是英国人结盟的内部争议而分崩离析。

对持久和平光谱的理论化需要同时考察沿着该光谱的后退和前进动作。海湾合作理事会的倒退、易洛魁族邦联的毁灭、中苏友好进程的瓦解——这些和其他一些失败案例提出了持久和平区如何以及为何落空的问题。[①] 本章所发展的理论框架广泛地聚焦于持久和平为何以及何时出现上。不过，对于那些出现后陷入停顿或者实现后迅速解体的持久和平例子，没有必要单独进行理论上的讨论。相反，这些失败的历史插曲可以用来详细说明和扩展解释持久和平如何发端的基本理论模型。持久和平的解体也遵循着上面所阐明的同样的因果路径，但是运作的过程是反向的；对立的表述引发社会的分类，

---

① 有关持久和平三个阶段关系的论述比亚历山大·温特所提出的无政府状态相似阶段的说法，其条件性和复杂性都要强得多（参见第18页注释①）。温特表明，国际体系不会退化——例如，从洛克无政府状态倒退回霍布斯无政府状态。他也认为，由于人的承认需要和不断上升的战争代价，原始的、更加暴力的无政府状态比起成熟、和平的无政府状态更不稳定。相应地，国际体系将会向着一个和平的世界国家迈进。本书所探讨的实证案例对于这样一种全球和平前景的目的论观点提出了质疑。历史表明，持久和平从初期向更高阶段的演进绝不是必然的，而从持久和平倒退回敌对是可能的——如果不常见的话。参见Wendt, *Social Theory of International Politics*, pp.310-312；以及Wendt，“Why a World State Is Inevitable”。

反过来激起了安全困境、相互的竞争战略以及地缘政治对抗的回归。至于持久和平何时瓦解的问题，上面界定的那些关键要素——制度化克制、相容的社会秩序和文化的共同性——的消失说明了其中的缘由。

值得注意的是，社会和文化的紧张，而不是地缘政治紧张，刺激了和平区的解体。只有在文化和社会的差异引发争执紧张之后，地缘政治竞争才开始出现。美国内战最初并不是因为南北方的领土争议，而是基于双方在奴隶制和发展农业还是工业的愿望方面的分歧。折磨瑞士邦联的持续内战起因于农村和城市行政区之间的社会紧张，以及天主教徒和新教徒之间的宗教纷争。中苏伙伴关系在20世纪50年代的瓦解源于意识形态冲突，后来才演变为安全竞争。阿拉伯联合共和国（The United Arab Republic）的坍塌是因为埃及成功地疏远了所有的叙利亚精英群体，促使他们支持军队领导的反对统一体的倒戈行动。“欧洲协调”的解体则是1848年革命的结果——后者是现代化和社会变革所导致的动乱的蔓延。在所有这些案例中，标志着持久和平瓦解的地缘政治竞争都可以追溯到社会和文化的分裂。

这种普遍情况的一个主要例外是那些在如何最佳应对外部威胁的问题上观点分歧而导致的失败案例。美国的独立战争打破了易洛魁族邦联，因为后者在选边站的问题上达不成共识。海湾合作理事会在依靠美国力量制衡伊拉克和伊朗是否必要、愿意的问题上意见分歧，这导致它陷入困境。即便在这些案例中，地缘政治对抗也不是持久和平坍塌的直接原因。相反，对于外部事件的不同回应激发了政策中的反对和分歧身份，进而导致了地缘政治对抗的回归。东盟有可能面临类似的命运——但是它的成员还没有面临一个严重到能够把威胁观念的差异带到台面，或者不得不对外部大国形成战略依赖的威胁。

这些观点提供了有关和平区脆弱性的谨慎忠告。即便在地缘政治竞争和领土问题解决之后，持久和平仍然可能由于社会和文化问题上的差异或者对外部威胁的分歧反应而被动摇。就如结论章节所讨论的，这一发现警示我们在现有和平区的可持续性方面不能自满，强调围绕社会问题的争议和对外部威胁的分歧反应有可能升级为地缘政治后果的冲突。

第三章
英美和解

这一章和下一章探讨了两个双边和解事件，一个是成功的，一个是失败的。本章广泛地关注了20世纪初的英美和解。历史学家们已经对这一案例作了细致的研究；因此，不管是考察导向持久和平出现的有序进程，还是使之成为可能的条件，都可以获得十分丰富的资料。

下面对英美和解的论述将表明，战略需要促成了伦敦和华盛顿之间最初的关系松动。英国试图把美国当做朋友，以缩小它对西半球的承诺范围，从而为处理其他地方的威胁释放资源。伦敦方面愿意在许多不同的战线上包容华盛顿，这最终为相互的克制铺平了道路，使得双方能够走出数十年的敌对竞争。一旦对抗减轻，社会互动提供了和解的新动力，两边的私营部门和参与公民一起打造了两国之间的新联系。这一进程最终带来了有关英国人和美国人之间文化相似性的表述——后者宣扬了英美之间武装冲突等于是内战的观念。这一案例突出了制度化克制、社会秩序的相容性以及文化的共同性在使英美持久和平区的出现成为可能这一过程中的重要性。

大不列颠与美利坚合众国(1895—1906)

美国和英国曾经在超过一个世纪的时间里是不共戴天的对手。1775年，英属美国殖民地为了获得独立与英国爆发了战争。在成功推翻殖民统治和在1789年建立一个联邦统一体之后，年轻的共和国在1812年发现自己又处于同大不列颠的战争之中。战争的原因是英国海军为了封锁拿破仑法国而干涉了美国的海上贸易。战事以事实上的僵局而告终，但在此之前英国军队开进了华盛顿并且焚毁了白宫。

1812年战争结束以后，两国仍然是互相彼此警惕的敌手。主要的争论问题是缅因州和俄勒冈州的边界、沿加拿大边界的相互侵害以及捕鱼权。在美国内战期间，英国支持南方的分离以及为了南方邦联几近采取干涉行动。商业利益在其中发挥了作用，但是伦敦的算计还包括南北的分裂将会削弱美国，从而使得英国在西半球保持它的主导战略地位。尽管英国支持南方引起了北方的不满，英美之间的仇视在内战后获得了某种程度的减轻，这部分地是因为英国从加拿大撤走了陆军，美国逐步地将其与加拿大的边界非军事化。但是，南北美洲围绕着一系列的领土问题仍然关系紧张，而英国在西大西洋和加拉比地区继续保有海上的主导地位。直到19世纪末，两国仍然视彼此为敌手，保留着针对对方的预备战争计划。

和平是如何发生的

单方面的包容

经过了一个多世纪的公开对抗，英美关系在19世纪90年代中期开始显著改善。这一变化的主要动力是英国意识到它的全球承诺超过了它的资源。美国内战之后不久，伦敦认识到它没有足够的资金来同作为一个陆地国家的美国竞争。相应地，它从加拿大撤走了地面部队，集中精力维持在北美沿海地区的海军优势。到了19世纪90年代，随着曾经长期将自己的海军政策聚焦于海岸防卫的美国决定建造一支远洋舰队，即便是这一目标也变得困难起来。1890年，美国的舰队还没有一艘战舰。到了1905年，美国已经拥有了25艘战舰，这使它成为世界上最强大的海上力量之一。英国的舰队仍然是无可匹敌的，但是美国作战舰队的建造使得皇家海军越来越难以保持在西大西洋地区的海军优势。

英国发现自己不仅仅在北美面临着资源和帝国承诺之间的缺口。俄罗斯作为一个主要陆地强国正在扩张自己的势力范围，对印度这个或许是英国最有价值的帝国属地构成威胁，同时致力于扩张自己在东亚的存在。日本正在加强自己的海军力量，这使它在1894到1895年的中日战争中获胜，对英国在远东的地位构成了日益增长的威胁。同时，布尔人反对英国在南非的统治，这给帝国资源增加了额外的负担，尤其是考虑到德国新近的帝国雄心以及它对布尔人反

抗的支持这一背景。早在 1896 年,围绕委内瑞拉边界的争端爆发之后,正当伦敦重新考虑它与美国的关系之时,威廉二世向德兰士瓦(即南非共和国)总统发了一封臭名昭著的克鲁格电报(Kruger Telegram),祝贺布尔人成功地攻击了英国定居者。当德国从 1898 年开始建造远洋舰队时,英德对抗在欧洲舞台和帝国的边缘地区都上升了。

在伦敦为它的资源和承诺之间不断增加的缺口越来越感到焦虑之时,1895 年所爆发的新一轮英美竞争就显得更加不利了。华盛顿决定介入委内瑞拉同英属圭亚那之间的边界冲突是危机的起因。12 月 17 日,格罗夫·克利夫兰(Grover Cleveland)总统向国会递交了一封言辞激烈的信件,主张美国干涉这一争端并要求拨款支持一个为解决该问题所设立的边界委员会。这一请求在国会两院获得了一致通过。在克利夫兰总统的指导下,国务卿理查德·奥尔尼敦促英国接受该边界争端由美国来仲裁。奥尔尼为美国干涉进行辩护的依据是门罗主义赋予华盛顿的广泛影响力。他给英国政府的信十分强硬并有挑衅性,信里面坚持说:"今天的美国实际上统治着这一大陆,它的法令对于它所界定的干涉范围内的事物而言就是法律。"①有关战争的讨论使得华盛顿陷入十分热烈的氛围之中。

英国首相索尔兹伯里侯爵最初拒绝了华盛顿的要求,否定了奥尔尼有关门罗主义为美国在争端中提供了发言依据的主张。但是,在 1896 年的事态发展中,伦敦改变了它的立场,同华盛顿展开了谈判。到了该年年底,伦敦方面同意把它与委内瑞拉的争议提交给一个仲裁委员会。同时,伦敦和华盛顿也试图通过谈判达成一个更加广泛的协议,即双方都将致力于通过仲裁的方式解决未来的所有争端。1897 年,奥尔尼和英国驻华盛顿大使朱利安·庞斯富特(Julian Pauncefote)勋爵签署了《奥尔尼—庞斯富特仲裁条约》,将这一协议法典化。但是,在接下来的 5 月份,美国参议院以 3 票之差没有批准这一条约。尽管反英情绪在阻碍条约批准方面发挥了作用,但正如坎贝尔(C.S.Campbell)所观察到的,"真正重要之处并非是条约失败了,而是它的签署和几乎被批准。早先的时候,没有人能够想象同英

---

① Charles S.Campbell, *From Revolution to Rapprochement: The United States and Great Britain, 1783-1900*(New York: John Wiley & Sons, 1974), p.177.

国签订一个普遍的仲裁协议”①。

造成伦敦政策路径变化的主要动力是战略需要。随着来自各处的威胁不断上升，英国越来越被迫寻求减少帝国承诺的途径，至少是减少其中的一部分。尤其是当委内瑞拉争端引发了英美战争的可能前景之后，英国海军部强有力地表明，它完全缺乏有效处理同美国之间敌意的资源。海军将领强调：“这一意外事故将带来完全不同的情况，对后者我们甚至无法预先做出大致的准备。”②

对于战略承诺过度的担心，导致英国试图从同美国的地缘政治对抗中后退——对于这一点的极端重要性，研究英美和解的学者持有几近一致的看法。正如坎贝尔注意到的，“围绕着委内瑞拉所爆发的英美关系危机发生在一个对于英国来说四处起火的时候，”这使得英国“压力特别大”③。用斯蒂芬·洛克的话来说，“英国培养与美国的友谊，这是它巩固帝国这一更广泛的政策的一部分，是基于它的战略地位的紧急需要而做出的谨慎撤退”。“尽管它们短期和长期的首要关切都是避免同美国的战争，”洛克写道，“它们也十分期待美国不再是一个潜在敌人之后所能获得的财政和战略收益。”④肯尼思·伯恩(Kenneth Bourne)总结说，塑造英国政策的“主导因素”是“欧洲国家和美国不断上升的扩张主义和海军活动导致英国的资源过度紧张，超过了所能承受的限度”⑤。因此，把美国作为朋友来对待，不仅有可能减少在西半球发生重大冲突的概率，也有希望减轻英国的全球战略困境。⑥

为了确保英国单方面的包容行动能发出关于其更广泛意图的清晰信号，伦敦用毫不含糊的言行来表明它的开局让棋举动。英国人

① Campbell, *From Revolution to Rapprochement*, p.188.

② Kenneth Bourne, *Britain and the Balance of Power in North America, 1815-1908* (Berkeley: University of California Press, 1967), p.343.

③ A.E.Campbell, *Great Britain and the United States, 1895-1903* (London: Longman's, 1960), pp.11, 30.

④ Rock, *Why Peace Breaks Out*, p.36; and.Rock, *Appeasement in International Politics*, p.30.

⑤ Bourne, *Britain and the Balance of Power in North America*, p.340.

⑥ 随着英国致力于弥补它的战略缺陷，它不仅把外交的对象对准美国。进入20世纪之后，伦敦也致力于同日本、法国和俄国在外交上相互包容。英日关系的案例在下章中将会论及。

不仅同意通过仲裁来解决委内瑞拉争端，而且表明他们愿意接受门罗主义，由此表明它们正在慎重地努力满足美国人的要求。就如英国国会下议院领袖亚瑟·贝尔福(Arthur Balfour)1896 年 2 月在议会对他的同事所说的，“历届英国政府在和委内瑞拉之间的争端中从来没有、现在也没有侵犯门罗主义实质和本质内涵的哪怕是最轻微的意图……门罗主义是他们(美国)和我们共同珍视的一项政策原则。”[①]1896 年 1 月，牛津大学教授、国会议员以及即将成为驻美大使的詹姆斯·布赖斯(James Bryce)写信给西奥多·罗斯福[②]：“我们这一方只有友善。有一种观念认为，我们想要干涉美利坚的权利或者新大陆的势力均衡。此类想法绝不会再出现人们的脑海中。我们已经因为其他地区的事务而不堪重负。”布赖斯也在一篇题为《英国人在委内瑞拉问题上的感受》的论文中向美国的公众传递了这样的信息。[③]

通过明确而公开地表明政策缘由，英国人所试图做的不仅仅是解决委内瑞拉争端；他们还寻求发出一个清晰的善意信号。重要的是，华盛顿不会把伦敦的行为视为虚弱的产物，而是寻求和平的努力，一个消除两国间地缘政治竞争的慎重努力。英国人希望通过这样做，可以在把一个不共戴天的仇敌转变为一个潜在朋友的道路上迈出重要的第一步。

相互的克制

看到英国方面愿意包容美国的要求，华盛顿也做出了相似的回应。美国没有利用伦敦的顺从态度来提出更多的要求或者强迫一个对英国利益不利的解决方案。华盛顿甚至还从原先的立场后退，即不再认为委内瑞拉的所有主张都纳入仲裁范围，而是同意英国的要求，即特定区域应该被排除在仲裁委员会的裁决范围之外。当有关委内瑞拉边界的争端以有利于英国的方式获得解决时，华盛顿欣然接受了相关的决定。当处理一个有关海豹捕猎的单个争端时，美国也遵循了互惠的方式。当双方都致力于为委内瑞拉问题寻求解决方

---

① Rock, *Appeasement in International Politics*, p.27.

② 此时，罗斯福是纽约市警察署的负责人。他在次年成为助理海军部长。

③ Campbell, *Great Britain and the United States, 1895-1903*, pp.39-40.

案时，英国也敦促美国补偿其干涉英国船只在白令海捕猎海豹行动所造成的损失。华盛顿同意建立一个仲裁法庭来解决这一争议。

正如英国议会的辩论使华盛顿了解英国人的意图一样，美国民主制度的透明性也向伦敦方面揭示了美国人的想法。在1897年3月的就职演说中，威廉·麦金莱总统强调，同英国的仲裁实践不是一个暂时的改变，而是在成为一种惯例："仲裁是解决国际、地方和个人之间差异的真正途径……基于1890年第51届国会参众两院的一致同意，它的应用已经被扩大到我们的外交关系中。"麦金莱进而指出，仲裁"在我们国家的全部历史中构成了我们外交政策的首要特征——用司法手段而非武装力量来解决难题"①。当英国的精英试图拓宽他们对委内瑞拉所做让步的背景含义之时，麦金莱也以同样的方式从具体到一般地表明华盛顿的友善动机不只限于这一争端。将相互包容常规化的努力为后续的相互克制行为铺平了道路，为持久的和解打下了基础。

伦敦也不动声色地支持美国成为一个太平洋国家和对菲律宾的殖民。② 在美国展示力量的过程中，英国殖民部的部长约瑟夫·张伯伦告诉议会下院："我们接下来的职责是什么？……我们的职责就是同大西洋另一方的姻亲建设和保持永久和睦的关系。"围绕张伯伦讲话的议会辩论显然是肯定性的。在一封给华盛顿方面的急件中，美国驻英国大使约翰·海(John Hay)注意到，"虽然观点各异，但所有的发言者在希望建立英美之间亲密、热忱的相互理解这一点上意见一致"③。

伦敦所传出的政策和辞令强烈地表明了英国战略中的友善动机，使英国人获得了美国精英和公众的善意回应。在与总统麦金莱的一次谈话中，美国驻伦敦大使明确支持美国方面采取互惠战略：

---

① President William McKinley, March 4, 1897, available at: http://www.bartleby.com/124/pres40.html.

② Robert G.Neale, *Great Britain and United States Expansion: 1898-1900*(East Lansing: Michigan State University Press, 1966), pp.148-149.也可参见 Merze Tate,"Hawaii: A Symbol of Anglo-American Rapprochement," *Political Science Quarterly* 79, no.4(December 1964)。

③ Charles S.Campbell, *Anglo-American Understanding*, 1898-1903(Baltimore: The Johns Hopkins University Press, 1957), p.47.

“情况看起来需要对如此多的友善给予回报。我认为英国政府及其人民现在的态度对我们来说是极有价值的，接下来可能还会更有价值。”①在观察家们看来，毫无疑问，英国的行为实实在在地影响到了美国的态度。1898 年 5 月，一家加拿大报纸注意到，“我们的邻居美国人现在充分认识到，大不列颠实际上是他们在欧洲仅有的朋友。这在之前是从来没有过的。……很重要的是，美国正在向大不列颠伸出和平与善意的橄榄枝。”②

来年 10 月当布尔人战争爆发时，美国的确伸出了橄榄枝。尽管国会和公众支持布尔人，麦金莱当局悄悄地支持英国人镇压起义的努力。华盛顿回避了布尔人希望美国调停的请求，同时向英国出口军需品。美国银行家的贷款帮助英国人应对战争的开支成本。1990 年初在给索尔兹伯里爵士的一个信息中，庞斯富特把美国的行为诠释为“显然想要表示其维持和促进政府间亲善的愿望”③。

英美和解的下一个挑战来自于华盛顿想要在中美洲的地峡开凿一条运河。1850 年的《克莱顿-布尔沃条约》(Clayton-Bulwer Treaty)签署于英美在中美洲地区的对抗活跃之际，禁止美国独自修建运河，或者如果修建的话，不能构筑防御工事。但是，1899 年美国国会开始讨论授权修建中美洲运河的法案，这一举动将构成对《克莱顿-布尔沃条约》的单方面背弃。伦敦的反应时同华盛顿进行谈判，并于 1900 年由美国国务卿约翰·海和庞斯富特爵士签署了一个协议。英国人同意让美国修建运河，前提是华盛顿同意放弃修筑防御工事。后面的条款对于美国参议院来说是不可接受的。伦敦方面再一次默认了，并于 1901 年签署了第二个《海-庞斯富特条约》，允许美国修建、经营中美洲运河并修筑防御工事。索尔兹伯里爵士十分坦率地承认，英国式牺牲短期利益以致力于同美国的和解。他提到，《克莱顿-布尔沃条约》“如果事实上对英国来说不是有害的，它将是一个善意的姿态，

① Lionel M.Gelber, *The Rise of Anglo-American Friendship: A Study in World Politics*, 1898-1906(London: Oxford University Press, 1938), p.22.

② “England's Sympathy for US,” *The Halifax(Nova Scotia) Chronicle*, reprinted in *New York Times*, May 19, 1898.

③ Stuart Anderson, *Race and Rapprochement: Anglo-Saxonism and Anglo-American Relations*, 1894-1904(East Brunswick, NJ: Associated University Presses, 1981), p.131.

表明在其他地方也可以作出合理的让步”①。

就如索尔兹伯里所暗示的，一个问题上的让步为其他问题上的包容扫清了道路。很快，相互克制的实践解决了英美之间遗留的少数几个争议的其中一个——阿拉斯加和加拿大育空地区（Yukon Territory）之间的边界问题。受到克朗代克地区（Klondike region）发现金矿的推动，加拿大在19世纪90年代后期试图诠释现有的边界条约，以扩大它沿着阿拉斯加东南走廊到海岸的领土。华盛顿拒绝了，西奥多·罗斯福总统在1902年派了几百人的骑兵部队到这一地区以显示武力。再一次，双方都从冲突的立场往后退了。下一年中，英国和美国签署了《海—赫伯特条约》（Hay-Herbert Treaty），决定设立一个委员会，通过仲裁解决争端。罗斯福毫不含糊地表明了他将该问题交付仲裁的动机：“完全是出于同英格兰搞好关系的诚挚愿望……以及不愿意撕破脸促使我同意任命一个联合委员会来处理这一事件……我希望尽一切努力实现和平解决，并顾及英国的面子。”②仲裁的结果让双方都感到失望。加拿大不能进达海岸，而美国也需要缩小阿拉斯加东南走廊的范围。但是相互的克制占了上风。各方都接受了这一裁定。罗斯福总统注意到，阿拉斯加争端是“大英帝国和我们之间最后一个大麻烦，剩下其他的事情都可以通过仲裁解决”③。

这些相互包容的连续动作是由自我利益而非利他主义所驱动的，至少在发端时期是这样。从华盛顿的角度来看，英国是做出最大让步的一方。同时，美国有能力实现其新确定的地缘政治雄心，有效地取代英国作为西半球的霸权，把美国的海军力量延伸到太平洋。通过英国的默许而不是直接的对抗来实现这些目标，风险、代价都要小得多。因此，美国在和解中的利益与它正在上升的实力及其所带来的扩大本国战略影响力的机会有着直接的联系。

英国的行动也是受到地缘政治关切的指引，尽管其政策更多是基于必需而非机会。尽管陆军部（The War Office）和其他一些人对于英国在北美日渐上升的脆弱地位提出越来越严厉的警告，许多英国

---

① Campbell, *Great Britain and the United States*, p.49.

② Gelber, *The Rise of Anglo-American Friendship*, p.150.

③ Ibid., p.166.

官员直到19世纪90年代后期才认识到英国完全不可能跟上美国海军力量增长的步伐。在1899年12月,一次有关英国在北美和西印度相对实力的检讨中,英国海军部提醒内阁说:"我们的舰队在1889年时要胜过美国的舰队,但到了1899年,也就是现在,我们的舰队已经被美国大大超越了。"①更进一步的是,巴拿马运河的修建使得伦敦别无选择,只能向美国在西半球的海军优势做出让步。正如伦敦驻华盛顿的海军武官在1900年所写的,"如果某个国家在战时能够不受制约地控制这一运河,那么无须动脑子就可以想见不仅是海湾地区,乃至北美洲的西大洋和太平洋沿岸的海军力量均势将会发生何等深刻的变化"②。用一位历史学家的话来说,允许美国修建运河的条约"意味着英国承认在美国水域的海军劣势,从而也表明了对美国的友好"③。

尽管彼此克制起初是基于自我利益,相互包容的持续举动逐渐对英美关系产生了更加深刻的影响。随着时间的推移,双方都逐步认识到其利益是一致和相互促进的;一个国家的收益未必是另一方的损失。而且,美国和英国都开始不再把对对方的善意局限于一个一个给它们的关系造成麻烦的具体争端,而是在全球舞台上的所有目标上都对对方持有友善动机。两国对于对方更广泛动机的评估所出现的相互变化造就了一个关键性的转折点;地缘政治竞争不仅在减少,还在让位于一种共同的信心,即两国有着一致的利益和共同的目标。

英国最终同意仲裁委内瑞拉争端、接受《门罗宣言》,不仅是为了避免冲突,也是因为伦敦作了如下的考量,即欢迎一个更加张扬的美国角色,可能会促进英国在南美的利益。在坎贝尔看来,英国精英开始相信美国日益增加的地区卷入将会"对南美洲各共和国的行为承担一定的责任,后者因为虐待外国国民和拒不还债而声名狼藉……从这一点来看,美国监管南美洲各共和国对于英国来说有利可图并

---

① Campbell, *Great Britain and the United States*, p.31.

② Aaron L. Friedberg, *The Weary Titan: Britain and the Experience of Relative Decline* (Princeton, NJ: Princeton University Press, 1988), p.165.有关海军评估对于英国政策的影响,详细的探讨请参见第四章。

③ Bourne, *Britain and the Balance of Power in North America*, p.350.

不是一个需要很长时间来接受的思路”①。

类似地，英国支持美西战争以及美国接下来向太平洋的扩张，不仅是为了表明自己将美国当成朋友，也是因为伦敦认为美国在东亚的存在将会促进英国自己的利益。通过门户开放政策，美国拒绝了其他欧洲强国建立特惠贸易区的努力；英国是这一政策首要的受惠者。而且，随着英国全球海上控制权的消弭，伦敦倾向于由美国来填补剩下的真空。如果德国或其他强国取代美国来这么做的话，英国就会认为这是对自己利益的直接威胁。

伦敦的《泰晤士报》在看待美国吞并菲律宾时“处之泰然，实际上是满意的。我们只能说，当我们把在菲律宾的美国人作为我们在远东有着最强大共同利益联系的亲戚和盟友来欢迎时，其他任何强国获得这一群岛将会引发我们十分不同的态度”②。英国官员们基本都认同这些看法。③ 的确，詹姆斯·布赖斯告诉罗斯福总统说：“这里几乎所有人都为你的帝国主义新举措而喝彩。”④肯尼思·伯恩这样总结当时的精英舆论：“英国内阁，包括索尔兹伯里在内，倾向于是美国而非任何其他国家获益。”⑤相似的逻辑塑造了英国对于巴拿马运河的政策。就如莱昂内尔·盖尔博(Lionel Gelber)所写的，“很快大不列颠将会在其他地区、在其他政治和防务问题上进行收缩。在这样的情况下，运河预期的控制权最好是掌握在朋友而非敌国的手中。”⑥

因此，英国人开始认为美国更广泛意义上的动机也是友善的，这种友善并非仅仅针对手头上的某个问题。用坎贝尔的话来说，英国人“不认为美国崛起并取得世界大国的地位和权力会对他们自己的地位构成任何威胁”。从伦敦的立场出发，他写道：“美国作为一个大国的出现对于英国来说很大意义上是有利可图的。”⑦依据美国所占有的资源、海军建设的幅度以及美国不断增长的雄心在损害英国西

---

① Campbell, *Great Britain and the United States*, p.44.

② Neale, *Great Britain and United States Expansion*, p.90.

③ 例如尼尔(Neale)写道：“英国十分支持美国在太平洋的领土、海军力量和外交影响的扩张。”参见 *Great Britain and United States Expansion*, p.114。

④ Anderson, *Race and Rapprochement*, p.125.

⑤ Bourne, *Britain and the Balance of Power in North America*, p.345.

⑥ Gelber, *The Rise of Anglo-American Friendship*, p.54.

⑦ Campbell, *Great Britain and the United States*, pp.4, 36.

半球主导战略地位的进度方面来看，对美国上升的友善认知是很不寻常的。

美国人对英国地缘政治动机的认知也发生了类似的变化。尤其是在委内瑞拉问题上达成一致和英国在美西战争中支持美国以后，美国精英和公众对于英国的态度有了急剧的改善。1898 年，查尔斯·舒尔茨（Charles Schurz）在《大西洋月刊》（*Atlantic Monthly*）发表的文章中注意到，"即便是成见最深的反英主义者也一定会承认"英国是"十分友善的"①。美国的最高层官员们开始依据一系列的包容举动，对于英国的动机做一个具有普遍意义的评估。在这一方面，1898 年是一个关键的转折点，美国行政当局和国会的许多成员开始把英国看作是一个友善的大国。罗斯福用"两国之间看来有着如此友好的感情"②的话来表达他的满意之情。以反英论点知名的参议员们排起长队来表达他们观点的变化以及近来对于大不列颠的喜爱。③ 1898 年，英国驻华盛顿大使庞斯富特发了一封电报给伦敦，汇报说美国人正在展现出"对英国和'英国人'普遍的、最为热烈的喜爱之情"④。

尽管美国的官员们肯定是欢迎英国在西半球收缩帝国雄心的决定的，他们也开始把美国在世界其他地区的势力看作是对美国有用的资产。亨利·洛奇（Henry Cabot Lodge）在 1900 年给罗斯福的信中写道，华盛顿有着一种"十分普遍和牢固的感觉，即英帝国的衰落在任何理性的美国人看来只会是美国的一场灾难"⑤。1899 年，罗斯福承认，"我也是那些对[英国]改变心意的人之一……我从根本上感到，所有讲英语的民族在政治和社会理想、政府体系、市民和国内道德体系方面比起任何其他民族来说都要接近得多……我真诚地希望英语民族之间不要出现一点点的裂痕"⑥。两年后，罗斯福对于英国的动机抱有更大的信心，坚持认为美国"不用担心会有任何形式的一

---

① Campbell, *Anglo-American Understanding*, p.54.

② Gelber, *The Rise of Anglo-American Friendship*, p.18.

③ Ibid., p.23.

④ Campbell, *Anglo-American Understanding*, p.49.

⑤ Campbell, *Revolution to Rapprochement*, p.203.

⑥ Howard K.Beale, *Theodore Roosevelt and the Rise of America to World Power*(Baltimore: Johns Hopkins University Press, 1966), p.89.

点点危险”来自大不列颠。[1] 回顾了英国在 1898 年的支持对于美国的影响之后，坎贝尔写道：“英国是美国的朋友和拥护者——这对于习惯性地将英国作为死敌的美国人来说是一种新的观念。”[2]

美国人认知的转变在一定程度上是可以理解的；英国人不断地向美国作出让步，事实上欢迎后者作为一个大国的兴起。但是，考虑到之前数十年的敌对，这一变化的速度之快却是让人印象深刻的。随着英国和美国都赋予对方以友善的动机，对于可能和解的不确定期望让位于对可持续和解的有信心的投入。

社会一体化

随着美国和英国和解进程的推进，参与这一进程的，不再局限于政治家、外交官和军官，还包含了双方范围广泛的行为体。在早期阶段，和解首要的是一种有关精英的现象；和解的推进与精英对于对方国家意图和动机的评估是一致的。随着和解的发端和向前推进，它的社会范围扩大了，官僚机构、私人经济利益、媒体和有关的公民都开始扮演重要的角色。英国和美国的社会互动也得到了加强和加深。其结果是，双方逐步接受了对彼此政治特征，而不仅仅是对彼此外交政策意图和动机的良性评估。

在英国方面，海军部是积极推动对美包容和友善外交战略的最重要的官僚机构。如上所述，海军部压倒一切的关切在于战略承诺和海军资源之间不断扩大的鸿沟，这一鸿沟从英国在西半球不断消失的海军优势可以看得很明白。就如伯恩所写，“海军部在 19 世纪 80 年代后期首先看到……[英美]关系最好是能尽快得到改善”[3]。由于美国的海军扩张和德国的海军建设规划——后者最终促使英国把海军资源集中在欧洲舞台，这一关切在 19 世纪 90 年代的时候得到了显著的加强。陆军部是海军部的首要反对者，敦促皇家海军维持在美洲东海岸部署和支持地面部队的足够能力。但是，海军部完全不接受这一点。“依据其作为独立官僚机构向来专横的作风，海军在 1898 年 3 月后直截了当地拒绝回应陆军方面有关讨论其入侵计划的

---

① Rock, *Appeasement in International Politics*, p.45.

② Campbell, *Anglo-American Understanding*, p.54.

③ Bourne, *Britain and the Balance of Power in North America*, p.405.

要求。对陆军部的不满和请求视而不见,海军部自身正越来越不愿意考虑同美国发生海军冲突的可能性。"①

在20世纪初,海军部事实上把美国从用以计算海军需求的潜在敌人列表上划掉了,开始重新调整舰队分布,英国在西半球的承诺实际上处于没有保障的境地。殖民地防务委员会(CDC)指责这些动作实际上意味着战时"美国海军在大西洋和加勒比海西部拥有水域的海上控制权"。海军部反驳说:"对殖民地防务委员会所提出的这一点的思考强调了同美国维持亲善关系的必要性。"②在英国政府内部,海军部因此是推动与美国和解的力量。它在官僚政治的困局中发挥了关键性的作用,导向对这一目标的追求,最终克服了陆军部的反对。

美国海军在推动同大西洋另一方的和解时发挥了积极的作用,尽管不那么显著。海军的军官团总体上是亲英的,受到马汉(Alfred Thayer Mahan)舰长、海军上将乔治·杜威(George Dewey)等这一阵营将领的影响。这些将领认为,当美国打造一支深海舰队时,皇家海军是美国的榜样。马汉本人在英国和美国都是十分受欢迎和有影响力的人物。他在华盛顿的影响由于他与西奥多·罗斯福的亲密关系得到了加强——后者是一位美国海军扩张的热烈拥护者,在1898年后也是英美和解的热心支持者。③ 马汉自己是"英美亲善的坚定信奉者"。在1896年写给一位英国朋友的信中,他强调避免英国和美国之间冲突的重要性,提到"对于双方或者整个世界来说,再没有比英美战争更坏的事情了"④。

不过,皇家海军对和解的偏好首要是出于资源的有限,而美国海军支持和解则是源于资源的丰富。不仅和解为美国不受阻碍地崛起为世界级的海军大国扫清了道路,英国也积极地欢迎美国的兴起,在美西战争和美国向太平洋的扩张中支持美国。因此,美国海军在华

---

① Friedberg, *The Weary Titan*, p.164.

② Friedberg, *The Weary Titan*, pp.187-188.也可参见 Gelber, *The Rise of Anglo-American Friendship*, p.405,以及 Bourne, *Britain and the Balance of Power in North America*, p.393。

③ 参见 Margaret Tuttle Sprout,"Mahan: Evangelist of Sea Power," in Edward Mead Earle, ed., *Makers of Modern Strategy: Military Thought from Machiavelli to Hitler*(Princeton, NJ: Princeton University Press, 1971)。

④ Bourne, *Britain and the Balance of Power in North America*, p.320.

盛顿的议事中为和解辩护就具有了一种既得利益。它的文职领导人和军官也在更广泛的美国公众中成为坦率的和解拥护者，不仅为海军的扩张游说，也为英美和解游说。

私营部门也在促进和解的进程中通过个人和企业发挥着自己的作用，这些个人和企业由于英美和解获得了更多的经济利益。这些利益相当可观。英国是当时美国商品的主要出口市场，从1896年到1905年超过40%的美国出口产品销往英国。英国工厂处理的原棉有四分之三来自美国。英国进口的小麦和面粉有将近三分之二也来自美国。就如一位美国评论家所观察到的，“与大不列颠不和将会是灾难性的。如果它的港口对我们……草原各州的农场主、南部各州的种植园主关闭，这种对他们主要出口产品的阻碍意味着一场灾难”。英国的分析家同样认识到美国进口中断的可怕经济后果，认为这将造成本国的纺织业关门以及饥荒蔓延。[①] 英国向美国的出口规模也十分可观，在19世纪90年代英国向美国的出口占到了它总出口的10%。[②] 就如伯恩注意到的，“虽然安全上的考虑在英国决定同美国和解的过程中发挥了主导作用……它的贸易利益加强了做出这一选择的理由，并且……的确促进了双方的良好关系”[③]。

投资界是支持和解的进一步来源。在19世纪后期，英国的过剩资本快速积累，导致了一个新的金融阶层的出现。美国则是英国投资的最大接受者；在20世纪早期，英国海外资产的大约20%位于美国。[④] 1899年，英国投资者持有的美国股票和债券价值大概是25亿美元，相当于外国人持有的美国证券价值的75%左右。[⑤] 地缘政治对于投资氛围有着直接的影响，就如围绕着委内瑞拉边界的争端初期促使英国投资者撤出美国市场并引发崩盘所表明的那样。这些发展变化激励了金融界对于英美和解产生特别的兴趣。就如坎贝尔注意

---

① Rock, *Appeasement in International Politics*, pp.45, 32.

② Campbell, *Revolution to Rapprochement*, pp.201-202.

③ Bourne, *Britain and the Balance of Power in North America*, pp.410-411.

④ 参见 H.Feis, *Europe: The World's Bankers*, 1870-1914 (New York: Norton, 1965), p.23.See also Michael Edelstein, "The Determinants of U.K.Investment Abroad, 1870-1913," in *Journal of Economic History* 34, no.4 (December 1974)。

⑤ Charles J.Bullock, John H.Williams, and S.Rufus, "The History of our Foreign Trade Balance from 1789 to 1914," *Review of Economic Statistics* 1, no.3 (July 1919): 216-233.

到的,“在19世纪末,大量的商人和金融家往返于两国之间,在两边都有自己的家。他们的命运有赖于大西洋的经济联系,因此需要一个良好的英美关系。这些人为公众所尊敬;政府听从他们的忠告。随着经济联系的加深,英美友谊也在不断加深。”①

美国和英国的经济相互依赖算不上什么新闻。到19世纪末时,金融流动的确增加了,但两国之间繁荣的商业贸易已经持续了好几十年。的确,如果依据占它们总的对外贸易比重来衡量,事实上英国和美国的双边贸易在19世纪90年代随着两国贸易对象的多元化下降了。从1890年到1898年,英国向美国的出口占美国总进口的比重从23.6%下降到了17.7%。到1905年,这一数字进一步下降到了16%。从1890年到1898年,美国向英国的出口占美国总出口的比重从52.2%下降到了43.9%。到1905年,这一数字进一步下降到了34.4%。② 从这个意义上说,有助于推动和解的并非不断加深的经济相互依赖本身。相反,双方的私营经济体利用外交官们精心策划的英美关系改善,更加积极、响亮地支持和解,帮助塑造了公众话语。

1898年11月,美国在美西战争中获胜后不久,纽约商会的一个晚餐会向世人展示了大西洋两岸态度的显著变化。以英国和美国国旗为背景,参与者在开场演唱了《天佑女王》(God Save the Queen)和《星条旗永不落》(The Star Spangled Banner)。“这一场景”,《纽约时报》报道说:“可能已经在泰晤士河和哈德逊河河畔的银行中上演。”赫舍尔勋爵(Lord Herschell)——委内瑞拉边界争端仲裁小组的两位英国法官之一——这样宣称:“大家都同意,大不列颠和美利坚合众国之间有着其他国家之间找不到的纽带……在英美联合中,我看到对于世界和平和自由疆域拓展的真正捍卫。”“我可以向你保证,”赫舍尔接着说,“我们所有的国人都呼应着已经被表达出来的感受;就像你们一样,他们希望这种热诚的情谊能够继续,对于美国他们满怀善意,

---

① Campbell, *From Revolution to Rapprochement*, p.202.

② Campbell, *Revolution to Rapprochement*, pp.201-202; Susan B.Carter, Scott Sigmund Gartner, Michael R. Haines, Alan L. Olmstead, Richard Sutch, and Gavin Wright, eds., *Historical Statistics of the United States*, *Millennial Edition On Line*(Cambridge: Cambridge University Press, 2006), Table Ee551-568 Imports, by country of origin: 1790-2001;以及 Table Ee553-550 Exports, by country of destination: 1790-2001。

祝愿对方繁荣进步。”此后不久，美国将军纳尔逊·迈尔斯(Nelson Miles)断言：“美国人民和英国人民之间存在热诚的友谊和深深的尊重，我相信这种友谊和尊重将会变得越来越强烈。”①

推动英美和解的新机构也开始出现。1898年7月，一群英国要人建立了英美委员会，主席是詹姆斯·布赖斯(James Bryce)。该机构的章程宣称，美国和英国应该利用它们共同的传承和利益在全球事务中进行合作。两个星期后，英美委员会的美国分支机构在纽约成立。它发布了一个成立公告，呼吁“这两百人培植亲密和持久的友谊”。最终全国有超过1000名舆论领袖在这一公告上签字。②

媒体和被动员起来的公民在为美国和英国的和解提供更广泛的社会支持方面也发挥着日益重要的作用。罗伯特·尼尔(Robert George Neale)对英国公众态度深刻转变的描述值得在这里大段引用：

> 上层社会之外(outside court circles)的英国大众舆论几乎一边倒地支持美国在加勒比海和太平洋针对西班牙的行动。这一事实在许多的场合被反复、确定地证明。领导人和所有主要新闻报刊上的文章实际上毫无例外地支持美国的行动。大量支持英美友好的政治团体向政府发表自己的声音。美国国庆日在英国被广泛地庆祝，并被作为表达致力于英美统一的政治姿态的场合。不管是新教徒还是国教徒(established churches)，领导人还是普通人，都竞相表达着英美主义(Anglo-Americanism)的观点。各界和各阶层的重要人物是如此频繁和积极地支持这一理念，以至于在表达这种普遍情绪的过程中不可能分出彼此。英国的传统活动，例如市长(Lord Mayoral)舞会和宴会以及陆军和海军的阅兵，在整个1898年都成为突出星条旗、象征英美紧密联合的场合。最后，在全英范围内公民领袖的支持下建立了英美俱乐部，它致力于发展紧密的跨大西洋合作。③

类似的转变也发生在美国。华盛顿的一个外交官注意到，“现在

① Commercial Leaders Dine," *New York Times*, November 16, 1898.

② Anderson, *Race and Rapprochement*, pp.119-120.

③ Neale, *Great Britain and United States Expansion*, pp.134-135.

通过媒体,可以发现全国各地都洋溢着对英国的完全一致,或者几乎完全一致的善意。……这种善意已经超过了中间的边界(the bound of moderation),达到了和原来的不喜欢、不信任一样的程度”①。按照尼尔的说法,美国“传统的恐英症目前看来是被中止了”②。被动员起来的公民群体不仅塑造了公众话语,在一些情况下也积极参与政策的形成过程。例如,在围绕着一个永久仲裁条约的争论中,成千上万的美国人签署了一个请愿书,支持这一条约,提出“所有通过种族、语言、宗教联合起来的英语民族在解决英美大家庭内部分歧时,战争是绝对不能被容忍的方式”③。

就如精英和公众态度的深刻变化所表明的,美国和英国之间的纽带开始具有更深层次的社会特征。大西洋两岸定期乘船往返的官员、商人和普通公民不断增多。④ 克里斯托弗·恩迪(Christopher Endy)指出,“绝大多数美国旅行者感到同英国的相似性要比同其他任何东道国都要紧密,到欧洲的私人旅行是世纪之交时两国‘大和解’的一个重要因素”⑤。世纪之交到来之时,和解已经远远超出了相互克制的外交实践;公众的情感正在发生转变。两国开始把对方看成是本性纯良的伙伴,而不仅仅是出于某种友善的动机。英国人相信,尽管美国的经济和海军力量在增长,它不会演变为一个掠夺性的国家,其崛起以损害英国的利益为代价。⑥ 就如赫舍尔勋爵在纽约商会晚餐会上宣称的,英国人“今天和你们一样欣喜地看到美国成为世界上的领导者之一”⑦。同时,美国人也抛弃了恐英症,开始把英国视为战略伙伴。正如1898年前国务卿理查德·奥尔尼(Richard Olney)在哈佛大学的一个演讲所指出的,英国和美国很快就会“站在一起反对任何外部敌人,不管是它们中的哪一个面临着破坏性的威胁”⑧。

---

① Rock, *Appeasement in International Politics*, p.44.

② Neale, *Great Britain and United States Expansion*, p.135.

③ Campbell, *Revolution to Rapprochement*, p.183.

④ Campbell, *Anglo-American Understanding*, p.10.

⑤ Christopher Endy, “Travel and World Power: Americans in Europe, 1891-1917,” *Diplomatic History* 22, no.4(Fall 1998): 584.

⑥ Campbell, *Great Britain and the United States*, p.207.

⑦ “Commercial Leaders Dine,” *New York Times*, November 16, 1898.

⑧ Neale, *Great Britain and United States Expansion*, p.2.

地缘政治对抗开始让位于新生的信任感。

精英和大众态度的这些变化有助于确保在英国和美国国内包容的政治胜过羞辱的政治。对双方的政府来说，改变对抗的政策会面临政治风险，因为他们在反对派有关包容政策破坏国家安全的指控面前变得脆弱。在这一方面，考虑到英国是做出大多数让步和对其在西大西洋战略地位做出妥协的一方，伦敦所面临的风险就更加严峻。当委内瑞拉争端刚开始出现时，英国的公众舆论强烈地反对接受华盛顿的仲裁要求。《纽约时报》注意到，“英国舆论……一边倒地反对任何仲裁”，“如索尔兹伯里勋爵……没有坚定地拒绝美国干涉这一争端的权利，那么所有人都会大吃一惊。”①作为对伦敦最终默许华盛顿要求的回应，批评包容政策的人试图利用公众的质疑，抱怨政府对美国政客的“过度赞颂”以及“愚蠢地追求他们的善意”②。就如前面提到的，对于政府决定向美国让出西大西洋的海军优势地位，陆军部是直言不讳的反对者。

政府部长们不厌其烦地反驳这些批评，指出同美国保持良好的关系的收益是包容政策获得广泛政治支持的依据。当伦敦和华盛顿还在就委内瑞拉争端进行谈判时，索尔兹伯里勋爵向议会解释道：“我们希望——**这一点完全与党派无关**——我们双方最大的聪明才智应该非凡地运用于影响人类繁荣的事情，尤其是同像美国这样我们如此希望建立和睦关系的国家建立良好的关系。”③反对派自由党总的来说也表示同意。④ 自由党议员亨利·阿斯奎斯（Henry Asquith）在给自由党领袖威廉·哈考特（William Harcourt）的一封信中提到：“很重要的是，避免那些有可能对美国沙文主义者有利的言辞。”⑤哈考特不仅没有使用可能激起美国愤懑的措辞，还批评索尔兹伯里在制止危机方面动作太慢，鼓励他同意进行仲裁。总的来说，自

---

① “Britons Against Arbitration,” *New York Times*, December 8, 1895.

② Rock, *Appeasement in International Politics*, p.42.

③ Campbell, *Great Britain and the United States*, p.38.Italics added.

④ 有关委内瑞拉争端的反对立场的探讨，参见 Campbell, *Great Britain and the United States*, pp.37-46。

⑤ A.G.Gardiner, *The Life of Sir William Harcourt*, vol.2 (London: Constable and Co., 1923), p.400.

由党比保守党政府更喜欢合作性的对外政策，这为索尔兹伯里寻求议会对和解的支持减轻了压力。尽管如此，随着和解的推进，政府继续强调和解政策的优点。在1898年对下议院的演说中，外交部副大臣乔治·柯曾（George Curzon）捍卫了政府同美国处理争端时的柔软身段："从各方面来看，索尔兹伯里勋爵三年前在这些与美国的争端中温和有礼的处理方式正在开花结果，我们希望这将带来未来的和平。"①

由于时不时担心国内的反冲，英国政府的确向公众隐瞒了某些可能激起反对和解的政策变化——例如在计算英国海军需求的时候不考虑美国舰队的威胁。② 它也只从改善与美国关系所带来的机会来探讨包容政策的好处，避免讨论不断扩大的英国资源与承诺之间鸿沟是推动与美国和解的主要动力这一现实。随着上述社会态度更加广泛的变化，这些管控包容政策的努力成功地阻止了国内出现反对和解的重大势力。

相比英国，美国国内管控和解政策的任务甚至更加不具挑战性。从一开始，华盛顿就是在提要求而不是做让步。国务卿约翰·海（John Hay）曾经做过驻英国的大使。他说："我同英国所做的一切……是迫使对方做出大量让步但不给回报。"③华盛顿最初的托词——它要求伦敦同意将委内瑞拉争端付诸仲裁——很大程度上是试图安抚民族主义的反对派。民主党在1894年的中期选举中同时丢掉了参众两院的多数席位。作为多数党的共和党正在加强其对总统克利夫兰中美洲政策软弱无能的指责。美国还面临着急剧的经济衰退，这进一步损害了民主党的地位。对于克利夫兰来说，在委内瑞拉问题上采取坚定的立场能够有效地提升国内对自己的支持度。从这一视角来看，英国最终愿意通过仲裁解决争端，这构成了白宫的一个外交胜利。

1896年麦金莱赢得总统大选之后，与英国的和解在美国扩张主义的大背景下继续推进。麦金莱当局因此能够在实力和民族主义的斗篷下把自己包裹起来——即便它不再与英国发生冲突。而且，在

---

① Campbell, *Anglo-American Understanding*, p.11.

② 参见 Friedberg, *The Weary Titan*, pp.179-180；也可参见 Paul M.Kennedy, *The Rise and Fall of British Naval Mastery*（London: Macmillan, 1983）, chap.8。

③ Gelber, *The Rise of Anglo-American Friendship*, p.55.

1896年的选举中，共和党掌控了白宫，维持了对参众两院的控制，这使得他们能够比较自由地处理对外政策事务。麦金莱的政治掌控能力、他的当局成功地在加勒比和太平洋扩张美国的力量、1898年开始弥漫在国会和公众的亲英情绪——这些发展结合起来消除了对华盛顿决定同英国和解提出尖锐的民族主义批判的可能性。

新的表述形成

英美和解发端的最后一步是形成对彼此的新表述——这一表述消除敌对的认同，模糊彼此的差异。表述的变化包含三个独特的因素。首先，英国和美国精英开始定期谈到两国间正在出现的友谊。充满敌意的话语开始让位于友善的话语。其次，双方的官员和舆论领袖越来越频繁地谈到两个民族之间的种族和文化联系。最后，英国人和美国人开始直白地表示，两国之间发生战争是不可思议的事。这些表述不仅仅是口头上的。英国和美国的作战计划被重新起草，以反映双方开始认为两国之间爆发武装冲突是遥不可及的这一事实。

在英国方面，19世纪90年代之前只能见到零星的把美国作为潜在伙伴和盟友的表述。① 不过，1896年似乎是一个关键的转折点，高级官员们越来越多地公开表示，美国可能是一个伙伴而不是地缘政治竞争者。就如殖民大臣约瑟夫·张伯伦(Joseph Chamberlain)在那年所说的，“我应该满怀欣喜地期待星条旗和英国国旗飘扬在一起，共同捍卫人道和正义旗帜下的共同事业。”②表述的变化看来与英国日益感觉到迫切需要减少在西半球的承诺是紧密相关的。伦敦需要让华盛顿相信，英国心存善意，美国不必枕戈待旦。就如斯蒂芬·洛克所说的，英国发动了“一场旨在影响美国与舆论的战役，这场战役最好被描述为公共关系战役”③。英国公民自己是同样重要的观众。如果伦敦经常性地对华盛顿做出让步，那么英国公众也必须做好相应的准备。

在大西洋的另一边，1898年看来是公众话语变化的关键一年。伦敦的包容行为和言辞，加上英国在美西战争中支持美国，为美国精

---

① 例如参见，Campbell, *Revolution to Rapprochement*, pp.89-90。

② Campbell, *Revolution to Rapprochement*, p.183.

③ Rock, *Appeasement in International Politics*, p.42.

英开始把大不列颠视为朋友而非敌人提供了理由和依据。3月,奥尔尼提到英国是美国"最自然的朋友"①。公开宣扬美国同英国之间蓬勃友谊的高级官员包括洛奇、海、马汉和罗斯福。如前所述,新闻记者和知识分子熟悉了这套新的话语。用一个外交官的话来说,美国媒体上充斥着"对英国完全一致的,或者几乎完全一致的友好氛围"。

精英和公众话语中流行的第二种表述是有关种族和文化相似性方面的。这一时期的绝大多数历史学家都同意对双方文化共同性的相互认可所发挥的重要作用。坎贝尔(A.E.Campbell)写道,英国人"之于**和解**有一种很重要的非理性因素。两国之间的良好理解被认为并非善意和精心经营的结果,而是某种玄妙的、不可避免的东西,一种自然定律"②。伯恩同意说,许多英国人,不管是精英还是大众,开始认为和美国的武装冲突就等同于内战。③ 到了19世纪90年代,对于英国和美国之间文化联系的公开涉及并不是什么新鲜事儿。例如,1857年,《曼彻斯特卫报》(*Manchester Guardian*)认为美国人是"我们跨大西洋的堂兄弟",并提到,"他们的语言、种族和制度使得他们是我们的天然盟友"④。但是这一视角在英国或者美国并未受到获得广泛的欢迎,直到19世纪90年代的后半期,继而在20世纪初才成为公众话语中的主流。的确,一种"盎格鲁-撒克逊主义崇拜"已经成形,这一崇拜试图借用达尔文式的自然选择观念,不仅为盎格鲁-美利坚统一体辩护,而且为盎格鲁-撒克逊对全球事务的支持地位辩护。⑤

1896年,下议院的领袖亚瑟·贝尔福大胆地表示:"和美国开战的想法带有某种类似于内战的反常的令人厌惧感……有一天,将会有人,有权威的政治家……制定了英语民族之间不可能开战的信条之后。这样的时刻将会到来,也必定会到来。"⑥张伯伦同样认为,英国和美国之间的战争将会是"兄弟相残"⑦。1898年被证明是英国宣

---

① "Olney Talks at Harvard," *New York Times*, March 3, 1898.
② Campbell, *Great Britain and the United States*, p.155.
③ Bourne, *Britain and the Balance of Power in North America*, p.411.
④ Campbell, *Revolution to Rapprochement*, pp.89-90.
⑤ Anderson, *Race and Rapprochement*, pp.26-61.
⑥ Rock, *Appeasement in International Politics*, p.32.
⑦ Campbell, *Revolution to Rapprochement*, p.183.

扬同美国具有相似性的标志性的一年。当两国对于美西战争持相似的看法时,《泰晤士报》(*The Times*)写道,美国“和我们紧密地团结在一起,我们的关系比鲜血凝成的关系还要牢固”①。此外不久,美国就对菲律宾进行了殖民化。《泰晤士报》支持这一动作,并将美国人认作是“亲戚”②。7月,柯尔律治勋爵(Lord Coleridge)宣称美国和英国“有共同的种族,共同的语言,共同的文学,以及同样的法律”。他是在伦敦一个旅馆的英美宴会上说出这番话的;其背景是一面结合了英国和美国图案的旗帜,“英国国旗之上是星条旗,鹰和狮子在四周,其间是紧握的双手”③。这一年中,顶层官员的公开演说、下议院的陈述,以及报纸专栏都频繁地提到盎格鲁-撒克逊统一体以及英国人和美国人之间持久的种族联系。

1898年以后,这些看法得到了美国官员和舆论领袖的呼应。的确,那些先前支持恐英症观点的重要政治人物——他们中包括西奥多·罗斯福和亨利·卡伯特·洛奇——拥抱和传播这样的观点,即种族上的相似性有望确保美国人和英国人成为长期的伙伴。按照Stuart Anderson的观察,到了20世纪初,罗斯福已经开始得出结论:“‘英语种族’……依据血缘、文化、世界观以及语言而团结起来。”④在英国宣称对于美国在美西战争的支持之后,洛奇紧接着宣称:“种族、血缘、语言以及对于信仰和渴望的认同,它们都证明了自身的重要性。”⑤

在将英国视为美国“最佳朋友”的哈佛大学演讲中,理查德·奥尔尼注意到了“基于血缘、言语、思想、文学、理想……的紧密共同体。这一共同体根植于双方都欣赏的文明类型和程度”⑥。他承认美国和英国“可能存在仅仅出现在亲戚和亲密邻居之间的争吵”,断言:“英国,我们最可怕的对手,也是我们最自然的朋友。这样的一种爱国主

---

① Campbell, *Revolution to Rapprochement*, p.192.

② “Anglo-American Banquet,” *The London Mail*, reprinted in *New York Times*, June 19, 1898.

③ Anderson, *Race and Rapprochement*, p.75.

④ Ibid., p.118.

⑤ Campbell, *Revolution to Rapprochement*, p.201.

⑥ “Olney Talks at Harvard,” *New York Times*, March 3, 1898.

义,把爱自己的种族和自己国家统一起来了。"[①]实业家安德鲁·卡内基给自己贴上了"种族主义的爱国主义者"的标签,呼吁"所有的盎格鲁-凯尔特种族联合起来"。卡内基相信,"种族同盟"不仅可以维持美国和英国之间的和平,在全球层面"英美的联合……将会主宰世界,清除这个地球上最大的污点——人们之间的谋杀"[②]。类似的,马汉也相信,英美的共同性有着确定的基因,它们共同的理念和法律是"天生的"和"固有的"。[③]

大众团体也加入进来,各地都出现了请愿行动,要求支持一个普遍性的仲裁协定。这一协定直白无误地写道,"英美大家庭"是"由种族、语言和宗教统一起来的"[④]。赛西尔·罗兹(Cecil Rhodes)是出生在英国的一个南非商业大亨,基于"种族统一性"的思想,他建立了罗兹奖学金。这一奖学金起初是设计为仅仅面向英国的殖民地开放,但他在1899年的遗嘱中,美国学生也获得了申请的资格。这一步骤是为了提供给"所有盎格鲁-撒克逊国家的潜在领袖们一个平等的受教育机会"[⑤]。通俗文学也成为宣传英美种族相似性的一个工具。就如安德森(Anderson)注意到的,"19世纪末、20世纪初,小说家和说书人既是种族理论的宣传员,也是盎格鲁-撒克逊信条的提供者"[⑥]。保罗·克雷默(Paul Kramer)对于知识和文化网络之于社会一体化以及公众话语影响力的评估在这里值得进行大段的引用:

> 盎格鲁-撒克逊主义作为美国和英帝国之间一个种族例外论的桥梁,其成功部分在于把美国人和英国人联系在一起的社会、家庭、知识和文学网络。如此复杂和长期的交流因为旅行和通讯的加速进一步扩大、加深,使得英国和美国的上层社会里,中产阶级的旅行者,商业、职业和学术精英,以及废奴主义者、禁欲主义者、公务员和进步主义改革者之间的联系越来越广泛。英美对话和盎格鲁-撒克逊主义的

① Campbell, *Anglo-American Understanding*, p.10.
② Anderson, *Race and Rapprochement*, pp.53-54.
③ Ibid., p.19.
④ Campbell, *Revolution to Rapprochement*, p.183.
⑤ Anderson, *Race and Rapprochement*, p.51.
⑥ Ibid., p.57.

> 种族主义在19世纪90年代还因为出版革命而获得了生命力。许多最重要的盎格鲁-撒克逊主义文学倡导者通过在纽约和伦敦拥有联合中心的跨大西洋出版社出版自己的作品：高端的英美文学—政治杂志——《大西洋月刊》(*Atlantic Monthly*)，《北美评论》(*the North American Review*)，《双周评论》(*the Fortnightly Review*)，《斯克里伯纳》(*Scribner's*)，《世纪杂志》(*Century Magazine*)，《19世纪》(*Nineteenth Century*)——在维多利亚统治后期的大西洋两岸书桌上占有很大的分量。新的出版业界帮助创造了一个"想象的共同体"，其成员是那些有着共同圈子和参照点的讲英语的美国人和英国人，即便他们不经常旅行。《英美评论》(*Anglo-Saxon Review*)是一个存在时间不长的出版物，其标题就表明了杂志在建构自觉(self-consciously)的种族团结方面所发挥的作用。①

随着20世纪初前十年的流逝，与这些友谊和共同传承话语相伴的第三种观念出现了。这一观念认为美国和英国之间爆发武装冲突是不可思议的。1904年，带有这种含义的论述在英国开始出现。按照海军部第一大臣塞尔伯恩(Lord Selborne)的说法，同美国作战是"可能发生在英国头上的最大的灾难"。海军部的文职大臣A.H.李(A.H.Lee)说得就更为直白："我一刻也不敢细想(英美)敌视真正爆发的可能性。"他接着说，一场英美战争将会是"最最愚不可及的事情，我无法想象任何英国的政治家会愿意在什么条件下认真考虑它"②。相似的言论也出现在大西洋另一边。1905年，罗斯福总统给李写信说："你无须担心两个伟大英语民族之间可能出现竞争的噩梦。从现在来看，我相信那实际上是不可能的。随着时间的流逝，它将会变得完全不可能。在为可能的战争做准备时，我甚至根本没把英国考虑在内。我认为这是完全不可能的。"③

---

① Paul A.Kramer, "Empires, Exceptions, and Anglo-Saxons: Race and Rule between the British and United States Empires, 1880-1910," *Journal of American History*, 88, no.4 (March 2002): 1326.

② Bourne, *Britain and the Balance of Power in North America*, pp.380-381.

③ Rock, *Appeasement in International Politics*, pp.29-30.

在英国,这些言论所伴随的,是正在发生的作战计划的秘密变革。到1901年,美国海军不再是英国海军部考量两强标准的一个因素。所谓两强标准,是指英国需要维持超过排在其后的两支最强海军力量之和的战舰优势。在为这种海军需求的重新界定做辩护时,塞尔伯恩勋爵指出,英国只应该为"从情理上来说有可能的"偶然性做准备。[①] 皇家海军进而放弃了在西大西洋维持海上控制权的计划,将精力集中于捍卫帝国东部以及在欧洲的使命。对于海军部来说,同美国作战的可能性或许没有被完全排除,但是它是如此遥远,以至于可以大幅度地改变现有的作战计划。

在接下来的几年,海军实际上放弃了西大西洋,陆军部对此强烈反对,认为它使得英国无力再同美国对抗,使得加拿大面临地面入侵的风险。海军部没有否认这一指控,而是回应说大西洋实力均衡的变化要求英国和加拿大维持与美国的友好关系。海军部和陆军部围着这一问题继续争斗不休,直到这十年的中期英国决策者和官僚开始得出一个共同的结论,即同美国作战是完全不可能的——用第一海务大臣、海军上将菲舍尔(John Fisher)爵士的话来说:"为此做准备是对时间的极大浪费。"[②]就如范亚伦(Aaron Friedberg)所总结的,"事实上,英国在西半球的存在以及相应的争吵都结束了"[③]。伯恩也同意这一点。他注意到,"到1902年,英国政治家们一般来说都已经明白了这一点,而到了1906年,即便是对于陆军部来说,英美关系的改善如此之大,发生战争的可能性实际上已经可以不再考虑"[④]。的确,陆军部从加拿大撤出英国最后的常规部队就是基于这一评估。

美国的战略规划在世纪之交时发生了一个类似的深刻变革。尽管到20世纪初时它仍然维持了一个针对加拿大地面入侵的作战计划,美国和加拿大的边界在19世纪最后四分之一的时间里很大程度上是不设防的。这表明在和解发端之前,它就认为同英国发生陆地战争是十分遥远的事情。在19世纪90年代前,美国海军首要的关注点是沿海防御和商业保护,事实上拱手将海军优势送给了英国。但

① Friedberg, *The Weary Titan*, p.174.

② Ibid., p.197.

③ Ibid., p.199.

④ Bourne, *Britain and the Balance of Power in North America*, p.405.

是，在这一世纪的最后十年，美国的战舰随着地缘政治雄心的增加而增加。目标之一是挑战英国在西大西洋的海上控制，这显然有可能引发冲突。但是，随着和解的推进以及英国海军部实际上向美国交出了西半球的海军优势地位，美国人对于同英国发生冲突的可能性的预期相应地也就减少了。

到20世纪早期，美国官员认为同英国爆发海军冲突的可能性正在变成过去式。美国总参谋部（General Staff）的一个研究总结说，同英国的战争“是所有可能的冲突中最不可能的”①。计划可能同加拿大爆发的战争一直延续到了20世纪30年代，但很大程度上被看作是一种学术训练。② 相反，美国的战略家关心的是该国不断增长的海军力量的对外投射，以显示美国作为一个大国的崛起。准备同英国进行可能的接触，这使得它有可能把注意力转移到处理其他的一些挑战上——包括捍卫英国在加勒比和太平洋的属地以及德国和日本舰队扩张所带来的不断上升的威胁。③ 英国对于美国作为一个主要海军强国的崛起所持有的公开欢迎态度，恰恰是巩固了大西洋两岸有关英美战争不可思议的看法。

因此，大西洋两岸精英们对于对方的新表述在巩固持久和平的发端上扮演了重要的角色。通过表明友谊和盎格鲁-撒克逊共同传承的话语，英国和美国正在塑造相容的认同，模糊彼此的差异，打造一种团结感。双方都开始相信彼此一旦发生冲突，但会是同胞相残。在接下来的数十年中，两国变得越来越亲近，最终建构了一个安全共同体，并和其他西方民主国家一起在二战结束时建立了自由主义的国际秩序。可以认为，今天的英美“特殊关系”是在两国因为战争建立军事同盟之后才开始成形。不过，1895年到1906年间英美和解的

① N.F.Dreisziger, “The Role of War Planning in Canadian-American Relations, 1867-1939,” *Canadian Review of American Studies* 10, no.3(Winter 1979): 343.

② Richard A.Preston, *The Defence of the Undefended Border: Planning for War in North America, 1867-1939*(Montreal: McGill-Queen's University Press, 1977).

③ 参见 Allan Millet and Peter Maslowski, *For the Common Defense: A Military History of the United States of America*(New York: Free Press, 1984), pp.317-323；以及 Ute Mehnert, “German Weltpolitik and the American Two-Front Dilemma: The ‘Japanese Peril’ in German-American Relations, 1904-1917,” *Journal of American History* 82, no.4(March 1996): 1452-1477。

出现为这一安全共同体打下了基础。到一战时,英国和美国之间的持久和平已经开始了。通过战略同盟和社会互动的加强,一战只是增进了这种持久和平,而双方也接纳了一种共同的西方认同。

和平为什么会发生

第二章界定了有助于持久和平发端的三个主要条件:制度化的克制;社会秩序的相容性;以及文化的共同性。英美和解的轨迹表明,起初是战略需要驱动了这一进程。英国承担着一系列它难以继续承担的全球承诺,这促使它采取了包容美国的政策来亲近后者。华盛顿也做出了类似的回应——并不是出于利他主义,而是利用这一机会扩大它在西半球的霸权。但是,仅有战略需要并不会带来持续的和解。制度化的克制、社会相容性以及文化的共同性都有助于引导战略需要向着和解而非冲突的方向发挥作用。

制度化的克制

在英国和美国长达数十年的敌对中,两国在国内都遵循了制度化的克制。英国很久以来就是一个宪政君主制国家;通过议会改革和选举权的普及,它在 19 世纪之时就接纳了自由民主制度。美国从建国之初起就是一个自由民主国家(虽然南方还是奴隶制)。从这一视角来看,两国都拥有有利于在外交政策中实践制度化克制的政体类型。和解出现在 19 世纪 90 年代表明大不列颠民主化的巩固可能有助于持久和平的发端。

民主和平论这一流派的文献假定,自由民主制度本身——而非它所产生的行为特点——是民主国家之间和平关系的首要原因。民主国家彼此认可,这使得它们享有一种独特的亲近和相互的尊重。这一论点的其他版本认为,自由民主制度伴有的权力制衡机制和意识形态中心主义更好地解释了它对于和平的促进作用。

英美和解的轨迹表明民主化和持久和平的发端之间存在一种复杂的关系。民主化如果能促进和解的话,它是通过民主政体的行为特点来实现的——尤其是实施战略克制——而不是基于共同政体类型所产生的相互认同。在 19 世纪的均势政治中,大多数美国人把英国看作是一个君主制而非共和制国家——尽管 1832 年英国的《改革法案》规定内阁对议会而不是国王负责,实质性地扩大了公众对于行

政当局的影响力。[1] 美国人对于英国政府性质的认识看起来更多是英国对美国敌对行为的产物，而不是对于英国统治制度特征的客观评价。[2] 英国不是一个自由民主国家的普遍看法反过来导致美国人对英国意图的不信任。就如约翰·欧文所写的，在美国人的眼里，"英国仍然是一个君主制国家"，因此存在着威胁自由和共和价值的专制。[3]

1884 年的英国《改革法案》显著地扩大了议会的权力，实质性地普及了选举权。如果民主国家能够自动地给予彼此相互的尊重和相互亲近，那么美国的精英此时就应该认识到英国是一个正在出现的伙伴。但这种情况并没有出现。就如欧文注意到的，"19 世纪 90 年代，许多美国人仍然认为，英国基本上是一个君主制而非民主制国家"[4]。而且，这一观念带来了重要的政治后果。例如，对君主制的反对在阻碍英美仲裁条约的批准中发挥了作用。这一条约旨在解决委内瑞拉危机。在赋予瑞典和挪威国王奥斯卡(Oscar)选择仲裁小组成员发挥作用的权力同时，这一条约招致了伊利诺伊议会的原则性反对。该议会宣称这一条约"吹捧了君主制，贬低了民主制……在所有和美洲大陆相关的事情上，美国都应该摆脱任何君主制的影响或阴谋"[5]。

美国对英国政府制度的看法发生关键性的变化——以及愿意赋予该国以良善的特征——不是从 1884 年的制度变革开始的，而是从 1895 年英国对美国政策的转变开始的。1884 年重大改革的整整十年之后，也就是 19 世纪 90 年代的后半期，美国的恐英症仍然很严重。扭转美国对英国态度的是伦敦方面包容美国的战略，而不是对英国国内制度断断续续的改革。这一结论与伊多·奥伦(Ido Oren)和其他一些学者的研究是一致的。这些学者认为，国家从主观上对他国的民主特征做出判断，其依据是"它们外交政策的和平性"而非它们

---

① 有关美国对英国政体类型及其政策意义的认知，参见 John M.Owen，"How Liberalism Produces Democratic Peace，" in Michael Brown，Sean LynnJones，and Steven Miller，eds.，*Debating the Democratic Peace*(Cambridge，MA：MIT Press，1996)，pp.133-148。

② 有关这一诠释的背后逻辑的详细说明，参见 Ido Oren，"The Subjectivity of the 'Democratic' Peace：Changing U.S.Perceptions of Imperial Germany，" *International Security* 20，no.2(Fall 1995)。

③ Owen，"How Liberalism Produces Democratic Peace，" p.139.

④ Owen，"How Liberalism Produces Democratic Peace，" pp.143-144.

⑤ "Opposed to Arbitration，" *New York Times*，January 27，1897.

政府的制度设计。①

同样属实的是,尽管英国把美国看作是一个自由民主国家,这样的认知并没有让伦敦对美国国家战略的和平性质感到放心。于是,美国的行为又一次在塑造英国对美国意图的认知上扮演着比美国的政府结构重要得多的角色。的确,美国政治的民主性质间或成为受关注的根源,但并不是让人感到放心的根源。

英国官员担心,美国民主的喧闹以及时而的好战性可能会导致而非避免战争。19世纪90年代,美国民族主义正在强力地、雄心勃勃地兴起,英国总参谋部私下里表达了公众的激情可能会诱发美国方面攻击性行为的担心。② 索尔兹伯里勋爵"怀疑美国政府的可信度,以及……不信任常常渗入美国外交政策中的情绪化"③。克利夫兰总统就美国在委内瑞拉边界争端中的干涉问题向国会传递激烈信息的三天之后,庞斯福特从华盛顿报告说:"这里充斥的完全是叫嚣反抗英国的沙文主义声音。"④类似地,布赖斯在1896年私下对西奥多·罗斯福表达了自己的焦虑:"你们中的很大一部分对于英国有着明显的恶感。"⑤

这样的担心在公开场合也可以听到。在回应美国国会支持美国干涉委内瑞拉边界争端之时,《泰晤士报》写道:"我们担心美国人将不会是基于惯例和国际法的现有原则而采取行动。他们总是表现得像一个感情用事、容易激动的民族。他们根本不明白到底什么是门罗主义,但是他们特别愿意为了捍卫它进行一场圣战。"⑥总的来说,英国的精英认为,"毫无疑问有很多也很强势的人确实在深思熟虑地想要同其他人开战,首选就是英国"⑦。考虑到公众舆论在推动美西战争中所发挥的显著作用,这些对美国沙文主义的关注并不是没有

① Oren,"The Subjectivity of the 'Democratic' Peace," p.148.

② 例如参见,Bourne, *Britain and the Balance of Power in North America*, p.403。

③ Anderson, *Race and Rapprochement*, p.87.

④ Ibid., p.97.

⑤ Campbell, *Great Britain and the United States*, p.39.

⑥ "The 'Thunderer' Alarmed," *The Times*,引自 *New York Times*, December 20, 1895.

⑦ *The Saturday Review*, in Campbell, *Great Britain and the United States*, p.43.

根据的。①

尽管英国对美国民主制度的不稳定性感到焦虑，自由民主制度的具体特征以及它们所产生的行为的确有助于和解的发展。自由民主制度通过常规化的战略克制促进了和解的进程。英国和美国都是自由政体。他们的治理制度在结构上是权力相互制衡，确保了法治，防止了滥用政治优势。这些国内特征在对外关系中也表现得很清楚。双方都愿意接受仲裁作为解决领土争端的一种手段。由于这些承诺需要经过议会和公众的检阅，因此它们有着不一样的可信度。就如美国内战后美国和加拿大边界很大程度上不设防的长期和平所表明的，伦敦和华盛顿总的来说都放弃了利用单边优势的机会。两国的公众都熟悉了克制和包容的语言，这也有助于公众舆论的转变。这些自由主义属性帮助塑造了相互包容的政治空间。

民主争论所提供的透明性也使得双方在评估对方意图和动机时抱有信心。高级官员的演讲、国会和议会的辩论、自由媒体提供的公开探讨，以及公民团体的行动和言论——所有这些都确保了英国和美国的政治进程是一个公开的领域。当贝尔福勋爵在议会宣布英国将会尊重门罗主义时，他的话毫无疑问在华盛顿而不是伦敦产生了更大的影响。当1895年国会两院“诚挚推荐”英国采用仲裁方法解决委内瑞拉争端时，伦敦事先已经得知，华盛顿准备在这一问题上采取强硬政策。② 双方的国内社会都对对方开放，从而能够得出有关政策都感到放心。因此，透明性有助于让双方对于另外一方没有掠夺性的意图，可能是值得信任和以善意的、战略克制的姿态去回应的。

最后，自由民主制度固有的多元主义使得大西洋两岸的政府能够及时适应战略环境的迅速变化。在英国，这一属性尤为重要，精英必须确保包容的政治能够胜过羞辱的政治。基于英国和美国的利益是相容的，美国人与盎格鲁-撒克逊人有相似性，以及英国的让步是谈判而非顺从，英国政府能够避免遭到民族主义的反冲。精英们有时向公众隐瞒重要的战略考量是一个事实——就如英国在西大西洋

① 参见 George Kennan, *American Diplomacy, 1900-1950* (Chicago: University of Chicago Press, 1984), pp.3-20。

② Campbell, *From Revolution to Rapprochement*, p.176.

的脆弱地位(exposed position)、两强标准中不再考虑美国因素,以及如果同德国发生战争就准备向欧洲大陆派遣地面部队的决定。[①] 这些掩饰的确意味着民主制度的透明性在某种程度上受到了损害,但是它也表明精英们是多么在意战略调整所带来的国内政治管控需要。

尽管至少在1898年以前恐英症阵营还是美国的一个强大政治势力,管理和解所带来的国内政治冲击对于美国来说不如英国那样有挑战性。伦敦比华盛顿更经常地做出让步,麦金莱当局有着强烈的民族主义背景,这使得它能够免于在处理同英国的争端中过分包容的指控。不过,美国政府的确需要说服国会和公众支持同英国的和解——这不是一个容易的任务,就如参议院拒绝普遍仲裁条约所表明的。由于英国在美西战争中的支持,以及总体上逐步接受英美和解的媒体,得到帮助的美国精英们能够采纳一系列的战略主张、形成英美友谊的新表述,从而成功地创造了有利于和解的政治条件。就如在英国一样,多元主义和政治灵活性在推动战略调整以及获取必要的政治支持方面发挥了重要的作用。

相容的社会秩序

从美国建国直到19世纪后期,美国和英国的关系因为对立的社会秩序——不管是在美国国内还是跨大西洋关系中——经历了政治紧张。在美国国内,南方和北方的分裂对于英美关系有着直接的损害。北方及其占主导地位的联邦党设想了一个不断进步和城市化的美利坚。北方人将英国经济看作是共和国发展的一个样板。南方及其占主导地位的共和党的取向更加民粹主义和重视农业。南方人认为法国是美国的榜样。这些社会视角的反差导致了拿破仑战争中是站在英国一边还是法国一边的地区分歧的扩大。这一问题上党派之争之激烈——由于法国对往来大西洋的美国商船的劫掠而升级——促使国会中亲英的联邦党人推动通过了《1798年第一修正案》,这一努力旨在让那些亲法的共和党人噤声。1812年的英美战争导致了一

---

① 参见 Friedberg, *The Weary Titan*, pp.179-180。随着英德对抗程度的上升,内阁向公众隐瞒了如果德国攻击法国和低地国家,英国就派遣远征军去欧洲大陆作战的计划。参见 Charles A. Kupchan, *The Vulnerability of Empire* (Ithaca, NY: Cornell University Press, 1994), p.127。

个类似的尖锐对立。南方在反英情绪和英国皇家海军干涉跨大西洋贸易这一事实的驱动下强烈要求同英国开战。北方则基于进步的和平主义和对英国的亲近反对开战。

尽管商业利益反对基于社会倾向而形成的联盟，南方和北方在同英国的经济关系方面也分道扬镳了。南方在原材料的出口方面严重依赖英国市场，它捍卫奴隶制以生产农业产品，也是自由贸易的强烈支持者。同时，北方支持通过关税来保护它的幼小工业免受进口商品的冲击，支持基于雇佣劳动力的经济形式。两个地区经济利益的分化，再加上对立的社会秩序，阻碍了形成一个支持与英国和解的政治联合。直到 19 世纪下半叶，英国和美国的关系仍然受困于美国南方和北方之间剧烈的政治、经济冲突。

妨碍英美和解的社会障碍也存在于西大洋的另一边。在 19 世纪上半叶，英国的"官僚阶层"中弥漫着很强的反美情绪，这一阶层成员最主要的仍然是那些对美国拒绝由英国统治感到愤怒的贵族。反过来，如前所述，美国人认为英国是一个过时的、社会等级森严的君主制国家——因此也是阻碍共和自由主义传统的一个国家。英国在美国内战中倾向于南部邦联这一点加剧了跨大西洋的紧张关系，使英美关系进一步陷入了美国南北对立的框架之中。经济和地缘政治考量导致了英国对南部邦联的支持。英国的商业阶层十分依赖从美国南部各州的进口，而英国战略家们则相信美国的分裂可以消除其崛起对于英国西半球霸权地位的威胁。

到了 19 世纪后期，阻碍和解的社会障碍在大西洋两岸已经减少了很多。在美国，内战和正在进行的工业化结束了南北方之间最为严重的社会和政治差异。奴隶制被废除了。南方对于农业化的偏好让位于工业化和雇佣劳动的发展方向。北方的工厂发展成为具有全球竞争力的企业，促使实业家们和农业出口商站在一起支持自由贸易。管理美国同英国的关系不再是一个造成南北方对立的问题。

在英国，政治自由化、中产阶级的增加以及在美国大量投资的金融界的崛起，冲淡了传统政治阶层的反美倾向。从情感和经济利益出发，支持英美和解的选民数量在上升。在这一方面，民主化的推进导致了一种"社会和平"，而不仅仅是"民主和平"。普选制中和了一个倾向于维持同美国对抗关系的人群占优势的社会结构。相应地，

美国人开始把英国看作是一个有着共同社会和政治倾向的国家——这一认知上的改变有助于用亲近感取代原有的社会疏远感。坎贝尔(C.S.Campbell)是这样总结这些变化的:

> 基于改革选举的法案,选举权的普及深刻改变了英国的社会结构。到了1900年,英国不再是一个由贵族主导的、相当傲慢的国家——后者在100多年前曾经让托马斯·杰斐逊和詹姆斯·麦迪逊感到怒不可遏。如果一个更加民主的英国对普通美国人来说有着更大吸引力的话,对于英国上层来说,美国看起来也不再是一个带有颠覆危险的煽动平民暴乱的共和国。①

英国和美国社会秩序的这些变化不是和解的驱动力量。如果不是英国认识到自己在战略承诺的负担过重,类似的安抚美国的政策就不可能出台。但是,这些社会变化的确意味着,当这两个国家基于战略原因开始走向和解道路时,社会差异不会是一个阻碍因素。相反,相容的社会秩序为和解提供了更多的政治动力。② 当英国需要包容美国时,以及美国政治家们正视互惠的前景时,社会环境已经发生了足够的变化,能够中和掉那些阻碍和解的主要社会障碍。

文化的共同性

美国和英国在几个关键的方面拥有共同的文化:种族、族群、宗教和语言。就如前面在探讨社会一体化以及政治表述变化时所表明的,文化的共同性和盎格鲁-撒克逊传承在和解发端过程的话语演变中作用十分显著。③ 大西洋两岸的官员、舆论领袖常常提到英国和美国之间的种族和语言联系,使用诸如"亲戚""家庭""堂兄弟"和"天然盟友"这样的措辞。正是这种拥有共同传承的感觉促使政治领袖和评论家都主张美国和英国之间的战争将会是"兄弟相残","就像是内战一样特别令人憎恶"。这些在公开或私下场合反复出现的言论

---

① Campbell, *From Revolution to Rapprochement*, p.203.

② 英国和德国的案例提供了一个有意思的对比。尽管迈向了议会民主制,20世纪初的德国仍然是一个准专制国家,政治由土地贵族主导。德国与英国的社会秩序不相容,促进了两国地缘政治对抗的加深。参见 Rock, *Why Peace Breaks Out*, pp.84-89。

③ 有关这一议题更加全面的论述参见 Anderson, *Race and Rapprochement*。

表明，这些有关文化共同性和平效应的主张是真诚的，而不仅仅是为了影响大众舆论。就如坎贝尔（C.S.Campbell）所总结的，“被广泛持有的盎格鲁-撒克逊共同种族观念是极为重要的……没有它就没有20世纪初和解的出现”①。

文化上的亲近看来在和解的初期和后期最为重要。在进程的发端阶段，当英国寻找有可能转变为朋友的敌人时，美国的入选至少部分可以归因于文化的共同性和亲近以及由此产生的舒适感。战略需要促使伦敦试图同华盛顿达成和解，但是，英国同美国之间潜在的亲切感觉有助于说明为什么伦敦花了最大的力气去同美国而不是同其他国家交朋友。用洛克的话来说，“出于地理、种族和意识形态的原因，美国尽管有着长期的恐英症传统，看起来比其他国家更适合于成为美国的朋友。”②举例来说，英国的确在世纪之交和日本建立了同盟关系。但就如下一章对这个案例的考察所说明的，文化上的差异妨碍了这一同盟发展成为一个持久和平区。

文化的共同性在和解的后期也很重要，因为英国和美国的公众越来越多地卷入进来，而精英们则试图产生一种有助于巩固和解政治基础的盎格鲁-撒克逊共同认同。只有共同的传承并不足以保障英国和美国之间的和平——就如它们之间连续数十年的敌对所表明的。但是，当战略考量迫使英国寻求和解——而政治和社会条件有助于减轻阻力时——文化的共同性肯定使精英能够更容易地传播两个民族拥有特殊相似性的观念。相同认同所导致的团结感反过来有助于美国人和英国人接受这样一种观念，即彼此之间爆发战争是不可思议的事情。

制度化的克制、相容的社会秩序以及文化的共同性是英美之间出现持久和平的关键原因。战略必要性促使英国起初尝试通过单方面包容的战略来和美国交朋友。这三个条件的存在进而使两国关系能够沿着相互的克制、社会一体化和新表述的产生这一路径不断发展，最终从不共戴天的敌人变成了恒久的朋友。

---

① Campbell, *From Revolution to Rapprochement*, p.204.

② Rock, *Appeasement in International Politics*, p.35.

第四章
和解：支持案例

这一章考察了双边和解的另外四个案例。两个是成功的案例：1905—1935年间的挪威和瑞典，以及1979—1998年间的巴西和阿根廷。接着是两个失败的案例：1902—1923年间的大不列颠和日本；以及1949—1960年间的苏联和中国。

挪威和瑞典的案例对于理解民主化、制度化的克制和持久和平之间的关系有着重要的启示。瑞典在实施战略克制的同时，伴随着议会民主制的加强、贵族统治的终结。这些所导致的瑞典外交政策的变化打开了瑞典同挪威和解的大门。阿根廷和巴西的案例进而提供了一个很重要的反事实推理，对于战略克制和政体类型之间的关系提出了问题。巴西和阿根廷在实施迈向和解的最初的关键性步骤时，两个国家都还是军事独裁国家。尽管直到20世纪80年代民主制度在两国落地生根以后持久和平才得以巩固，这一案例表明专制政权有能力实施战略克制以及同对手实现和平。挪威/瑞典和巴西/阿根廷的案例都证明，政治和解先于经济相互依赖，并且为后者扫清了道路，而不是相反。

与盎格鲁-美利坚的案例相对照，英国和日本之间持久和平的失败具有独特的教育意义。当英国成功地安抚美国、帮助平衡它在大西洋的资源和承诺之时，大体上在同一时期，它寻求同日本进行类似的战略谅解以应对太平洋地区的海军力量不足。但是，与盎格鲁-美利坚的案例相反，英国和日本的关系从未超越工具性结盟的范畴。文化共同性的缺失看来在阻碍双方实现持久和解上发挥了关键作用。中苏和解的兴起和终结说明了专制国家有可能建立十分紧密的战略伙伴关系，但也突出了这种伙伴关系可能迅速瓦解的脆弱性。由于缺少制度化的克制，以及社会秩序不同导致了尖锐的意识形态

分歧，中国和苏联最终回归到地缘政治对抗的道路上来。

挪威和瑞典之间的和解(1905—1935)

从1397年的卡尔玛联盟到1814年的《基尔条约》，挪威与丹麦联合成为一个政治统一体。在这个统一体中，挪威是一个地位较低的小伙伴。① 作为拿破仑战争战后协议的一部分，同法国结盟的丹麦把挪威让渡给了瑞典，后者是战胜国的盟友。挪威人很快就起来反抗他们的新监工，导致了瑞典的入侵。挪威在人口和军备上都比不过它的邻邦，几个星期的战斗之后默认了这一协议。统一体的条款在1814年下半年继续生效，1815年8月同瑞典的《联合法案》获得了瑞典国王的批准。挪威在它的内部事务上维持了相当大的自主性，但是瑞典控制了统一体的外交和防务政策，瑞典国王也成为挪威的国王。

在统一的整个90年中，挪威人愤怒地反抗瑞典的统治，经常性地寻求扩大挪威的自主性。两国人民之间极少出现社会一体化；边界地区人口稀少，崇山峻岭，很少有人员和货物的跨境流动。挪威主要同英国进行贸易，而瑞典主要是同德国。挪威保持了它自己的国内治理制度，尽管总体处于瑞典的控制之下。挪威没有自己的外交团队。尽管挪威拥有自己的陆军和海军，两者都处于瑞典国王的控制之下。瑞典的政治主导地位，加上其精英和媒体对待挪威人高人一等的态度，使得挪威的公众和媒体中普遍弥漫着反瑞典情绪成为一种必然。②

统一体在1905年破裂了。在围绕挪威是否有权在国外保持自己领事代表的争端爆发后，挪威单方面宣布了独立。作为回应，瑞典政府准备入侵挪威。瑞典政府拥有显著的军事优势——它的海军是挪威的两倍，陆军是四倍。海军部长和作战部长主张立刻发动攻击以恢复统一。他们认为分离威胁到了瑞典的安全，使得瑞典的西海岸

① 在统一之时，挪威的人口是88.5万，而瑞典是230万。参见Raymond Lindgren, *Norway-Sweden: Union, Disunion, and Scandinavian Integration*(Princeton, NJ: Center for Research on World Political Institutions, 1979), p.18。

② Lindgren, *Norway-Sweden*, pp.24-39.

处于脆弱地位，给俄罗斯提供了一条通过挪威入侵的可能路线。① 尽管存在这些威胁，以及对挪威冒犯瑞典及其君主感到愤怒，瑞典政府最终决定不发动战争，其理由是用武力维持统一的预期成本以及其他欧洲国家对瑞典入侵的反对。② 考虑到英美对抗程度的上升以及欧洲联盟关系的变化，主要大国不希望斯堪的纳维亚半岛爆发战争。面对着冲突的物质成本以及强烈的外部反对，瑞典决定解除戒备，转而寻求对挪威脱离统一体的协商解决方案。

在接下来的三十年中，挪威和瑞典之间出现了持久和平。瑞典的民主化及其伴随的战略克制的制度化是促使两个敌人变成长期朋友的关键因素。政治改革也促进了两国社会秩序的趋同，为文化上的共同性成为持久和平的一个基础扫清了道路。

和平是如何发生的

瑞典决定接受挪威的独立是一种开局让棋的做法——一开始单方面的包容——发展为相互的克制，最终导致了持久和解的发端。瑞典之所以接受挪威的独立，取决于一系列的条件。挪威已经宣布取消统一，开始和瑞典谈判并举行了公民投票；后面两者都是为了确保分离的举措获得彼此的同意而不是流于单方面的行动。瑞典也要求挪威拆除交界处的堡垒、同意在两国间建立一个中立区。

尽管谈判过程中伴随着战争恐慌和双方的部分动员，挪威最终接受了瑞典的要求。③ 瑞典首先采取的单方面包容举措获得了挪威方面所回应的重大让步。通过同意挪威的独立，瑞典表明了它的善意。挪威则发出了一个同样重要的善意信号，即愿意开始与瑞典交界处的非军事化。双方不仅避免了战争，还开始采取一些步骤来降低地缘政治对抗。

接下来的十年并非是和解的加深，最好被形容为冷淡而谨慎的和平时期。两国继续同意维持分裂的现状。几年后，围绕着几个小岛悬而未决的领土争端，它们转向了仲裁的和平解决方式。但是，这些相互让步所表现出来的善意并没有消除它们对对方更广泛动机所

---

① Rikard Bengtsson, *Trust*, *Threat*, *and Stable Peace*: *Swedish Great Power Perceptions 1905-1939*(Lund, Sweden: Lund University Department of Political Science, 2000), p.70.

② Lindgren, *Norway-Sweden*, pp.72, 132, 143.

③ 对于谈判更加细致的讨论参见 Lindgren, *Norway-Sweden*, pp.145-197。

存有的怀疑。1906年到1907年，挪威同其他大国签署了一个保证它的领土完整的条约，这表明它对于与瑞典的和平缺乏信心。挪威保留了对瑞典的作战计划——瑞典也保留着针对挪威的作战计划，其中包括有关攻击方案的构想。瑞典军队也继续对挪威的防御工事和军事基础设施进行侦察。① 公开的地缘政治竞争暂时中止，但相互猜忌仍然存在。

第一次世界大战的爆发是挪威和瑞典得以超越冷和平迈向持久和解的一个导火索。大国战争的爆发促使两国在1914年8月发布了一个联合中立声明。除了宣布它们的中立地位以外，这一协议指出，"双方政府已经交换了有克制力的保证，目的在于排除这样一种可能性，即欧洲的战况可能导致彼此之间的敌对行为"。这一协议在两国议会受到欢迎并通过的八天后，19世纪中期两国统一时的国王奥斯卡一世的纪念碑被安置在两国的交界处。纪念碑上的题词引用了这位国王的话："从此以后斯堪的纳维亚兄弟之间不可能再有战争。"②

19世纪时奥斯卡国王的这一宣言是过于超前了，但是在一战时情况已经发生了显著的变化。在战争进行的过程中，挪威、瑞典和丹麦的部长们定期举行会议以协调政策和捍卫中立。三国签署了旨在减轻食品和其他商品短缺的贸易协议。用埃里克·贝尔奎斯特(Eric Cyril Bellquist)和沃尔德马·韦斯特加德(Waldemar Westergaard)的话来说，"在一战时，三个北方国家的统治者及其部长们通过各种会议作出了有关斯堪的纳维亚团结起来的最打动人心的表述。经统计，这一时期，在三国外交部的支持下召开了10次会议，海军部支持下召开了两次，财政部两次，司法部三次，公共工程和通讯部门的会议超过一打，以及其他许多的国际会议。"③北欧议会联盟(Nordic Inter-Parliamentary Union)作为欧洲议会联盟的一个地区分支，建立于

---

① Magnus Ericson, *A Realist Stable Peace: Power, Threat, and the Development of a Shared Norwegian-Swedish Democratic Security Identity*, 1905-1940(Lund, Sweden: Lund University Department of Political Science, 2000), pp.85-96; Lindgren, *Norway-Sweden*, pp.214-227.

② Lindgren, *Norway-Sweden*, p.238.

③ Eric Cyril Bellquist and Waldemar Westergaard, "Inter-Scandinavian Cooperation," in "Supplement: Contemporary Problems of International Relations: Regional Groupings in Modern Europe," *Annals of the American Academy of Political and Social Science*, vol.168, American Policy in the Pacif c(July 1933), pp.186-187.

19世纪后期，是塑造三国对战后安排共同立场——支持建立国联——的论坛。[1] 一战结束后，挪威和瑞典签署了一个联合仲裁条约，承诺通过谈判解决它们之间的所有争端。

一战期间两国相互克制的具体举措以及社会一体化的加深在推动和解的发端上发挥了关键性的作用。挪威和瑞典精英之间的定期联系，以及共同努力协调外交政策、制定贸易协议以应对战争造成的短缺，这些都促进了一种不断上升的共同利益感。挪威军方的一个评估揭示了战时合作对于两国关系的累积效应：

> 一战的结果在一些重要的方面改变了我们所处的战争—政治形势。我们同瑞典的关系比以往任何时候都要好。通过友好谈判，冲突……已经消除。目前看不到任何迫在眉睫的冲突来源……对于瑞典，挪威的政策可能将会朝着进一步改善现有良好关系的方向发展。我们也有理由相信，瑞典的意图是一样的。[2]

战时合作的经历和社会一体化激励了两国开始赋予对方以良善的特征，在20世纪20年代早期残存的猜忌让位于初步的信任感。1924年，挪威废除了大国完整性条约（great-power integrity），这一大胆和公开的举动标志着它不再担心来自瑞典的攻击。在20世纪20年代的后半期，挪威的精英们达成了一个共识，即同瑞典的战争并非没有可能，但是“可能性非常小”[3]。到20年代末的时候，已经出现了要求大幅削减防务开支的强烈呼声。一位要人为削减主张辩护时所依据的理由就是瑞典不再是挪威领土的威胁：“不管军队怎么说……不可否认的是，现在是十分有利的削减防务开支的时间。由于原来我们武装敌对的国家现在与我们的关系已经变好——我可以大胆地说，是永久性的变好——我们的战略处境已经好了很多。”[4]

到了20世纪30年代中期，挪威军队已经事实上排除了同瑞典发

---

① 有关北欧议会联盟的内容参见 Bellquist and Westergaard，“Inter-Scandinavian Cooperation，” pp.183-184。

② Ericson，*A Realist Stable Peace*，p.128.

③ Ibid.，p.91.

④ David G.Thompson，“The Norwegian Armed Forces and Defense Policy，1905-1955”，*Scandinavian Studies*，vol.11（Lewiston，NY：Edwin Mellen Press，2004），p.60.

生冲突的可能性。马格纳斯·埃里克森(Magnus Ericson)回顾那一时期挪威的规划文件发现,“它们没有提到说,在任何一个程度上,瑞典可能构成一个威胁”,以及“瑞典不被认为是一个潜在的侵略者”①。在瑞典这一边,针对挪威的最后一个进攻性作战计划是1917年拟定的。1924年以后,军事规划者们不再考虑同挪威发生冲突的可能性。从20世纪30年代早期开始,规划文件认为挪威“现在以及可见的将来都不是一个威胁”②。1935年,在一封有关道路建设及其对部队移动影响的信中,一位瑞典陆军上尉对他的挪威搭档写道:“我认为这一点是不言自明的:我们不考虑挪威是敌人的可能性。”③

到20世纪30年代早期,挪威和瑞典之间已经出现了持久和平。两国的精英和大众话语都愿意接纳这样的观念,即彼此之间爆发战争是“不可思议的”④。他们也频频提到一个独特的北欧共同体,这一共同体基于共同的语言、文化和历史之上。随着这十年欧洲地缘政治环境的恶化,挪威和瑞典的和解为它们战略合作的显著提升打下了基础。挪威和瑞典军方的定期商谈开始于1934年。尽管两国在20世纪30年代没有达成有克制力的联盟承诺,军事合作和情报共享随着纳粹德国威胁的上升也不断加强。挪威和瑞典之间的持久和平开始具备有了一种理所当然的性质。

社会一体化——挪威人和瑞典人之间的直接联系,以及贸易交流——在这一时期的确增加了,从而有助于巩固持久和平。但是,不断增加的人员和商业纽带是和解的产物而非根源;商业利益利用而不是谋划了和解与不断加强的战略合作。两国之间的邮件、电报通信以及贸易从19世纪后期开始都在增多。但是,在20世纪早期相对的经济相互依赖甚至下降了,原因是挪威和瑞典都在多元化其对外贸易、迅速地发展与欧洲主要国家的贸易联系。而且,经济一体化加强的时期——例如一战时——是战时努力减轻短缺的产物,而不是谋求加深相互依赖。就如埃里克森所总结的,“如果有什么关系的

① Ericson, *A Realist Stable Peace*, pp.95-96.
② Ibid., p.89.
③ Ibid., p.84.
④ Ibid., chapter 5.

话，经济互动追随政治现实和政治便利，而不是相反。”①

和平为什么发生

挪威和瑞典之间和解的推进与两国自由民主制度的出现存在相关性。在整个19世纪和20世纪早期，挪威的民主进程远远领先于瑞典。挪威在19世纪早期事实上已经废除了贵族统治；在那以后，农民、不断增加的中产阶级以及官僚阶层分享着国家的政治权力。19世纪后期的政治改革导致了男性选举权的普及以及议会对内阁的控制。与此同时，整个19世纪，瑞典的政治体系仍然为国王和土地贵族所控制，这一情况延续到20世纪。其结果是，瑞典的精英感觉受到了挪威自由主义秩序的威胁。瑞典在19世纪后期的确出现了几轮政治改革。但是挪威分裂出去时，瑞典是欧洲最不民主的国家之一。1917—1921年采取的改革发生之前，瑞典仍然没有普选制，议会也没有牢固地控制内阁、影响对外政策。从这一角度来说，持久和平的发端与瑞典自由民主制度的发端是紧密一致的。

民主和持久和平之间的因果联系最主要地根植于民主化所带来的外交政策和社会秩序的变革，而不是双方对彼此民主特征的相互认可。政治改革制度化了战略克制和自我约束的实践；瑞典外交政策的新路线很大程度上根植于议会对国王和军队权力的制衡。政治变革也有助于解决长期以来导致挪威和瑞典不和的社会秩序不相容问题。在瑞典完成民主化、结束贵族统治之后，挪威不再是瑞典社会秩序的威胁。最后，政治改革为社会一体化扫清了道路，促进了透明度，增加了联系和贸易，这两者都有利于相互认可对方的良善特征。

政治改革和持久和平发端之间的这些因果联系表现为如下各种不连续的形态。在统一的整个时期里，挪威的自由主义倾向以及对于贵族的敌意与瑞典的贵族取向存在冲突。在瑞典，国王同贵族和教会结盟以抵制农场主、中产阶级和专业人士获得更大权力的要求——后面这三者已经开始主导挪威的政治体系。从1815年开始，随着统一体的瓦解，这些社会秩序的不相容性加重了政治紧张，瑞典的精英把挪威的反抗看做不仅是对瑞典统治的挑战，也是对本国统

① Ericson, *A Realist Stable Peace*, p.125.

治阶层权力和稳定的挑战。挪威人和瑞典人之间的社会联系很少，这部分是因为瑞典担心农民一旦获得土地所有权和政治权利将会摧毁本国保守的政治秩序。挪威的贵族和军队敦促本国政府使用武力镇压挪威在 1905 年单方面宣布独立的行为，以维持他们的政治统治地位，而不仅仅是维持同挪威的统一。①

瑞典政府决定不发动入侵也不是偶然的，因为此时该国的政府第一次是由自由党来执政，这有助遏制贵族和军队的好战倾向。不可否认的是，保守党很快恢复了他们对于内阁的控制。但是政治改革的推进意味着他们不再能完全控制外交政策的制定。尽管瑞典在 19 世纪已经有了宪法和议会，但是内阁是由国王挑选的，无须议会批准。国王是陆军和海军的总司令，与他的军事顾问和贵族一起行使着近乎绝对的权力，尤其是在外交政策事务上。② 就如里卡德·本特松（Rikard Bengtsson）观察到的，1872 年继位的国王奥斯卡二世“认为统一体的对外政策很大程度上是他的领地”③。

不过，从 1905 年开始，内阁成为议会下属的一个机构，使得内阁和议会对对外交政策有了更多的控制。就如林格伦（Raymond Lindgren）注意到的，“1905 年对于瑞典来说是一个伟大的时刻：失去了同挪威的统一但是自己赢了一个议会制的政府体系。”④当自由党在 1911 年重新上台时，瑞典首相第一次任命一个文官为国防部长，增加了军队掌控安全事务方面的制度化克制。1919—1921 年的改革进一步加强了议会对于外交和防务政策的监督，事实上将国王和王室从决策中排挤出去了。⑤ 因此，瑞典在外交政策领域接受制度化的克制与迈向持久和平的最初动作是同步的。接下来，和解及其推进又与民主化和议会提高对安全政策的控制相一致。自由党和社会民主党在议会中不断增加的政治力量在确保包容的政治胜过保守的主张

---

① Raymond Lindgren, "Nineteenth Century Norway and Sweden: A Contrast in Social Structures," in Karl Deutsch, *unpublished manuscript*, pp.531-536

② Lindgren, *Norway-Sweden*, p.21; Ericson, *A Realist Stable Peace*, pp.107-108.

③ Bengtsson, *Trust, Threat, and Stable Peace*, p.80.也可参见 pp.68-69。

④ Lindgren, "Nineteenth Century Norway and Sweden," pp.543-544.林格伦注意到，1885 年的议会改革赋予议会一定的外交权，但总的来说内阁在 1905 年前不受议会的约束。

⑤ Bengtsson, *Trust, Threat, and Stable Peace*, p.73.

方面发挥了重要作用。后者继续坚持认为，同挪威的和解是对国王的羞辱，威胁到了瑞典的政治稳定。

尽管一战从根本上加深了瑞典和挪威的联系，社会不相容性依然存在，这意味着战争可能带来一种新的地缘政治分歧。瑞典传统统治阶层的一些人主张同德国结盟，在他们看来，德国正在捍卫欧洲的贵族统治传统、抵制自由主义变革。[①] 如果他们的观点占了上风，那么同挪威的分道扬镳就是不可避免的，尤其是考虑到挪威长期以来是英国的盟友。不过，更为温和的主张获胜了，这使得瑞典和挪威能够一起执行一条中立的政策。而且，从斯德哥尔摩的角度来看，德国的失败是自由民主制度的胜利，这为完成瑞典的政治改革以及瑞典同挪威社会秩序的趋同提供了动力。[②] 随着外交政策和社会秩序最终达成一致，挪威和瑞典开始把对方看做良善的政治实体；1905 年开始的和解进程最终结出了持久和平的果实。

除了制度化的克制和社会相容性以外，使和解变得可能的第三个条件是文化的共同性。挪威人和瑞典人信仰同样的路德教，语言之间有着密切的联系，很久以前都把自己看作是一个共同的北欧/斯堪的纳维亚共同体的一部分。韦德尔－亚尔斯贝格（Johan Caspar Herman Wedel-Jarlsberg）是挪威一位著名的政治家，他在 1814 年支持同瑞典的统一。他的立场就是基于“相似性（propinquity）的理由”，以及“共同的文化、共同的宗教、共同的种族……共同的古老语言”[③]。尽管这些共同性在很多世纪里没有强大到能克服地缘政治对抗，一旦和解开始，它们的确有助于和解的发端。1919 年建立了北欧协会（Norden Association），“以促进北方民族之间共同的文化观念”[④]。在 20 世纪 30 年代，尤其是二战之后，两国的政治话语中越来越固定地谈到北欧的相似性和手足之情。这一表述的产生和对文化共同性的

---

① 可以充分肯定的是，瑞典同德国联盟的可能性影响到了英国的偏好，即支持挪威保持中立而不是同协约国结盟。伦敦的算盘是，如果瑞典同德国站在一起，而挪威同协约国站在一起，挪威很可能发现自己暴露在攻击之下，“如果瑞典同德国结盟，即便是皇家海军也可能保护不了挪威”。Thompson, *The Norwegian Armed Forces and Defense Policy*, p.46。

② Bengtsson, *Trust, Threat, and Stable Peace*, pp.93-96, 148.

③ Lindgren, *Norway-Sweden*, pp.17-18.

④ Paul Dolan, “The Nordic Council,” *Western Political Quarterly* 12, no.2(June 1959): 512.也可参见 Bellquist and Westergaard, “Inter-Scandinavian Cooperation”。

重视为1945年后北欧安全共同体的出现打下了基础。

巴西和阿根廷的和解(1979—1998)

阿根廷和巴西之间的对抗和战争可以追溯到两国在殖民地时期围绕着领土和贸易的争夺。两国之间最后一次大战发生在19世纪20年代，但是地缘政治竞争在那以后延续了很长时间。尽管在1865年到1870年之间同巴拉圭的冲突中两国建立了同盟，阿根廷和巴西在19世纪的余下时间以及20世纪的绝大多数时候仍然是小心翼翼的对手。它们在查科战争(Chaco War)中立场相对——查科战争是1932—1935年间玻利维亚和巴拉圭之间的一场冲突——二战后也如此。在冷战的最初几十年中，巴西倾向于同美国结盟，将自己视为一个第一世界国家，这使得它在阿根廷的眼里成为美帝国主义的代理人。许多问题上都弥漫着紧张氛围，包括在玻利维亚、巴拉圭和乌拉圭等缓冲国家中的影响力，利用巴拿马运河开发水电以及发展核技术等。就如雷森迪-桑托斯(Joao Resende-Santos)注意到的，“从二战到20世纪70年代，巴西和阿根廷继续把对方看作是敌人”①。他们保留了针对彼此的作战计划。巴西在邻近边界的南部军区集结部队，而布宜诺斯艾利斯则在阿根廷北部执行了一条“空省”(empty province)政策，旨在让巴西找不到可供打击的军事目标和交通基础设施。就如戴维·皮翁-柏林(David Pion-Berlin)所观察到的，“两国的外交关系中完全没有信息交流、互相访问或者控制，这种不透明使得相互的不信任加重了。”②

不过，从20世纪70年代后期开始，阿根廷和巴西启动了相互包容与和解的进程，并实现了两国的和解。到20世纪90年代早期，两国不仅结束了长期的地缘政治对抗，也建立了南方共同市场(Mercosur)。

---

① Joao Resende-Santos, “The Origins of Security Cooperation in the Southern Cone,” *Latin American Politics and Society* 44, no.4(Winter 2002): 94.也可参见 Jack Child, *Geopolitics and Conflict in South America: Quarrels Among Neighbors*(New York: Praeger, 1985), pp.98-104。

② David Pion-Berlin, “Will Soldiers Follow? Economic Integration and Regional Security in the Southern Cone,” *Journal of Interamerican Studies and World Affairs* 42, no.1(Spring 2000): 45.

这一机构旨在便于整个地区的经济一体化。显著的一点是，它们在军人统治时期开始了迈向持久和平的步伐，这表明即便在国内没有接受制度化克制的国家在对外政策行为中也可能实施战略克制。阿根廷和巴西的和解案例也清楚地证明，政治和解为社会一体化和经济相互依赖扫清了道路而不是相反。

和平是怎么发生的

阿根廷和巴西关系的关键性突破出现在1979—1980年。双方的动机有所不同。阿根廷努力和巴西交朋友是由于它不断恶化的战略环境。20世纪70年代下半期三个同时出现的事件威胁到了阿根廷的安全。它同智利在比格尔海峡(Beagle Channel)的争端已经到了紧急关头，双方都在1978年末进行了战争动员。阿根廷同西方主要大国的紧张关系继续加剧。它同英国的关系因为在福克兰群岛(即马尔维纳斯群岛)上的冲突主张变得日益紧绷，而同美国的关系则因为华盛顿对军政府违反人权的反应正在变坏。最后，布宜诺斯艾利斯对巴西正在增长的实力和地区雄心感到担忧。这一担心因为两国间经济实力差距的扩大以及巴西1975年从德国购买核燃料循环技术而加剧了。阿根廷同智利的紧张关系进一步考验着它同巴西已经很紧张的关系，这部分是因为布宜诺斯艾利斯决定封锁从巴西到智利的商业交通航线。

面临着同智利和巴西不断加剧的紧张关系，以及同英国和美国关系的恶化，阿根廷转而致力于同巴西的和解，将其作为减轻战略困境的最好途径。就如雷森迪—桑托斯观察到的，“阿根廷发现它自己被最强大的敌人所包围着。包容巴西是一种战略需要，不仅是因为阿根廷绝不愿意同两个对手对抗，也是因为它不确定一旦围绕着比格尔海峡爆发战争，巴西将会做出什么样的反应。”①

巴西之所以愿意对阿根廷的主动包容行为做出类似的回应，首要的是因为国内的环境，而不是外部威胁。在20世纪70年代，巴西的国内安全部门变得越来越自主和有压制性。情报和安全机构的权力不仅削弱了军队的相对影响，强硬派和温和派的斗争也使得军队

---

① Resende-Santos, “The Origins of Security Cooperation,” p.99.

发生了分裂。按照艾弗德·史迪潘(Alfred Stepan)的说法，“相比拉美任何其他的现代独裁政权来说，巴西的情报系统自主性是最强的。”①

为了恢复军队对政府的控制以及削弱军官团中的极端势力，1974年到1979年任总统的厄内斯托·盖塞尔(Ernesto Geisel)将军和他的首要顾问之一，戈尔贝里·多科托·席尔瓦(Golbery do Couto e Silva)将军，在20世纪70年代后期执行了一项**开放**(abertura, opening)的政策。政治体系的自由化、同公民社会合作而不是压制它都是为了削弱安全机构的权威及其在军队内的支持者。就如雷森迪-桑托斯所观察到的，“逐步的政治开放，包括恢复媒体和公民自由，是为了减轻国内的紧张，从而更易于暴露极端主义机构的滥权、消除它们存在的理由。”②开放也有助于重新获得中产阶级和上层的支持，这两个阶层都因为政府压制的强化而不愿意与政府合作。③ 为了实现这些目标，盖塞尔允许公民协会——诸如社区和工人的组织——重新进入到政治领域，试图限制对政治犯的刑讯逼供，以及撤销限制了许多公民自由的《第5号制度法案》(Institutional Act No.5)。④

巴西寻求同阿根廷的和解是**开放**的直接结果；国内的开放需要对外开放。巴西和邻居之间长期的对抗妨碍了国内的自由化；强烈的外部威胁感支持了强硬派以及他们推行压制性统治的理由。相反，一个更加良性的环境有助于让温和派占据优势，给他们提供了进行国内改革的活动空间。在雷森迪-桑托斯看来，“温和派谋求的是在国内自由化和国外缓和的二元战略，以限制极端主义势力的有害影响。这些极端势力具体来说就是军队和国家内部盘踞的国内安全和情报机构”⑤。为了帮助实施他的“负责任的实用主义”外交政策，盖塞尔任命温和派担任政府的关键职务。他也选择一位前驻阿根廷

---

① Alfred Stepan, *Rethinking Military Politics: Brazil and the Southern Cone* (Princeton, NJ: Princeton University Press, 1988), p.13.也可参见 chapters 2 and 3。

② Resende-Santos, “The Origins of Security Cooperation,” pp.101-102.

③ Maria Helena Moreira Alves, *State and Opposition in Military Brazil* (Austin: University of Texas Press, 1985), pp.168-173.

④ Scott Mainwaring, “The Transition to Democracy in Brazil,” *Journal of Interamerican Studies and World Affairs* 28, no.1 (Spring 1986): 155.

⑤ Resende-Santos, “The Origins of Security Cooperation,” p.100.

大使安东尼奥·西尔韦里拉(Antonio Azeredo da Silveira)担任外交部部长,此人因为与布宜诺斯艾利斯决策者的关系特别好而闻名。

阿根廷面临的外部威胁和巴西面临的国内威胁,是促成相互的包容行为、最终达成和解的条件。在很多年的拒绝之后,阿根廷做出了一个明确的举动,同意了巴西提出的在巴拉那(Parana)河上修建伊泰普(Itaipu)大坝发电的计划。1979年10月双方签署了《库普斯-伊泰普》(Corpus-Itaipu)协议,几个月后,巴西新总统若昂·巴普蒂斯塔·德奥利维拉·菲格雷特(Joãao Baptista de Oliveira Figueiredo)将军访问了阿根廷作为回馈——这是1935年以来巴西领导人第一次访问阿根廷。菲格雷特延续盖塞尔的**开放**政策这一事实表明两国和解的进程不会因为领导人的变化而变化。几个月后,阿根廷总统豪尔赫·拉斐尔·魏地拉(Jorge Rafael Videla)回访了巴西。单方面的包容举措变成了相互的克制。经过谈判,双方签署了致力于和平利用核能、合作发展核技术、联合生产常规武器以及加强贸易、文化联系和科学交流的双边协议。用魏地拉的话来说:"我们的协议驳斥了阿根廷和巴西进行核军备竞赛的传说,开启了在许多共同利益领域展开具体合作的可能性。"①

尽管迎来了一个良好的开端,阿根廷和巴西的和解在20世纪80年代的前半期进展缓慢,两国的关注点不在此而在其他问题上——国内政治变革、经济危机和马岛战争。巴西政府特别留意缓慢推进的必要性,担心极端势力将会利用国内改革和阿根廷的包容来恢复它们的控制。右翼扰乱政府的行动在1979—1981年间达到了顶峰,其直接原因是开放及其导致的对于"强硬派和国内安全机构地位与利益"的"致命威胁"②。基于这一点,温和派仔细地确保包容的政治胜过羞辱的政治。就如雷森迪-桑托斯注意到的,"除了需要维持温和派的支持外,担心激起强硬派的强烈反应是对国内和外交政策的主要制约……盖塞尔在每推进一步开放时,总是不得不安抚强硬派们……强硬派的反对决定着对内对外开放的限度"③。

---

① Juan de Onis,"Argentina and Brazil in New Ties," *New York Times*, May 18, 1980.

② Resende-Santos,"The Origins of Security Cooperation," p.109.

③ Resende-Santos,"The Origins of Security Cooperation," pp.102-103, 108-109.

1982年的马岛战争一开始分散了阿根廷改善同巴西关系的努力。但是，这一冲突最终促进了两国之间的和解。阿根廷同英国的战争以及所导致的与美国关系的紧张促使布宜诺斯艾利斯对它的邻居持更加包容性的立场，尤其是对巴西。尽管巴西不准备同阿根廷结盟以至于威胁到它同欧洲和美国的关系，巴西还是小心地采取措施以维持近来同阿根廷关系的改善。巴西支持阿根廷对其他岛屿的主权，在伦敦代表着阿根廷的外交利益，帮助对话以解决冲突，在危机期间向阿根廷提供短期贷款，对英国飞往福克兰群岛的飞机限制其着陆权。用韦恩·塞尔彻（Wayne Selcher）的话来说，“巴西的立场，不管是在冲突中还是之后，都在阿根廷得到了好评，尽管巴西官方表现得并不热烈，以及它需要维持同英国的关系。”①

阿根廷和巴西在20世纪80年代后半期加倍努力推进它们的和解。此时，两国都完成了向民主统治的转变（阿根廷在1983年，巴西在1985年）。但是，巴西和阿根廷的总统在1976—1982年间仅仅会晤了3次，签署了4个协议，而在1985—1986年，他们会面了8次，签署了31个协议。② 1985年，巴西总统若泽·萨尔内（José Sarney）和阿根廷总统劳尔·阿方辛（Raul Alfonsin）签署了《伊瓜苏宣言》（Declaration of Iguazu），双方承诺每年总统互访以及对核问题上不断加深的合作法典化，包括相互放弃具有军事用途的核计划。特别重要的是有关核技术的工作小组以及允许双方无障碍进入到对方核设施的协议。阿根廷在1988年宣布它在没有国际监督的情况下已经参观了巴西所有的核设施。③

两国之间经济和社会一体化在20世纪80年代仍然有限，但是核科学家和检查员之间的合作在构建精英和大众之间的信任方面发挥了显著作用。断断续续的包容行为产生了累积效应，带来了持久和

① Wayne A.Selcher, “Brazilian-Argentine Relations in the 1980s: From Wary Rivalry to Friendly Competition,” *Journal of Interamerican Studies and World Affairs* 27, no.2 (Summer 1985): 30.

② Arturo C.Sotomayor Velazquez, “Civil-Military Affairs and Security Institutions in the Southern Cone: The Sources of Argentine-Brazilian Nuclear Cooperation,” *Latin American Politics and Society* 46, no.4 (Winter 2004): 35.

③ Resende-Santos, “The Origins of Security Cooperation,” pp.116-118.

解的希望。有关核设施信息的披露以及分享同样技术的做法帮助阿根廷和巴西赋予对方以友善的动机，而不仅仅是单个让步的善意。之前两国的地缘政治对抗也是围绕着这些设施和技术。阿里·卡科维奇(Arie Kacowicz)认为，核合作是博得公众支持和解的中心因素：

> 这些令人瞩目的努力包括阿根廷和巴西科学家们在两国物理学会支持下进行的一系列的探讨和协商。它们为核机制下的政府行动铺平了道路。这些交流通过新闻报道让公众关注到了这一现象，而关注的增加促进了两国政府的后续行动，尤其是在民主回归之后。①

因此，在20世纪80年代，相互的克制使得巴西和阿根廷远离了地缘政治对抗；安全困境中止了，两国享受着新出现的、虽然还是有所保留的友善。在20世纪90年代，社会一体化以及接下来新的表述的形成，实质性地推动了和解的发端。到这十年结束的时候，安全困境不仅是被中止了，而且如下面所描述的，朝着相反的方向运作，最终能使得阿根廷和巴西能够享有信任和团结，而后者正是持久和平的特征。“信任，”卡科维奇写道，“不仅是巩固持久和平的一个条件，也是持久和平建立之后的一个结果。”②巴西仍然是这一地区具有压倒性优势的国家，但是阿根廷和南美洲的小国不再寻求制衡它。相反，相互认知或者说“认知结构”的变化意味着巴西的实力具有了良性的、吸引人的性质，是正在不断扩大的地区一体化计划的核心。③

1990年，双方正式签署了核协议，设立了一个机构来监管所有的核活动，在《特拉特洛尔科条约》(the Treaty of Tlatelolco)的修订本上签字。《特拉特洛尔科条约》禁止拉丁美洲和加勒比国家拥有核武器。④ 第二年，南方共同市场开始组建。在这一贸易条约中，巴西、阿根廷、乌拉圭和巴拉圭承诺到1994年末之前建立一个共同市场。给

---

① Arie Kacowicz, “Stable Peace in South America: The ABC Triangle 1979-1999,” in Arie Kacowicz, et al., eds., *Stable Peace Among Nations*, p.213.

② Kacowicz, “Stable Peace in South America,” p.216.

③ Andrew Hurrell, “An Emerging Security Community in South America?” in Adler and Barnett, *Security Communities*, pp.252-253.

④ 有关巴西、阿根廷核合作以及核原料问责控制机构(ABACC)的概况，参见 http://www.abacc.org/engl/abacc/abacc_history.htm。

南锥体(Southern Cone)地区注入经济一体化动力的是其他地区区域主义的推进——北美自由贸易区(NAFTA)、欧盟以及亚太经合组织(APEC)。南方共同市场确保南美洲地区能像北美、欧洲和亚太地区一样享受到经济地区主义的好处。

南方共同市场发起之后不久，军事领域的合作层次不断提高。就如埃特尔·索林根(Etel Solingen)所注意到的，“经济自由化的飞跃伴随着双边合作的飞跃”[①]。1996年，巴西和阿根廷军队举行了联合演习，这是两国在19世纪60年代联盟反对巴拉圭之后，巴西的部队第一次踏上阿根廷的土地。在接下来的一年中，巴西和阿根廷签署了一个有关加强相互安全措施的谅解备忘录。双方的总参谋长同意每年会晤两次，作为不断扩大的军方联系计划的一部分。也是在1997年，南方十字行动(Operation Southern Cross)聚集了来自阿根廷、巴西和乌拉圭的2300名官兵，“以改善参加者之间的合作、信任和友谊，提升规划和执行联合行动的能力”[②]。安德鲁·赫里尔(Andrew Hurrell)观察到，个人联系的急剧增多在巩固和解方面发挥了重要作用：“总统和官员互访、交流的制度化带来了更加普遍的‘沟通’习惯。”[③]

巴西和阿根廷的关系不仅实现了和解，在一些新的方面也表现出安全共同体的特征，诸如有关秩序如何产生的规则以及和平时期军事合作的制度化都开始出现。政治和解扫清了社会一体化的道路，反过来加深了经济和战略合作。这一进展近来仍然在继续。2008年，巴西和阿根廷进行了总统互访，巴西在建立地区防务联盟方面发挥着领导作用——南美防务理事会——这一努力旨在将以阿根廷和巴西为战略核心的安全共同体正式确定下来。[④]

关于巴西和阿根廷和解的现有研究还必须通过文献证据来确定两国间战争可能性事实上消除了的准确时期。卡科维奇认为，直到

---

① Solingen, *Regional Orders at Century's Dawn*, p.154.

② Pion-Berlin, “Will Soldiers Follow?” p.48.

③ Hurrell, “An Emerging Security Community in South America?” p.246.

④ 参见“The South American Defense Council, UNASUR, the Latin American Military and the Region's Political Process,” Council on Hemispheric Affairs, available at http://www.coha.org/2008/10/the-south-american-defense-council-unasur-the-latin-american-military-and-the-region%E2%80%99s-political-process/。

"20 世纪 80 年代初期",两国的军事计划中仍然提到了武装冲突的可能性。这表明和解开始之后不久两国关系就开始非军事化。① 但是,直到 80 年代末之后,两国的军事开支才显著减少,在 90 年代初期阿根廷和巴西的国防开支都急剧下降。② 卡科维奇观察到,那时候两国边界不再是壁垒森严,巴西将它南方的部队进行了再部署,阿根廷放弃了"空省"战略,相反投资于跨边界的基础设施建设,以推动南方共同市场的兴旺发达。③ 皮翁-柏林界定的持久和平发端时间稍微要晚一些。他认为到 20 世纪 90 年代的下半期,"巴西不再认为南方邻居是一个军事威胁。过去导致它与阿根廷对抗的那些冲突现在已经不再被谈论"④。这一观点与南方共同市场自身的看法是一致的——后者在 1998 年宣称它是一个和平区。因此,保守的估计是,20 世纪 90 年代中期是两国持久和平巩固和两国关系决定性地非军事化的时期。

与英国和美国、挪威和瑞典的和解案例相一致,社会一体化跟随而不是先于阿根廷和巴西之间和解的发端;政治和解扫清了扩大经济联系的道路,而不是相反。尽管 1979—1980 年就达成了有关地区一体化的联合声明,两国之间的相互依赖在 80 年代前半期实际上下降了,这很大程度上是因为这一地区陷入了债务危机、经济条件不断恶化。⑤ 在 20 世纪 80 年代的后半期,促进经济一体化的双边努力有所加强,但结果是"贫乏的,甚至是无意义的"⑥。而且,除了在核问题上的科学交流以外,这十年中社会联系仍然有限。不过,两个社会之间缺乏更多的互动并没有阻碍和解;1979 年朝向和解的早期步骤开启了两国和解的进程,在 20 世纪 80 年代继续得以维持。就如赫里尔所评价的,"多伊奇所强调的贸易、移民、旅游或者文化交流等领域的社会联系在这一案例中看来并不重要"⑦。

---

① Kacowicz, "Stable Peace in South America," p.203.

② SIPRI Yearbook, 1995, p. 445; Sotomayor Velazquez, "Civil-Military Affairs and Security Institutions in the Southern Cone", p.44.

③ Hurrell, "An Emerging Security Community in South America?" p.250.

④ Pion-Berlin, "Will Soldiers Follow?" p.52.

⑤ 参见 Luigi Manzetti, "Argentine-Brazilian Economic Integration: An Early Appraisal," *Latin American Research Review* 25, no.3(1990): 109-149。

⑥ Kacowicz, "Stable Peace in South America," p.205.

⑦ Hurrell, "An Emerging Security Community in South America?" p.252.

到了20世纪90年代，情况发生了很大的变化，南方共同市场的组建以及其他的制度化行动方式带来了相互依赖和社会一体化的急剧增加。在这个时候，从不断增长的贸易中受惠的私营团体的确唤起了对它们利益的关注，它们也因此成为持久和解和加强两国社会联系的得力游说团体。用赫里尔的话来说，"这一时期目睹了国内支持一体化的利益团体和网络逐步而且稳定的出现"。他认为，和解的推进导致了"参与行为体的增多——例如更大的商业利益组织以及受到一体化影响最大的地区和省份更加正式地参与进来"①。卡科维奇同意说，"起初的和解……是由安全关切所驱动的"，但是"双边关系的快速改善"导致了"有助于维持长期和平关系的经济相互依赖网络的不断增加"②。皮翁-柏林认为，"这一地区的政治变革导致了在经济领域内进行合作的最初行动"③。类似地，安德烈娅·奥尔斯纳（Andrea Oelsner）观察到，"交流和相互依赖的增加使得两国的商业界走得更近，反过来导致了它们沟通和合作的增加。通过交流和顺畅的对话，商业圈开始认识到合作能带来更大的好处"④。

贸易数据清楚地证实了这一诠释。在20世纪70年代初，两国的和解发端之前，阿根廷同巴西的贸易额不到阿根廷对外贸易总量的10%，巴西同阿根廷的贸易额则少于巴西对外贸易总量的6%。⑤ 到了20世纪80年代末，阿根廷同巴西的贸易额仍然只占其对外贸易总量的10%，而巴西同阿根廷的贸易额则跌到了3.7%。20世纪90年代初，两国的贸易额流动急剧增加。到了1993年，阿根廷同巴西的贸易额已经上升到了对外贸易总量的20%，而巴西同阿根廷的贸易额则上升到了13%，比原来的三倍还多。1990年，阿根廷是巴西的第十大出口市场，而到了1994年"它已经成为巴西的第二大贸易伙伴，占

① Hurrell, "An Emerging Security Community in South America?" pp.246, 252.

② Kacowicz, "Stable Peace in South America," p.215.

③ Pion-Berlin, "Will Soldiers Follow?" p.46.

④ Andrea Oelsner, *International Relations in Latin America: Peace and Security in the Southern Cone* (New York: Routledge, 2005), pp.178-179. See also Monica Hirst, "Mercosur's Complex Political Agenda," in Riordan Roett, ed., *Mercosur: Regional Integration, World Markets* (Boulder, CO: Lynne Rienner, 1999), p.43.

⑤ Resende-Santos, "The Origins of Security Cooperation," p.94.

巴西同南美洲国家贸易总量的一半”①。从1990年到1994年，南方共同市场成员之间的贸易从35亿美元上升到了140亿美元。②

和平为什么发生

阿根廷和巴西的和解历程表明，自由民主制度和制度化的克制都不是和解的必要条件——至少在早期阶段是这样。就如埃特尔·索林根所说的，“政权的民主性质因而对理解南锥体的和平和‘深度’合作作用不大”③。一开始的单方面包容和相互的克制启动了和解的进程，此时两国都是在军政府的高压统治下，在国内没有法治可言。这一结论挑战了相互包容和地缘政治对抗的下降只能在接受了制度化克制的政权间发生的主张。在阿根廷和巴西的案例中，在国内权力不受制约的政府愿意在它们的对外关系中实施战略克制。

不过，对于和解与制度化克制之间的因果关系，两个方面的观察限制了这一案例所能提出的质疑程度。首先，负责发起和解的巴西军官们是温和派，显然运用外交政策作为国内改革的工具。他们试图削弱安全系统和军队中支持强力镇压政权反对者的极端分子，支持政治自由化以及同公民社会的接触。这些温和派意识到地缘政治对抗有利于强硬派，从而妨碍了国内的自由化。一种**开放**的政策——国内改革和外部缓和——因而被提出来。从这个意义上说，和解至少部分的是精英们（尽管是军政府成员）理解国内制度化克制的重要性以及实施对外战略克制以推动国内改革和重新交好公民社会的产物。

其次，尽管和解开始于权威主义政府时期，其巩固则发生在两国都民主化以后。而且，民主的到来显然推动了和解，加深和拓宽了其范围，使合作规则化了，并吸引了更加广泛的社会各界。从这一视角出发，民主化在完成和解方面扮演了关键角色。与其他案例一样，民主治理的关键特征——透明性、可适应性以及制度化的克制——看来都是推动持久和平的重要因素。就如皮翁-柏林注意到的，妨碍和

① Oelsner, *International Relations in Latin America*, p.179.

② Solingen, *Regional Orders at Century's Dawn*, p.151.

③ Ibid., p.157.

解的主要障碍之一是“外交关系中完全没有信息交流、互访以及管理，这种不透明加重了相互的不信任”①。社会联系和民主化使得两国透明度大大增加，阿根廷人和巴西人都能把对方国家看作是良善的政治实体。

在社会秩序方面，阿根廷和巴西从殖民时代就是相当兼容的。两国人口均由多个族群构成，有着欧洲背景的族群逐步丧失了政治和经济上的特权地位。很长时间以来，双方的经济精英们都首要来自拥有大量土地的士绅和商业资本家。从二战结束到20世纪80年代，阿根廷和巴西都同时实施了集中化的、保守主义的经济政策以及支持私有化和商业开放的经济政策——索林根将此称为“国际化与国家主义—民族主义战略之间的结合平衡”②。因此，在20世纪80年代，它们的社会秩序是趋同的，两国的文官领导人都把核合作、经济一体化和和解看作是限制军队权力、获取商业界支持和拓宽政治参与的途径。与此协调一致，出现了商业的自由化，南方共同市场通过加深经济相互依赖和加强商业部门、中产阶级以及两国的自由化政治联盟促进了和解。③ 到了20世纪90年代，布宜诺斯艾利斯和巴西利亚的国家主义和保守主义联盟开始让位于自由主义和国际主义的联盟。

阿根廷和巴西很久以来就拥有高度的文化共同性。阿根廷讲西班牙语，巴西人讲葡萄牙语，而这两种语言之间有着密切的联系。它们的后殖民文化也有着许多的共同点。两国人口的绝大多数都是天主教徒，在种族和族群方面也都是多元的。自从20世纪70年代以来，双方对于文化共同性的相互认知迅速加深，这也是一个事实。这种趋同部分得益于巴西决定放弃它同美国结盟的第一世界国家的自我形象，加入由南美国家组成的排他性地区共同体。相容认同的出现也得益于伴随和解而出现的一体化项目，这一项目形成了有关地区团结一致的新表述。尤其是随着南方共同市场在20世纪90年代的发展，谈论南美人民之间的“友谊之桥”和相似性帮助阿根廷人和

① Pion-Berlin,“Will Soldiers Follow?” p.45.

② 参见 Solingen, *Regional Orders at Century's Dawn*, p.127。也可参见 pp.120-142。

③ Solingen, *Regional Orders at Century's Dawn*, pp.142-154.

巴西人塑造了一种更强的集体认同感(sense of communal identity)。[1]用奥尔斯纳的话来说,“整合南方共同市场的正式进程,不仅在政治和经济精英之间,也在更广泛的社会各界中,逐步唤醒了一种共同或者共有命运的认知。”[2]截至目前,两国人们中存在的“我们感”仍然是初步的,今后能否出现一个更成熟的安全共同体仍然存疑。

英日同盟的兴起和消亡(1902—1923)

英日同盟从1902年开始,一直延续到1923年《华盛顿海军条约》的签署。这一条约是日本和大不列颠两国局势同时发展演进的结果。1868年的明治维新之后,日本开始实施更加雄心勃勃和张扬的外交政策。英国对此以警告作为回应,担心日本的排外情绪和造船计划两者结合起来会危害英国在远东的海军优势。1894—1895年中日战争以及1904—1905年日俄战争中日本的海军胜利,加剧了英国对于日本舰队改良扩大所带来的潜在威胁的焦虑。就如第三章中所探讨的,19世纪后期的英国面对着一系列越来越难以负担的帝国承诺。日本舰队的扩大以及西太平洋大国对抗的加剧意味着,不管在远东还是在其他地方,英国海军部都面临着海军力量不足的前景。就如英国谋求和美国交好以应对西大西洋的不足一样,英国寻求同日本建立同盟以应对太平洋地区的力量不足。战略需要促使伦敦不仅努力与华盛顿交好,也努力与东京交好。

英美和解采取的是争端解决和非正式的战略谅解的形式,而英日合作则是通过正式的同盟方式,这意味着平时和战时的海军合作。但是,英日关系没有能超越军事协作的范畴,远远没有达到美国和英国之间所发展出来的持久和平。日本和大不列颠之间为什么没有能够实现持久的和解?平时和战时的合作为什么能够带来社会一体化和不断增加的信任和亲近感?下一部分总结了英美同盟的历史,进而探讨了战略合作为什么没有导致持久和平。制度化克制和文化共同性的缺失很好地解释了为什么和解会中断、同盟最终销蚀并让位于地缘政治对抗。

---

① Hurrell,“An Emerging Security Community in South America?” p.254.

② Oelsner, *International Relations in Latin America*, p.184.

英日同盟的演变

日本赢得中日战争之后，陆军规模扩大了一倍，海军舰队也显著膨胀，寻求扩张它在朝鲜、中国东北以及全中国的政治和经济影响。同时，俄罗斯正在建设跨西伯利亚铁路，向东扩张自己的势力，从而引发了与日本的地缘政治竞争。欧洲国家在东北亚地区对抗的加剧，使得法国进一步介入这一地区的可能性增加，这对于英国的利益构成了另外的威胁。此时，英国在布尔战争中陷入困境，还面临着雄心勃勃的欧洲和美国在海军建设方面对两强标准的挑战，想要给这一地区分配新的资源被证明是十分困难的。就如伊恩·尼什（Ian Nish）注意到的，伦敦已经开始认识到"国际事务的中心之一转到了远东，在这里，英国孤立无援、地位脆弱"①。

1895 年，英国海军部注意到，如果要部署相当于俄罗斯和法国在远东的舰队总量，"就只能削减本土舰队"②。到了 1901 年，问题变得更加敏感。海军部第一大臣塞尔伯恩通知内阁说，加强中国舰队将会"使得在英吉利海峡和地中海仅仅存在均势，而在帝国的心脏仅有均势是危险的冒险"③。由于缺乏在太平洋地区维持海军优势的资源，英国以外交的方式做出了回应。通过与日本的结盟，伦敦不仅能够避免与一个新兴强国的潜在对抗，还可以将其海军资源与日本正在扩大的舰队相结合，抵消英国在帝国东部势力范围内的战略劣势。有助于巩固伦敦对一个正式同盟的支持的事实是，东京在 1900 年同意了英国的要求，派遣地面部队到中国帮助镇压义和团运动。④

英国在 1901 年下半年做出了最初的友好姿态，探听东京对于达成一个相互防御条约的兴趣。⑤ 日本起初并不情愿，考虑同俄罗斯达

---

① Ian Nish, *The Anglo-Japanese Alliance: The Diplomacy of Two Island Empires, 1894-1907* (London: Althone Press, 1966), p.66.

② Hamish Ion, "Towards a Naval Alliance: Some Naval Antecedents to the Anglo-Japanese Alliance, 1854-1902," in Phillips Payson O' Brien, ed., *The Anglo-Japanese Alliance, 1902-1922*, (London: RoutledgeCurzon, 2004) p.35.

③ Cited in David Steeds, "Anglo-Japanese Relations, 1902-23: A Marriage of Convenience," in Ian Nish and Yoichi Kibata, eds., *The History of Anglo-Japanese Relations, Vol.1: The Political-Diplomatic Dimension, 1600-1930* (New York: St.Martin's Press, 2000), p.202.

④ Nish, *The Anglo-Japanese Alliance*, pp.80-95.

⑤ 有关谈判的详细总结，参见 Nish, *The Anglo-Japanese Alliance*, pp.143-228。

成谅解是否更有意义，即让俄罗斯在中国东北获得势力范围，而日本则有效地控制朝鲜。东京很快计算出，它的长期利益在于同伦敦而不是同圣彼得堡建立更加紧密的联盟。在双方都做出妥协之后，1902年两国建立了正式的同盟。[①] 吸引东京的，一方面是被英国保护的前景，另一方面是伦敦对于日本大陆雄心的支持。作为回报，英国能够在这一地区保持有效的海军优势。俄罗斯和法国在19世纪90年代的前半期成为盟友；加在一起，它们在这一地区有7艘一级战舰，2艘二级战舰，以及20艘巡洋舰。英国和日本相加，则拥有11艘战舰，以及占压倒性优势的巡洋舰。[②] 双方安排了联合舰队行动，交换有关信号和情报的信息。再一次，为了减轻在帝国边缘的战略压力，英国也敦促东京将同盟延伸到马来半岛以及印度洋，但日本领导人拒绝了这一要求，主张同盟条约仅仅针对本国所在的战略区域。

受到与英国结盟的鼓励，日本收紧了它对于朝鲜的控制，寻求限制俄罗斯在中国东北的存在，这导致了1904年日俄战争的爆发。[③] 英日同盟的存在并没有把英国捆绑进这一冲突。条约规定，如果其中一方同某个敌人开战时，另外一方将保持中立；集体防御的承诺只是在签约国之一同两个或者更多的国家开战时才有效。但是，英国的确想办法支持盟国日本，购买了两艘智利的战舰，防止它们被转交给俄罗斯，以及同法国缔结协议，使法国的舰队不参与到战争中来。尽管英国政府没有向日本提供经济援助，英国私人银行的贷款的确资助了战争中的日本。

1905年，日本战胜俄罗斯之际，它同英国的同盟获得了拓展和升级；相互的包容带来了更加广泛的合作形式。条约修订版规定，即便是其中一方仅仅同另外一个国家发生战争，同盟承诺也将生效。日本原则上同意把同盟的范围扩大到包括印度，表明如果需要的话它愿意派遣地面部队帮助捍卫英国的属地。反过来，伦敦默许了日本

---

① 主要的分歧在于条约涵盖的地理范围、日本在朝鲜的野心程度以及英国想要在这一区域维持多少海军舰艇。参见 Nish, *The Anglo-Japanese Alliance*, pp.211-218。

② Nish, *The Anglo-Japanese Alliance*, p.174.

③ 尼什认为，英日同盟的确鼓励日本在同俄国的谈判中采取更加强硬的姿态，但是，即便没有同英国的结盟，日本也可能和俄国开战。参见 Nish, *The Anglo-Japanese Alliance*, pp.262-282。

对朝鲜的事实占领，承认东京有权“采取这样的防卫、控制和保护措施……如果它认为适当和必要的话”①。朝鲜半岛事实上成为受日本保护的领地。双方也把它们派驻对方的外交代表团提升到了大使级。

同盟条约在1911年进行修订和拓展，有效期为10年。一战的爆发使得两国同盟关系很快经受了考验——结果令人印象深刻。日本在远东实施了针对德国的海军行动，抓住机会加强了它在中国的存在，占领了一些德国控制的太平洋岛屿。尽管它拒绝派遣地面部队参加在欧洲的战争，日本的确派遣海军舰只在印度洋和地中海帮助进行巡逻和为船队护航。

尽管在一战中紧密合作，英日同盟在战争结束后很快就中止了。与挪威和瑞典不同——这两个国家在一战中的合作巩固了持久和平，英国和日本的战时合作则没有这样的效果。相反，英国谈判了一个多边海军条约，同意美国、法国和日本各自舰队力量所能达到的限度。1921年《华盛顿海军条约》的签署标志着英日同盟事实上的终结，尽管它正式的终止是在1923年条约被各国批准之后。在20世纪20年代，英国和日本的关系维持在总体稳定和合作的状态。但是接下来十年刚一开始，日本便入侵中国东北，单方面废除了有关海军控制的协议，使得它走上了与英国和其他西方国家相冲突的道路。

英日同盟的限度：和解为什么失败

英国和日本的同盟持续了二十年。它们交流技术和海军情报，协调海军行动，甚至在一战中海军联合作战。具体而言，它们的战略合作水平远远超过了1895—1906年间的英国和美国——这一时期英美和解刚刚落地生根。而且，就像英国安抚美国是为了支撑摇摇欲坠的战略地位一样，英国包容东京不断增长的雄心、与日本交好也是为了应对在太平洋地区的海军力量不足。美国和日本都是新兴强国，因此愿意对英国的示好做出相应的回报，在本地区获取更大的影响力。

尽管有这些相似性，这两个案例的发展轨迹仍十分不同。到20世纪初，也就是主动和解的几年之后，英国和美国有效地结束了超过

---

① Steeds, “Anglo-Japanese Relations, 1902-23,” p.208.

一个世纪的敌对，开始拥有了持久和平。相反，尽管有着二十年历史的正式结盟，英国和日本远远没有巩固和解、成为持久的伙伴；它们无法形成相互的亲近和信任感，正是这种感觉最终调和了英美关系。怎么解释如此显著的差别？从双方和解出现的途径以及使得和解成为可能的条件来看，是什么阻碍了英国和日本从同盟关系发展到持久和平？

阻碍和解的主要障碍是英国和日本不能从相互包容发展到规则化的相互克制以及社会一体化。尽管英国和日本之间的战略伙伴关系寿命较长，并产生了具体的海军合作，但是这种战略关系从政治角度来说有局限，从社会角度来说比较浅。为了达到各自的战略目标，双方很习惯于进行战略交易和让步妥协。但是，英国和日本不能超越这种具体问题上的互惠而上升到一种普遍意义上的互惠；它们在不同的政策动议上赋予对方以友善的意图，但是并没有把这些政策归因于对方具有友善的动机或者特征。在这一方面，结盟一直被双方看作只是实现自己战略目标的工具；它们各自的利益暂时找到了交汇点，但是并没有融合一致。而且，英国和日本从未达到社会一体化的阶段——事实上，它们都回避了这一点。结盟在两国都没有受到公众的关注，对商业关系也基本上没有影响。其结果是，很少有公共或者私人的行为体推动和解，以及产生导致认同转变的表述和话语变化。就如一位研究英日同盟的历史学家所总结的，英日同盟是“权宜之计”①。

评估意图

在同盟走向结束的那些年里，英国和日本对对方的意图做出了一定程度的不对称评估。日本的精英们认为大英帝国已经达到了顶峰期。从东京的角度来看，英国首要的目标是维持现状。相反，英国的精英认为日本是一个新兴强国，有着扩张性的目标。从伦敦的角度来看，日本的首要目标是通过扩大它的海上力量、加强在亚洲大陆的地位来提升日本在远东地区的地缘政治影响力。

到了 1900 年，日本的精英们十分清楚地知道，英国在南非陷入困境，在欧洲舞台上也面临着越来越多的威胁。1901 年年中，日本首相

① Steeds, “Anglo-Japanese Relations, 1902-23,” p.197.

桂太郎（Katsura Tarō）将军认为俄罗斯和英国的意图之间存在着鲜明的对比。他相信，俄罗斯将会谋求向中国东北和朝鲜扩张，“直到把我们排挤出去”。他看待英国的角度则差异很大：

> 英国从自己的利益出发，可以同我们保持良好的关系：它是一个没有领土野心的国家，随着其力量延伸到几乎全世界，可以毫无疑问地认为，它的领土野心不太可能导致同我们的冲突。英国政策的本质是让我们抵制俄罗斯向远东的扩张。当它为了南非的麻烦疲于奔命时，这一点就尤其突出。

日本外务省政治部的长官同意伦敦“希望维持**现状**”的观点，他注意到“英国已经过了顶峰期，一定程度上将会趋向衰落”。他主张，英日结盟将会“使得东方的和平有一个相对固定的基础”①。日本驻伦敦的公使加藤高明（Katō Takaaki）也同意这样的判断，强调英国对日实施战略克制，指出伦敦愿意修改 1894 年的“不平等条约”，以及“中日战争后英国没有干涉”这一事实。② 日本一些顶级外交官曾经在伦敦工作过，以及日本在海军训练和舰船制造方面严重依赖英国，这些可能促进了东京有关英国政策是善意的评估。

伦敦方面从一开始就更加谨慎留意日本的意图，意识到日本正在崛起的经济和军事力量将会转换为不断上升的地缘政治雄心。19 世纪 90 年代中期，英国驻日本的公使写道，日本“不会愿意进入一个它不得不充当副手的联盟”③。1898 年，殖民部部长约瑟夫·张伯伦（Joseph Chamberlain）给首相索尔兹伯里勋爵写信，说日本人“正在迅速地增加他们的攻击和防御能力……需要顾及他们的想法，因为很清楚，他们不愿意在远东**无足轻重**”④。尤其是在日本击败中国之后，伦敦担心日本海军力量的增长以及东京对亚洲大陆的筹划将会对航运构成潜在威胁。英国官员反对同日本结盟的主要观点之一是它可能

---

① 引自 Nish, *The Anglo-Japanese Alliance*, pp.382-385。

② Ian Nish, “Origins of the Anglo-Japanese Alliance: In the Shadow of the Dreibund,” in O' Brien, *The Anglo-Japanese Alliance*, p.13.

③ Nish, *The Anglo-Japanese Alliance*, p.40.

④ Ibid., p.64.

鼓励东京扩大对朝鲜的控制。东京方面十分了解这些担心，在谈判同盟条约时安抚英国，表示它对朝鲜没有企图，只是为了遏制俄罗斯的野心。①

即便不认为日本的行为具有扩张主义目标，伦敦以及在日本工作的英国官员在辨明日本意图方面也遇到了让他们感到沮丧的困难。例如，英国的海军中将西普里安·布里奇（Cyprian Bridge），帮助协调远东地区海军行动的最有影响力的将领之一，表达了同日本搭档交往的不易。他提到，日本人保留着“东方人固有的怀疑”，“非常密切地”注视着英国人。② 伦敦的政治家和官员呼应了这一看法；一个议会议员就提到，“在同日本人签订条约时，我们是同一个对我们或多或少来说难以理解的民族签订条约”③。这些有关日本意图的不确定性最终被战略需要所抵消了；为了应对海军力量的不足，英国在远东需要一个盟友，而日本则是显而易见的选择。但是，这些担心日本意图的宣告，与英国精英们比较自信地认为同一时期大西洋地区挑战英国海军优势的新兴强国美国意图友善这一点，形成了鲜明的对比。

英国对日本目标的疑虑，并没有妨碍同盟的建立，这表明两国在远东地区有着共同的利益，尤其是在克制俄罗斯扩张方面。但是，预期的偏差很快加剧了伦敦和东京对对方意图的担心。日本认为，这一条约将会使得伦敦维持在太平洋的海军力量，以尊重它自己的联盟承诺。的确，东京从伦敦方面取得了一份书面承诺，即它将“尽可能”在这一地区保留足够的舰队力量。④ 与此相反，伦敦则忙于筹划如何才能最好地利用同盟优势来减少太平洋地区的舰只数量——进而在 1902 年从中国舰队（China Station）中撤出了两艘巡洋舰。第二年的时候，东京就向伦敦抱怨，皇家海军在远东的吨位下降了。

类似地，英国的期望也没有实现。伦敦希望同盟将会帮助满足

---

① Nish, *The Anglo-Japanese Alliance*, pp.212-213.

② John Chapman, “The Secret Dimensions of the Anglo-Japanese Alliance, 1900-1905,” in O' Brien, *The Anglo-Japanese Alliance*, p.87.

③ Nish, *The Anglo-Japanese Alliance*, p.343.

④ Keith Neilson, “The Anglo-Japanese Alliance and British Strategic Foreign Policy, 1902-1914,” in O' Brien, *The Anglo-Japanese Alliance*, p.52.

日本的安全需要，从而克制它对亚洲大陆的野心。相反，东京的扩张主义冲动在加强，促进了同俄罗斯的冲突。而且，英国感到同盟处于失衡的状态，日本实现了它的首要目标——对朝鲜的有效控制——但是拒绝把条约扩大到英国的首要关切领域，即马来半岛和印度洋。从一开始，双方就都认为，对方是利用同盟来谋求个人利益而不是共同的利益和收益。

第一次续签

1905 年同盟条约的修订表面上提升了同盟对于双方的战略重要性。如果一方同其他一国开战的话，集体防御的承诺就将生效。这次修订也把战略伙伴关系的范围扩大到印度洋。但是，日本击败俄国之后，这一条约在一定程度上失去了原有的存在理由；日本和英国不再需要对方来制衡俄罗斯。其结果是，伦敦和东京都寻找使条约对于彼此安全需要更加重要的方法。日本希望英国支持自己不断加强在亚洲大陆的存在，以及威慑俄罗斯可能发动的报复性战争。反过来，英国需要日本在南亚提供帮助。尽管对日本在朝鲜的合法性和战略含义持有很大的保留意见，英国同意承认日本对朝鲜的有效占领。反过来，日本至少在原则上同意，如果英国在印度面临俄罗斯的攻击，日本将向印度派兵。相互的包容占了上风。但是，又一次，在双方眼里，对方都是寻求个人利益，而不是共同收益。①

东京最终可能默许了伦敦长期以来将印度洋纳入同盟任务范围的要求，但是它这么做首要的是为了促进日本在亚洲大陆的扩张主义目标。的确，在俄国战败之后，一些有影响力的日本声音就主张，不要续签同盟条约，认为与英国的结盟已经没有必要，而且会限制日本对与亚洲大陆的雄心。陆军中校（Lieutenant Colonel）田中义一（Tanaka Giichi）问道："我们应该从未来漫长的双边（英日）同盟束缚下解脱出来吗？我们应该只依据我们自己的国家利益来决定我们的政策。"其他主张不续签的声音支持同德国或者俄国结盟，这两个国

① 有关英国和日本在修约谈判中的意图，参见 Nish，*The Anglo-Japanese Alliance*，pp.304-312。

家有着保守的社会秩序和政府，同日本有着更大的社会和政治相似性。① 最终，伦敦愿意接受日本在朝鲜的保护国地位，以及同盟有助于欧洲国家不会形成反对日本的联合，这两点促成了东京支持续签条约。

从伦敦的角度来看，与日本结盟依然有助于减轻帝国东部的战略劣势——这也是结盟的最初目的。有证据表明，伦敦利用俄国战败以及续签盟约的机会，从太平洋地区撤出了5艘战舰和6艘一级巡洋舰。但是，伦敦越来越把同盟看作是克制日本野心的工具，而不是用来处理它自己的海军力量不足——尤其是在俄国战败以后，这反映出它对日本的意图越来越感到不安。② 就如同盟的首要设计师之一兰斯多恩勋爵（Lord Lansdowne）在日俄战争爆发后所评论的："同盟的作用之一是，也肯定是，使日本感觉到它可以在免于对抗欧洲国家联合的情况下同它在远东最大的对手决一死战。"③

尽管双方各自做出妥协，在对方所关切的战略问题上让步，这些让步的本质以及达成交易的背景限制了它们在友好动机的相互认知以及共同目标感方面所能达到的程度。由于减少了在太平洋的海军力量，英国在日本面前变得弱势。但是，日本认为英国的行为破坏了后者作出的维持在这一地区足够力量的保证，而不是一个善意的信号。日本的确同意在东北亚区域之外帮助捍卫英国的利益，但是伦敦认为这主要是对英国勉强承认日本占领朝鲜的一个补偿。英国和日本都认为对方只是继续利用同盟来获得个人的收益。其结果是，伦敦和东京赋予对方以狭隘、自利的动机，这样的评估构成了工具性联盟向持久和解转变的一个关键障碍。④

第二次续签

尽管1905年修订的同盟条约有效期持续了10年，东京在1911年要求再次修订和续签盟约，其首要动机是使英国承认它在1910年吞并朝鲜这一事实。从东京的角度来看，同盟不再面临紧迫的战略

① Frederick R.Dickinson, "Japan Debates the Anglo-Japanese Alliance: The Second Revision of 1911," in O' Brien, *The Anglo-Japanese Alliance*, pp.101, 113-115.

② Nish, *The Anglo-Japanese Alliance*, pp.372-377.

③ Nish, "Origins of the Anglo-Japanese Alliance," p.23.

④ 修约谈判的细节，参见 Nish, *The Anglo-Japanese Alliance*, pp.301-331。

需要。日本已经打败了俄国，赢得了在朝鲜的地位。来自俄国的威胁已经消退，日本开始把美国看作是主要的战略对手。同英国的联盟无助于减轻日本对美国的担心。英国和美国之间的和解意味着，伦敦坚持修改同盟条约以确保美日冲突爆发时英国没有义务站在日本一方。伦敦方面一直以来反对日本在亚洲大陆不断扩大的势力范围，这引发了日本的不满，也使得续签谈判变得更加紧张。但是，东京看来别无选择，只能续订和英国的同盟条约。由于没有其他可选择的盟友；同盟一旦瓦解，日本将面临战略上被孤立的风险。① 而且，就如 1905 年续签时所争论的，日本的精英担心欧洲、美国以及英国自治领中对于“黄祸”不断上升的担忧可能会使得主要大国建立一个反日本的联合。就如尼什所观察到的，“与英国结盟是他们同外部世界的唯一联系，也是唯一能使日本在一个因为恐惧黄祸而充满怀疑的世界免于孤立的办法”②。

东京敦促修订同盟条约加深了伦敦方面有关日本利用该条约来实现自利目标的认知。日本坚持，英国不仅要同意东京在朝鲜的监护权（*droit de regard*），还要同意东京在中国东北和华北地区的监护权。伦敦认为这是出于扩张主义，而非合法的安全需求。结果，英国方面坚持修订后的条约确认“中华帝国的独立和完整”③。从伦敦的角度来看，同盟的性质正在发生变化。越来越成为遏制日本扩张主义而不是应对英国海军力量不足的一个工具。而且，随着日本海军力量的持续增长，伦敦不仅担心日本在亚洲大陆的扩张，也担心日本对于英国自治领的潜在威胁。在考虑续签的环境时，伦敦驻东京的大使科宁厄姆·格林爵士（Sir Conyngham Greene）评论说，英国的政策旨在同日本达成一个谅解，“为的是捍卫我们的利益，反对日本暗中侵蚀已经被大家所接受的机会均等政策”④。

---

① 参见 Dickinson，“Japan Debates the Anglo-Japanese Alliance，” pp.109-111；以及 Ian Nish，*The Alliance in Decline*：*A Study in Anglo-Japanese Relations*，1908-1923（London：Athlone Press，1972），p.73。

② Nish，*The Anglo-Japanese Alliance*，p.377.

③ Nish，*Alliance in Decline*，p.68.

④ Murashima Shigeru，“The Opening of the Twentieth Century and the Anglo-Japanese Alliance，1895-1923，” in Nish and Kibata，*The History of Anglo-Japanese Relations*，p.181.

英国对于遏制日本扩张的重要性的关切程度，可以从支持修订和拓展同盟的观点大意中看得很清楚。正如帝国防务委员会为续签辩护时所说的，同盟使“日本不能发动情理之外的攻击”①。相反，如果伦敦允许同盟瓦解的话，“日本在远东将可以自由行动，不受我们的束缚或者控制”②。英国外交大臣爱德华·格雷爵士（Sir Edward Grey）指出，英国将不得不“把当前情况下的日本舰队算作是可能的敌人”，如果日本不再是英国的盟友，那么还将与日本可能建造的更大规模的舰队相对抗。③

一战期间日本愿意派海军到印度洋和地中海——尽管得到了英国及其欧洲盟友的高度赞赏——并没有根本性地改变续签谈判过程中的战略算计。东京方面提出了一个苛刻的交易，以回应伦敦有关日本不仅要在太平洋地区猎杀德国船只，还需要在印度洋和地中海承担海军责任的要求。作为同意承担这些更大使命的回报，东京要求有权继承德国在山东和密克罗尼西亚群岛的特权。英国官员反对日本提出的这一交换。外交大臣格雷欢迎日本帮助攻击德国船只，但是反复警告东京不要控制德国的领土。但是，由于急于确保日本在东亚之外能提供帮助，伦敦最终默认了日本的要求。④

东京坚持继承德国在中国的特权，在英国大使看来，这表明日本是“一个赤裸裸的机会主义国家——如果不是自私的话，在大战中同其他巨人相比重要性很一般，但是对他自己在世界上的角色却有着十分夸大的观点”⑤。在尼什看来，许多英国官员“感到日本在中国的行为是帝国主义的，就是领土征服”⑥。伦敦的主流观点是，日本利用英国在欧洲的不利处境来追求它在远东的帝国野心。1916 年，格林大使在给外交大臣的一份备忘录中清楚表明了这一态度，“如果大不列颠能够维持它在远东的威望，日本就会对英日同盟充满热情，但

---

① Nish, *Alliance in Decline*, p.61.

② Ibid., p.51.

③ Neilson, “The Anglo-Japanese Alliance,” p.58.

④ Ibid., p.59.

⑤ Cited in Antony Best, “India, pan-Asianism and the Anglo-Japanese Alliance,” in O'Brien, *The Anglo-Japanese Alliance*, p.242.

⑥ Nish, *Alliance in Decline*, p.260.

是，当我们处于窘迫之中、开始为准备不足而承担损失时，它就开始摇摆不定了。我们现在是从同盟自身情况来客观看待它，而不是像某些人一样倾向于构建想象中的同盟"①。另外一位英国官员在回顾了这一时期的评论后说，"基于同盟协议，大不列颠和日本之间应该有密切的合作。但是，日本滥用了这一同盟关系来促进自己的利益，很少或者没有促进自己伙伴的利益"②。

甚至是对于日本为什么愿意派遣船只到印度洋也提出了质疑。一些官员认为东京的终极目标是煽动反英情绪，将欧洲列强赶出亚洲，削弱英国在印度的统治。③ 就如安东尼·贝斯特(Antony Best)对尼什的结论进行总结时所说的那样，"到大战结束之时，许多英国的政策制定者开始怀疑日本人，对后者在印度行动的猜忌在塑造这种疏离感方面发挥了重要作用"④。在分析困扰英日同盟的那些问题时，格林大使指出："其一，是日本外交政策中的傲慢、机会主义以及自私自利；其二，日本渴望在远东建立霸权；其三，是日本同印度的调情。"⑤英国官员也表达了对日本在根本上是否忠诚的疑问，怀疑东京可能同德国站在一起——如果日本认为这样更有利于它的目标的话。⑥ 这种不断上升的不信任有一个信号，就是 1917 年英国不再愿意同日本分享它最先进的军事技术。⑦ 尼什总结了伦敦当时的共识："战时的英国对日本存在很多疑虑。许多的会议记录证明，英国官员怀疑，日本所采取的任何行动要么是不积极的，要么是利己主义的。"⑧

在一战结束，1911 年同盟条约规定的十年有效期即将届满之时，1921 年两国续签了盟约。尽管有所保留，伦敦决定继续维持同盟的

---

① Nish, *Alliance in Decline*, p.193.

② Ian Nish, "Echoes of Alliance, 1920-30," in Nish and Kibata, *The History of Anglo-Japanese Relations*, p.257.

③ Nish, *Alliance in Decline*, pp.186-187.

④ Best, "India, pan-Asianism and the Anglo-Japanese Alliance," p.242.

⑤ Nish, *Alliance in Decline*, p.220.

⑥ Ibid., p.256.

⑦ John Ferris, "Armaments and Allies: The Anglo-Japanese Strategic Relationship, 1911-1921," in O' Brien, *The Anglo-Japanese Alliance*, p.258.

⑧ Nish, *Alliance in Decline*, p.256.

存在，认为其延续将会至少给予英国一个影响日本行为的杠杆、阻止东京实施有可能威胁到英国利益的军事或者外交行动。用尼什的话来说，“尽管有着不信任，通过维持同盟的存在，英国希望能在一定程度上控制日本的政策”①。根据1920年来自英国外交及联邦事务部的一份备忘录，延续条约的理由在于“确信它提供给我们克制和节制日本野心的唯一途径”②。外相柯曾（Lord Curzon）同意这一看法。他注意到，“一个敌对的、充满疑虑的日本可能是一个很大的麻烦——不论是在中国，印度，还是一般意义上的远东地区。维持现状使我们可以密切关注它的阴谋诡计，减少其侵略行为，以及是不是获得有用的支持”③。柯曾也注意到，日本“在[一战时]忠实履行了自己的承诺，按照条约规定给予我们所有的帮助，并付出很大的代价、超出它的义务范畴。该国的政治家对于名誉问题十分敏感，尽管有时提出了苛刻的交易，必须承认他们是在尝试遵守规则”④。

日本则有着不同的算计。延续同盟的好处超过了成本。英国可能会继续限制日本的行动空间，但是延长条约将会维持战后的现状，巩固日本在太平地区的收益。但是，尽管续签了盟约，日本的精英们抱怨凡尔赛会议以来在他们看来带有种族偏见和不平等的“英美治下的和平”，英国在谈判《华盛顿海军条约》时没有同东京商量，以及英国和美国对日本不断增长的野心感到警觉而发出的各种清晰信号。

1921年12月华盛顿条约签署，1923年经各国批准生效。在此之前，英日同盟从理论上来说仍然有效。但是，在正式中止之前，同盟条约在实践中早已失效。在英国看来，同盟几乎只有一个作用，那就是遏制日本不断增长的扩张欲望。的确，到20世纪20年代早期，英国海军部已经在起草同日本发生冲突时的作战计划，计算需要派到新加坡的大型军舰数量。⑤ 美国和英国的自治领也敦促英国取消与日本的同盟，不满日本夺取德国在太平洋的岛屿后势力的扩大。为了减轻这些忧虑，国联禁止日本在岛屿上修筑防御工事。正是这些

---

① Nish, *Alliance in Decline*, p.395.

② Shigeru, “The Opening of the Twentieth Century,” p.190.

③ Cited in Best, “India, pan-Asianism and the Anglo-Japanese Alliance,” p.245.

④ Nish, *Alliance in Decline*, p.298.

⑤ Ibid., pp.319-320.

限制激起了日本的不满，加深了它对于同英国结盟价值的疑问。当英日同盟随着1923年《华盛顿海军条约》的批准而正式瓦解时，双方都清楚地意识到，同盟条约已经很大程度上丧失了政治和战略意义。

社会一体化的缺失

英国和日本之间社会一体化的缺失，既是两国没有从零零散散的相互包容和合作行为迈向持续和解的一种反映——或许也是一个原因。在结盟的整个二十年中，两国之间的社会联系一直十分有限。从同盟缔约一直到三次续签，结盟关系主要局限在高级政治领域。当最初签约的时候，日本出现了数量有限的支持结盟的聚会，评论者注意到日本同世界上的领导国家结盟所带来的地位提升。[①] 但是，在英国公众中事实上没有引起什么反响。英国政府深思熟虑地淡化了条约的签署，担心大众的关注只会导致一些方面的反对，后者认为结盟"牺牲了英国在远东独立性以及是给日本的空白支票"[②]。尽管媒体上有一些报道，舆论领袖和普通公民大都对此不感兴趣。议会保持沉默。反对派自由党的少数人表达了温和的保留意见，但是该党总的来说倾向于支持对日本的开放。[③] 从这些方面来说，英国同日本关系的改善没有进入公众的视野——结果也没有得到它同华盛顿和解时所获得的那种社会支持。用尼什的话来说，英日条约作为一个"内阁同盟"（secretariat alliance）而继续存在。[④]

不仅看不到公众和议会的参与，甚至那些从和解中受益的社会群体对于联盟也影响很小。日本的海军和陆军的确敦促同英国结盟，将其看作是威望的来源以及扩大日本地缘政治影响力的工具，尤其是在早年的时候。但后来日本的将领们开始把英国看作是日本雄心的拦路虎，这种热情就消退了。他们的英国搭档总的来说基于战略理由支持结盟，但英国的将领们常常表达出对这种战略合作的一定程度的不安，其原因看来既有种族上的态度，也包括担心英国对日本的依赖会被英国的欧洲对手看作是其虚弱的表现。而且，即使是

① Shigeru, "The Opening of the Twentieth Century," p.169.

② Nish, *The Anglo-Japanese Alliance*, p.219.

③ Shigeru, "The Opening of the Twentieth Century", p.169.

④ Nish, *The Anglo-Japanese Alliance*, p.366.

在一战期间两国采取联合行动的时候，英国和日本军官之间的直接联系仍然有限。

两国之间的经济联系也一直有限。英国的船坞为日本海军建造船只，也的确是支持结盟的游说团体，但是战略合作并没有给两国的私人企业带来新的重大利润。类似地，金融流动受到限制。因为与英国结盟，日本的信用评级的确有所改善，吸引了来自伦敦的新的私人资本。但就如珍妮特·亨特(Janet Hunter)注意到的，英国在日本的投资“只是20世纪早期从英国流出的总资本的很少的一部分”①。1911年续签谈判及以后，日本提议将同盟扩大为更加广泛的商业伙伴关系，但是遭到了伦敦的拒绝。外相格雷的工作班子劝告格雷，英国同日本是“一个政治同盟，我们不需要工业伙伴关系”②。一战期间，在日本宣布它向中国要求特权的“二十一条”之后，英国公司谴责东京的做法对它们进入中国市场构成了损害；商界开始把同盟关系看作是一个妨碍，而不是机会。③ 在同盟的第一个十年中，英国同中国的贸易没有什么进展，而中国和日本的贸易显著增加，这强化了日本企业的扩张是以牺牲英国公司为代价的感觉。④ 在同盟的历程中，战略联系对于商业关系没有明显的促进作用，使得两国伙伴关系缺少深厚的社会基础。

和解为什么失败

英日同盟兴衰的历史表明，英国和日本虽然有二十年的战略合作，却没有能充分利用盟约走上持久和平的道路。两国为何继续相互猜忌、没有赋予对方以友善的动机？同盟为什么停留在相互包容的阶段，仅仅是国家战略手段而非推动社会一体化以及和解的发端？对于这个让人费解的问题，现实主义的回答集中在基本利益的不相容上。日本一心想的是向亚洲大陆扩张；英国自然有权质疑东京的长期目标。英国一心想的是维持它的帝国承诺、降服所有的挑战者，

---

① Janet Hunter，“Bankers，Investors and Risk：British Capital and Japan during the Years of the Anglo-Japanese Alliance，” in O' Brien，*The Anglo-Japanese Alliance*，p.176.

② Nish，*Alliance in Decline*，pp.108-109.

③ 英国商界对同盟总体上的消极态度，参见 Steeds，“Anglo-Japanese Relations，1902-23，” p.211。也可参见 Nish，*The Anglo-Japanese Alliance*，pp.254-255。

④ Nish，*Alliance in Decline*，pp.10-11.

包括日本；东京有权把同盟看作是英帝国主义为自己利益服务的工具。

不过，这种解释过于简单，无法说明行为评估以及动机赋予方面的有条件性。美国在19世纪到20世纪的世纪之交的时候，攻击性比日本要强很多。日本帮助英国维持了在远东的战略存在，而伦敦一心想要的正是保护自己的帝国前哨。此外，日本的扩张主义野心首要集中在朝鲜，这并不涉及英国的势力范围。相反，美国正在西大西洋努力清除英国的影响——尽管伦敦默许这样做。而且，可以认为，对英国来说，同日本保持长期伙伴关系比同美国做长期伙伴更重要，因为英国希望维持在印度和远东地区的帝国，即便它已经从西半球撤退。美国也建立了一支规模远远超过日本的舰队，在太平洋地区建立了殖民前哨，这对英国在远东的海军优势也构成潜在的威胁，就像在西大西洋一样。但是，英国最终认为美国的实力是良性的，以至于欢迎美国在太平洋的殖民存在。

英日关系沿着一条十分不同的轨迹发展，这一点可以由如下事实获得最好的解释：不像英国和美国，英国和日本不拥有作为持久和平基础的三个关键条件——制度化的克制，相容的社会秩序，以及文化的共同性。社会相容性的缺失看来是最不重要的；因为社会一体化从未推进，社会秩序差异所带来的障碍并未严重阻碍持久和平的发端。但是，历史记录表明，日本国内制度化克制的缺失，以及两国之间缺乏文化上的共同性，的确在妨碍和解方面发挥了关键作用。

日本在1889年通过了《明治宪法》、建立了议会。但是，它只是名义上的君主立宪制。宪法规定，天皇是“帝国元首，总揽统治权（combining in Himself the rights of sovereignty）”①。天皇实际上拥有不受制约的权力，可以任命和免去所有的政府官员，包括内阁。他对于战争与和平事务有着专断的权威，是陆军和海军的总司令。与天皇和内阁的权力相比，议会显得黯然失色。而且，在19世纪后期，仅有大约1%的人口有投票权。此外，元老会（genro）——资深政治家给天皇提供建议的非官方委员会——在大多数重大的政策问题上都发

① Stephen S. Large, *Emperor Hirohito and Shōwa Japan: A Political Biography* (New York: Routledge, 1992), p.7.

挥相当大的影响力。

日本国内制度化克制的缺失给和解制造了根本性的障碍。日本政府的性质和行为让英国政治家在整个结盟过程中都提防日本的意图。天皇不受克制的权力以及天皇、内阁和军事机构之间制衡的缺失，促使英国把日本看作是“机会主义的”和“自私的”国家，追求的是单方面的利益而非共同获益。日本的确有时限制自己的领土雄心以包容英国的关切。但是，日本针对中国和俄罗斯的进攻性战争，在亚洲大陆的领土扩张，以及一战期间夺取德国在太平洋地区的阵地，这些都使得在英国看来，日本是扩张主义的，而不是一个良善的国家。

导致英国提防的根源在于东京决策过程的不透明。日本国家战略塑造中的深思熟虑缺乏透明度，使得伦敦不确定日本的动机，只能从其行为来确定它的意图。就如前面提到的，英国人倾向于把日本人看作是“谜”，这意味着在同盟早期阶段的评估中有一个基本的不对称：东京表达了对于伦敦善意的信心，但是伦敦却不能予以回馈。英国民主制度的透明性产生了重要影响，它使得日本精英们对于英国政治和战略的了解比起英国搭档在东京所能获得的要丰富得多。由于英国不能辨明日本动机所带来的不确定性，阻止了英国方面放松自己的警惕，从而限定了战略克制的性质和范围。反过来，日本感觉到了英国对它意图的不信任，从而使得安全困境继续运行，即便有所缓和。双方都把对方看作是仅仅追求自己利益的行为体。相应地，双方最终都没有信心超越零零散散的克制和合作，迈向更加广泛的互惠实践，而后者是实现持久和平所必需的。

日本政府的长期不稳定加剧了英国对日本意图的猜忌。日本政治的不可预测性导致了伦敦的慎重。日本的内阁往往是短命的；例如，从 1894 年到 1898 年，日本经历了五个不同的内阁。由此带来的不确定性使得伦敦担心东京的可靠性及其做出可信承诺的能力。的确，一些英国官员反对和日本签订同盟条约——以及后来的续签——理由就是日本缺乏必要的政治成熟。① 不确定性也来自决策过程的不可预测性，元老权力的兴衰以及部长的频繁更替有时会导

① Nish, *The Anglo-Japanese Alliance*, p.9.

致国家战略的意外变化。①

最后，就如英国和美国、挪威和瑞典的和解案例所表明的，政体类型的差异与社会秩序的差异相关联。英国的治理类型对于日本来说过于自由和民主了，这是日本转而把德国作为政治范例的原因之一。同时，在英国看来，日本不自由的政治秩序和等级制的社会秩序是过时的。这样的差异导致了经常性的政策分歧。例如，在1911年中国发生政治动荡时，英国支持中国建立共和国，而日本则主张君主立宪制。在一战期间，英国担心东京可能背叛同盟、同德国站在一起，这部分是基于日本同德国贵族社会秩序的相似性。这些确定的差异加强了双方有关同盟仅仅是暂时的利益结合的看法。

文化共同性的缺失在妨碍和解方面也起到了重要作用。有关种族差异的考虑在官方和民间争论同盟的过程中表现得十分突出，尤其是在英国。英国一个知名的英日同盟反对者写道："这是很不慎重地给予陌生人以紧密、明智和有克制力的伙伴关系。我们对他们见闻很少，他们的传统、习俗和习惯与我们大相径庭。同盟的纽带在邻居之间或者同我们自己的亲戚之间才是最安全和最有用的。"②即便是在同盟支持者间，种族差异也是一个非常敏感的问题。就如尼什观察到的，英国认为日本是远东地区经济上和政治上最先进的国家，但是伦敦是以很明显的"高对方一等的赞赏"态度同东京打交道。③

政策文件和议会辩论清楚表明，在英国精英的眼中，日本是异质的、低等的"他者"。政策考量中完全没有涉及相似性、共同传承这样的东西，而后者充斥于英美战略伙伴关系的思考之中。日俄战争爆发后，布里奇上将（Admiral Bridge）在恭维日本的海军胜利时提到，"我非常敬佩他们，但是，"他接着说，"我对他们没有社会的或者道德的亲近感。我宁愿同任何白种人生活，即使是俄国人，也不愿意同他们一起生活。"④一些英国报纸哀叹日本军事力量的强大，《每日纪闻》（*Daily Chronicle*）评论说："白种人被黄种人打败，肯定会有害于白

---

① 例如，参见 Nish, *The Anglo-Japanese Alliance*, pp.46-49, 165。

② Akira Iikura, "The Anglo-Japanese Alliance and the Question of Race," in O' Brien, *The Anglo-Japanese Alliance*, p.233.

③ Nish, *The Anglo-Japanese Alliance*, p.11.

④ Chapman, *The Secret Dimensions*, p.88.

种人在亚洲人眼中的威望。"①英国驻东京的武官约翰·萨默维尔(John Sommerville)在一战即将爆发之前写道，日本陆军令人畏惧，但是缺乏创造性和适应性，这种特点"几乎完全是来源于种族特征以及岛国民族共有的排他性"。他也抱怨日本海军内部的腐败，注意到"当涉及钱的时候，整个日本民族是完全靠不住的——船闸(lock)、枪托(stock)以及炮筒(barrel)……他们是不是进化的程度仍然太低了？"②

对于许多英国精英来说，对日本的战略依赖是不得已的，让他们感到不舒服。在日本所处的地区同它结盟，使得英国对亚洲大陆的事态发展有更大的影响力，这是一件事。而寻求日本帮助捍卫帝国的其他区域则完全是另外一回事。尽管伦敦从一开始就敦促东京把同盟的范围延伸到包括印度，但是英国人对于在帝国领土上部署日本军队的前景，存在一定的厌恶感。当日本原则上同意承担对印度的防卫承诺之后，帝国防务委员会在评论时认为，日本军队进入印度将会是"我们国家衰落的明显证据"，将会危害到"我们在整个亚洲大陆的威望"③。

在一战期间，英国不情愿地要求日本派遣地面部队，战争内阁成员米尔纳勋爵(Lord Milner)提到，"我知道协约国对于日本何种强烈的歧视"④。英国对于战时被送到欧洲工作的中国劳工也持类似的态度。按照徐国琦的研究，中国工人面临着"到处蔓延的英国种族主义"，陆军部(War Office)表达了对于劳工计划的"最强烈的忧虑"⑤。种族方面的考虑在战后仍然十分突出，自治领和美国敦促英国放弃同日本的结盟，同它们建立更紧密的联系。英国驻东京的大使十分清楚地倾向于同"我们在太平洋的伟大白人前哨"以及"我们的白人邻居"美国结盟。⑥ 海军部反对续签同日本的同盟条约，认为这在一

---

① Iikura, "The Anglo-Japanese Alliance and the Question of Race," p.227.

② Ferris, "Armaments and Allies," p.250.

③ Nish, *The Anglo-Japanese Alliance*, pp.354-355.

④ Nish, *Alliance in Decline*, p.235.

⑤ Xu Guoqi, *China and the Great War: China's Pursuit of a New National Identity and Internationalization*(Cambridge: Cambridge University Press, 2005), pp.134, 123.

⑥ Nish, *Alliance in Decline*, p.220.

定程度上会疏远美国，"而美国是依据血缘、语言、文学与我们结盟的国家，也是和我们分享维持世界和平与进步的共同愿望的国家"①。陆军部1921年的一份备忘录把日本称作是"非白人的一流国家"，并进而认为，"除了种族以外，在其他所有方面，日本都可以同世界上的领导大国相媲美。但是，不管日本最终有多么强大，白人种族可能永远也不会承认它的平等地位"②。

有关日本移民的讨论也充满了类似的种族含义，自治领和美国敦促东京——常常是在英国的帮助下——阻止其公民的对外流动。澳大利亚在1902年率先通过立法，事实上禁止非白人的移民。加拿大和美国很快追随其后，采取措施限制日本人的定居。格林大使在分析同盟面临的麻烦时提到了这一问题，指出歧视有色人种的严重性，"阻碍了日本同我们的海外兄弟达成协议，在澳大利亚、新西兰、南非以及加拿大遇到了难以平息的反对意见"③。

对于日本人来说，他们在20世纪早期十分在意本国的大国地位，同英国结盟带来了一定程度的自豪感。但是，东京不太可能没有注意到英国政策中高人一等的姿态，频繁表达对后者种族含义的关切。在整个同盟时期，日本精英们担心，对"黄祸"的恐惧可能会危害它同英国的联系，尤其在英国自治领和美国的反日情绪开始高涨之后。外相小村寿太郎（Komura Jutarō）在1904年承认，"黄祸论隐藏在欧洲人和美国人的思想之中"④。在签署正式同盟条约之前，日本要求英国废除有关双边贸易的"不平等条约"，希望升级1905年所建立的外交关系地位，在一战期间坚持伦敦在协商时将东京作为平等盟友，徒劳地要求国联的宪章中包含有关种族平等的要款，以及对它在谈判《华盛顿海军条约》时的附属角色感到懊恼——这些都表明日本意识到了它在英国盟友眼中低人一等的地位，以及它努力为自己谋求同英国的平等地位。⑤ 同样属实的是，英国及其自治领和美国的反日情

---

① Ferris, "Armaments and Allies," p.257.

② Iikura, "The Anglo-Japanese Alliance and the Question of Race," p.232.

③ Nish, *Alliance in Decline*, p.220.

④ Nish, *The Anglo-Japanese Alliance*, p.389.

⑤ 参见 Naoko Shimazu, *Japan, Race and Equality: The Racial Equality Proposal of* 1919 (New York: Routledge, 1998)。

绪在日本公众中引发了强烈的反西方情绪。①

文化和种族上深刻的差异感在结盟的二十年中一直存在，并将英国和日本分隔开来。的确，这种差异感在两国战略伙伴关系的后半期不仅没有减少，反而加强了，英国对于日本扩张主义的担心或许正在被大量转化为对于诸如文化、种族等素质方面的不安。就如尼什所总结的，“种族平等是自英日同盟建立之日就存在的一个没有明言的问题。”②不可能详细说明到底是对文化差异的认知导致了在战略和政策上的实际分歧，还是相反。但是，经验证据表明，对种族和文化差异的相互认识是塑造共同认同感和共同目标感方面的障碍，而后者是推动和解、巩固持久和平的关键。

正如饭仓章(Akira Iikura)在研究种族对同盟的影响时所总结的，“可以认为，结盟并不能使两个岛屿帝国成为‘真正’的朋友。但是，如果总结说，结盟没有克服两国之间的种族差异，也可能是不合适的，因为一开始就没打算这么做”③。如果不存在这样的文化差异——或者克服了这些差异——至少可以想见，英国和日本有可能巩固和解，日本在20世纪30年代同西方国家的冲突可能就不会发生，20世纪的历史就会因此发生彻底的变化。就如几位历史学家所建议的，如果英日同盟加深和持续，它“有可能把日本(和世界)从后来的灾难中拯救出来”④。戴维·斯蒂兹走得更远，认为英国决定退出同盟“是20世纪30年代大分裂的主要原因之一，也是造成珍珠港事件的一系列事情的主要原因之一”⑤。

中苏和解的兴起和消亡(1949—1960)

在20世纪50年代前半期，中苏和解迅速推进，催生了广泛的经济和战略合作。到50年代中期，成千上万的俄国科学家和工程师生活在中国。他们把苏联最好的工业和军事技术传递给这个共产主义

---

① Iikura, “The Anglo-Japanese Alliance and the Question of Race,” p.222.

② Nish, *Alliance in Decline*, p.269.

③ Iikura, “The Anglo-Japanese Alliance and the Question of Race,” pp.233-234.

④ Dickinson, “Japan Debates the Anglo-Japanese Alliance,” p.100.

⑤ Steeds, “Anglo-Japanese Relations, 1902-23,” p.221.

盟友，甚至帮助中国人制定了核武器计划。但是，中苏和解以同样显著的速度消亡。1958 年双方围绕国内和对外政策产生尖锐分歧之后，苏联人在 1960 年撤走了专家，中断了合作。相互指责和侮辱很容易地取代了兄弟般友谊和社会主义团结的言论。短短几年，两国的共同边界被武装起来，持久和平让位于公开的地缘政治对抗。

中苏同盟的发展轨迹引人关注并不仅仅是因为它兴衰的迅速。双方成功地创造一个和平区——即便存在时间很短，而两国都是权威主义国家，这就提出了有关制度化克制和持久和平之间关系的重要问题。而且，苏联和中国并没有共同的族群、种族或者宗教，因此也没有文化上的相似性。从这一视角出发，中苏案例对政体类型和文化共同性在持久和平发端中的作用提出了重要的疑问。

没有文化共同性的两个权威主义国家是如何打造战略伙伴关系，而这种伙伴关系是现代历史上最亲密的关系之一？为什么这种伙伴关系解体的速度比它的出现甚至还要快？历史记录指向持久和平兴衰中意识形态发挥的关键作用。共产主义意识形态使苏联和中国结成了亲密的联盟。的确，国内多元主义的缺失，所带来的意识形态的统一性，部分解释了战略伙伴关系为什么非常深入，以及为什么文化的差异没有构成中苏关系非军事化的障碍。

同时，持久和平对意识形态统一性的依赖，也解释了中苏同盟的快速消亡。两国都缺乏制度化克制和多元主义所发挥的调节和稳定作用，这使得两国关系在赫鲁晓夫和毛泽东意识形态倾向产生分歧时就变得很脆弱。而且，意识形态的差异根植于两国基本不相容的社会秩序；苏联的工业经济和中国的农业经济使双方走上了不同的意识形态道路。正如意识形态的一致是同盟的基础，意识形态的竞争很容易就导致地缘政治对抗的发端。

中苏同盟的兴起：和平是怎么发生的

1917 年俄国革命发生后，布尔什维克政权保证结束沙皇政府长期对中国的帝国主义政策。但是，很快俄罗斯的扩张主义又回归了。在 20 世纪 20 年代，苏联陆军占领了外蒙古，对中国东北进行了干涉。在 20 世纪 30 年代，苏联的武装入侵使得新疆成为苏联势力范围的一部分，但是日本在中国东北和华北的推进开始让中国人和苏联人都

把关注点放在了东京的野心上。之后，很快就迎来了日本全面侵略中国以及二战的爆发。

在二战结束之前，中国和苏联结盟对抗日本。1945 年，苏联同中国国民党签署了一个同盟条约，协调抗击日本的行动，恢复了苏联在中国东北和华北的影响。日本战败之后，在中国内战期间，莫斯科继续倾向于国民党，尽管它同中国共产党之间有着意识形态的联系，但它盘算后认为，战争的结果是国民党将能够为对抗日本和西方国家提供更加有效的砝码。苏联人也担心中国的共产主义胜利将会导致美国的入侵，最终使得莫斯科将可能同美国发生战争。[①] 苏联的政策更多是基于现实主义的考虑，而不是基于意识形态。

中共的军事胜利为莫斯科和中国共产主义者之间建立更加紧密的政治和军事联系扫清了道路。两国关系的第一次高潮出现在 1949 年 1 月，苏共政治局委员米高扬来到中国与毛泽东进行会见。此后不久，莫斯科就扩大了对中国的援助，包括转让重型武器、帮助修复铁路以及增加经济援助。那年夏天，掌权的"二号人物"刘少奇率领中国代表团访问了莫斯科，会见了斯大林和其高层官员。他们成功地获得了附加的军事和经济援助。毛泽东在 12 月也造访莫斯科，为 1950 年 2 月签署正式同盟条约扫清了道路。

战略需要促使双方建立同盟。苏联人热衷于保留他们在东亚的领土和政治利益，以维持对日本和美国的缓冲空间。中国共产党人在多处战线都面临脆弱境地，既有来自海外的威胁，也有来自国内的政治不稳定和经济压力。就如文安立（Odd Arne Westad）所注意到的，"只有同莫斯科结盟才能为新的革命政权提供它免于美国及其盟友日本以及中国国内反共势力攻击所需要的保护"[②]。约翰·基廷斯（John Gittings）同意说，中国热衷同苏联结盟，主要的动力是"新政权在最脆弱的时候同盟能够提供的军事和政治支持"[③]。两位中国历史

① Niu Jun, "The Origins of the Sino-Soviet Alliance," in Odd Arne Westad, ed., *Brothers in Arms: The Rise and Fall of the Sino-Soviet Alliance*, 1945-1963 (Washington, DC: Woodrow Wilson Center Press, 1998), pp.55-61.

② Odd Arne Westad, "Introduction," in Westad, *Brothers in Arms*, p.9.

③ John Gittings, *Survey of the Sino-Soviet Dispute: Commentary and Extracts from the Recent Polemics*, 1963-1967 (London: Oxford University Press, 1968), p.17.

学家，陈兼和杨奎松，提供了类似的解释。他们提到，“帝国主义国家军事干涉的可能性决定了中国需要同社会主义国家结盟”①。

1950年的中苏条约远不只是一个集体防御、抗击共同敌人的相互承诺。从一开始，双方就表现出来对对方意图的高度信任，很容易地采取了相互克制的行动，对自己的弱点不设防。甚至在条约签署之前，苏联人就已经派技术专家到中国，协助展开工业和军事项目，包括发展一支现代化的空军和海军。莫斯科以1%的利率向中国提供了30亿美元的贷款，这是对社会主义集团中其他成员利率的一半。中国的回报是同意继续并扩大苏联在这一地区的影响。北京同意莫斯科在新疆和华北的特权，苏联可以继续进入在旅顺和大连的海军基地，以及对中国的工业企业进行中苏合营(joint Soviet-Chinese ownership)。在同斯大林讨论苏联从中国海军基地中撤出的选项时，毛泽东坚持认为，“我们唯一担忧的是，是它可能给苏联造成不希望看到的后果”②。事实上，在中苏同盟的早期，安全困境是逆向运行的；双方拥有一致的利益、追求共同的收益。

中国和苏联之间迅速发展的战略伙伴关系，由于1950年6月开始的朝鲜战争大大加强。中国当年十月在苏联的鼓励下参战。从莫斯科的角度来看，中国不仅证明了非凡的军事能力，也证明了它愿意承担共产主义大团结的代价——战争造成了数十万中国人的伤亡。从北京的角度来看，苏联人被证明是坚定的盟友，提供了空中运输和空中掩护、军事补给以及顾问团。战时的紧密联系帮助中国和苏联的领导层以及军事机构之间建立了制度化的和个人的联系。③

尽管中苏和解的速度和范围都十分显著，它们在早期的关系中并非没有遇到任何困难。苏联人拒绝了中国方面提出的有效控制蒙古、为占领台湾提供政治和军事支持，以及在整个东亚地区共同推动革命变革等要求。而且，尽管毛泽东和他的同事承认苏联在政治和意识形态上的领导地位，但他们对苏联对待中国的专横态度感到愤

① Chen Jian and Yang Kuisong, "Chinese Politics and the Collapse of the Sino-Soviet Alliance," in Westad, *Brothers in Arms*, p.247.

② Record of Conversation, Stalin and Mao Zedong, January 22, 1950, in Westad, *Brothers in Arms*, p.325.

③ Westad, "Introduction," pp.12-15.

怒。就如文安立所评论的，"苏联方面一直迫使中国人充当请求者的角色，尤其是斯大林不放过任何机会对来访者显示权威"①。

部分地因为毛泽东不喜欢斯大林，1953 年苏联领导人去世以及赫鲁晓夫的上台扫清了中国和苏联进一步加深关系的障碍。的确，在 20 世纪 50 年代中期，中苏关系达到了顶峰，战略和经济合作以及社会联系都稳定上升，直到 1958 年同盟开始陷入困难。

赫鲁晓夫在 1954 年秋天造访北京——这是他第一次以苏共中央第一书记②的身份对外访问，也是他作为苏联领导人访问中国——显著提升了中苏同盟的象征和实际意义。在他的领导下，苏联实质性地增加了对中国的经济、技术和军事援助。莫斯科批准了一笔规模可观的新贷款，派出大量的专家和顾问，为中国获得苏联最好的工业和军事技术打开大门。谢尔盖·贡恰连科（Sergei Goncharenko）披露，"苏联援建的企业有时装备了苏联企业都还无法获得的最先进的机器"③。苏联向中国转让了米格-17 战机、短程导弹、核技术及燃料，使得中国在 1958 年开启了一个核反应堆。苏联甚至允诺帮助中国发展它的核武器计划。④ 尽管这一保证看来没有取得成果，苏联人通过转让技术和训练科学家帮助推动了中国的武器发展计划。此外，莫斯科向中国出口了弹道导弹——尽管没有弹头。⑤ 1958 年，苏联人想要进一步推动战略合作，提出建立共同指挥的联合潜艇舰队以及联合军事通讯中心，以协调海上行动。

莫斯科不仅做出这些重大的努力来加强中国的经济和军事能力，还实施了明显的战略克制。苏联人不再坚持在中国东北和新疆的政治优势，向中国归还了旅顺和大连的海军基地控制权，向中国移

---

① Westad, "Introduction," p.12.

② 原文为"premier"，但事实上赫鲁晓夫直到 1958 年才担任苏联部长会议主席，即总理职务。

③ Sergei Goncharenko, "Sino-Soviet Military Cooperation," in Westad, *Brothers in Arms*, p.155.

④ Aleksandr Fursenko and Timothy Naftali, *Khrushchev's Cold War: The Inside Story of an American Adversary*(New York: Norton, 2006), p.328.

⑤ 关于核技术转让参见 Shu Guang Zhang, "Sino-Soviet Cooperation," p.207，以及 Constantine Pleshakov, "Nikita Khrushchev and Sino-Soviet Relations," pp.232-233, both in Westad, *Brothers in Arms*。

交了合营企业的苏联股份，放弃了他们在长春铁路的利益——长春铁路是中国最重要的交通网络之一。与赫鲁晓夫支持社会主义集团成员之间更加平等——他在1956年的苏共二十大会议上宣布了这一点——相伴随，这些动作有助于减轻中国方面对莫斯科专横方式的担心，使得毛泽东得出了他“作为理论家和政治领导人至少可以和苏联领导人平起平坐”的结论。[①] 这些政策加强了中国官员们的一种认识，即他们已经成功地同苏联建立了“牢不可破的友谊”[②]。

在20世纪50年代后期，苏联外交部起草的一份文件注意到了中国对苏联态度的这些重要变化。它承认，莫斯科起初把北京放在“下属的位置上”，但是赫鲁晓夫更加柔性的领导方式“在建立更紧密和互信的关系上发挥了重要作用”。这一备忘录总结说，“对过去十年中苏关系的分析证实，兄弟般的友好关系和富有成效的合作建立在牢固的基础之上，在过去的每年中都变得更加广泛和强劲”[③]。

到了20世纪50年代中期，中国和苏联建立了一种和平时期的同盟中很少有的战略伙伴关系。事实上，在50年代的后半期，和解看来已经发展为安全共同体。两国间看不到发生战争的可能性，苏联人和中国人分享着他们最好的工业和军事技术，两国在处理双边关系和对外政策行为中坚持共同的原则。正如1954年末的一份联合声明所言，双方“注意到，无论是在两国的全面合作中，还是在国际事务上，双方的观点完全一致……[同盟]建立在中国和苏联人民互相帮助、促进两国经济和文化进步、不断加强和扩大兄弟般的友谊，从而促进在远东和整个世界的和平与安全的真诚愿望基础之上”[④]。

对中苏同盟演进的这种阐述说明，当两国伙伴关系还在形成之中时，社会一体化和有关友谊与共同目标的话语已经出现了。苏联专家和技术人员从20世纪50年代早期开始流入中国，而同样规模的中国人来到苏联接受教育和技术训练。到50年代末，大约有1万名

---

① Odd Arne Westad, “The Sino-Soviet Alliance and the United States,” in Westad, *Brothers in Arms*, p.174.

② 第一次全国人民代表大会, in Gittings, *Survey of the Sino-Soviet Dispute*, p.57。

③ 1959年9月苏联外交部远东司司长米哈伊尔·齐米亚宁所作的报告, in Westad, *Brothers in Arms*, pp.357-360。

④ 中苏联合声明, in Gittings, *Survey of the Sino-Soviet Dispute*, p.289。

苏联专家在中国工作，也有约 1.1 万名中国人在苏联接受培训。[①] 在苏联援助和技术下建立的工业企业推动双边贸易额在这十年间快速增长。20 世纪 50 年代后期，中国同苏联的贸易几乎相当于它对外贸易的一半，而中国是苏联最大的贸易伙伴。[②] 根据亚历山大·艾克斯坦(Alexander Eckstein)的估计，"如果没有这些[苏联]的进口，共产主义中国的经济增长可能会从平均每年的 6—7%下降到 3—5%"[③]。文化交流、友谊协会以及精英带领下促进两国友好的其他努力都齐刷刷地冒出来。重要的是，同其他案例相一致，经济一体化是追随而非先于战略伙伴关系的确立。相互依赖和社会联系进而有助于一开始的工具性联盟转变为更深层次的联结。

从很早开始，在公开和私下场合，中苏合作的发端就伴随着对两国友好与友谊的陈述。在 1949 年夏天的会议中，刘少奇向斯大林提交了一份有关中苏关系的报告。经毛泽东的同意，刘少奇告诉斯大林：

> 苏联和中国两国伟大民族之间的深厚友谊对我们两国和整个世界来说都具有无与伦比的重要性……中国共产党将会不遗余力地投身于加强我们两个民族友谊的事业……我们希望尽快同苏联就建立邮政、电报、铁路和航空服务的事务达成解决方案。我们也希望建立一个中苏联合航空公司……我们相信有必要在两党之间建立最密切的相互联系。[④]

1949 年，毛泽东本人宣称，"中苏关系是亲密的、兄弟般的关系"[⑤]。在涉及中国和苏联的关系时，中国媒体频繁地使用"老大哥"

---

① Gittings, *Survey of the Sino-Soviet Dispute*, p.135. 关于参加技术和教育交换的人员精确数字，各个来源都不一致。

② Oleg Hoeffding, "Sino-Soviet Economic Relations, 1959-1962," *Annals of the American Academy of Political and Social Science*, "Communist China and the Soviet Bloc," 349, no.1(September 1963), p.97.

③ Bernhard Grossman, "International Economic Relations of the People's Republic of China," *Asian Survey* 10, no.9(September 1970), p.790.

④ 报告的译文可参见 Westad, *Brothers in Arms*, pp.301-313。

⑤ Niu Jun, "The Origins of the Sino-Soviet Alliance," in Westad, *Brothers in Arms*, p.67.

和“小兄弟”或者“父亲和儿子”这样的比喻。类似地，苏联领导人和媒体也赋予两国关系以家庭性质，常常使用诸如“兄弟般的友谊纽带”和“兄弟般的友好”来形容同盟关系。①

尽管在起初战略需要推动了中苏同盟的建立，意识形态的统一性不仅促进了相互克制和战略合作的迅速出现，也促进了社会一体化和友好话语的迅速出现——而后者通常是在和解发端后需要更长时间来培育的阶段。对于苏联来说，同中国的结盟意味着国际社会主义运动的扩大和加强。就如赫鲁晓夫上台后不久所言，“在伟大的十月革命之后，中国人民的革命胜利是世界历史上最为显著的事件”②。对中国来说，苏联不仅提供了意识形态的指导和学习的榜样，还是愿意和乐意具体帮助中国建设社会主义社会的先进国家。用毛泽东自己的话来说，“苏联共产党是世界上最先进、最有经验和最具理论底蕴的政党。它过去是我们的榜样，现在是我们的榜样，将来也还是我们的榜样”③。即便是 20 世纪 50 年代后半期分歧开始出现后，毛泽东安抚苏联大使时表示：“我们信任你们的人民，因为你们来自一个社会主义国家，你们是列宁的儿女。”④

就如唐纳德·扎戈里亚（Donald Zagoria）观察到的，“中苏同盟的双方致力于共同的目标，并且由于共同的意识形态而被捆绑在一起，这一点无论怎么强调都不过分。”⑤约翰·基廷斯同意说：“毫无疑问，相同意识形态的纽带加深了［中国］倒向苏联方面的程度。”⑥对于意识形态或者战略利益何者在巩固伙伴关系方面发挥更重要的作用上，学者们可能意见不一，但是，很少会有人——如果有的话——质

① Lowell Dittmer, *Sino-Soviet Normalization and Its International Implications*, 1945-1990 (Seattle: University of Washington Press, 1992), p.17; Gittings, *Survey of the Sino-Soviet Dispute*, p.289; Foreign Ministry document of September 15, 1959, in Westad, *Brothers in Arms*, p.360.

② Gittings, *Survey of the Sino-Soviet Dispute*, p.56.

③ Dittmer, *Sino-Soviet Normalization*, p.17.

④ Westad, *Brothers in Arms*, p.350.

⑤ Donald Zagoria, *The Sino-Soviet Conflict*, 1956-1961 (New York: Atheneum, 1964), p.8.

⑥ Gittings, *Survey of the Sino-Soviet Dispute*, p.16.

疑意识形态的共同性是中苏战略合作和拥有亲近感的关键来源。①

中苏同盟的消亡：和解是怎么失败的

中国和苏联的和解在 1955 年到 1958 年间达到最高潮。1958 年双方开始出现实质性的分歧之后，两国关系迅速恶化。1959 年，苏联结束了同中国的核合作。第二年，莫斯科撤走了苏联专家，双方中断了经济和军事合作，赫鲁晓夫和毛泽东成为了社会主义集团内公开的对手。

意识形态的分歧是中国和苏联持久和平进程中断的首要原因。按照扎戈里亚的研究，“起初是围绕着是否存在别的革命战略的争端……逐步发展为国际共产主义运动内部新的权力斗争”②。围绕着对内对外事务的学说分歧不仅导致了政策偏好的差异，也导致了莫斯科和北京在地位、等级方面的竞争。已经建立的相互亲近和信任感开始下降。对彼此良善性质和共同认同的认知消退了，逐步被相互的怀疑和敌对话语所取代。两国社会的疏离随之而来，科学和文化交流中止了，双边贸易额骤然下降。地缘政治对抗随之很快出现。到 1963 年，边界争端促使中国和苏联开始重新军事化两国的共同边界。导致和解的因果机制开始反向运行；学说上的差异和敌对的话语导致了社会的疏离，反过来重新唤醒了安全困境和地缘政治对抗。

意识形态分歧

斯大林专横统治的一个后果是，中国共产党起初十分热烈地欢迎赫鲁晓夫更加柔性的领导。1956 年赫鲁晓夫在苏共二十大的讲话标志着中苏同盟在意识形态方面达到了顶点。毛泽东欢迎赫鲁晓夫对斯大林个人崇拜的批评，以及个体国家能够享有更多平等和自主的更为多中心的社会主义集团观念。但是，这些共同点并没有持续很长的时间。在 20 世纪 50 年代的后半期，赫鲁晓夫实施了意识形态方面的自我节制和中间路线，谋求促进社会和政治稳定。相反，毛泽东快速地向左转，于 1958 年在一些关键问题上采取了更为激进的立场。

---

① 关于这场争论参见 Dittmer, *Sino-Soviet Normalization*, pp.2-13。

② Zagoria, *The Sino-Soviet Conflict*, p.385.

毛泽东向左转最为明显的证据是“大跃进”。他努力通过大规模动员农民来激发迅速的经济增长。在农村大量建设小型工业企业，建立农业公社，组建民兵——这些倡议迅速激发了经济活力，释放了农民的革命潜力。中国学说和政策的这种转变不仅挑战了苏联的集中工业化模式，也挑战了马克思—列宁对于城市工人阶级是社会主义革命政治基础的强调。而且，当赫鲁晓夫为了巩固他的统治、中立国内反对派，恢复苏联正常的政治和经济生活之时，毛泽东却朝着反方向在走——通过烧得更旺的革命之火和坚持社会运动是迈向共产主义的必要因素来巩固他的权力，中立国内的反对派。

外交政策领域也出现了尖锐的意识形态分歧。尽管毛泽东支持赫鲁晓夫有关在社会主义集团内部更加多元主义的呼吁，他最终的结论是，莫斯科过于容忍不同意见了，包容南斯拉夫滑向中立会有集团解体的风险。毛泽东相信，一个多中心的集团能够也必须具有政治统一性(political solidarity)。苏共中央的回答是，“把南斯拉夫从社会主义阵营中驱逐出去，切断它同社会主义国家的联系，将它推向帝国主义的阵营，就像中国共产党领导人正在做的那样，那是错误的做法。”①

北京和莫斯科在如何同集团之外的国家打交道上也分道扬镳了。赫鲁晓夫追求的是同美国“和平共处”，而毛泽东坚持，在通向共产主义的征途中，社会主义国家和资本主义国家之间发生战争是不可避免的。当莫斯科提倡发展中国家向社会主义和平过渡的学说时，北京支持的是更加进攻性的、激起革命浪潮的努力。②

政策分歧

意识形态的分歧很轻易就转化为政策领域的尖锐分歧，使得中国和苏联对对方国家战略所能赋予的良善动机大打折扣。如果是在中苏伙伴关系的高峰时期，北京有可能十分热烈地回应苏联在1958年提出的联合潜艇舰队和联合海军通讯中心计划。但是，在意识形态争吵升级的背景下，中国方面做出了完全不同的回应。毛泽东告诉苏联驻北京大使尤金(Pavel Iudin)说：“要合营，一切都合营，陆海

---

① Gittings, *Survey of the Sino-Soviet Dispute*, p.87.

② 有关苏联和中国意识形态决裂的详细探讨，参见 Zagoria, *The Sino-Soviet Conflict*。

空军、工业、农业、文化、教育都合营。……你们只搞了一点原子能，就要控制，就要租借权。”毛泽东接着说：“我这些话很不好听，你们可以说我是民族主义，又出现了第二个铁托。如果你们这样说，我就可以说，你们把俄国的民族主义扩大到了中国的海岸。”①

中国和苏联在对外政策上也分道扬镳。从莫斯科的角度来看，中国在对外关系中正变得越来越具有危险的进攻性，可能引发不必要的国际冲突。1958年夏天，中国炮击了国民党控制下的台湾附属岛屿金门和马祖。第二年夏天，中国和印度的军队在中印边界交火。赫鲁晓夫激烈地批评了这两个事态的发展，认为中国像“一只好斗的公鸡那样渴望战争”②。他后来在一个社会主义集团各国的代表团聚会上发出警告：“当存在两套世界体系的时候，必须在它们之间建立一种排除战争爆发可能性的相互关系……我们不能机械地重复列宁许多年前所说过的有关帝国主义的论述，继续认为社会主义在全世界取得胜利之前帝国主义战争是不可避免的。”③中国不再是追求社会主义集团的共同利益，相反所作所为是基于“狭隘的民族利益”④。莫斯科把1959年赫鲁晓夫访美前夕中国同印度之间的小规模边界战争理解为旨在“破坏国际局势的缓和”⑤。苏联对中国行为的回应只是加强了北京对莫斯科意图日益上升的怀疑，认为苏联的政策背叛了社会主义事业。

到了1959年中，相互的克制已经让位于相互的对抗。苏联人宣布，他们中断了同中国所有的核合作，搁置了中国对核武器的要求。此后不久，两国的不和公开化，中国和苏联都试图获得社会主义集团内其他成员对本国的支持。就如毛泽东所评论的，赫鲁晓夫“害怕东欧和世界其他国家的共产党相信我们而不再相信他们”。1960年6月在布加勒斯特召开的社会主义国家大会上，苏联人向各个代表团散发了一封信，澄清他们在关键学说和政策问题上的立场，指责中国

---

① 1958年7月22日毛泽东与苏联驻华大使尤金的谈话记录，in Westad, *Brothers in Arms*, pp.347-356。

② Gittings, *Survey of the Sino-Soviet Dispute*, p.118.

③ Westad, *Brothers in Arms*, p.25.

④ Ibid., p.380.

⑤ Gittings, *Survey of the Sino-Soviet Dispute*, p.112.

人搞宗派主义。在一个政党领袖会议上，赫鲁晓夫宣称毛泽东是“极左、极端教条主义，事实上是左倾修正主义者”①。

接着在7月，莫斯科告诉北京，它已经要求从中国召回所有的苏联专家，命令他们在8月底之前必须回国。苏联人也取消了正在进行的科学和工业项目，终止了任何新的合作动议。中共中央的回应是给莫斯科同行回了一封信，告诉苏共中央“你们违反了社会主义国家间相互援助的原则，把派遣专家作为一个给兄弟国家施加压力的手段，违规干涉其国内事务，阻碍和破坏他们的社会主义建设”②。

1960年11月在莫斯科召开的《华沙条约》会议标志着中苏和解实际上已经结束。会议宣言事实上对中国的主要学说立场全部予以拒绝。苏联和中国代表团之间的交流不仅看不到“兄弟般情谊”的比喻，还充斥着敌对和指责。对彼此善意的相互认知已经让位于彼此敌对的相互话语。

从北京的角度来看，莫斯科是在宣扬它对于社会主义集团的主导，“要求兄弟国家追随它的指挥棒，废除了兄弟国家间独立和平等的原则，通过多数压倒少数的实践取消了通过协商达成一致的原则”③。苏联人不再试图打败资本主义，反而掉转“矛头指向我们而不是美帝国主义”④。从莫斯科的角度来看，北京试图分裂社会主义集团：“自从世界共产主义运动出现以来，全世界的反动势力一直在疯狂地挑拨离间。今天，中国领导人正在试图达到帝国主义反动势力一直没有能达到的目标。”⑤

两国意识形态和政策的鸿沟不断加深，导致了社会的疏离而不是相反。苏联专家的撤出，以及高层精英日益激烈的争吵，消解了过去十年中发展起来的广泛的联系网络。促进社会一体化的制度化努力也中止了。例如，1960年夏天，莫斯科停止发行《友谊》(*Druzhba*)

① Westad, *Brothers in Arms*, p.25.

② Gittings, *Survey of the Sino-Soviet Dispute*, p.140.

③ Ibid., p.149.

④ Ibid., p.126.

⑤ Mikhail Suslov, Secretary of the CPSU CC, reflecting on the Moscow conference in remarks from February 1964, in Gittings, *Survey of the Sino-Soviet Dispute*, p.150.

杂志，这是由中国的中苏友好协会出版的一本俄语刊物。[1] 双边贸易在20世纪50年代后期依然保持了健康的增长，但是在莫斯科和北京关系破裂公开之后开始骤然下降。1959年，中苏贸易额是20.9亿美元，占中国对外贸易的将近一半。到1962年，双边贸易量下降了40%。1970年，双边贸易的总额是472万美元，大概是十年前的0.2%。[2]

政治上的嘲讽与社会上的疏离很快转化为地缘政治对抗。1962年，苏联人在应对中印边界分歧升温时，提供给印度更多的经济和军事援助，包括米格战斗机和150万吨精炼油。中国激烈反对美苏禁止核试验条约，认为莫斯科试图"通过与美国的协议来捆住中国的手脚"[3]。从中国的角度来看，苏联人不仅抛弃了帮助中国获得核武器的承诺，现在还试图阻碍中国的核计划。1963年，中苏边界开始出现争端。双方都对边界地区重新进行了军事化，从而使得原来的盟友在20世纪60年代中期无可挽回地成为彻底的地缘政治对手。

1967年2月的《人民日报》发表的一个评论表明，中国和苏联之间的和解已经消亡了：

> 在中印边界问题上勾结印度，公开支持印度侵略者、反对中国，这些举动都可以被算作是"友谊"的表现吗？在一系列的国际会议上，挥舞大棒攻击中国共产党和中国人民，可以被算作是"友谊"的表现吗？在中国遭到困难时，单方面撕毁几百个协议和合同，撤走所有的苏联专家，挑动中苏边界争端——这些也可以被算作是"友谊"的表现吗？……你们克里姆林宫的新沙皇听着："伟大的苏联人民总有一天会起来反抗你们、推翻你们——你们这一小撮试图损害中国人民和苏联人民友谊的罪魁祸首！"[4]

回顾这一时期，赫鲁晓夫使用了同样尖刻的话语来描述双方关系的破裂："我们小心翼翼以免触犯中国，直到中国人事实上开始迫

---

① Zagoria, *The Sino-Soviet Confl ict*, p.328.

② Dittmer, *Sino-Soviet Normalization*, p.26.

③ Deng Xiaoping, quoted in Westad, *Brothers in Arms*, p.381.

④ Shi Niexu, "What 'Friendship'!" *People's Daily*, February 14, 1967, in Gittings, *Survey of the Sino-Soviet Dispute*, pp.51-52.

害我们。当他们确实开始迫害我们时——那好，我不是耶稣基督，我不需要把另一边脸转过去让对方打。"①

和解为什么失败

二战结束后的国际形势所带来的战略需要，提供了中苏同盟的最初动力。意识形态的一致性进而在加深战略伙伴关系方面发挥了中心作用，使得两国间的经济和军事合作水平达到了甚至是长期的民主伙伴之间也难以企及的程度。20 世纪 50 年代，两国意识形态的分歧又以相似的方式导致了同盟的迅速瓦解。在考察中苏和解消亡过程中意识形态角色突出的背景条件时，政体类型——缺乏制度化的克制——以及相反的社会秩序是关键因素。

制度化克制的缺乏

制度化克制的缺失从三个重要的方面导致了中苏间持久和平的消亡。首先，两国领导人都掌握了过度的权力，这给意识形态和政策带来了不可预期的重大动荡。当中苏领导人对当时的问题意见一致时，合作就会出现。但是，当他们的意识形态观点不同时，两国关系很容易就倒退了。由于缺乏对权力的制度化制衡，因此就看不到连续性、自我节制（moderation）和政治克制。

中国和苏联领导层都常常抱怨对方政府的个性驱动和不可预期性。例如，苏共中央的一个成员指责中苏关系破裂是由于对毛泽东的个人崇拜。中国人对苏联人提出了类似的指责。用《人民日报》的话来说，斯大林"错误地把自己的作用夸大到不适当的地位，把他个人的权力放在和集体领导相对立的地位……接受和鼓励个人崇拜，实行个人专断"。这一文章接着说，斯大林"不是把个人放在党和群众之中，而是相反地把个人放在党和群众之上"②。

其次，合法性依赖于意识形态目标而不是商议和同意，意识形态成为社会主义集团内影响力和领导地位的关键战场。就如扎戈里亚所观察到的，"俄国和中国这种由意识形态定位的国家在协调观点和利益差异方面所遇到的困难，比那些习惯了利益冲突及其调适的更

---

① Fursenko and Naftali, *Khrushchev's Cold War*, p.328.

② 《人民日报》1956 年 4 月 5 日，in Gittings, *Survey of the Sino-Soviet Dispute*, p.291。

加实用主义的非共产主义国家来说，要大得多”①。在一个主要以意识形态目标为依据的政治领域中，围绕观念的斗争与围绕权力的斗争是分不开的。中国领导层在观念和物质两个方面都接受了苏联的主导地位；毕竟，俄国处于社会主义革命的最前列，无论从经济发展还是军事力量来说都远远领先中国。同时，中国长期受害于日本和欧洲的帝国主义，并不愿意一直在其他大国的征服之下。

20世纪40年代后期和50年代初，宣扬意识形态独立的冲动，在毛泽东“中国化”马克思列宁主义的努力中表现出来。② 毛泽东将正统的马克思主义有效地运用于中国的环境。在50年代早期，中国领导层的确对斯大林恶劣的领导作风感到愤怒，但是意识形态和政策领域的基本一致为伙伴关系提供了基础。但是，在50年代后期意识形态分歧出现后，中国对苏联主导地位的担心一直在增加。③ 北京没有质疑莫斯科的领导权，但是反对莫斯科在领导权使用上的专制方式。在反思1957年后日益紧张的局势时，《人民日报》编辑部和《红旗》杂志观察到：

> 兄弟党之间的关系，应当是独立自主、完全平等同时又相互联合的关系。……苏共领导以国际共产主义运动的领导者自居，把其它所有兄弟党都当作是被领导者，这是完全违反宣言和声明所规定的兄弟党关系的准则的。……我们认为，这种为首的地位，同兄弟党一律平等的原则并不矛盾。这并不意味着苏共有权支配其它兄弟党，而仅仅意味着苏共负有更大的责任和义务。④

1958年以后，毛泽东及其同事经常抱怨苏联的“大国沙文主义”⑤。北京对苏联意图的认识发生了显著变化。像1958年组建联

---

① Zagoria, *The Sino-Soviet Conflict*, p.xix.

② 参见 Gittings, *Survey of the Sino-Soviet Dispute*, pp.8-9。

③ 参见 Zagoria, *The Sino-Soviet Confl ict*, p.14。

④ 《苏共领导人是当代最大的分裂主义者》，1964年2月29日（原文为2月4日，疑为误写。——译者）, in Gittings, *Survey of the Sino-Soviet Dispute*, p.78。

⑤ 1957年1月27日毛泽东讲话, in Westad, *Brothers in Arms*, p.345。

合潜艇舰队这样的建议事实上是莫斯科回应中国的海军合作要求。[①]但是，在北京看来，这些是公然想要征服中国的做法，而不是加深中苏伙伴关系。正如20世纪60年代初邓小平对苏共所说的，莫斯科是在努力"对中国实施军事控制。但是我们猜到了你们的意图，你们是不能得逞的"[②]。毛泽东不仅拒绝了这一计划，还接着告诉苏联大使："你们（俄国人）一直不相信中国人，斯大林很不相信。中国人被看作是第二个铁托，是个落后的民族。你们说欧洲人看不起俄国人。我看俄国人有的看不起中国人。"[③]

毫不奇怪，苏联人以类似的方式回应了这些指责，认为中国"不仅是没有根据的批评，而且还恶意诋毁"。北京的意图很明显，就是"中伤苏联共产党的政策，从而恶化两党和两国关系"[④]。在没有多元主义和政治克制的情况下，意识形态争端不仅仅是关于观念的分歧；它们变成了对权力和威望的争夺。

最后，意识形态被作为两国国内的政策工具。20世纪50年代中期，赫鲁晓夫的意识形态转向以及他接受同西方和平共处的学说——这最终导致了他和毛泽东的不和——部分是由于斯大林死后的继承权斗争。赫鲁晓夫运用学说的变化来巩固他的统治、削弱他的主要政治挑战者。[⑤]毛泽东在50年代后期激进地向"左"转，部分原因也是为了中立中国共产党内部已经开始要求部分恢复资本主义的更为保守的势力。[⑥]对国内合法性的关切也表现在毛泽东反对和平共处的观念里；他动员公众的战略中，斗争持续不断、战争不可避免是关键的组成部分。[⑦]

以上的诠释并不是想表明，意识形态的革新仅仅对苏联或者中国领导层起着纯粹工具性的作用。但是，学说转变的时机和内容显

---

① Westad, *Brothers in Arms*, p.347.

② Ibid., p.379.

③ 1958年7月22日毛泽东与苏联驻华大使尤金的谈话记录，in Westad, *Brothers in Arms*, pp.347-356。

④ Boris Ponomarev, head of the International Department of the CPSU CC Secretariat, in Westad, *Brothers in Arms*, p.386.

⑤ Goncharenko, "Sino-Soviet Military Cooperation," p.146.

⑥ 参见 Zagoria, *The Sino-Soviet Conflict*, pp.68-69。

⑦ Pleshakov, "Nikita Khrushchev and Sino-Soviet Relations," p.233.

然受到国内考量的影响。就如文安立观察到的，“对于革命政权来说，外交政策的优先顺序是不稳定的，可能与领导人认知的变化联系在一起。当国家的需要压倒了以国际派系或者联系作为主要参照点的（国际共产主义）运动需要之后，这种认知的变化就出现了”[①]。

不相容的社会秩序

学说变化和国内政治之间的关联，直接导致了中国和苏联之间意识形态分歧的另外一个主要来源——它们不同的社会秩序。苏联工业经济的政治和社会需求与中国（主要是）农业经济的政治与社会需求相冲突；这一对立构成了中苏意识形态决裂的一个首要来源，最终导致了中苏和解的消亡。

在苏联，共产党的权力基础是在城市区域。在经济现代化和工业化的过程中，城市无产阶级提供了社会主义革命的步兵。从1939年到1959年，苏联建设了将近2000个新的城市和乡镇。[②] 农村人口在20世纪20年代占劳动力的85%以上，到了50年代后期，这一比例已经下降到了50%以下。[③] 而且，苏联的领导层长期以来不信任农民，试图从集体农庄抽取尽可能多的资源为发展城市化和工业化提供支持。相反，中国共产党是从农村起家的。中国的人口大部分都是农业人口；占总人口80%以上的大量农民为中国革命提供了步兵来源。

中苏社会结构的这种基本差异是毛泽东在意识形态方面远离苏联学说的主要原因之一；很显然，“大跃进”、组建民兵以及农业公社是为了动员农民支持党、建设共产主义社会。正如扎戈里亚观察到的，20世纪50年代后期中国学说的向“左”转是源于“许多苏联从未有过或者现在没有的社会和经济限制因素”。他接着指出，党内的左翼“对于完全动员起来的人民群众的力量有着近乎迷信般的信仰”[④]。

中国和苏联的官员公开承认，对立的社会秩序的确导致了意识形态的分歧。就如林彪在《人民日报》上所写的：

---

① Westad, “The Sino-Soviet Alliance and the United States,” p.182.

② Victor P.Petrov, “Some Observations on the 1959 Soviet Census,” *Russian Review* 18, no.4 (October 1959): 337.

③ Jan S.Prybyla, “Problems of Soviet Agriculture,” *Journal of Farm Economics* 44, no.3 (August 1962): 820.

④ Zagoria, *The Sino-Soviet Confl ict*, pp.78, 68.

> 在半殖民地半封建的中国，农民占整个人口的百分之八十以上。……人民战争要取得胜利，必须主要地依靠农民。毛泽东同志早在第一次国内革命战争时期就指出，农民问题在中国革命中占有极端重要的地位。反帝反封建的资产阶级民主革命实际上就是农民革命。对农民斗争的领导，是中国无产阶级在资产阶级民主革命中的基本任务。[①]

L.伊里切夫（L.Ilyichev）在一份给社会科学院和马克思列宁主义研究所的报告中也提供了十分相似的分析：

> 如何解释中国领导层偏离了世界共产主义运动的总路线，以及努力与之决裂？……中国社会的**社会结构**与它落后的经济相关联。中国是世界上最大的农民国家……工业无产阶级，尽管凭借了社会主义革命领导力量的地位，在中国革命时期甚至还没有达到全国人口的1%……中国共产党的活动大部分是在遥远的农村地区，同主要的工人阶级所在地相分离，远离大城市和工业中心。[②]

中国和苏联在意识形态上破裂的时机也与两国在20世纪50年代不同的经济发展轨迹有着很大的关联。在50年代下半期，苏联的工业化稳步扩大，保持了健康的经济增长率，以及取得了令人印象深刻的技术成功。[③] 为了弥补二战和斯大林时代的损失，赫鲁晓夫更感兴趣的是扩大生产和消费，而不是意识形态动员。俄国人在太空竞赛中的进展——远程弹道弹道成功试射，1957年把人造地球卫星（Sputnik）送入轨道——证明了该国所取得的成就；在技术上赶上西方后，苏联可以聚焦于巩固它的收益。这一态度反映在苏维埃领导层的官僚化。尤其在外交政策事务上，稳定和实用主义优先于动员和意识形态狂热。[④]

在中国，革命仍然处于早期阶段。共产党努力巩固统治，实施促

① 林彪：《人民战争胜利万岁》，《人民日报》1965年9月3日，in Gittings, *Survey*, pp. 32-33。

② Gittings, *Survey of the Sino-Soviet Dispute*, pp.33-35.

③ 对年度增长的估计各不相同，但苏联人看来在20世纪50年代下半叶维持了大约7%的增长率。参见 Robert W.Campbell,“The Post-War Growth of the Soviet Economy,” *Soviet Studies* 16, no.1(July 1964): 1-16。

④ Zagoria, *The Sino-Soviet Conf ict*, pp.154-158.

进增长的经济计划。权力集中在领袖及其核心圈子成员手里，而不是归属于一个巨大的政党官僚机器；领导层仍然需要依靠革命狂热来维持它的权威和合法性。农民的授权，同资本主义集团不可避免的冲突，社会主义事业中需要持续斗争——与苏联的情况不同，所有这些都是一个仍然把大众动员和社会变动看作是迈向共产主义关键要素的政权在意识形态上的标志。就像康斯坦丁·普列沙科夫（Constantine Pleshakov）注意到的，"毛泽东和赫鲁晓夫面对的是不同革命阶段的两个社会。毛泽东仍然在经历革命浪潮的最高点——"大跃进"和"文化大革命"，而赫鲁晓夫的许多支持者已经厌倦了革命的现实影响，渴望国内的稳定"①。

权力集中在个别领导人的手中，再加上中国和苏联社会秩序的这些内在差异，两者一起削弱了中苏同盟。苏联和中国意识形态的暂时联盟帮助产生了 1949—1958 年间的紧密战略伙伴关系。但是，对立的社会秩序最终使得毛泽东和赫鲁晓夫选择不同的意识形态道路，迅速削弱了和解、引发了地缘政治对抗。

两个反常

如果充分利用这一案例研究所提供的分析资料，就会注意到中苏案例区别于其他许多案例的两个反常地方。其一，制度化克制的缺失尽管促成了和解的消亡，并没有妨碍持久和平的最初发端。其二，与其他案例不同，文化差异在中苏和解兴衰中没有发挥显著的作用。如何理解这两个反常的现象？意识形态的主导角色再一次给出了最好的解释；意识形态的一致看起来抵消了制度化克制和文化共同性缺失的影响。

中苏案例清楚地表明，战略克制的实施并不仅仅出现在民主国家或者对权力有着宪政制约的国家之间。尽管是专制国家，中国和苏联在 20 世纪 50 年代很容易就实施了相互的克制，双方都在不同寻常的程度上向对方开放自己的弱点。苏联人以合营的方式进入中国的战略工业，侵犯中国的领土主权，并可以直接进入中国的军事设施。中国从苏联获得最先进的技术（包括核技术），这些东西有可能会被转而用来对付苏联人——事实上最后也是如此。从结盟的早期

---

① Pleshakov, "Nikita Khrushchev and Sino-Soviet Relations," p.232. 也可参见 Zagoria, *The Sino-Soviet Conf ict*, pp.xii-xiv, 18, 154-158, 244。

开始，安全困境不仅中止了，还反向运行。

这一反常最好从意识形态相似性的角度来解释。尽管苏共和中共在1949年共产主义革命胜利之前的合作具有偶发性，此外双方很快就降低了戒备，把对方当成是良善的政治实体。尤其是在朝鲜战争带来团结一致从事共同事业的感觉之后，为了共同的意识形态目标以及相应的共同地缘政治利益，苏联和中国的经济和军事合作达到了非常高的程度。

类似地，缺乏多元主义政权身上常见的透明性，这一点看来并没有对中苏关系发挥制约作用，不论是在和解的兴起还是瓦解过程中。相反，它们能够自由地分享信息，没有哪一方表示说它一直不能确定对方的意图。的确，毫不夸大地说，信息的方便获得很可能加速伙伴关系的消亡。党的大会上猛烈而公开的对抗，专家交流过程中经济、科学和军事数据的稳定流动，双方辩论、攻击的公开发表——这些信息自由流动的渠道使得双方政府十分清楚对方的意识形态倾向。就如毛泽东在一篇有关苏联的长篇大论中对苏联大使清楚表明的，“我们对你们是没有秘密的。我们的军事、政治、文化，你们都知道，你们有一千多个专家在我们这儿工作”①。

这一发现的确挑战了自由主义政治具有透明性是持久和平关键要素的理念。可以肯定地说，中苏案例是一个孤例；两个国家，很少会这么轻易地开展如此紧密的合作。同盟建立之后，迅速成长的精英联系和交流网络不只是抵消了两个政权的封闭性对于信息的限制。这些联系的生根发芽如此之快、范围如此之广，实际上证明了意识形态的共同性在提供现成的(ready)信任和亲近感方面所能达到的程度。舒适感使得两国能够超越持久和平发端和信息自由交流之前的正常步骤——发出信号、测试以及仔细评估意图。

最后，没有什么证据表明，文化共同性的缺失阻碍了中苏的和解或者加快了它的消亡。可以肯定地说，毛泽东和他的同志们常常抱怨苏联的“大国沙文主义”或者莫斯科倾向于认为中国人落后的轻视态度。但是，基于可获得的文献，没有理由相信文化的差异在中苏关系中发挥了显著作用。如果考虑到文化共同性在其他案例中所发挥重要作用，这一发现是尤其引人关注的。

---

① 谈话记录，*Brothers in Arms*，p.350。

对于这一反常现象，意识形态再一次提供了最为合理的解释。苏联版本的马克思列宁主义试图超越民族文化。按照共产主义的学说，意识形态和阶级将会取代民族主义、族群和宗教作为认同的关键来源。如果中国和苏联的民族通过社会主义的纽带团结起来，那么它们的文化差异将不会有什么后果。毛泽东可能试图将马克思列宁主义中国化以适应中国的社会环境，但并不是适应中国的文化。的确，中国版本的马克思列宁主义继续忠于超越民族、族群和语言的社会主义大团结理念。由于文化问题很奇怪地没有出现在中苏和解及其消亡的话语中，社会主义学说的这一信条看来起来得到了忠实的执行。

小　结

在探索持久和平如何、何时出现的过程中，第三章和第四章考察了五个案例，提供了非常一致答案。就进程而言，各个案例表现出十分突出的相似性。战略需要促使某个国家通过包容实践与一个潜在的伙伴交好。下一步则是相互的克制，双方都做出让步，赋予对方以友善的意图和动机。社会一体化追随政治和解，而不是为政治和解铺路；通过不断增加的互动和相互依赖，相互信任的感觉出现了。进程的顶点是通过形成关于友谊和相似性的新表述，两国出现了相容的认同。

在那些起初推进了和解但并没有带来持久和平的案例中，这一进程要么是中止了，要么是反向运作。在英日案例中，双方起初实施了包容；英国和日本都对对方的具体合作行为赋予了善意。但是，和解的进程随后中止了，没有能够达到广泛的互惠和社会一体化阶段。伦敦和东京最终仅仅把同盟看作是工具性的伙伴关系，对方追求的仅仅是自己的个人收益。相应地，英国和日本没有赋予对方以友善的动机，也没有能发展出稳定和解所需要的信任感和团结感。在中国和苏联的案例中，双方迅速从相互克制推进到社会一体化，相互形成了关于友谊的表述。但是，其后意识形态的尖锐分歧使得这一进程逆转。中国和苏联领导人开始指责对方背叛，损害了有关共同目标的表述。社会的疏离随之而来，接着就是战略包容的结束以及回归到地缘政治对抗。

关于和解发端的支撑条件，表 4.1 对主要的发现做了总结。制度

化的克制、相容的社会秩序以及文化的共同性是导致和解的因果条件。同时，这些案例也展现出十分有意思的偏差和例外。制度化的克制并不是和解开始的必要条件。的确，起初采取战略克制行为的往往是专制政权——20世纪初的日本、50年代早期的中国和苏联，以及1979年的巴西和阿根廷。同样属实的是，中国和苏联建立了长达近十年的非常紧密和团结的关系。当中苏和解到达顶峰时，两国的确把对方都看作是良善的政治实体，强调在自己的眼中对方是多么的好——在中苏案例中，这是由于双方拥有共同的意识形态目标。

尽管制度化的克制不是和解开始的必要条件，它却是和解能够推进和持续的关键因素。只有在变成民主国家以后，英国和美国、挪威和瑞典、阿根廷和巴西之间才巩固了持久和平。向民主国家的转变有助于社会秩序的趋同，结束了英国和瑞典的贵族特权，从而分别促进了同美国和挪威的和解。民主化加强了巴西和阿根廷的自由化和国际化联盟，从而在南美地区也增进了持久和平的前景。

中苏同盟的案例因为文化因素的作用不彰显而引人关注。语言、宗教和族群的差异并没有阻碍20世纪50年代前半期的和解，也没有影响到1958年后两国关系的破裂。相反，文化因素在其他所有案例中都十分显著。在英日案例中，种族问题上的紧张状态在制约两国战略伙伴关系方面发挥了尤为明显的作用。如前所述，中国和苏联对共产主义意识形态的坚持为文化变量在两国和解兴衰过程中的作用不明显提供了有说服力的解释。

表4.1　和解：主要发现

	案例	制度化的克制	相容的社会秩序	文化的共同性
成功	美国和英国（1895—1906）	是	是	是
	挪威和瑞典（1905—1935）	开始时不是 完成时是	是	是
	巴西和阿根廷（1979—1998）	发端时不是	是	是
失败	英国和日本（1902—1923）	不是	不是	不是
	苏联和中国（1949—1960）	不是	不是	不是

第五章 安全共同体

和解需要降低国家的对抗,抑制——如果不是说完全消除的话——地缘政治竞争。和平共处随之产生。安全共同体代表了持久和平的一种更加高级的形式,即有关国家能够超越彼此对和平关系的期待,齐心协力共同达成一套规范与行为模式来指导它们之间的互动。对抗不仅要为和平共处让路,而且还让位于由制度化的行为准则带来的和平、有序的国际社会。成员国的利益变得休戚相关而非仅仅一致。各成员开始接受一种共同的认同以取代独立但相容的认同。由于这些因素,安全共同体相比于和解是一种更加先进的或者说是深厚的国际社会形式。

安全共同体与和解间的差别还在于导致它们形成的权力制衡机制。战略克制的实践对二者而言都是决定性的因素。然而和解首要是由于自我克制或自我约束,安全共同体还需要共同约束。[①] 成员国在和解进程中使战略克制常规化,双方都表现出愿意克制自己实力和包容他人利益的态度。相反,安全共同体的成员彼此共同约束,使用条约和其他正式或者非正式的手段来将彼此绑定在一起。共同约束产生于且促进了安全共同体的定义特征:确立秩序的规范,共同利益,共享的认同。回到第二章使用过的历史性类比分析,封建领主并未仅仅停止掠夺彼此以及学会和平共处,而是形成了一种封地的联盟,来提升他们的集体福利利益并一同协作来捍卫他们的共有利益。

安全共同体在范围上以及被它们所接受、用以提升合作的规则形式上具有广泛的差异。它们的影响也同样存在差异,一些安全共

---

① 参见 Deudney, *Bounding Power*;以及 Ikenberry, *After Victory*。

同体显著地减弱了地缘政治对抗，而另外一些则能够完全消除地缘政治对抗。阿德勒和巴尼特有效地区分了三种不同的安全共同体类型：初生的、上升期的以及成熟期的。[①] 在初生的安全共同体中，各成员同意和平解决分歧，同时确定解决分歧的初步机制，但相互怀疑还是存在的。例如早期阶段的东南亚国家联盟（ASEAN）。在处于上升期的安全共同体中，成员国之间对更广泛的指导原则、规范能够达成一致，制度化，并且常常法典化这些规则规范，并拓宽其在政治和社会层面的交往。尽管如此，潜在的担心还是存在着。“欧洲协调”即是这样一个例子。在一个成熟的安全共同体中，成员国间存在宪政秩序，武力冲突变得难以想象。今日的欧盟就是如此。

作为安全共同体基础的权力制衡实践和制度主要采取三种形式：自我约束与共同约束，搁置争议，建立分权机制。安全共同体形成的起点是塑造解决争端的规范和程序共识。特别是在它的早期阶段，冲突的解决倾向于以一种临时的方式发生而不是通过已经建立的机制。在和解的初始阶段，单方面的包容或者是自我约束是一种让步传达善意信号。由于成员国善意的回应，单方面的包容发展成为相互的克制。各国经常性地进行让步交换，小心翼翼地避免为个人收益的投机行为。采取这些措施的例子包括军控、地区争端的解决，以及边境非军事化。

相互克制的实践逐渐演进为共同约束。安全共同体的成员通过使用非正式条约或者系统的协议来管理彼此间关系。在这些协议下，通常只有协商一致才能改变领土现状。协商一致可以通过非正式的机制来生成；大部分国家通过说服的方式，试图“团结”持不同意见的成员。以“欧洲协调”时期为例，成员国召集会议仅是为了解决争端。在其他案例中，安全共同体建立常设的秘书处和具有正式投票程序的规则化峰会，这种实际例子见于欧洲共同体和海湾合作理事会（GCC）。除此之外，国家会采取别的步骤来彼此共同约束，形成联合的军事单元且共同致力于提供集体防御。成员国还会将共同约束扩展到其他政策领域，以深化经济相互依赖并扩大社会联系。

安全共同体也会采取措施来搁置争议，以分离或者遏制特定的

---

① Adler and Barnett, *Security Communities*, pp.49-57.

争议问题并确保它们不会对集体凝聚力的维持产生阻碍。单个成员可能会被承认其势力范围,也就是认可该国的特殊利益并且承认其权力。缓冲区、中立区以及非军事区得以建立,以缓和争议地区的利益冲突。针对特殊倡议的“退出”机制是普遍的;某个国家反对由大多数成员支持的政策,它可能只会不履行这项政策(的讨论和制定),而不是试图阻止它。另外,通常为国家所界定的那些安全共同体之外的问题——例如成员国的国内事务——各国依旧试图分离这些事务,并且防止它们威胁到集体的凝聚力。

最后,安全共同体的成员采取权力制衡机制,并试图最小化这种物质实力不对称所导致的战略性后果。实力的差异和预期的均势变化是国际对抗的主要原因。因此,通向持久和平的道路经常需要采用手段来抑制实力不平衡的战略性后果,以及阻止经济和军事实力的集中导致对抗性同盟的产生。

分散权力的工具有几种不同的形式。在一些情况下,国家会采取措施来增加较小成员的权力和影响。英国和俄国是“欧洲协调”的两个主导成员,它们扩大了普鲁士的边界,同时给予奥地利在意大利半岛相对自由的行动(权限),为了减轻普鲁士和奥地利在其更庞大的伙伴面前相形见绌的恐惧。在其他的情况下,大国会采取措施以削弱与其物质优势相关的战略优势。法国和德国作为欧共体的两个主导成员,使用了共同约束条约——欧洲煤钢共同体——以单独和集体地限制其工业实力和发动战争的能力。它们还使用制度化的机制来提高它们更小的邻国的政治影响力和繁荣程度。以上两种措施消除了小国对于法德会凭借其物质实力的优势来进行剥削(exploitation)和领土扩张的疑虑。

首都以及领导位置的轮转是分散权力的另一手段。“欧洲协调”并没有固定首都;作为权宜之计,其代表大会在不同地点召开。欧洲共同体谨慎地选择在多样化的地点建立其政府机构。它主要的办公地点位于布鲁塞尔,一个欧洲小国的首都,而其他的机构则位于卢森堡——很难称之为一个地缘政治上的大国。欧共体还在法德边境城市斯特拉斯堡建立其机构的所在地。欧共体还决定其主席任期每六个月轮转一次,来确保没有任何一个国家能够有特殊的影响力。出于相似的原因,东南亚国家联盟(ASEAN)最初避免设立固定的总部

和常设秘书处。相反，海湾合作理事会（GCC）从开始就在其主导成员沙特阿拉伯的首都建立总部，这样导致了对沙特主导地位的持续关切。

这种对于安全共同体的“剖析”证明了几个方面的限制。根据本书对于持久和平的分类，安全共同体相较于和解代表了国际社会的一种高级形式。安全共同体要求在秩序规则和规范上达成一致，而和解则仅仅要求对和平共处的共同期待。尽管如此，案例研究并不能轻易地符合这个推理框架；安全共同体经常比和解更脆弱，且保留了更为明显的地缘竞争因素。例如，大不列颠同美国以及挪威同瑞典间的和解相较于“欧洲协调”成员间发端的安全共同体，形成了更深厚更持久的持久和平。

模型与现实的偏差可以在如下分析中得到解释。安全共同体通常包含了两个以上国家。同双边和解相比，在重要领域的多边调节与合作更加容易，政治和社会影响更加流于表面。多边参与者的存在分散了战略性的设定；以前的对手可能会就秩序规则达成一致，但并不充分地解决它们间的分歧。残余的怀疑和制衡的暗流在这样更大的背景下更容易被掩盖。此外，在缺乏有助于巩固和解的社会一体化的情况下，也可以常常就管理秩序的规范和规则达成协议。

从另一个视角看，对持久和平感兴趣的国家可能会“略过”对其国内政治秩序产生威胁的特殊互动类型——例如社会一体化——而是从相互克制直接形成以规则为基础的秩序。例如，社会一体化通过加强有利于政治经济开放的联盟来威胁非自由国家，促使这些国家倾向于更浅层形式的持久和平。这种偏好还来源于一个事实，即由于非自由国家更倾向于依赖外部冲突来显示其国内合法性，相比于自由国家可能更不适合于管理国内的包容政治。相应地，和解更有可能在自由国家间或者至少在具有类似政体类型的国家间形成，然而安全共同体能够更好地包容非自由国家并且把不同政体类型的国家团聚起来。

多元主义和多样性使安全共同体能够囊括不同的政体类型，但同样可以让它们变得非常脆弱。由于未能充分解决成果分配问题以及消除竞争性的欺骗，安全共同体很可能会重新退回到地缘政治对抗。在没有首先锁定（lock in）持久和平的情况下就达成秩序规则与

规范的协议可能会遗留下无人关注的历史紧张和争端。通过包容不同的政体类型,安全共同体展现了包容性的优势。但是当(各国)因国内事务的区别导致利益和外交政策分歧时,包容性也会成为累赘,此外,若无经常伴随着和解和统一的广泛的社会一体化,安全共同体可能会因政府更迭而受到削弱。如果秩序规范和合作性实践只在精英层面得到接受,那么安全共同体将缺失对于承受政权改变所必需的更深层次的社会基础。

本章考察三个成功的安全共同体案例:1815—1848 年期间的"欧洲协调",1949—1963 年的欧洲共同体,1967 年建立至今的东南亚国家联盟(ASEAN)。"欧洲协调"非常清楚地表明,即便国家间并不具有类似的政体类型,它们还是可以联合起来构成持久和平区。"欧洲协调"的演进着重突出了自我约束和共同约束机制在安全共同体建立过程中扮演的中心角色。与对"欧洲协调"发展的常规解释相反,这个案例还有力支持了本书的观点,即政治和解为经济一体化打开了大门,而不是相反。东南亚国家联盟发展的轨迹证实了从巴西和阿根廷的和解中得出的一个洞见——尽管军事独裁政权在国内具有不受限制的权力,但在制定对外政策时仍然可以实施战略克制。东南亚国家联盟还突出了协商一致同意的乡村传统可以被贯彻到国家间层次治理的程度。

本章还考察了两个失败的安全共同体案例:1848 年以后的"欧洲协调",以及从 1981 年建立至今的海湾合作理事会。"欧洲协调"的解体是 1848 年革命的产物。这个例子展现了社会剧变和不相容的社会秩序对持久和平的破坏能力。海湾合作理事会的步履蹒跚是由不同原因引发的。尽管海湾酋长国共同体在其成立的最初十年令人印象深刻,但其在伊拉克入侵科威特后便止步不前。和大部分在面对日益强烈的外部威胁时紧密团结起来的安全共同体不同,伊拉克和伊朗的威胁上升对海合会起到了相反的作用。由于不能集结足以对抗这些威胁的集体能力,单个的成员倾向于提升其对美国力量的战略依赖,这种趋势激起了海合会内部的政治争议,并且最终以牺牲团体内部的多边合作为代价。这个案例表明成员国对削弱主权的不情愿程度是巩固安全共同体的潜在巨大障碍。

“欧洲协调”的演变(1815—1848)

从1815年的拿破仑战争结束到1848年革命，“欧洲协调”维持了欧洲的和平。作为欧洲主要大国的理事会，“欧洲协调”提供了一个论坛，成员国借助其制定出一系列的规则和规范来管理它们间的关系并和平解决争端。在“欧洲协调”框架下，成员国间发生战争并不是不可思议的；战略对抗的暗流仍然在推动着它们的关系发展。但“欧洲协调”确实构成了一个安全共同体，因为战略对抗显著减少，并且有效排除了其成员使用武装力量作为国家战略工具的合法性。

“欧洲协调”成员间持久和平的发端表明，自我约束和共同约束有着强有力的和平效应。考虑到在两个自由化的成员国（法国和德国）和三个绝对君主制的国家（俄国、普鲁士和奥地利）间存在的政治分裂，“欧洲协调”形成并且成功运行超过三十年是非常有意思的。因此，这个案例表明，持久和平能够在具有不同政体类型的国家间产生，同时证实，即便这些国家在国内不受制度化的克制，它们在对外关系行为中也能够实施战略克制。

和平是如何发生的

欧洲大国共同努力打造合作安全秩序的动机，主要是为了应对拿破仑寻求大陆霸权。在法国大革命开始后不久，拿破仑法国向其邻国实施直接的军事控制并同英国进行经济战。到19世纪初，英国作为法国海军和经济主导地位的头号挑战者，已不仅考虑建设一个能够击败拿破仑的对抗性同盟，还在考虑能够让欧洲免受未来大国冲突的影响的战后秩序。

为了对俄国就战后秩序安排的模糊提议做出回应，首相威廉·皮特（William Pitt）在1805年起草了一份备忘录，后者实际上为十年后形成的“欧洲协调”体系奠定了基础。皮特设想“一个总的协定和保证，（能够实现）不同国家的相互保护和安全，以及在欧洲重建一个普遍的公法体系”。他进一步倡导“一项欧洲主要国家都应该参与的条约……同时他们应当相互约束来保护和支持彼此……并且尽可能长远地压制打破总体安宁的未来举动，而最为重要的，就是要限制任

何自法国大革命的灾难性时代开始的雄心勃勃的扩张计划，这些计划使欧洲蒙受了巨大灾难”①。

在战略需要导致大国间形成新的合作前，这项计划也仅仅是一种遥远的愿景。拿破仑在 1812 年入侵俄国，促使俄国同英国结盟。不久之后，普鲁士和奥地利加入，形成了四国同盟(Quadruple Alliance)。在 1813 年到 1814 年期间，英国掌控着军事行动的主导权，资助其盟友，并且谈判促成了和平条款。1814 年的《肖蒙条约》首次详细说明了管理战后秩序的规则和规范。这些规则与规范在之后的一系列会议中被付诸实践和不断修正，其中最重要的便是在 1815 年结束的维也纳会议。在维也纳，四国同盟开始作为和平时期的战胜国进行协调。在 1818 年的亚琛会议上，法国进入了这个集团，创立了带给欧洲超过未来三十年和平的五强理事会。

战略克制和权力制衡机制

是怎样的一连串步骤导致了欧洲战略图景的改变，中止了大国间的均势对抗？英国的自我克制是关键性的因素。英国的自我克制为包括战败的法国在内的其他主要大国提供保证，确保欧洲的主导国家没有利用其地位获取个人私利的打算。皮特 1805 年备忘录的精神——如果不是文化的话——是有效的，表明英国努力建构一个基于战略克制、合作和共同公法意识的战后秩序。英国外交大臣和“欧洲协调”主要设计师之一卡斯尔雷勋爵(Lord Castlereagh)写道：“大不列颠的职责在于，通过在大国间的协调，将英国激发出的信任转变为和平的事业，而非为了限制其他国家而将其自身置于任何协调机构的首位。”②卡斯尔雷明确地把俄国包括在内，后者是当时欧洲备战人员最多的国家。③ 在一封给沙皇亚历山大(Tsar Alexander)的信中，他说明道：“克制、协调、慷慨大方”“保障欧洲的安宁”，而是双方都致

① Ikenberry, *After Victory*, pp.99-100.

② Robert Steward Castlereagh, *Correspondence, Dispatches, and Other Papers of Viscount Castlereagh*, 3rd series, vol.11(London: H.Colburn,1850), p.105.

③ 在 1816 年，俄国有 80 万人服役(尽管有很大一部分人没有得到很好的训练)。相比之下，英国有 25 万 5 千人服役，而作为陆上力量排名第二的哈布斯堡帝国(奥地利)则有 22 万人服役。

力的目标。[①] 英国发现亚历山大是有合作意愿的伙伴。

由英国和俄国实践的自我约束有两种主要的形式。其一，它们放弃个体获益的机会，每一方都明确表示不会利用法国被击败这一事实而寻求领土上的扩张。英国可以轻易创造出一个独立的荷兰卫星国，但又坚持认为荷兰享有自主权，尽管这是以英国短期的经济和战略利益为代价的。俄国人则避免利用在人力上的巨大优势向西到中欧或者向南到奥斯曼帝国寻求影响力，同样也是为了预防可能引发的对抗。

其二，英国和俄国避免建立一个两极秩序，而是抬升普鲁士、奥地利和法国的地位，从而使欧洲主要国家面对一个更多层次的竞技场。普鲁士的边界得到扩展以增强其势力范围、人口和政治影响力。奥地利在南欧被赋予特殊的影响力，它的外交大臣梅特涅（Clemens von Metternich）成为设计"欧洲协调"如何运转的关键人物。四个创始国在1818年将它们战败对手也纳入"欧洲协调"中，而非强加给法国惩罚性的和平。

通过这些实践，英国和俄国表明了对待彼此以及其他新兴伙伴的善意。这个阶段是"欧洲协调"外交的发端——尽管皮特对正式安全保证的偏好已经是半途而废。英国下议院仍然坚持"光荣孤立"（splendid isolation）的原则，对和平时期的大陆义务不感兴趣。尽管沙皇亚历山大作为专制（同时古怪）的统治者，反对伴随着正式保证的法律承诺，但他同样有卡斯尔雷般对战后稳定秩序的渴望。[②] 相比于法典化的承诺，英国和俄国偏好于自我约束的实践。

"欧洲协调"的第二个阶段需要从单个和相互的克制行为发展到制度化的克制和共同约束（co-binding）。保罗·施罗德（Paul Schroeder）将"欧洲协调"称为"缔约条约"（*pacta de controhendo*）——一种克制的契约。如果说"欧洲协调"被某种核心的战略概念指引的话，那就是五强会彼此约束，使其个体利益升华为群体凝聚力的维护。正如1818年签署的联合议定书所重申的，"五个国家……下定决心永不背弃亲密统一的原则，不管是在它们的相互关系中，还是把它们约

---

① Ikenberry, *After Victory*, pp.75, 81-83, 109.

② 参见 Ikenberry, *After Victory*, pp.75, 81-83,109。

束在一起的共同体中"①。

对战后领土解决方案的改变只能通过协商一致的方式。当分歧产生的时候，就召开大会加以解决。考虑单边行动的国家被其他的大国所"抱团"；使用道德劝服而非政治高压是通用的外交方式。尽管起初成员国在大量事务上的观点是有分歧的——例如波兰和萨克森的边界问题以及如何对待意大利、希腊和比利时的兴起等——大国的凝聚力一直比成员的个体利益更优先。大国合作的保险费用持续了三十多年。1814 年，法国国王路易斯·菲利普一世解释为何在对"欧洲协调"凝聚力造成压力的埃及政策上后退时说："她（法国）希望维持欧洲的均势，关注这一点，也是所有大国的责任。维持欧洲的均势必须是它们的荣耀和它们主要的雄心壮志。"②

维持大国和平并不完全由欧洲领导人良好的意愿和外交才能所决定。从军事同盟逐渐发展为和平时期的安全共同体，"欧洲协调"的实践不断发展，同时其成员采用许多机制以分散权力和隔离冲突，从而预防地缘竞争回潮的潜在可能性。对于发起者来说，欧洲议会在不同地点间的轮换实现了权力的稀释；"欧洲协调"系统中既无固定总部，也无指定的领导国家。通过抵消物质力量上的不对称，外交上的平等帮助抑制了制衡。

"欧洲协调"的每一个成员都被事实上赋予一定的势力范围。上述国家在这些势力范围中并不是为所欲为的，但其他成员倾向于尊重其偏好。英国监管着低地国家、伊比利亚半岛以及北美，而俄国的势力范围则扩展到东欧部分地区、普鲁士以及奥斯曼帝国。奥地利稳固在北意大利的统治并且同普鲁士一起管理着德意志邦联。法国的势力范围起初在被击败后遭到削减，但随后又逐渐享有在地中海南部与东部的特殊影响力。通过承认个体成员在特定地域有各自突出的利益，势力范围的指定预防了可能危害集体团结的冲突。通过有效地在"欧洲协调"成员间分配地区责任，这些势力范围帮助管理和遏制了边缘地区的危机。此外，准许大国在对它们有历史重要性

① Cronin, *Community Under Anarchy*, p.60.

② René Albrecht-Carrié, *The Concert of Europe*（New York: Walker, 1968）, p.60.危机的促成主要是由于埃及领导人穆罕默德·阿里帕夏（Mehemet Ali Pasha）试图挑战奥斯曼帝国的统治，以及欧洲通过主张埃及自治与其对叙利亚的控制所带来的影响。

的地区享有特权，能够帮助促进国内政治的包容——这是一个非常重要的动作，因为战略克制的实践有可能会觉醒国家受辱的意识从而激发政治对抗。正如布鲁斯·克罗宁所言，“欧洲协调”的指导规范（norm）是“大国绝对不能受辱，且在其至关重要的利益或威望荣誉方面不能受到挑战”①。

为了消除或者至少限制利益冲突，“欧洲协调”的成员还将某些议题与地区隔离开来。任何一个“欧洲协调”成员都赞同不能干涉其他成员的内政。如下面所讨论的，这个规范是尤为重要的，原因在于君主专制政体的俄国、奥地利以及普鲁士意图抗拒已经植根于英国和法国的更加具有自由特征的君主统治。“欧洲协调”还建立缓冲区与非军事区来预防潜在的地区冲突。② 同时，“欧洲协调”信奉“退出”的规范，允许个体成员当不同意某项特定倡议时拒绝参与联合行动。在这种情况下，个体成员可以在提出不同意见时避免破坏集体的团结。举例来说，英国抵制奥地利所提议的旨在镇压1820—1821年意大利自由起义的干涉行为。卡斯尔雷选择默默观望，同时允许乐于支持普鲁士和俄国的奥地利继续其行动，而非阻碍其行动。卡斯尔雷同意的条件是，只有大国愿意“给予全部合理的保证，即它们的目的不是为了扩张性地颠覆欧洲的领土系统”③。

社会一体化与群体认同

“欧洲协调”成熟的最后阶段涉及社会一体化和共同话语、认同的形成。在19世纪初，社会一体化几乎都发生在精英群体中。在选举产生的立法机构得到加强，以及超出贵族的政治权力扩大之前，对外政策的产生以及国家间外交仅由社会上层来从事。安全共同体一

---

① Cronin, *Community Under Anarchy*, p.63.

② 举例来说，尽管荷兰王国起初是作为对法国的防御屏障，同时还是一个中间机构——大国能够共同施加影响的政治实体，因此也就阻止对其地位和战略联盟的公开竞争。斯堪的纳维亚和瑞士被赋予相似的地位，作为遏制大国竞争影响力的手段。参见 Paul Schroeder, “The 19th-Century International System: Changes in the Structure,” *World Politics* 39, no.1 (October 1986): 18-20。也可参见 Charles A.Kupchan and Clifford A.Kupchan, “Concerts, Collective Security, and the Future of Europe,” *International Security* 16, no.1 (Summer 1991), pp.140-144。

③ Albrecht-Carrie, *The Concert of Europe*, p.50.

开始对"欧洲协调"成员间的经济联系并无大的影响。部分因为欧洲大陆需要数年才能从拿破仑战争的创伤中恢复过来,"欧洲协调"现在看来对贸易流动影响有限。英国同"欧洲协调"其他国家的贸易额在19世纪20年代到40年代有了增长,但这一趋势是英国经济增长的结果,而非基于"欧洲协调"的地区一体化议程。法国和俄国同"欧洲协调"成员的贸易在19世纪30年代到40年代间总体保持停滞。[①]而且,内陆运输缓慢且困难,意味着除去运输商和贸易商之外,普通市民很少接触或者了解其他"欧洲协调"成员的居民。

与此相反,欧洲大国的领导人频繁地接触。事实上,在四国同盟主持下的会议及之后的"欧洲协调"提供了建立和加深领导人个人联系的独特论坛。梅特涅提到反法同盟时的反应是:"伟大戏剧的主角发现他们自己待在同一个地方。奥地利和沙俄皇帝、普鲁士国王以及它们三国的内阁,事实上从未被分开。英国内阁的领袖一般也同他们奥地利、沙俄和普鲁士的同事在一起。"[②]在战争期间以及"欧洲协调"形成之后,卡斯尔雷再三确认了定期与直接接触的重要性,曾经在一个场合强调在"各国拥有授权的大臣""面对面"商议的极端重要性。[③]

从四国同盟和"欧洲协调"体系中产生的大量协议和私人关系,促进了空前规模的泛欧共同体和团结意识。1814年的一次会议中,四国同盟成员公开宣称,他们"以作为单一实体的欧洲的名义"寻求同法国商讨和平。[④] "欧洲协调"的成员经常提到它们组成的"亲密同盟"。[⑤] 梅特涅注意到,欧洲"已经获得了作为某个自主国家的资格"[⑥]。而从卡斯尔雷的角度看,欧洲已经达到了"以前从未达到统一和坚持"[⑦]。他在另一个场合中写道,大会系统给予"欧洲各大国的商

---

① B.R.Mitchell, International Historical Statistic, Europe, 1750-1993 (London: Palgrave Macmillan, 1998, pp.607, 644, 661.

② Cronin, *Community Under Anarchy*, p.58.

③ Ikenberry, *After Victory*, p.103.

④ Cronin, *Community Under Anarchy*, p.50.

⑤ 参见 Cronin, *Community Under Anarchy*, pp.60-61。

⑥ Cronin, *Community Under Anarchy*, p.50.

⑦ Ibid., p.50.

议以和几乎类似于（同属）一个国家效率的简便性”①。甚至连法国的外交大臣夏尔·莫里斯·德塔列朗-佩里戈尔（Charles Maurice de Talleyrand-Perigord）也开始欣赏这种团结感，把欧洲称为“一个社会……一个家庭……一个诸侯和人民的共和国”。宗教信仰的纽带增强了这种共同体精神。1818年“欧洲协调”议定书指出，五国同盟“以基督教的手足情谊为纽带变得更加强大和不可分割”②。

由“欧洲协调”所鼓励的跨国共同性和团结感的确遭遇了一个巨大阻碍：英法与俄、奥、普间的分歧，这表现在前者在国内信奉宪政原则和制度化政治克制，而后者则是绝对君主制的捍卫者。当1815年俄国、普鲁士和奥地利在巴黎形成神圣同盟时，这种分歧就被正式固化了。建立神圣同盟的条约承诺相互援助以维持君主统治，并在国内外抵制自由主义变革。由于法国议会一般由保皇党人代表主导，法国有时会同神圣同盟的反自由主义倾向产生共鸣，尽管它并没有成为其中一员。

英国和神圣同盟间就如何应对自由主义变革的问题的持续争吵，是“欧洲协调”内部政治分歧的标志。俄国、普鲁士和奥地利希望能镇压所有的自由主义反抗，它们担心如果不这样做的话革命将蔓延。相比之下，英国则倾向于欢迎自由主义变革，并且相信联合军事干预应针对有扩张野心和威胁颠覆领土现状的政权，而非作为抑制宪政治理传播的工具。神圣同盟常常在争论中胜出，这伴随着英国的退出——这一模式出现在19世纪20年代早期的意大利和西班牙问题上。在其他情况下——例如1830年的比利时——英国成功地保卫了其独立地位而与俄国和普鲁士的意愿相悖，法国对神圣同盟干预的反对促成了这个结果。

在上述以及其他争端中，尽管正式的共识没有达成，但由“欧洲协调”成员接受大会系统和权力制衡机制成功地维持了大国间的和睦。“欧洲协调”的规范与实践使得成员国在战略分歧可能导致武装冲突的情况下维持了团结。“欧洲协调”非常成功地运作——甚至是在其成员间存在严重政治裂痕的情况下。这证明，它在一定程度上

① Ikenberry, *After Victory*, p.105.

② Cronin, *Community Under Anarchy*, pp.50,60-61.

缓和了欧洲的政治图景，抑制了地缘政治竞争。战争并非变得不可想象。[1] 但是，它使得战争不再是大国的合法战略手段，成功地把维持和平变成了最优先的目标，使得大国各自的国家利益与它们“亲密统一体”的集体福利处于同等地位。

和平为什么会发生

难以简单地对“欧洲协调”得以形成和成熟的条件进行分类。和其他案例一样，战略需要是最初的推动力；四国同盟是为应对拿破仑法国的威胁而建立的。但是由于制度化克制的重要性、相容的社会秩序，以及文化的共同性，“欧洲协调”的案例有着更加复杂的发现。

尽管其成员国在政体类型上有着较大差异，“欧洲协调”有效运行超过 30 年。英国是君主立宪制，下议院的政治权力以及具有选举权的公民都有限，但国王权力并非不受制约。[2] 至于法国，拿破仑的继承者路易十八授权了一份保证两院制的成文宪法，但公民权仅限于持有可观财产的男性。俄国、普鲁士和奥地利是绝对君主制，并且决意要继续下去。政体差异是对“欧洲协调”外交的最大挑战，时常在应对 19 世纪前叶频繁发生在欧洲的反对君主制的武装反抗时，将英国，有时是法国置于其反自由主义伙伴的对立面。

“欧洲协调”的五个成员在社会秩序上也有相对差异。英国和法国是农业主导社会，权力主要由土地贵族把持。但英国贸易和工业的发展，以及源自法国大革命的大众动员，加强了其他社会部门，特别是商业阶层的兴起。的确，潜在的社会变革在所有国家都有助于政治制度自由化。然而，俄国、普鲁士和奥地利组成神圣同盟来保卫其传统的社会秩序，以对抗这些发生在英国和法国的变化。对它们来说，“欧洲协调”不仅仅是维持大国间的和平；它还要阻止类似在英国和法国的社会变革，并镇压对君主制以及贵族特权的威胁。

最后，“欧洲协调”成员的文化同质度并不高。宗教裂痕长时间

---

① 如约翰·伊肯伯里指出的，即便在“欧洲协调”达到顶峰的时候，大国间潜在的怀疑仍存在，“欧洲协调”没能产生更多正式的安全保证，既是对这种情况的反映又是其原因。Ikenberry, *After Victory*, pp.106-109.

② 下议院的席位经常通过任命或购买取得而非公开选举，在改革行动之前的整个 19 世纪都如此。此外，内阁对国王负责而不是议会。

在全欧范围内导致血腥冲突，且根本没有消失。欧洲确实不再被基督教教义形式之争这样的宗教冲突所破坏，但教会和国家还并没有正式被分离。同时，法国大革命帮助唤起了一股新的政治力量——民族主义——使得文化和语言的界限更为明显，并成为意识形态之争的新的强力来源。同样，诸如约翰·戈特利布·费希特（Johann Gottlieb Fichte）和约翰·哥特弗雷德·赫尔德（Johann Gottfried Herder）这样的德意志民族主义奠基者们的作品变得越发有影响力。而且，即便卡斯尔雷将神圣同盟贬作“极度的妄想和愚蠢行为”而不予理会，它使得大国形成了正式的两个阵营，冒着政治和社会分歧加剧对立认同的风险。①

那么如何理解“欧洲协调”是怎样发端的呢？缺乏了通常促进持久和平出现的三个条件，这一案例是否是个例外？对此时期更为细致入微的阐释表明“欧洲协调”并不像它一开始看起来偏差那么大。

尽管“欧洲协调”成员没有一个是自由民主体制，其首要的设计师和资助者英国是立宪君主制。英国领导人明白，政治的自我克制和权力得到制度化制衡有着极为重要的作用。英国意图在欧洲大国间复制已经成功平息英国国内政治的自由主义秩序。尤其是因为英国作为欧洲最强大的国家指挥和资助了反法战争，它在塑造战后秩序方面的领导地位是决定性的。尽管俄国、普鲁士和奥地利坚持在其领土范围内有不受制约的权力，它们明白欧洲秩序基于制度化的协商与克制，后者对和平来说提供了最有力的保证。只要它们在国内的权力不受到挑战，甚至独裁国家在外交政策行为中也愿意接受自由主义规范。法国被纳入“欧洲协调”也同样是基于对规范的遵守。从这个视角来看，使得“欧洲协调”成为可能的最重要因素，是英国对制度化克制的承诺，以及成功说服其他大国在构建战后秩序的过程中坚持自我约束和共同约束的实践。

同样属实的是，“欧洲协调”成员在缺乏自由主义机制的情况下享有较高层次的透明度。这种透明度是由经常性的会议和磋商提供的。卡斯尔雷在1818年召开的一次欧洲会议观察到，“这些会议……在欧洲政府中是个新事务，立马遏制了稠密外交活动造成的不清晰，

① Cronin, *Community Under Anarchy*, p.65.

使整个系统能够处在正确的方向"①。更进一步,尽管安全保证并没有如皮特一开始所建议的那样通过条约法典化,但欧洲各国部长间个人关系纽带和团结感则创建了一种彼此间信任,所有参与者面对"欧洲协调"规范会遵守其承诺。即便缺乏法律程序的批准和实施,参与者仍相互视为做出了可以信赖以及受到约束的承诺。

"欧洲协调"的设计师们非常现实地意识到,非正式与灵活性对"欧洲协调"的运作来说至关重要。英国领导人理解制度化克制的价值——如皮特的原始备忘录清楚表明的——但他们还明白大会在法典化国际承诺时的不便之处。俄国、普鲁士和奥地利的领导人甚至更加反对采用正式的国际承诺。从这个角度看,法典化以及"欧洲协调"的进一步制度化可能弊大于利,可能使其预期成员参与安全共同体时感到压力。如果"欧洲协调"成员没有做好采取伴随法律保证的正式限制的准备,那么就要采用更多的非正式的和创新手段。一份1818 年的英国备忘录充分体现了这种务实的精神:

> 毫无疑问任何一个国家对于[欧洲领土体系]盟约的违反都是对所有其他国家的伤害,如果其他国家认为合适的话,它们可以集体或者单独地表达愤怒,但条约不会通过明确的规定要求这样做,将此作为一种肯定的责任……对这项义务的执行应该谨慎地考虑特定时间、事件的情况,受伤害的国家考虑适合的方式,承担起捍卫自己被侵犯的权利的责任,使得侵犯国回到理性的轨道上来。②

至于"欧洲协调"成员社会秩序差异的影响,"欧洲协调"似乎受益于成员国间社会一体化极为有限这一事实。"欧洲协调"是一种精英现象,在更广泛的社会范围内根基不深。战略合作的议事议程并未伴随着经济一体化与加深相互依赖的计划。"欧洲协调"中,参与政府间互动的精英将其同其他方面的社会紧张状态隔绝开来。神圣同盟的君主们很难宽容"欧洲协调",如果它意味着跨越国界的社会联系不断增多,将冒着已经在 18 世纪晚期横扫法国并在"欧洲协调"

① Ikenberry, *After Victory*, p.105.

② Albrecht-Carrie, *The Concert of Europe*, p.37.

时期零星发生的政治革命运动输出的风险。[①] 此外，英法已经成为立宪君主制政体，但他们仍然是贵族社会，公民权仍限于拥有土地的士绅阶层和富人。英法不断发展的自由化在很大程度上致力于笼络新兴的商业贵族并将他们带入旧有秩序，而不是要废除传统贵族精英的权力。“欧洲协调”是这样一个具有排他性的贵族俱乐部，而非是具有社会多样性的机构。

关于文化相容性的问题，“欧洲协调”的设计师看起来谨慎地绕过潜在的障碍，尽量减小分歧，并谨慎地发展出一些政治话语来强调共同性。由击败拿破仑的反法联盟形成的团结意识确实在这个方面有所帮助。英国国教、路德教派、天主教和东正教现在都是“基督教兄弟会”的一部分了。尽管在政体类型和文化上有区别，“欧洲协调”的领导人仍经常强调他们对欧洲价值观的共同承诺。语言与民族的结合变为了一种时尚，但在俄国和德国的精英与知识分子常常喜欢将法语作为其母语。至少对政治阶层来说，欧洲正呈现出“家庭”的特征。战时同盟和和平时期的“欧洲协调”因此帮助灌输了共同意识，从而超越之前的文化裂痕。政治与社会建构正在进行中。“欧洲协调”的实践不仅塑造了为维持和平服务的制度，而且还鼓励加强文化共性的政治话语。

因此，“欧洲协调”的案例对国家如何以及在何时能够在对外关系行为中实施战略克制提供了重要的见解，尽管它们在国内并不实施制度化的克制。这说明，和平区的形成可以在成员国甚至没有相似政体的情况下实现。“欧洲协调”的历史还指出其他几个让持久和平成为可能的重要因素：个人网络的力量弥补了社会一体化的肤浅；集体机构保持灵活性和非正式性来确保每个成员在国内事务上保留自主性；共同体话语和文化共同性帮助传播了共同的欧洲认同。

欧洲共同体的演变(1949—1963)

学者和政策制定者都将欧洲共同体(EC)看作是安全共同体的典

---

① 接下来一节讨论“欧洲协调”的终结，关注到1848年革命后跨国界的社会联系和政治危机引人注目地蔓延。

型。经过数个世纪的血腥杀戮后，西欧国家最终在 20 世纪 40 年代后期通过稳步的政治经济一体化，脱离了地缘政治竞争。根据这一主题大量文献的记载，持久和平的发端主要由经济相互依赖产生，先是煤钢共同体，然后是一个共同市场，进而是逐渐将欧洲民族国家联结在一起的共同货币。功能主义者、制度主义者和自由主义者的解释主导了有关欧洲共同体的文献。他们可能对经济一体化的准确原因和意义的意见并不一致，但他们都同意经济相互依赖在为欧洲带来和平方面扮演了至关重要的角色。[①] 正如安德鲁·穆拉维斯基（Andrew Moravcsik）所写的，欧洲一体化"很大程度上是出于经济原因"[②]。

如果准确的话，这种西欧持久和平发端的传统解释将会反驳此书的一个核心观点——社会和经济一体化追随政治和解与战略对抗的消除，而非为后者开道。然而，这个案例研究对欧洲一体化的解释，挑战了有关欧洲战后安全共同体演化经济根源的共识。的确，经济一体化在欧共体建立和发展成欧盟（EU）的过程中扮演了至关重要的角色。尽管如此，制度化经济合作外表下是政治和解的过程，为持久和平提供了基础，同时为经济一体化扫清了道路。经济相互依赖和社会一体化飞速发展并且产生了地缘政治效果，但只是出现在单方面的包容、相互克制与和解发端创造有利于追求共同收益的政治环境之后。

特别是在二战后初期，敌对和怀疑仍然泛滥，自我约束和共同约束的实践迅即促成了法德和解，并且使参与进欧洲一体化进程的小国不必担心法国和德国的政治主导地位。之后向经济一体化迈出了决定性的一步——既作为推进和解的产物，同时作为对在政治和防务领域建立超国家机构陷入僵局的回应。尽管私营部门一开始反对经济一体化，一旦其商业利益变得显而易见，社会团体就开始支持共

---

① 对欧洲一体化的功能主义、制度主义和自由主义研究突出的例子分别是：Ernst Haas, *The Uniting of Europe: Political, Social and Economic Forces*, 1950-1957(Stanford, CA: Stanford University Press, 1958); Paul Pierson, "The Path to European Integration: A Historical Institutionalist Analysis," Center for German and EuropeanStudies, University of California at Berkeley, November 1996；以及 Andrew Moravcsik, *The Choice for Europe: Social Purpose and State Power from Messina to Maastricht*(Ithaca, NY: Cornell University Press, 1998)。

② Moravcsik, *The Choice for Europe*, p.5.

同市场的形成，以促使将初生的安全共同体转变为更加可持续的持久和平区。

欧洲煤钢共同体：和平是如何发生的

二战刚结束的时候，纳粹侵略的受害者力图强加给德国惩罚性的和平。德国被四个国家分区占领。1948 年 3 月，法国、英国以及比荷卢经济联盟国家签署了《布鲁塞尔条约》（Treaty of Brussels），承诺签署国彼此协助以抵抗德国的再度侵略。法国的“莫内计划”（Monnet Plan）要求德国保持永久分裂和非军事化，将其丰富的自然资源置于国际控制下。[①] 鲁尔区的煤和工业潜力能被用来使法国成为欧洲主要的钢铁生产国，立刻刺激法国的经济复苏并且阻止德国重建其制造业与军事基础。[②] 根据阿兰·米尔沃德（Alan Milward）所言，“法国在欧洲重建中的目标，集中在分割与永久性地削弱德国，并且获取得到德国煤炭和焦炭资源的可靠通道。”[③]

到 1949 年，战略需要要求改变路线方针。整个欧洲的经济复苏缓慢而蹒跚，引起了对政治不稳定的关注。时任美国助理国务卿的威廉·克莱顿（Willian Clayton）在 1947 年访问欧洲后写道：“欧洲在不断恶化中。政治状况反映了经济形势。一个接一个的政治危机只不过是严重经济困境的表现。”[④]由于战后美苏合作让位于冷战，美欧官员担心苏联会利用这些经济与政治不确定性在西欧支持共产主义运动。所以莫斯科非常有可能会利用德国的分散与经济秩序混乱来将其纳入自身势力范围，正如他们正在柏林和东德占领区所做的那样。

美国的马歇尔计划是对这些挑战的直接回应。美国援助是为了提升战后欧洲所需的经济复苏能力以及政治自信。德意志联邦共和国在 1949 年建立，它被纳入马歇尔计划之中。这非常明确地表明，华

---

① 让·莫内，法国外交家，欧洲一体化之父，并在其后成为欧洲煤钢共同体（ECSC）最高当局首任主席。

② 参见 Alan S.Milward, *The Reconstruction of Western Europe, 1945-1951*（Berkeley: University of California Press, 1948）, pp.128-129。

③ Milward, *The Reconstruction of Western Europe*, 1945-1951, p.467.

④ Ibid., p.2.

盛顿视德国经济复苏为优先事项。1950 年爆发的朝鲜战争使得美国被迫额外帮助欧洲重整军备，也使得德国不仅可能重新恢复其工业基础，同时还有其军事能力。

欧洲不断恶化的情况不仅促使美国行动，也有效地促使法国开始行动。米尔沃德对此评论道："法国政界以及公众对德国问题的意见发生了自然的演变，它必须在 1947 年 6 月后严峻的国际政治和经济现实面前让步。"① 法国别无选择，只能找到莫内计划的替代方案——1949 年期间它确实被更换了。不再是利用德国战败来剥夺其自然资源并且阻碍其恢复主权，"舒曼计划"(Schuman Plan)被设计来允许德国复苏——美国的优先目标——不用冒着德国再次侵略的风险——也是法国势在必行的。如米尔沃德所讲，"舒曼计划是用来拯救莫内计划的"②。

1950 年 5 月公布的舒曼计划倡导自我约束和共同约束。③ 单方面的包容是为了开启法国和德国和解的大门，反过来使得德国复苏与重整军备成为可能。法国追求自我约束的方式是撤回其先前的惩罚性和平计划，接受德国同时重建工业经济以及以单一（虽然是分裂的）国家重新出现。巴黎方面通过与德国的煤炭、钢铁工业合并来追求共同约束，成立了欧洲煤钢共同体(ECSC)，并将至关重要的工业部门交给超国家机构负责。④ 就如让·莫内所描述的，"如果……胜利者和战败者同意对他们的部分资源联合行使主权……那么牢固的联系就会在他们之间形成。"⑤

舒曼计划清楚地释放了法国的善意信号，对德国起到了显著的影响；法国不仅准备包容德国的关切，还将军事工业同其以前的对手一体化。阿登纳总理非常乐意做出回馈，他在诸多领域做出让步。最重要的是，他同意推迟军事占领的结束，继续解散长期控制鲁尔区煤炭和钢铁工业的强大卡特尔组织。就实施舒曼计划的成功谈判为

---

① Milward, *The Reconstruction of Western Europe, 1945-1951*, p.142.

② Ibid., p.475.

③ 罗伯特·舒曼于 1948—1952 年担任法国外交部部长。

④ 比利时、荷兰、卢森堡和意大利也同为欧洲煤钢共同体的创始国。

⑤ Desmond Dinan, *Ever Closer Union: An Introduction to European Integration* (Boulder, CO: Lynne Rienner, 2005), p.24.

常规化的相互克制扫清了道路；欧洲煤钢共同体开启了欧洲向持久和平前进的序幕。

尽管欧洲煤钢共同体的范围限于商业和工业领域，但它的建立主要由地缘政治驱动，并非经济因素的考虑。事实上，法国和德国的私营部门都反对这项动议。法国的钢铁工业反对同政府合作甚至拒绝提供给它的生产指标。在德国，拆解国内的卡特尔组织成为阿登纳在内政方面的最大挑战。① 如米尔沃德所言，"主要的政治行动者首先做出有决定性的政治步骤，构建出既得利益者进行新功能主义的互动、将一体化程度进一步推进的领域。事实上他们确实是这样做的。许多这些既得利益者坚定反对构建这样的领域"②。

关键参与者自身非常清楚他们所要达成的地缘政治交易目标。舒曼讲道："这个提议会成为欧洲联邦的第一块基石，对维持和平而言是如此重要。"③"它带来的团结显而易见地使法德间战争变得不仅仅不可想象，实际上也是不可能的。"④阿登纳强调欧洲一体化"保护了德国自身"，并且在其回忆录中断言："舒曼提议的意义，首先以及最重要的是关于政治而非经济。这个计划成为欧洲联邦结构的开始。"⑤德斯蒙德·迪南（Desmond Dinan）写道："煤钢共同体的经济聚焦是有限的，但在政治目标上则雄心勃勃：主要在法国与德国间达成和平解决方案。"⑥约翰·吉林汉姆（John Gillingham）同意欧洲煤钢共同体作为"外交上的重大突破，若没有它恐怕后来的欧洲一体化……就不会发生"⑦。

如果这种最初共同约束的举措导致了由欧洲煤钢共同体建立者

---

① 有关法国工业部分，参见 John Gillingham, *Coal, Steel, and the Rebirth of Europe, 1945-1955: The Germans and French from Ruhr Conflict to Economic Community* (Cambridge: Cambridge University Press, 1991), p.237。关于德国卡特尔部分，参见 pp.229-231, 257-258, 301。

② Milward, *The Reconstruction of Western Europe*, 1945-1951, p.496.

③ 参见 Gregory F.Treverton, *American, Germany, and the Future of Europe* (Princeton, NJ: Princeton University Press, 1992), p.104。

④ Schuman, "Declaration of 10 May 1950." Available at: http://europa.eu.int/comm/dg10/publications/brochures/docu/50ans/decl_en.html#DECLARATION.

⑤ 参见 Moravcsik, *The Choice for Europe*, p.94, and in Wim F.V.Vanthoor, *A Chronological History of the European Union*, 1946-2001 (Northhampton, MA: Edward Elgar, 2002), p.8。

⑥ Dinan, *Ever Closer Union*, p.2.

⑦ Gillinghan, *Coal, Steel, and the Rebirth of Europe*, p.3.

设想的“联邦”，那么他们应该马上忙于建设以法德两国联合为基础的规则秩序。在这一方面，欧洲人享受着制度上失败与实质上成功的矛盾混合。欧洲一体化之父们以“欧洲协调”作为原型，但他们对其非正式的规则和缺乏治理机构感到不满，这两点被他们认为是导致其最终灭亡的重要因素。因此他们设想一种更加正式的秩序，一种有法律约束力保证的更有权威的治理机制。相应地，他们建立了常设机构来指导欧洲煤钢共同体，并在之后寻求将防务合作法典化和制度化，并通过建立欧洲防务共同体（EDC）和欧洲政治共同体（EPC）来协调对外政策。

欧洲防务共同体和欧洲政治共同体最终都是胎死腹中，很大一部分原因是法国不愿削弱其主权并将政治权力转交给超国家行为体。美国在欧洲的战略存在还扮演了削弱欧洲防务共同体热情的重要角色。尽管华盛顿通过加速德国重新武装的进程支持欧洲防务共同体的建立，对北约（1949年成立）的依赖和美国安全保护伞提供了一种胜过欧洲防务统一的选项。① 事实上，整个20世纪40年代到50年代早期，美国的经济援助和安全保证以及大西洋联盟一体化的、稳定的架构都在实现法德两国和解和欧共体演进方面扮演了关键角色。

尽管欧洲防务共同体和政治共同体都失败了，德国和它以前的敌人们仍成功度过了20世纪50年代，不仅消除了地缘政治竞争，还为成熟的安全共同体打下了基础。尽管有关舒曼计划的谈判回避了对德国的军事占领问题——对德国政府来说是关键问题——但所有参与国都逐渐意识到，1951年这个计划实施时必须做出安排、结束占领法规。② 即便成立欧洲防务共同体和欧洲政治共同体的举措没有取得成果，相关的谈判的确导致一系列合约协议，要求在1952年中期结束所有的实际占领。德国将成为北约和西欧联盟（1954年建立，使《布鲁塞尔条约》制度化）的一员。占领的结束和重新武装的开始在共同约束的制度框架内开展。作为重新获得其领土主权的交换，德国重申其地缘政治分量只限于受限的多边机构之中的承诺。用阿登纳的话说，“问题不在于德国是否应当被包含进一般的防务计划中，

① Gillinghan, *Coal, Steel, and the Rebirth of Europe*, pp.349-352.

② *Vanthoor*, *A Chronological History*, pp.8-9.

问题在于如何在这样做的同时不打断其他我们正在做的事情，以及不必把德国放在扮演欧洲势力均衡角色的位置上……我们考虑的是建立欧洲部队或者北大西洋部队的可能性"①。

1954 年的《巴黎协定》正式结束了对德国的军事占领。德国联邦国防军在随后成立，波恩方面同意为集体防务贡献 12 个师的兵力。法国和德国甚至制订了联合发展核武器的计划，戴高乐在担任总统后取消了这项动议。② 法德两国和解还通过法国于 1955 年允许萨尔州进行公民投票回归德国得以巩固。就如当时的一位外交官所写的，法国将萨尔让给德国是"非常、非常重要……用于创造信任的手段"③。这一和解建构过程的顶点是 1963 年的《爱丽舍条约》(Elysee Treaty)，一项将法德两国联合以及在两国政府政策制度化协调正式确定下来的政治条约。这项条约象征着法国和德国已经达到赋予对方良善特征的程度，使得它们之间的战争变得不可思议，持久和平具有了一种理所当然的性质。条约宣布"德国人民和法国人民的和解结束了长达一个世纪的敌对，创造了一个深刻改变两个民族关系的历史性事件"。它还写道："两国间合作构成了欧洲联合道路上不可或缺的一环。"④

社会一体化和欧洲认同的形成

欧洲的经济一体化追随而不是先于相互克制和共同约束制度演进所带来的政治和解。地缘政治竞赛的解决为加深相互依赖扫清了道路，使欧洲国家看到它们的经济利益是联结在一起的。甚至作为经济利益驱动欧洲一体化观点坚定支持者的穆拉维斯基也接受这样的看法，"在所有国家，潜在的反对者并非通过改变欧洲地缘政治理念变得平和，而是通过意识到地缘政治问题不再是关键问题"⑤。因此，持久和平的发端为经济一体化设定了舞台，而非相反。

---

① Gillinghan, *Coal*, *Steel*, *and the Rebirth of Europe*, pp.253.

② Moravcsik, *The Choice for Europe*, p.149.

③ Ibid., p.144.

④ 条约内容见以下网址：http://www.info-france-usa.org/news/statmnts/1997/germany/coop.asp。

⑤ Moravcsik, *The Choice for Europe*, p.136.

而且,欧洲领导人将焦点从地缘政治事务转变为经济一体化的决定,从某些方面来说是一种必须,而非可以选择的。超国家治理的拥护者在试图于20世纪50年代中期建立欧洲防务共同体和欧洲政治共同体过程中受到挫折。此后,他们又转回到经济领域,因为他们假设经济领域为推进他们的联邦制理想提供了最有前途的领域。[①] 莫内同比利时外交大臣保罗·亨利·斯巴克(Paul-Henri Spaak)合作,设计接下来的步骤。他们的计划是拓展煤炭和钢铁之外的经济一体化和超国家治理,扩展至其他部门并且最终形成由欧洲机构引导的单一市场。

计划和谈判开始于1954年8月欧洲防务共同体被法国国民议会否决之后,行动非常迅速。这些努力于1957年《罗马条约》(Treaty of Rome)的签署而达到顶点。协定成为欧洲经济共同体(EC)的奠基性文件,为实现共同市场接下来12年分三步实施计划,并且为欧洲煤钢共同体的最高当局和大会发展为欧洲经济共同体的委员会和议会扫清了道路。国家和政府首脑的定期会晤始于1961年,很快演变成欧洲理事会——欧洲经济共同体的主要决策制定机构。

就欧洲煤钢共同体而言,法德两国间的相互克制是协议的核心。法国为其庞大的农业部门获得了价格支持,而德国工业则从逐渐取消的国家间关税中受益。再次追踪欧洲煤钢共同体的历程,经济一体化由政治领导人驱动,而非由私营部门——这些部门基本上反对贸易自由化。部门利益逐渐成为经济一体化的强大支持者,这发生在它们开始从经济一体化中获益之后——而它们确实是这样做的。在1958年到1960年间,欧洲经济共同体六个创始国间贸易增长了50%。[②] 尽管政治和地缘政治关切有助于推进经济一体化,之后这个进程成功笼络了不同的社会部门,为其欧洲计划提供了有力支持。出口商和农民不是仅有的受益者。左翼政党以及他们代表的工人也开始接受经济联盟的发展,"因为他们在超国家规则以及机构中看到建立一个受管理的大型工业经济的途径,这种经济允许工人对产业

---

① Moravcsik, *The Choice for Europe*, p.139; Vanthoor, *A Chronological History*, p.11; *and* Dinan, *Ever Closer Union*, pp.10-11.

② Dinan, *Ever Closer Union*, p.47.

有着永久性的影响力。"①

地缘政治意图从一开始就推动着欧洲一体化工程。但(特别是)在欧洲防务共同体和欧洲政治共同体失败后,它的设计师们就以支持经济一体化作为他们巩固持久和平努力的主要抓手。通过提升共同市场给许多公司和部门带来的收益,这个步骤为该事业带来了自我强化的动力。不断增长的繁荣还为欧洲经济共同体带来了强大吸引力,市场准入权逐渐诱使大部分欧洲民主国家要求成为其成员。此外,如果法国要破灭联邦主义者在安全领域的希望,那么他们几乎没有选择,只能转向贸易和财政领域来加强超国家治理。戴高乐清楚表明了他在这些问题上的偏好,将统一的欧洲称为"迷思",同时阐明法国的选择是"欧洲国家"②。

特别是对于许多怀有联邦理想的精英来说,不断增长的经济一体化和社会联系通过培育欧洲认同来扩大超国家治理的范围,这种欧洲认同会取代国家认同和忠诚。用舒曼的话讲,"利益的融合在建立共同经济系统过程中不可或缺",将会"让长时间彼此血腥纷争的国家酝酿发展成更加广泛和深入的共同体"③。一旦法德两国实现和解、经济一体化向前推进,欧洲经济共同体将目光放在新的目标上,提出促使国家表述和认同改变的大量倡议。1977年,在《罗马条约》签署20周年的仪式上,意大利总理G.莱昂内(G.Leone)雄辩地表达了这一长期目标:"我们目前必须准备采取新的步骤,一旦内部团结得以实现,以致力于为'欧洲人'的出现创造条件,人们会发现在这个新社会中找到自己的精神、文化和社会平衡点。我们希望,如果这能够被达成,正如人们曾经荣耀地说道'**我是罗马公民**'一样,那么他们也将能够说'我是欧洲人'。"④

社会一体化工程所选择的工具多种多样。1987年,欧洲经济共同体启动了伊拉斯谟(Erasmus)计划,旨在提升大学生和教职工的流动与交换程度。一个主要的目标是"在欧洲背景下教育未来一代公

① Haas, *The Uniting of Europe*, p.292.

② Vanthoor, *A Chronological History*, p.24.

③ Schuman, "Declaration of 10 May 1950."

④ Vanthoor, *A Chronological History*, p.82;强调为原文所加。

民”[1]。1985年欧洲采用了共同旗帜,1986年有了共同护照,1998年有了单一货币,在此期间,1993年欧共体发展成为欧盟(EU)。此外,1995年生效的《申根条约》(Schengen Convention)使得公民能够在成员国之间自由迁移而不用受到边界管制。民意调查结果显示,一体化事实上成功地培育了泛欧认同,作为单个国家认同的补充。[2]

这种逐渐增强的对欧洲政治实体的归属感,一定程度上达到了其目标;欧洲的集体治理机构逐渐提高了它们的权威和合法性。与此同时,20世纪50年代,各成员国继续捍卫着它们主权中的重要方面,特别是在防务领域。甚至在超过60年的一体化之后,欧盟成员仍不情愿接受在外交和安全政策领域对超国家治理形式的扩展。欧洲已经成为一个和平区,但仍缺少合并成为统一联邦国家的能力,特别是在地缘政治事务上。

小国与权力制衡机制

到目前为止,对欧洲一体化的解释很大程度上集中在法德联合上。这样一种分析的偏见在于,把法国联合作为持久和平发端的核心要素。就如米尔沃德观察到的那样,“法国与德意志联邦共和国之间的经济与政治纽带共同导致了第二次和平解决,而正是由于缺少这些纽带造成了第一次和平解决的失败。如果没有这些纽带,约束其他国家进入这一解决方案的各种附加条件就不能达成,也很难坚持下来。”[3]因此,战后欧洲的安全共同体在以法德两国和解为核心的基础上被塑造出来。

然而,这种对法国和德国的强调却忽略了至关重要的因素,也就是欧洲煤钢共同体/欧共体其他四个创始国在早年扮演的角色以及欧共体采取的缓和在较大和较小成员国间力量不对称的机制。将法德和解转变为更广泛的政治共同体这一目标,影响到了欧洲一体化计划的许多方面。处理好力量的不对称,构成了巩固作为和平区的

---

① 参见网址:http://ec.europa.eu/education/programmes/llp/erasmus/what_en.html。

② 根据2005年以来的欧洲民意调查,欧盟公民中60%觉得自己非常或相当归属于欧洲。超过50%的欧盟公民认为自己既是本国公民又是欧洲人。见网址:http://ec.europa.eu/publications/booklets/eu_documentation/05/txt_en_2.pdf。

③ Milward, *The Reconstruction of Western Europe*, p.491.

欧共体的最重要方面——为欧洲小国营造安全的一体化，制衡和分散权力机制所发挥的作用。

如果将欧洲大陆两个压倒性国家的和解，转变为对所有欧洲民主国家敞开的安全共同体，则必须使小国安心，保证它们不会被法德联合的力量和影响所主导。战略克制自然伴随着共同约束的安排，提供了部分的安抚；如果法国和德国发动战争的能力永久被联结在一起，那么每个国家都会制衡彼此，不能使用自身能力用以压制和掠夺他国。这样的前景给予小国足够的诱因来欢迎欧洲煤钢共同体。但政治影响力的问题仍十分重要。小国在融入进由两个主要大国设计和管理的安全共同体后会失去其自主性和发言权吗？正是为了处理这些关切，欧共体采取了大量配套策略以管理力量的不对称。

莫内曾想仿照华盛顿特区建立联邦地区，以确保欧洲集体总部独立于任何国家之外——特别是它的较大成员。尽管他的愿望从未实现，欧洲煤钢共同体的最高当局位于卢森堡公国，这是欧洲最小的国家之一。由于欧洲煤钢共同体演变为欧共体，它的主要机构位于布鲁塞尔和斯特拉斯堡，再次避开了主要大国的首都。这样做的象征意义非常重要，斯特拉斯堡正好位于法国与德国的地理交界线上。

在整个20世纪50年代有关决策制定程序曲折复杂的谈判中，法国和德国通常会考虑包容小国的意见及关切。就如"欧洲协调"期间，两个压倒性的大国会慎重地抬高弱国的地位与发言权。此外，它们以法典化和制度化的方式来实施，以有法律约束的承诺来实现分散权力的策略。谈判促成了《罗马条约》的诞生。尽管这些谈判为实现形成共同市场而制定了特定的计划，但相比于制定政策，更多的是制定规则。如穆拉维斯基所讲，条约"是一份'纲领性'文件，描述精心制定规则的制度程序而非具体的规则本身"①。从这个意义上来讲，欧共体代表了初生的宪政秩序，所建立的安全共同体不仅指导规范，还有关于制定规则的规则——向小国保证，决策将是确定的投票程序的产物而非压倒性成员的意愿。

此外，规则本身增强了欧共体中小国的影响力。随着共同市场机构的成形，欧共体委员会在商业领域被授予相当重要的权威。它

① 参见 Moravcsik, *The Choice for Europe*, p.152。

的议程设定权力只有在成员国全体一致反对时才能被否决。这样的授权,赋予了超国家实体抵消巴黎和波恩施加无限制影响的能力。意大利与比荷卢经济联盟提议决策应采取简单多数,给予它们与法国和德国相当的决策权力。波恩方面拒绝了这项提议,它们愿意接受有效多数表决制(QMV)——也就是根据一国的人口规模来衡量国家投票的权力大小。它们还同意政策方案至少需有四国赞成才被批准,这进一步增强了欧共体小国成员的影响力。举例来说,如果小国反对某项可能危害它们影响力的提议,通常它们能顺利阻止这项提议——例如它们针对20世纪60年代早期法国提出有关防务一体化的"福熙计划"(Fouchet Plan)所采取的行动。[①] 特别是在戴高乐时期,法国有时寻求打破这些限制,举例来说,强调在具体事务中用全体一致代替有效多数表决制度。然而,即使进行了这些挑战,法国坚定支持在20世纪50年代逐步形成的基本决策规范,维持基于规范的秩序的完整性。

法国和德国还同意向小国进行转移支付(side payment)以诱使它们自愿参与到一体化进程中。关于欧洲煤钢共同体的谈判在继续,巴黎和波恩同意向比利时和意大利让步来确保它们的钢铁工业保持竞争力。[②] 随后,欧共体创造出一笔称为"结构基金"的预算——直接拨付给成员国用以刺激经济增长并缩小它们之间的贫富差距。这种财富的重新分配是另一种激励欧洲小国加入受法德联合的压倒性力量所支配的政治构造的诱因。

以法德联合为核心的欧共体,因此是宪政化的《缔约条约》(*pacta de controhendo*)——一项使欧洲免于力量不对称的地缘政治后果的克制性条约。但欧洲人的计划不仅仅是基于相互间的克制;它发展成了一个安全共同体,一种以规则为基础的秩序之上的政治构造。在经济一体化和相互依赖不断加深的推动下,欧洲民族国家建立了超国家治理机构来监管贸易与财政事务。主权的联合逐渐扩展到对外政策和防务上——欧洲政治共同体和欧洲防务共同体就是尝试的开

---

① 参见 Moravcsik, *The Choice for Europe*, pp.152-157;以及 Dian, *Ever Closer Union*, pp.45-46。

② Gillingham, *Coal, Steel, and the Rebirth of Europe*, pp.248-250.

始——但它们没能完成目标。至少时至今日,欧盟成员国仍相互猜忌地维持着这一主权阵地。尽管如此,持久和平的加深和向东扩展是法德最初的交易及其后逐步形成的安全共同体经得起时间考验的确证。

和平为什么会发生

推动相互克制行动、使欧洲走向持久和平道路的,是战略需要而非利他主义。法国一开始想要剥夺德国的资源,使其永久性地成为一个被击败的对手——没有中央政府或者军队或工业基础。冷战开始后,严峻的经济形势以及朝鲜战争爆发,使得德国经济复苏和重新武装势在必行,实际上迫使法国追求和解而非剥削德国。美国的安全保障提供了一个至关重要的背景,使法国及其战时同盟能够承受德国重新武装的风险。

战略需要诱使法国考虑同德国的和解,但其他条件使得法德和解以及安全共同体成为可能。持久和平的三个主要条件——制度化克制、相容的社会秩序和文化的共同性——都存在,并为战后欧洲铺平了通往政治和经济一体化的道路。

没有证据显示,法国和德国认为彼此是民主国家因而寻求和解;德国的民主化转型不足以让法国政府信服、放松警惕,从而放心再次处于易受德国攻击的情况下。在一定程度上,民主治理和宪政统治鼓励双方尝试性地迈出了走向和解的步伐。宪政克制的规范和法治促进了自我约束和共同约束的实践,提升了法国、德国和它们周边小国的信心,即所有参与国都会信守它们的承诺。即便国内利益集团抗拒某一措施——例如,共同管控的钢铁生产带来的损失——它们"被迫以国家立法的形式来接受欧洲煤钢共同体的规则"①。在超国家层面建立权威机构也是为了执行协定以及"加强国家间承诺的可信性"②。

民主制度的透明性也在加速和解及经济一体化方面扮演着重要角色。持续的谈判和磋商伴随着在媒体和国家立法机关的公开辩

① Haas, *The Uniting of Europe*, p.294.

② Moravcsik, *The Choice for Europe*, p.18.

论,使得创始国有信心地来评估它们伙伴的意图和动机。特别是在战后初期,当时相互怀疑的情绪持续高涨,军事占领通过让同盟国直接同德国精英阶层接触,进一步提高了透明度。此后,北约在联邦德国的驻军以及联合军事力量在西柏林的驻军帮助维持了信息的可获得和相互交流。①

西欧主要国家的社会秩序到20世纪40年代明显能够相互兼容。据厄恩斯特·哈斯(Ernest Haas)所言,"毫无疑问,在能够被欧洲煤钢共同体国家精英所接纳的社会价值上广泛的相似性,很大程度上揭示了条约为何能被接受和实施。"②第一次世界大战在很多方面是传统秩序的最后喘息,破坏了德国贵族在政治和经济方面残余的控制。显而易见的是,法国和美国确保了第二次世界大战后这种社会转型的完成,优先消除19世纪后半叶形成的"铁与麦"的联盟。针对经济复苏和建立欧洲煤钢共同体的谈判,华盛顿和巴黎坚持德国拆解控制鲁尔区工业的卡特尔组织。如吉林汉姆写到的,"鲁尔区的非卡特尔化……是舒曼计划不可缺少的前提条件"③。加强市场竞争是意图的一部分,但这项政策是社会工程的工具之一,去除阻碍一体化的国内障碍,开始建设安全共同体。此后,不断加深的相互依赖充实并加强了欧洲煤钢共同体成员国中广泛的跨国利益群体,获得了它们对欧洲一体化计划的支持。

就如"欧洲协调"时期一样,建设欧洲煤钢共同体和欧共体的精英们利用多方面的宗教和文化相似性,强调欧洲的文化同质性而不是分界线。欧洲煤钢共同体和欧共体成员主要是基督徒和白种人——即使是被国家、语言和基督教分支分开。正如安东尼·史密斯(Anthony Smith)所描绘的这幅斑驳的画面,"我们有着共同传统、

---

① 自20世纪80年代起,德国民主的繁荣伴随着对过往历史更加开放的表述。德国心甘情愿指出纳粹政权的罪行并为二战和大屠杀负责,这有助于深化德国同其侵略受害者之间的和解。有意思的是,尽管德国直到数十年之后才系统地解决历史问题,安全共同体与和解的进步从1949年便开始快速开始。参见 Ann Phillips,"The Politics of Reconciliation Revisited: Germany and East-Central Europe," *World Affairs* 163, no.4(Spring 2001);以及 Ian Buruma, *The Wages of Guilt: Memories of War in Germany and Japan* (New York: Meridian, 1994)。

② Haas, *The Uniting of Eourope*, p.286.

③ Gillingham, *Coal, Steel, and the Rebirth of Europe*, p.301.

法律和政治，以及遗产、宗教和文化。不是所有的欧洲人都分享这全部的一切；某些国家仅在最低限度上分享特定的传统和遗产。但时不时地，所有的欧洲社群都至少参与其中的一些传统和遗产"①。欧洲因此享有一种形成强烈文化共同感的基础。

欧洲人并非总是欣赏他们的这种共性，这说明文化亲近认知的可塑性和这些认知在政治构建中的敏感性。有时，欧洲主要国家是不共戴天的敌人；精英们放大文化、语言、宗教的差别，认同的对立占上风。而在其他时候，精英们则援引强调共同遗产和文化的另一种表述。自从《威斯特伐利亚条约》与世俗主义兴起，主权国家、知识分子和政治家频繁地提到欧洲的文化和政治共性以及为建立和平的国家联盟所提供的机会。② 的确，这些愿望在"欧洲协调"时期基本变为了现实，不料却在20世纪前半叶被对立的表述所替代。

从这个视角看，欧洲精英在开始寻求政治和经济统一，寻求重申拿破仑战争后的共同意识和团结意识时，他们有着现成的可资利用的历史表述。苏联的存在是一个有利因素，它不仅是外部威胁，还是意识形态上的"他者"。如此这样共性的意识最终由教育领域的学生交换、共同体旗帜和签证、单一货币，以及其他旨在培育欧洲认同的政策行动所加强。这种共同认同最终是否会成为使得欧洲走向联邦的相同认同还不得而知。

1967年以来东盟的演变

第二次世界大战后，东南亚国家奋力摆脱几十年来被帝国主义国家主导的局面。建立和平区的时机并不成熟。印度支那的战争仍然在持续，这一战争起初是由于去殖民化运动，之后则是冷战的延伸。印度尼西亚反对在1963年成立的马来西亚，并且武力介入以阻止新联邦的产生。印度尼西亚和马来西亚对峙的结束，为1967年东南亚国家联盟（ASEAN）的形成扫清了道路。但很多障碍仍然堵在通

---

① Anthony Smith, "National Identities and the Idea of European Unity," in Michael O' Neill, *The Politics of European Integration* (New York: Routledge, 1996), p.318.

② O' Neill, *The Politics of European Integration*, p.7.

往和平的道路上。东盟五个成员国没有相似的政体类型；印度尼西亚和泰国被军政权统治，而菲律宾、马来西亚和新加坡不同程度地实验了民主制度。东盟成员间的贸易和其他形式的社会互动都处于相对较低的水平。而且它们的人口和宗教多样化，也就没有了在现存共同认同上团结起来的可能性。

尽管东南亚国家存在不同的政体类型、族群多样化、地区内对抗根源复杂等因素，东盟发展成为了在成员国间有效解决政治和领土争端以及共同应对安全威胁的论坛。到20世纪80年代，该组织成功实现了和平区的发端；20世纪60年代的武装对抗让位于地区共同体，战争的可能性被大大降低。阿米塔夫·阿查亚（Amitav Acharya）注意到这种明显的反常，指出东盟“进化为一个缺乏共同民主自由价值或较深程度地区经济相互依赖的安全共同体”①。此外，特别是在东盟早期，它缺乏伴随着二战后欧洲持久和平发端的制度和法典化的规则和规范。的确，东南亚地区没有出现欧洲类型的一体化，这一现象让许多分析家贬低了东盟的重要性，以及质疑它是否显著地促进了地区稳定。②

不过，把东盟和欧共体放在一起比较是误导性的；更适合的历史比较是在东盟和“欧洲协调”之间。如“欧洲协调”一样，东盟关注维持政权稳定和国内秩序，而非外部对地区和平的威胁。它的成员依靠含蓄的规则和实践而非法典化与制度化的秩序。对于有争议的问题，争论受到抑制，并且通过非正式的抱团和隔离实践来维持共识，但并不是达成解决方案。此外，东盟如“欧洲协调”那样能容忍政治多样性，并且几乎完全依赖精英的社会化而非社会一体化。

正如19世纪的“欧洲协调”一样，这些特点确实使东南亚安全共同体有明显的弱点；尽管战争仍是遥不可及，政治不稳定的暗流和地缘政治的不确定性构成了持久和平的障碍，而持久和平应该具有一种可持续的、理所当然的性质。政体的变化同样有可能危害地区合作。由于东盟的扩大及其致力于成为东亚安全合作的载体，这些脆

---

① Amitav Acharya, “Collective Identity and Conflict Management in Southeast Asia,” in Adler and Barnett, *Security Communities*, p.200.

② 例子参见：Shaun Narine, *Explaining ASEAN: Regionalism in Southeast Asia*（Boulder, CO: Lynne Rienner, 2002）。

弱性变得更加明显。泰国政治的不稳定和泰国与柬埔寨之间的争端最近成为复杂的问题。[①] 尽管如此，东盟成功地在东南亚建立了安全共同体，是政治与族群相当多样的地区持久和平发端的重要实例。

和平是如何发生的

东南亚地区合作开始于20世纪60年代早期。地区内的一些国家刚刚获得独立，它们视共产主义为威胁，同时还要推动建立一个安全的战略环境以保证年轻而脆弱的国家发展稳定的经济和强大的治理机构。1961年，泰国、菲律宾和马来亚建立东南亚协会(ASA)。然而由于菲律宾和马来亚的沙巴(Sabah)领土争端，东南亚协会实际上胎死腹中。沙巴以前是英国在北婆罗洲直辖殖民地。第二次地区一体化的努力是在1963年，当时三个国家主要的人口都是马来族——马来亚、菲律宾和印度尼西亚——联合组成马菲印多(Maphilindo)。但马菲印多在马来西亚联邦成立后很快解体，菲律宾和印度尼西亚拒绝承认。在苏加诺总统的领导下，印度尼西亚实施马印对抗政策(Konfrontasi)，对马来西亚的成立做出反应，旨在使新生的联邦屈服于经济封锁和零星的军事入侵。在英国军队的帮助下，马来西亚挫败了印度尼西亚破坏新联邦的努力。印尼的这种努力直到1966年春天苏加诺政权倒台才停止。此后，苏加诺的继任者苏哈托将军结束了马印对抗政策，为雅加达和吉隆坡之间的和解扫清了道路并且恢复了地区合作的可能性。

地区内的主导国印度尼西亚在塑造地区安全环境中扮演着最重要的角色。雅加达采取的马印对抗政策使得地区合作成为不可能，这鼓励其邻国制衡而非联合印度尼西亚的力量。印尼结束马印对抗政策的决定，并转而追求同马来西亚的和解，是一个关键的转折点。它标志着从掠夺到善意的转变，反过来使得印度尼西亚作为东盟凝聚起来所需要的主导核心。印度尼西亚和马来西亚的和解为东盟的建立和发展奠定了基础——就如法国和德国的和解为欧共体打下的基础一样。审视东南亚持久和平的发端，需要探讨1963—1966年印

---

① 泰国和柬埔寨之间长期的边界纷争于2008年在11世纪建成的柏威夏寺周围地区爆发。

度尼西亚对外政策的轨迹。

由于担心新加坡走向共产主义,马来亚总理东姑·阿卜杜勒·拉赫曼促成了马来西亚的建立。① 新加坡日益增长的经济也使它在建立更大范围的统一体过程中成为具有吸引力的候选人。但是,考虑到新加坡占主导地位的是华人,它被合并进马来西亚联邦将使得人口结构朝着不利于马来人的方向倾斜。为抵消新加坡华人人口的加入,东姑阿都拉曼寻求将马来西亚北婆罗洲沙巴和沙捞越(Sarawak)(见地图5.1)纳入进来。② 苏加诺将军迅速反对马来西亚联邦的建立,争辩说,马来西亚扩大到北婆罗洲会直接威胁印度尼西亚的安全。他还抱怨说,雅加达不适合参与进这样的事务,并且声称新的联邦构成了英国殖民地新前哨。③ 苏加诺断绝了同吉隆坡的外交关系,停止了所有同马来西亚联邦的贸易(尽管它达到了印度尼西亚出口额的50%),并且发动了名为"粉碎马来西亚"的军事行动。

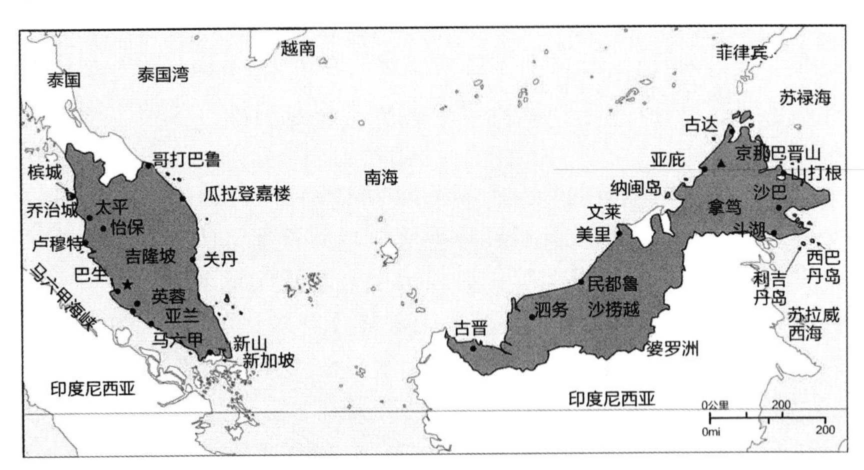

地图 5.1 马来西亚

资料来源:http://www.lib.utexas.edu/MAPS/cia08/malaysia_sm_2008.gif.

苏加诺的政策很大程度上是被国内压力所塑造的。军队和共产

① 关于马来西亚建立的进一步讨论,见下一章中新加坡从马来西亚分离的讨论。

② 根据吉隆坡一开始的计划,联邦要同时吸纳文莱、沙巴港和沙捞越。文莱这个小的伊斯兰教君主国最后拒绝被纳入联邦。

③ 有关苏加诺反对建立马来西亚的情况,参见 J.A.C.Mackie, *Konfrontasi: The Indonesia-Malaysia Dispute* 1963-1966(London: Oxford University Press, 1974), p.201。

党（PKI）可能是这个国家仅有的两个国家机构，它们都支持马印对抗政策。同马来西亚的军事竞争扩大了军队的政治权力以及预算。对共产党来说，反对马来西亚构成了是否反对新殖民主义以及印度尼西亚是否同社会主义阵营联盟的原则标准。因此，苏加诺通过挑战马来西亚的合法性，以及将马来西亚联邦描绘为“不具有代表性的外国人驱使的国家，被用来保护殖民地经济和在东南亚的军事利益，本质上对印度尼西亚的生存和它在地区中的角色构成威胁”来加强其在国内的统治。①

即便是对政治稍有领悟力的人都明白，苏加诺的策略最终事与愿违地伤害了印度尼西亚的经济。正如迈克尔·利弗（Michael Leifer）注意到的，“政治比经济更重要”②。印尼不仅通过断绝与马来西亚的关系放弃了一半的对外出口，还引发了国际制裁，包括美国和IMF都停止对其经济援助。印度尼西亚的经济形势是灾难性的。1965年，通胀率达到500%，大米价格上升了900%。③ 国内的不满情绪在上升。而且，军方虽然支持马印对抗政策，但不满作为苏加诺联合北京的政策，后者是苏加诺向马来西亚和新殖民主义的十字军运动的一部分。

经济危机同军队的日益不满共同为1965年10月1日的军事政变创造了条件。这场政变很轻易地被战略后备部队的指挥官苏哈托将军镇压，使得苏加诺继续保有权力——即便仅是名义上的——直到1966年春天。但十月事件基本上破坏了苏加诺的统治，为印度尼西亚对外政策由马印对抗激进转向和解与地区合作扫清了道路。

军官团对向中国的倾斜越来越感到不安，甚至在政变之前就开始对苏加诺的好战外交政策失去信心。按照利弗所说，“高级军官已经开始严重质疑对抗政策的优点，并且参与到同马来西亚议员的秘密通气对话中”④。另外一个对抗政策的主要支持者共产党不可避免地被政变所削弱。人们普遍认为共产党人参与了推翻政府的密谋。

① Michael Leifer, *Indonesia's Foreign Policy* (London: George Allen & Unwin, 1983), p.75.

② Leifer, *Indonesia's Foreign Policy*, p.92.

③ Ibid., p.113.

④ Ibid., p.104.

此后,共产党被政治孤立并很快被宣布是非法的。

十月政变随之而来的是政治真空,苏哈托将军逐渐控制了政府,苏加诺在随后的3月份将权力移交给他。一旦掌握了全面控制权,苏哈托政府在对外政策上精心策划了大逆转。稳定经济是其首要目标。新任外交部部长亚当·马立克(Adam Malik)"明确表示印度尼西亚对外政策的首要目标是为其发展需要服务"①。使通货膨胀得到控制意味着能够重新得到国外的援助。这样做需要修复同西方国家的关系,反过来又依赖于结束马印对抗政策。路线的改变被视为战略需要。如利弗注意到的,"印度尼西亚不再拥有物质资源和政治意愿来维持对抗政策、将其作为严肃的事业对待"②。

苏哈托的动作非常缓慢和谨慎,他很清楚对马来西亚大胆迅速的开放很可能会导致耻辱的政治,以及随之而来的近四分之一仍痴迷于苏加诺好战领导烙印的民众的强烈反对。实际上,他谨慎地延长了印度尼西亚对马来西亚的对抗立场,"因为这项政策在国内权力转移中起到了非常重要的国内政治功能"。当需要向吉隆坡开放的时候,他选择派遣一队来自"粉碎马来西亚司令部"(Crush Malaysia Command)的军官同东姑阿都拉曼谈判,这样做是考虑到军队强硬派的直接参与会"避免达成一份看起来是印度尼西亚投降的协定"③。在确保东姑阿都拉曼同意在马来西亚北婆罗洲地区举行公民投票,以保证其公民自愿成为马来西亚联邦一部分之后,雅加达和吉隆坡之间的政治关系也就建立了。投票让苏哈托以一种体面的方式为他突然愿意承认马来西亚找到了大逆转的理由。

印度尼西亚决定停止同马来西亚间的地缘政治对抗是单方面包容的开创性行动,为进一步努力构建地区安全合作奠定了基础。一旦苏加诺不再成为一股政治势力,苏哈托明确宣告马印对抗政策将一去不复返,并在一个场合非常公开地批评他的前任:"印度尼西亚傲慢的态度、显眼的领导地位,以及作为先锋、领头者或者类似的角色,已经被放弃,并由更加合适的基于平等和尊重的方式所替代。"④

① Leifer, *Indonesia's Foreign Policy*, p.136.

② Ibid., p.110.

③ Ibid., pp.108-109.

④ Ibid., p.117.

通过明确表明印度尼西亚的新意图，苏哈托帮助确保单方面的包容走向相互克制。为回应印度尼西亚的新立场，吉隆坡欣然让出塑造东盟过程中的表面上的领导地位——这对苏哈托来说是一个重要的让步，特别是自从马来西亚倾向将新的机构视为东南亚协会的扩大，而马来西亚在东南亚协会的发起中扮演关键角色，且东南亚协会从未包含印度尼西亚。但“印度尼西亚需要避免给人以投降的印象”占了上风。① 通过允许印度尼西亚宣称自己是新的地区组织的创建者，印度尼西亚的邻国使得苏哈托能够进一步免于民族主义者对其包容外交政策的批评。

在同地区外国家的关系问题上，相互克制同样占了上风——这是个非常关键的问题，因为它展现了对待地区合作终极目的的不同观点。对印度尼西亚来说，东盟是通过安全合作来促进地区稳定，因此也就不需要依赖外部力量。在印度尼西亚领导的成效下，合作和一体化会提升地区自主性的事业。对东盟的小国来说，这个组织也是保证地区稳定的载体，但这样做的一个关键机制是通过规则化的战略克制来制衡印度尼西亚的力量。② 而且，它们倾向于将西方国家在地区内继续发挥作用视为对地区稳定的贡献而非威胁。

在关于东盟创立条款的谈判中，印度尼西亚和其他预期成员在地区内外国基地的地位问题上，采取了截然相反的立场，从而显示出了这些差异。雅加达设想了一个不受外部干涉的地区，而其他的东盟成员同英国或美国保持着防务联系。雅加达希望，即便不能消除也要最小化这种联系，并敦促东盟警告所有参与进地区事务的外部国家“不应该被用来服务于任何大国的特定利益”。最后，东盟成员搁置了这个问题，事实上同意将不一致和妥协包含在东盟建立公告文字中。文件提到“所有外国军事基地都是临时的，并且只能在相关国家同意的情况下得以保留，不能用以直接或间接颠覆这一地区的国家独立和自由”③。

---

① Leifer, *Indonesia's Foreign Policy*, p.119.

② Narine, *Explaining ASEAN*, p.15.

③ Arnfinn Jorgensen-Dahl, *Regional Organization and Order in South-East Asia* (New York: St.Martin's Press, 1982), pp.38-39.

在设计东盟并确定其议程的过程中，五个创始国将维持政权稳定、和平解决地区争端，以及对抗共产主义起义设定为最重要的优先项目。由于东盟由弱国组成，相互尊重主权和领土完整，不干涉彼此内政成为指导原则。[1] 在这一方面，东盟成员意图强化它们的边界，而非使其变得更可渗透；地区合作意在提高而非侵蚀个体主权。地区内的冲突和跨国界共产主义运动构成了安全的主要威胁。尽管越南和中国都被认定为潜在的对手，东盟无意于成为一个抵御外部侵略的防御条约，特别是考虑到这些国家的威胁更多来自意识形态而非军事方面。此外，东盟认为政权稳定（“国家活力”）和成员国间团结（“地区活力”）是对抗外部干涉的最好措施。在 1976 年东盟第一次正式峰会上，菲律宾总统费迪南德·马科斯（Ferdinand Marcos）总结了该团体对威胁的评估共识：“暴乱是导致不安全的原因，并且它很可能成为导致我们地区未来五至十年不安全的原因。我看不到任何完全来自外部任何国家的侵略。”[2]

决策与权力制衡机制

同欧共体决策和争端解决的法律化、制度化机制相比，东盟规范的法典化和制度化水平较低。在其建立初期，决策的论坛是每年的外交部部长会议。常规事务由各国官僚机构和东盟常设委员会来处理，主席国身份每年轮换。参与者是各成员国的大使。直到 1976 年才设立秘书处，同年召开了东盟第一次正式峰会。尽管马尼拉一开始游说想要在本国设立秘书处，菲律宾尊重印度尼西亚坚持将秘书处置于雅加达的意见，声称：“鉴于苏哈托总统的意愿并且为了地区的统一与和谐，菲律宾撤回申请以支持印度尼西亚。”[3]除了官方会议以外，在东盟框架下的政府间和非政府间的会议激增。举例来说，1982 年，根据泰国政府部门统计，超过 400 场会议在东盟的赞助下举行。

东盟成员还依赖非正式手段将它们放弃使用武力及和平解决争

---

① Acharya, “Collective Identity and Conflict Management in Southeast Asia,” p.209.

② Amitav Acharya, *Regionalism and Multilateralism: Essays on Cooperative Security in the Asia-Pacific* (Singapore: Eastern Universities Press, 2003), p.56.

③ Jorgensen-Dahl, *Regional Organization and Order in South-East Asia*, p.185.

端的承诺付诸实践。东盟从印度尼西亚的乡村文化中借用了两个概念，协商（Musjawarah）——在家族内部磋商和深思熟虑——从而导出了共识（Mufakat），一种体现所有参与者利益的集体共识。争端倾向于通过成员间磋商得以解决并且逐渐形成共识。当必要的时候——也就是共识难以达成时——争端会被放在一边并隔离以确保不会破坏集体团结。①

东盟的争端解决和合作行动方式——经常被称为“东盟方式”——类似于“欧洲协调”时期经常使用的抱团实践。对地区和平的集体追求会优先于个体收益的增加。然而，达成共识并非意味着全体一致，但取而代之的是为集体的利益容忍这些差异。在不能全体一致的情况下如果要形成共识，其成员可以从特定的措施中退出，并在之后采取措施控制潜在的后果。李光耀提供了关于这个过程如何运作的描述：“没有准备好参加的成员不会被未参加所伤害，或者被排除在未来参加的行列中，不必使用投票权……当四票同意而一票弃权时，这仍被认为是共识，同时这四个国家应当继续推进新的地区计划。”②

这种自我约束和共同约束的非正式方式使得东盟成员能够解决或者搁置大量酝酿中的争端。1968 年，就在东盟成立后的第二年，它的未来由于关于沙巴的持续争议而出现了问题，马来西亚指控菲律宾使用科雷希多岛（Corregidor）来训练叛乱者，意图渗透进争端地区。对抗逐步提升至实际上断绝外交关系的程度。然而，到 1969 年，两国关系实现正常化并结束了争端。菲律宾并未声明放弃其对沙巴的主权，但以地区和谐之名搁置了这个问题。③ 用“欧洲协调”外交的术语来说，菲律宾就是被团结了。

在 20 世纪 60 年代晚期和 70 年代早期，战略性克制的非正式实践和共识的构建解决了大量其他的争端。印度尼西亚和马来西亚不仅解决了它们的领土分歧，还共同合作来管理它们在北婆罗洲的边界，并且使用新的机制来管理马六甲海峡的航行。1968 年，在新加坡

① Narine, *Explaining ASEAN*, p.31.其他文化实践在地区层面促进地区和平中扮演重要角色的例子，见接下来章节有关易洛魁联盟和阿联酋的研究。

② Acharya, *Regionalism and Multilateralism*, p.257.

③ Jorgensen-Dahl, *Regional Organization and Order in South-East Asia*, pp.205-211.

处死两名被宣告犯有谋杀罪的印度尼西亚水兵后，差点爆发了地区冲突。印度尼西亚发生反华骚乱，政府承受了民众要求报复的怒火和压力，面临同新加坡对抗的风险。危机的消除只能通过雅加达自愿实施战略克制并且避免做出挑衅性的回应，同时允许民众盛怒情绪的发泄。利弗的观点是："在东盟内，印度尼西亚扮演了一个慎重的角色，意识到地区内小国伙伴对任何以自己为代价的夸张计划十分敏感"①。

同其他初生的安全共同体类似，东盟为具体的军事合作与地区争端解决提供了一个论坛。然而不同于"欧洲协调"和欧共体，东盟成员间的军事合作是双边的而非形式上的多边。特别是在东盟的早期，军事合作最频繁的形式是边境联合巡逻和反叛乱合作。成员经常交换情报信息，举行双边军事演习，并共享训练和武器实验的设施。有来源显示，45%的双边演习是在 1972 年到 1980 年间举行，其中 38%包含了印度尼西亚军队。据一位高级别的印度尼西亚军官称，东盟构建了"防务蜘蛛网"②。

对东盟的批评者来说，它对双边动议的依赖构成了其明显局限性的证据。③ 批评家认为，东盟成员国并未发展出足够的信任或者共同利益来使得它们信守多边承诺。由于缺乏密集的多边联系网络，东盟注定难以建成安全共同体。

这样的批评是错误的。联合军事演习的常规性展现了更高层次的双边信任；分享关于指挥结构、操作和情报的信息，需要相互的意愿来容忍对安全事务相当透明度。东盟成员对双边联系的偏好是集体目标以及所处战略环境的产物，而非其缺陷的反映。从建立到整个 20 世纪 80 年代，共产主义都是对地区稳定和东盟各国安全的首要威胁。当这些威胁能够在国家间层次上应对时，边界控制和反叛乱行动上的合作是主要的方式。这些任务需要沿着有关国家的边界采取双边而非多边的行动。

双边占主导的另一个原因是东盟明确避免成为防御条约。成员

---

① Leifer, *Indonesia's Foreign Policy*, p.124.

② Acharya, *Regionalism and Multilateralism*, pp.86, 79.

③ 例子见，Narine, *Explaining ASEAN*。

国认为外部威胁只是一个遥远的前景，它们对如何定义威胁持有不同的观点，并且它们认为一个正式同盟的形成更可能触发外部介入而非提供有效的威慑。[①] 此外，如果东盟成员面对一个强大的外部侵略者，它们相信最终需要外部力量来防卫自身。如马来西亚的总参谋长指出的，“若考虑威慑的价值，东盟同盟能否真正防御任何可能的入侵者是值得怀疑的……为获得威慑，东盟必须同超级大国之一形成同盟”[②]。

东盟对地区安全而非集体防务的关注，并不意味着它的成员不关心其邻国或地区外国家的政策和意图。相反，印度支那形势的发展和大国卷入东南亚的轨迹，对东盟的演进有重要的影响，鼓励成员国转向地区合作来满足它们的安全需求。然而矛盾的是，东盟首要受益于大国撤出的威胁，而非是外部介入的前景。

自东盟成立后一年，英国宣布从苏伊士运河以东所有战略前哨撤出。东南亚失去了它主要的外部仲裁者；新加坡和马来西亚不能再指望英国为其提供安全需求。英国的退出为沙巴争端的解决提供了动力，并且给新加坡和马来西亚解决它们之间的突出争端注入了动力。[③] 美国 20 世纪 70 年代早期从越南的撤出有类似的效果。华盛顿不仅从东南亚撤出，还采用了“尼克松主义”（Nixon Doctrine），也就是众所周知的美国会让地区国家来负责它们自己的安全。[④]

特别是在美国做出新姿态之后，越南 1978 年入侵柬埔寨，这确实提高了外部入侵东盟领土的恐惧。这种威胁导致了东盟成员间史无前例地发展出针对越南的共同政策。各成员国并未正式承担对积极防务的承诺，但它们确实在防止其溢出至泰国领土的外交战略上达成了共识。[⑤] 东盟对第一次外部危机的成功处理，帮助成员国建立了对东盟制度的信心。

---

① Acharya, *Regionalism and Multilateralism*, p.88.

② Ibid., pp.91-92.

③ Narine, *Explaining ASEAN*, pp.15, 19.

④ Jorgensen-Dahl, *Regional Organization and Order in South-East Asia*, p.75.

⑤ Narine, *Explaining ASEAN*, pp.41-47; and Acharya, “Collective Identity and Conflict Management in Southeast Asia,”, pp.209-210.

社会一体化

尽管东盟的制度化水平和会议频率稳步提高，但成员国间经济相互依赖仍非常有限。东盟的集会定期地讨论旨在加速经济一体化的政策——仅举几例，如降低关税壁垒、建立联合工业的倡议、建立地区航空和水运线路——但这些计划都没有能够变成现实。从其历史来看，东盟地区内贸易徘徊在总贸易量的20%左右，而欧共体或欧盟的数据则超过了70%。此外，新加坡的对外出口构成了东盟内部贸易的大部分，其他四个成员国间地区内贸易仅是总贸易量的5%。最近，地区内贸易由于在市场一体化上学习欧洲的努力而有小幅度增长。但东北亚、北美和欧洲仍是东盟成员国主要的出口市场①。

社会一体化的发展同样受阻。东盟从一开始就主要由精英参与。与“欧洲协调”一样，官员间形成的个人关系和地区精英的社会化促进了双边互信并且促成安全共同体的发端。甚至是对东盟作用持怀疑态度的人都指出，它在建立“政府和其成员国社会精英间”的联系以及创造“国家领导人间私人责任和亲密关系方面”的重要作用。② 但社会化并未超出决策共同体而广泛普及。经济一体化的低层次，也意味着私营部门在地区合作中的获益有限。如阿恩弗里·约根森·达尔(Arnfinn Jorgensen-Dahl)注意到的，“在地区合作上，领导人没有一个广泛的或者有影响力的支持甚至反对他们的精英群体”③。地区共同体的建立也缺乏广泛的公众参与：“东盟成员国间合作和冲突的管理，是基于精英和领导人间有限的共识，缺乏来自市民社会的支持和帮助。”④

鉴于东南亚地区一体化缺乏社会根基的现实，东盟向一个成熟安全共同体迈进的过程尤其令人印象深刻。但是，缺乏私营部门和市民社会的深层次一体化，和平区在东盟成员间生根发芽但仍受到政权变动和其他不可预见的挑战的威胁。就如“欧洲协调”由于依赖排他性的精英团体内的私人关系而缺乏可持续性，东盟也面临着受

① Narine, *Explaining ASEAN*, pp.27-30.

② Ibid., p.31.

③ Jorgensen-Dahl, *Regional Organization and Order in South-East Asia*, p.187.

④ Acharya, *Regionalism and Multilateralism*, p.297.

到政府和个人变动而陷入困境的风险。事实上，1988年泰国的政变的确严重削弱了组织的凝聚力。不仅是失去了私人纽带，而且泰国在没有同其东盟成员商议的情况下从孤立越南的政策转为了接触越南的政策。肖恩·纳里宁（Shaun Narine）评论道："泰国政府精英的改变必然会对东盟的凝聚力造成伤害。对东盟的地区内承诺可能依赖于成员国内太少的一部分。"①东盟经受住了这次风暴，部分原因是由于越南此后不久从柬埔寨撤出。尽管如此，这还是留下了一个令人不安的先例。

作为几轮扩大的结果，保持东盟内凝聚力和共识的挑战变得很严峻。1984年文莱加入，1995年越南加入，缅甸和老挝于1997年加入，柬埔寨于1999年加入。在20世纪90年代，这一系列的成员扩大既增强了政体多样性，也引入了新的政治不稳定因素。同时，东盟还寻求通过建立东盟地区论坛（ARF）提供更广阔的地区合作基础。东盟地区论坛包含了所有东南亚、东北亚和大洋洲在安全领域有影响力的参与者，包括美国、俄罗斯和欧盟。扩大成员范围或者东盟更大的地区抱负，都没有动摇东盟创始成员国间的持久和平。但要将这种稳定输出给其新的成员国以至更大范围，东盟的能力还是个问题。一个观察者注意到，"东盟方式建立在创始人间强烈的个人关系纽带基础上，但已经被其扩张所稀释"②。

东盟今天是否是一个成熟的安全共同体，以及如果是这样，它的成员何时开始享受持久的和平，这些仍是地区问题专家热烈争论的问题。创始国是否以及何时停止针对彼此的战争计划的一手材料难以获得。东盟官员倾向于指出，20世纪80年代前半叶是持久和平的巩固阶段。③ 新加坡可能是这一评估的例外。由于它的面积较小，同时自我认知为是"马来海域"的一个华人岛国，它的不安全感与生俱来，而不是认知到邻国对其抱有敌意并且深思熟虑准备武装入侵。④

尽管关于持久和平到底何时开始仍不明确，学者们关于东盟建立了安全共同体已经达成共识。阿查亚写道："可以非常安全地断

---

① Narine, *Explaining ASEAN*, p.60.
② Acharya, *Regionalism and Multilateralism*, p.339.
③ Ibid., p.92.
④ Jorgensen-Dahl, *Regional Organization and Order in South-East Asia*, p.41.

言,没有任何东盟国家会认真设想同其他成员的战争”,并且“成员国间存在牢固的信任、信心和善意的结构”①。利弗同意说:“可以非常直截了当地声明,东盟已经成为一个避免和管理内部争端的制度化工具。”②诺丁·索比(Noordin Sopiee)对此也有着共识,他观察到,“非常确定的是,当它开始打来安全,稳定和次地区秩序时,东盟已是一种响亮的成功。在当代第三世界的经历中,可能还找不到能与之媲美的记录”③。

和平为什么会发生

本书中先前的案例研究已经证明,自由民主制度和制度化克制都不是持久和平发端的必要条件。东盟在东南亚地区成功建立起安全共同体,这一事实加强了这一结论。在东盟成立之时,它的成员国政体多种多样。新加坡、马来西亚和菲律宾都是非自由的民主国家。印度尼西亚和泰国实际上是军事独裁。很明显,政权多样性或地区内主导国家的专制统治都没有成为战略克制和安全共同体发端的障碍。

在之前探讨的案例中——阿根廷—巴西、苏联—中国、“欧洲协调”——即便是专制统治者,当面对强有力的刺激时,他们也能够实施自我克制。在国内,苏哈托用强力手段统治,定期使用暴力来镇压反对派。当他取得权力后,同所谓的共产党作战——其中很多都是华人,夺走了五十万到一百万人的生命,更多的人在没有审判的情况下被投进了监狱。但在国内的镇压并没有阻碍对外的自我克制。一旦苏哈托成功地从苏加诺手中夺取了控制权,他就将马印对抗政策转为了和解政策——这是导致同马来西亚和解的关键转折点以及东盟形成的重要步骤。《纽约时报》的一个讣告注意到了这种悖论:苏哈托的“32 年的独裁统治是 20 世纪最残忍和腐化的统治之一”,但他

---

① Acharya,“Collective Identity and Confl ict Management in Southeast Asia,” p.214; Acharya, *Regionalism and Multilateralism*, p.164.

② Leifer in Acharya,“Collective Identity and Conflict Management in Southeast Asia,” p.214.

③ Noordin Sopiee,“ASEAN and Regional Security,” in Mohammed Ayoob, ed., *Regional Security in the Third World* (Boulder, CO: Westview Press, 1986), p.221.

还“结束了苏加诺同马来西亚对抗的政策，并且通过帮助建立东盟成为地区稳定的重要力量”①。

如“欧洲协调”一般，东盟不仅包含了在国内压制性的政权，还包含了其他不同的政体类型。然而，它们都对保持地区内和平感兴趣，后者在很大程度上使得脆弱的政府能够建立起有效的国家制度。就如19世纪“欧洲协调”的案例一样，东盟的一个关键目标是加强主权，而非以地区和超国家一体化的名义来侵蚀它。所有国家都珍视地区稳定作为推进其国内政治目标的手段。

同“欧洲协调”相似的另一方面是，东盟通过提供经常与自由政权相关的公共产品来补偿制度化克制的缺失。这些公共产品帮助其成员放松戒备、避免地缘政治竞争。该组织实际上通过定期分享情报和高层精英的常规接触来提升安全事务的透明度。成员间通过训练、联合边境巡逻和一体化的参谋学院等方式方便地共享军事设施。东盟还使得和平解决争端的承诺变得更加可靠。同欧共体不同的是，东盟不是通过法典化的协定和议会批准来实现。相反，承诺的可信度通过对领导人之间个人责任的意识和信任来加强。维持地区共识并不是法律义务，而是一种个人荣耀。

东盟的创始国享有相似的社会秩序。除了泰国外，它们都脱胎于数十年的殖民统治。它们在反对共产主义的问题上是统一的，寻求建立基于工业发展和城市化的资本主义经济。此外，它们基本上都面临一样的必要折中：增长和公平，国家一体化与族群多元化，以及政治稳定和政治参与。② 除了新加坡以外，东盟成员主要是农业经济，寻求发展制造业部门以提升出口导向的增长。它们经济计划的这种相似性实际上阻碍了地区经济一体化，成员国为工业化国家生产制成品，同时保护它们本国的市场。由于新加坡是更加先进的制造业基地，它对这样的保护表示失望。事实上，甚至在新加坡短暂地纳入马来西亚之时，吉隆坡也拒绝授予其不受限制的市场准入权，所带来的政治紧张最终促使新加坡从联邦中分离出去。此外，经济一

① “Suharto Dies at 86; Indonesian Dictator Brought Order and Bloodshed,” *New York Times*, January 28, 2008.

② Acharya, *Regionalism and Multilateralism*, p.56.

体化的缓慢节奏已经对东盟的政治一体化有了一些负面影响,使得有相似社会秩序的国家追求相似的发展战略。

当社会秩序问题在一定程度上损害东盟政治演进时,主要的障碍是涉及整个地区的华人族裔的特殊经济地位。对华人的怨恨不仅导致地区的紧张,还带来了国内暴力与政治动荡。在新加坡处决两名印度尼西亚水兵后,愤怒的暴徒攻击在印度尼西亚的华人家庭和商店。族群的竞争是新加坡最终从马来西亚分离出来的主要原因。在仅仅两年后,新加坡从马来西亚联邦中被逐出,主要是因为它的华人人口威胁到了马来亚人的政治权力。① 问题并不是种族歧视本身,而是马来人担忧华人会成为联邦内的主要族群。

华人少数族群放在一边不说,东盟成员国人口有着非常多样化的宗教和种族族群。印度尼西亚和马来西亚主要是穆斯林,泰国和新加坡则主要是佛教徒,而菲律宾则主要是天主教徒。东盟成员还包含许多民族语言群体,其数量的估计随着分类系统而异。② 如阿查亚观察到的,"东盟的成员国迄今为止,在种群和语言文化构成上差异显著"③。

矛盾的是,个体成员国的文化多样性成为东盟的优势。由于它们多样化的人口,成员国被迫接受具有包容性的国家认同,这使得它们更容易接受具有包容性的地区认同。换言之,个体成员国的文化异质性是该组织作为一个整体的共性来源。20 世纪 60 年代,随着地区一体化计划的演进,这一态势变得十分明显。最早的一个例子就是马来西亚、印度尼西亚和菲律宾的种群共性。建立马菲印多的提议源自精英们"将三个国家种族和文化的亲密关系作为联系的重要纽带"④。但三个国家中数量可观的少数群体成为纯马来人团体观念的障碍,将地区内各国政府推向一个更加包容的地区认同概念——

① 关于新加坡从马来西亚中被排除的进一步讨论见第六章。

② 苏煌班德(Sukhumbhand Paribatra)和猜南(Chai-Anan Samudavanija)写道,东盟成员国大概由 32 种民族语言构成。见"Internal Dimensions of Regional Securityin Southeast Asia," in Ayoob, *Regional Security in the Third World*, p.62。根据《纽约时报》报道,仅印度尼西亚本地即有 300 个种群,250 种语言。参见 Berger,"Suharto Dies at 86"。

③ Acharya,"Collective Identity and Confl ict Management in Southeast Asia," p.206.

④ Mackie, *Konfrontasi*, p.167.

包括泰国人、华人、南亚人以及扩大后的其他东南亚国家民族。

然而，文化包容性能走多远却有一个清楚的限度。澳大利亚和新西兰，尽管它们在战略上接近，都被排除在东盟之外——主要是由于种族的原因。[①] 简而言之，东盟成员视二者为非"亚洲"国家，这也就不适合参与进至少部分被"亚洲人"共同观念所定义的地区共同体。通过将澳大利亚和新西兰排除在外，东盟还界定出"他者"，以给其自身的多样性赋予一个更大的同质性光环。东盟领导人频繁地引用家庭的术语来增强这种同质性，经常提及"亲戚关系"和"兄弟关系"以团结其成员。[②] "东盟方式"是一个吸收了传统乡村文化的概念，被宣传用来培育地区团结和削减语言与种族间的隔阂。东盟还采用了一面旗帜、一首盟歌，以及其他的符号，来灌输共同的地区认同。

学者们同意，文化同质性在巩固地区和平方面扮演了一个重要的角色。索比指出，东盟的活动和符号有助于将"共同体意识"扩大到整个地区，而之前这种意识限于马来人。[③] 约根森·达尔比较了东盟成员间的文化同质性和其他地区组织的文化同质性，指出："相似或相同的情绪已经出现在盎格鲁-撒克逊世界国家间关系中，在白人英联邦国家间……还显著地呈现在如比荷卢联盟以及斯堪的纳维亚这样的国家群体中。"[④]正如"欧洲协调"和欧共体的案例一样，文化同质性提供了对于东盟成功启动有重要意义的最初亲密感，以及对于持久和平的发端和深化有重要意义的共同规范框架和共同认同。

"欧洲协调"的消亡(1848—1853)

从1815年拿破仑战争结束到19世纪中期，"欧洲协调"作为一个安全共同体成功发挥了作用。在其中的一段时间里，持久和平受

---

① Richard Higgot and Kim Richard Nossal, "Australia and the Search for a Security Community in the 1990s," in Adler and Barnett, *Security Communities*, pp.282-283.

② Acharya, "Collective Identity and Confl ict Management in Southeast Asia," p.212.也可参见东盟网站，"The Founding of ASEAN," http://www.aseansec.org/11835.htm。

③ Sopiee, "ASEAN and Regional Security," p.226.

④ Jorgensen-Dahl, *Regional Organization and Order in South-East Asia*, p.167.

到许多挑战。对于发生在欧洲小国的自由主义零星起义的不同反应,和在巴尔干半岛、黑海地区以及开始摇摇欲坠的奥斯曼帝国控制的中东争夺影响力,都反复考验着"欧洲协调"成员间的合作。尽管如此,战略克制的实践和对"欧洲协调"共识决策规范的遵守,以及必要时的抱团行为,成功阻止了地缘政治对抗的觉醒。"欧洲协调"成员仍视维持和平为它们的首要目标,常常从恢复均势战略的企图后退,因为那样会损害团结和稳定。

"欧洲协调"的终结始于1848年,当时革命横扫了整个欧洲。如彼得·斯特恩斯(Peter Stearns)所写,"革命的整体冲击损害了由维也纳会议建立的欧洲外交框架"①。尽管暴动迅速被扑灭,宣扬政治改革的言论被普遍镇压,但革命的蔓延仍侵蚀了"欧洲协调"的基础。民众要求改变,这导致了政府的一些关键人物离开,特别是那些塑造了"欧洲协调"并建立有着相互信任基础的亲密关系的那些人。在奥地利,梅特涅被迫辞职。在法国,路易斯·菲利普国王退位,拿破仑·波拿巴的侄子路易斯·拿破仑·波拿巴被选为总统。他发誓要推翻1815年的领土解决方案并迅速称帝。普鲁士接受了君主立宪制,同时国内燃起统一德意志的新热情,导致同奥地利的民族主义对抗重新觉醒。英国则幸免于民众的起义,但革命性剧变的前景却使得英国的精英追求对抗性的对外政策;暴乱使得它们确信国内稳定和政治合法化目前依赖于外交雄心。俄国也同样避免了国内的不稳定,但它很快被迫采用更加民族主义的外交政策以回应其他的"欧洲协调"伙伴。

"欧洲协调"的消亡是逐渐发生的;欧洲没有突然返回势力均衡的逻辑、单边行动和地缘政治对抗。恰恰相反,持久和平从内部被侵蚀:国内层次的政治和社会压力诱使精英避开"欧洲协调"的规范和实践。对外政策不再纯粹是贵族圈内的事情,而是成为大众政治的事务之一——特别是在英国和法国。不断上升的民族主义情绪,使得领导人在更加利己主义的国家利益观念面前很难维持大国间团结。对构建和维持信任至关重要的战略克制实践,变成了民族不满的来源。旨在证明善意的相互克制战略,让位于满足国内观众的强

---

① Peter Stearns, 1848: *The Revolutionary Tide in Europe* (New York: Norton, 1974), p.6.

制和冲突战略；对国家声望的更多关注被转化为纯粹的国家权力主张。这些政策上的转变反过来促成了安全困境，把“欧洲协调”有效中和的差异转变为了难以调和的国家利益冲突。

与欧洲大国此前四十年轻易解决的问题相比，没有比引发 1853 年克里米亚战争的争端更为棘手的了。它由法国和俄国关于耶路撒冷的宗教地点控制权问题引发，随后扩大为哪个国家对奥斯曼政权更有影响力的争执。但是，“欧洲协调”的争端解决机制以及权力制衡机制由于 1848 年剧变已经被严重削弱了。由此导致的结果是，冲突不仅没有被解决，而且逐渐升级直到引发了战争。

因此，“欧洲协调”的解体是一个有序的过程，正好与形成的过程相反。“欧洲协调”的终结开始于政治和社会变革。国内的发展诱使精英们产生关于他们大国同盟的敌对表述，并且放弃战略克制的实践以支持对抗性的对外政策。相互赋予友善特征的做法让位于相互赋予进攻性的意图，信任变成了相互的猜忌。持久和平进而陷入了地缘政治对抗的困境，欧洲大国再次准备凭借武力而非外交手段来解决关于等级和影响的争端。

显而易见，英国和法国，“欧洲协调”国家中最自由和民主的成员，却是两个对破坏“欧洲协调”负主要责任的国家。同城市化和工业化相连的政治和社会变革，在这两个国家的发展程度最高。民族主义和外交雄心被证明是管理阶级分歧、维持贵族权力和应对不断增多的中产阶级要求普选权呼声的特别有吸引力的工具。同时，俄国、奥地利和普鲁士，尽管经历了 1848 年剧变，但准备维持现状以保住“欧洲协调”。大国对奥斯曼帝国影响力的竞争越发激烈。沙皇准备妥协并且奥地利领导人愿意调停，但法国和英国却选择战争，结束了自从拿破仑在战争结束持续数十年的持久和平。

1848 年革命：“欧洲协调”是如何失败的

克里米亚战争是“欧洲协调”崩溃的征兆而非原因。甚至坚持认为 1853 年战争实际爆发前“欧洲协调”体系还继续发挥作用的历史学者也承认，“欧洲协调”没能避免冲突的原因在于“它的基本原则被

否定了,基本规则被破坏了"[1]。1848 年革命及其政治后果严重破坏和损害了"欧洲协调"的实践和权力制衡机制。如戈登·克雷格(Gordon Craig)观察到的,1848 年动乱后的欧洲缺乏的是"国家的自我克制,对条约中订立的公法的尊重,以及通过协调行动来遵守的意愿"[2]。的确,"欧洲协调"体系被很多欧洲领导人视为老古董,反映了"对老式、保守的克制规范的不耐烦,而这种克制不仅维持了和平,还似乎遏制了所有的进步"[3]。从这个视角来看,"欧洲协调"的失败并非偶然或未预见到的危机的结果。相反,它是被大国故意拆解的,而它们此前建立了"欧洲协调"并从它带来的和平中获益。

为何欧洲大国处心积虑地破坏"欧洲协调"?1848 年革命和自 1815 年起就成功维持和平的规范和实践的销蚀之间存在什么样的因果联系?革命剧变最直接的影响是,欧洲领导人无法再将对外政策和国内政治分开了。所有的欧洲政府都被不稳定、要求自由主义改革的呼吁和上升的民族主义情绪所威胁。英国和俄国确实躲过了暴乱,而在法国、奥地利和普鲁士,革命则被镇压了下去。但普遍的情况是,对国内改革的普遍镇压起到了将改革的压力转向对外政策事务领域的作用。民族主义和对外雄心松开了阀门,作为国内工具制止政治自由的扩散以及缓和阶级对立。[4] 而且,1848 年革命的社会基础是职业的中产阶级,而非工人阶级。其结果是,在国外推动自由主义改革的意识形态议程——与国内的社会改革相反——足以满足革命的热情。事实上,中产阶级渴望提高他们的财富和政治权力,对劳工改革和由欧洲城市日益增多的无产阶级要求扩大选举权没有太多热情。如斯特恩斯评价的,"中产阶级自由主义者不能同意对失业人群的救济,而这种救济正是底层阶级极为需要和要求的"[5]。

在这样的政治动荡中,英国和法国政府变得越来越难以为它们

---

① Paul Schroeder, *Austria, Great Britain, and the Crimean War* (Ithaca, NY: Cornell University Press, 1972), pp.407-408.

② Schroeder, *Austria, Great Britain, and the Crimean War*, p.xi.

③ Ibid., p.22.

④ 由于哈布斯堡帝国的多民族构成以及由 1848 年革命唤醒的争取匈牙利权利运动,民族主义对奥地利来说是把双刃剑。维也纳坚持保留其帝国的多民族特性,这在普鲁士能够在推动德国统一主导权中起到了重要作用(见第六章)。

⑤ Stearns, 1848: *The Revolutionary Tide in Europe*, p.227.也可参见 pp.41-45。

同奥地利、普鲁士和俄国独裁政权的合作来辩护了。1848年以前，君主立宪制和专制独裁导致了欧洲各国对民族主义起义反应上的显著政策分歧，但这没有阻碍政治团结和维持共同的认同。1848年革命将政体差异的问题推到了更加尖锐的动荡边缘。面临着公众和媒体被动员起来的情况，英国政府发现谈论同专制君主国的伙伴关系是非常危险的："奥地利和俄国一样，代表着辉格党理想的可憎对立面。"①在法国情况也差不多，政府在国内面临着同东方的非自由政体保持距离的压力。1848年成立的新共和国首任外交部部长阿尔方斯·德·拉马丁(Alphonse de Lamartine)认为，"君主制和共和主义在明智的政治家眼中并不是绝对的、一定会爆发殊死战斗的原则界线"。但他的确对试图镇压自由主义起义和民族主义运动的努力发出警告，并指出面对这样的镇压，"法兰西共和国会认为自己有权使用武力以捍卫这些合法运动朝着改善国家、提高国家地位的方向发展(improvement and nationhood of states)"②。

英国领导人发表了类似的辞令。这些声明削弱了"欧洲协调"，表明法国和英国准备退出只能经大国形成共识才能采取军事行动的规范。如果英国和法国停止实施战略克制，那么之后其他国家仅仅出于慎重都会跟随。欧洲大国再次提高了境界水平，而非假设它们的"欧洲协调"伙伴会继续放弃追求个体收益的机会。

1848年革命及其所造成的政体改变还导致对集体团结的腐蚀。通过数十年磋商建立起来的个人关系和信任败给了国内动荡导致的颠覆。"欧洲协调"的社会根基很浅；由于很多维持这种社会根基的精英离职，也就很少有私人或社会团体来维持社会联系。而且，越来越多的政治实体参与到外交政策领域，削弱而非巩固了"欧洲协调"的社会基础。由于要求广泛的政治参与挑战了管理欧洲安全的精英群体的排外性和贵族特性，它削弱了"欧洲协调"系统的合法性。迎合公众压力的诱惑给精英以放弃战略克制、支持对外雄心的新刺激。以下对1848年事态及其对外交政策行为的后果的总结将充实这些核

① Schroeder, *Austria, Great Britain, and the Crimean War*, p.416.

② Frank Eyck, *The Revolutions of 1848-49* (New York: Barnes & Noble, 1972), pp.40, 43.

心论点。

革命、民族主义以及抛弃战略克制

1848年动乱开始于法国。2月份,暴力示威在巴黎爆发——差不多有四百人丧生——最终促成了路易斯·菲利普国王的退位。1846—1847年剧烈的经济衰退在加剧不满方面扮演了重要角色。对外政策也是如此,政权的反对者批评其在1839—1841年的东方危机中的撤退以及其总体上服从于维护大国关系的做法。[1] 在由浪漫诗人转变为民族主义领导人的过程中,拉马丁抱怨说,"法国太无聊",并宣称"法国是革命的,否则它一无是处"[2]。儒勒·米什莱(Jules Michelet)以及同时期的其他民族主义者反复呼吁回到1789年革命和进步主义精神。

菲利普国王于2月退位,紧接着,临时政府引入了成年男子普选权,举行了国民议会的选举。1848年末,路易·拿破仑·波拿巴被选为总统,并且很快着手加强他手中的权力。不久之后的1851年,他有效地掌握了独裁权力,并且急剧地缩小了国民议会的权力。一年之后,他获得了拿破仑三世的头衔,把法兰西第二共和国转变为第二帝国。随着他逐步集中权力,拿破仑密切关注大众的情绪——这是他的政府誓将重新向海外拓展法国雄心的主要原因之一。外交大臣拉马丁宣布,"1815年那些条约在法兰西共和国看来已经不再具有任何法律上的效力",并且发誓"将共和国从1815年的条约中解放出来,(这一点是)受到理解的并得到真诚接受的"。通过表明《维也纳条约》会被"和平"地修改并且"绝不会同欧洲的平静无法共存",拉马丁确实限制了他的宣言。尽管如此,法国以前的对手害怕它会再次寻求输出革命并且回到领土扩张的道路上。[3] 让它们相信法国对外政策仍然是以善意为基础的变得越发困难。按照当时的一个学者所说,"拿破仑三世在法国掌权后,不仅缺乏对"欧洲协调"的任何承诺,并寻求破坏1815年协定和"欧洲协调"的规范与机制"[4]。

---

① James L.Richardson, *Crisis Diplomacy: The Great Powers since the Mid-Nineteenth Century* (Cambridge: Cambridge University Press, 1994), p.100.

② Stearns, 1848: *The Revolutionary Tide in Europe*, pp.49-50.

③ Eyck, *The Revolutions of 1848-49*, p.7.拉马丁的话引自 pp.42-43。

④ Richardson, *Crisis Diplomacy*, p.105.

类似地，1848 年事件在英国造成了更加民族主义的对外政策，尽管不是以这么直接的方式。英国既没有经历国内动荡也没有重大的政治变革。工人阶级宪章运动（The Chartists）主张男性普遍选举权并且反对议会成员不能是无产者的要求，在 4 月举行了示威游行。但抗议者遇到了警察并很快被驱散。[1] 英国的相对平静并非是偶然的。如之前提到的，1848 年革命主要是由欧洲的中产阶级驱动的——在英国，这个社会部门的影响力通过议会改革而获得了提升。[2] 因此，尽管自由化的要求席卷整个欧洲大陆，英国的资产阶级仍有维护国内现状的既得利益。

尽管如此，英国并未完全从 1848 年动乱掀起的改革和民族主义中分离。事实上，帕默斯顿勋爵（Lord Palmerston）及其内阁中最有影响力的成员担心，动荡会跨越英吉利海峡并促使爱尔兰独立和带来大众民主。[3] 帕默斯顿和他的同事们的回应是给政府打预防针，应对大众的改革要求。他们通过将自由化的压力转向对外政策，有效地疏导了公众的改革热情。对帕默斯顿来说，社会帝国主义——用民族主义和对外雄心来加强公众对政府的支持——是保持国内稳定的战略选择。回应并塑造公众舆论比镇压更为可取；如果领导人不理睬大众的意愿，帕默斯顿警告道："会发现他们的武器在手中不听指挥。"[4]

在媒体的帮助下，帕默斯顿燃起了公众对抗大陆上专制政权的热情。同 1815 年的情况相比，对外政策不再同公开辩论分离。因此，帕默斯顿在对外政策上受到欢迎，帮助他战胜了内阁中更为温和的声音。从 19 世纪 40 年代晚期到 50 年代早期，在公众狂躁的情绪中，温和派偏好的战略克制政策在帕默斯顿和他的同盟看来使这个国家

---

① J.P.T.Bury, "Great Britain and the Revolution of 1848," in Francois Fejto, ed., *The Opening of an Era*: 1848 (New York: Howard Fertig, 1966), pp.183-186.

② 1832 年改革以人口较少的农业地区为代价，增加了工业化城市代表权，并将选举权扩大到大概 20% 的成年男性。

③ 帕默斯顿在 1848 年革命期间任外交大臣，1853 年战争爆发时任内政大臣，之后他于 1855 年在战争中成为首相。

④ 参见 Jack Snyder, *Myths of Empire: Domestic Politics and International Ambition* (Ithaca, NY: Cornell University Press, 1991), pp.180-181；以及 Bury, "Great Britain and the Revolution of 1848," pp.188-189。

蒙羞,损害了它的威望,导致了国内的不稳定。① 尽管阿伯丁勋爵(Lord Aberdeen)在1852年成为了首相,公开赞许俄国并寻求转变英国和俄国间的对抗关系,但帕默斯顿的鹰派主张仍然胜出。按照约翰·谢尔顿·柯蒂斯(John Shelton Curtis)的观点,"沙文主义政策盛行,超过以往,所以阿伯丁被其他内阁大臣所抛弃并陷入绝望,只能采取一些无助的拖延行动,除此之外能做的很少"②。

同法国政府不同,英国政府并非一开始就要颠覆"欧洲协调"体系。帕默斯顿毕竟一开始就在协调体系内,而且"欧洲协调"的大部分时期里他在塑造英国对外政策过程中扮演了关键角色。但政策的新转变确实激化了英国同"欧洲协调"中专制国家的三驾马车间不断增长的分歧。其中,英国同俄国的关系受到的损害最大,部分原因是由于帕默斯顿故意"引起公众反对俄国的意见……我就负责制造反对它的声音"③。民众中强大的反俄情绪使得一旦大国由于争夺在君士坦丁堡的影响而变得关系紧张,英国同俄国就会处于冲突之中。④ 根据詹姆斯·理查德森(James Richardson)所说,"由于国内政治不稳定和反俄情绪的加强,英国非常坚定地拒绝任何可能的解决方案"⑤。

在"欧洲协调"的三个保守成员中,1848年革命对奥地利的影响最大。弗朗茨·约瑟夫(Francis Joseph)代替斐迪南(Ferdinand)成为哈布斯堡国王。影响更大的结果是,梅特涅被迫辞职并被施瓦岑贝格(Schwarzenberg)王子所取代。"欧洲协调"此后就缺少了一个创建者和指导者,否定了这个曾在提升信任和团结的共同意识中发挥核心作用的人物所参与的许多会议。⑥ 奥地利还面临匈牙利和意大利

---

① Schroeder, *Austria, Great Britain, and the Crimean War*, pp.385-386.

② John Shelton Curtis, *Russia's Crimean War* (Durham, NC: Duke University Press, 1979), p.114.

③ Snyder, *Myths of Empire*, p.175.

④ 参见 John Howes Gleason, *The Genesis of Russophobia in Great Britain: A Study of the Interaction of Policy and Opinion* (Cambridge, MA: Harvard University Press, 1950)。

⑤ Richardson, *Crisis Diplomacy*, p.104.

⑥ 值得注意的是,甚至在离职后,梅特涅仍警告奥地利需保持中立并作为大国紧张关系的调停者。施罗德评论说,梅特涅的观点在1848年之后的欧洲已经过时了:"他的计划所假定的大国间利益与原则团结以及良好的理智与谨慎(这种情况)已经不复存在了。" Schroeder, *Austria, Great Britain, and the Crimean War*, p.395。

的民族主义起义，这些起义威胁着帝国的完整以及维也纳在亚平宁半岛的影响力。尽管英国最终支持镇压起义、维护领土现状，但这样做给口头上支持自由主义变革的英国政府带来了更大的压力。此外，奥地利最终求助于俄国以维持其帝国；沙皇派了36万人的军队前往匈牙利剿灭叛乱。尽管维也纳有着短暂的感激之情，这些发展逐渐增强了奥地利、法国和英国对俄国在东南欧影响力上升的关注。这些担忧使得法国和英国更坚定地将俄国视作对君士坦丁堡王朝影响力的竞争对手。它们还介入奥地利的决策以使其同西方国家站在一边，这一举动是紧接着俄罗斯帮助维也纳军事镇压匈牙利起义后，因此让俄罗斯感到特别恼火。[1] 通过与英国和法国结盟，奥地利确保克里米亚战争不仅宣告"欧洲协调"的终结，同样也是神圣同盟的终结。

在俄国和普鲁士，1848年革命的主要影响是民族主义压力的上升。在俄国没有发生重要的政府变革。但面对法国和英国更加强调意识形态和民族主义的对外政策，俄国感到被迫要做出类似的回应，以应对在君士坦丁堡的对峙的加剧。在普鲁士，自由主义改革和新的德意志民族主义浪潮伴随1848年革命而来。尽管推动宪政和议会改革，普鲁士政府仅接受有限的宪政约束，并继续破坏在法兰克福建立的议会。不断上升的民族主义情绪显露出更多直接的后果，特别是在新普鲁士努力统一德意志的问题上。[2] 其结果是导致了与奥地利的紧张关系——另一个德意志统一的竞争者，产生了另一个对神圣同盟完整性的威胁。

在1848年之后，法国和英国都采取了更加雄心勃勃和民族主义的对外政策，这些政策有可能倾覆领土现状、损害"欧洲协调"。同时，尽管"欧洲协调"三个专制国家寻求维持现状，民族主义和地缘政治竞争的回归仍然在神圣同盟内部制造了分裂。

克里米亚战争：协调消亡的后果

拿破仑三世对于导致克里米亚战争爆发的一系列事件负有主要

---

① Schroeder, *Austria, Great Britain, and the Crimean War*, p.42.也可参见 Charles W. Hallberg, *Franz Joseph and Napoleon III*, 1852-1864: *A Study of Austro-French Relations* (New York: Octagon Books, 1973), p.67。

② Stearns, 1848: *The Revolutionary Tide in Europe*, pp.4-6.

责任。使得欧洲大国重回战争顶峰的政治冲突开始于 1850 年,当时希腊东正教和罗马天主教神职人员对耶路撒冷这座基督教圣城的控制权产生争议。巴勒斯坦的奥斯曼总督倾向于搁置争议,但法国政府开始干涉以支持其天主教兄弟。拿破仑三世奉承法国天主教会,随后发出他充满民粹主义色彩的保证,即实施更加张扬的对外政策。① 在沙皇尼古拉斯回应支持东正教神职人员后,拿破仑马上将其上升到关于哪个国家对君士坦丁堡更具影响力的广泛争论上。由于俄国是欧洲大陆首屈一指的大国,削弱其影响力会推进拿破仑打破"欧洲协调"体系限制的目的。奥地利和俄国在东南欧影响力的竞争激化可能使神圣同盟分裂。在法国不断膨胀的地缘政治目标的驱动下,沙皇觉察到这不再是处于紧急关头的宗教问题,认为这一争端不仅是对东正教群体权益的威胁,也是对俄国在奥斯曼帝国影响力的威胁。②

1850 年开始的关于宗教圣城耶路撒冷控制权上的外围冲突,到 1853 年逐渐升级为一场大战。在 1853 年 3 月,法国向黑海派遣了一支舰队,成功地鼓舞了君士坦丁堡抗拒来自俄国的压力,以及接受罗马天主教会作为在耶路撒冷圣城的最高权威。作为回应,沙皇于 7 月通过派遣军队到多瑙河流域地区。英法舰队则迅速前往达达尼尔海峡。10 月和 11 月,俄国和奥斯曼军队在多瑙河地区发生冲突,随后俄国在 11 月攻击了奥斯曼舰队在黑海锡诺普港(port of Sinope)的驻地。对锡诺普港的攻击引发了更广泛的冲突,促使法国和英国在 1854 年 3 月对俄国宣战。

在"欧洲协调"时期,这种小规模的争论绝不会上升为这样的事件;它会被很快解决,或者至少被搁置起来。甚至更具地缘政治重要性的争端,也会在预期其发展为武装冲突之前被很好地解决。但 1848 年革命戏剧性地改变了政治图景,促成完全不同于自 1815 年以来盛行的战略逻辑。如施罗德(Schroeder)观察所到的,"'欧洲协调'

① Norman Rich, *Why the Crimean War? A Cautionary Tale* (Hanover: University Press of New England, 1985), p.20.

② Schroeder, *Austria, Great Britain, and the Crimean War*, pp.23-24; and Rich, *Why the Crimean War?* pp.20-21.

首要和最大的戒律是，‘不要威胁和羞辱其他的大国’”①。然而，到19世纪50年代早期，法国故意违背了这条格言，取而代之的是羞辱俄国并将其对外雄心作为国内政治的工具。据理查德森的观点，“法国在拿破仑第二帝国时渴望修改领土方案……通过外交倡议以提高法国威望而不顾及整个体系以及维持它的‘欧洲协调’机制。”②

法国领导人用自己的声明证明了这种解释。1852年法国外交大臣吕义(Drouyn de Lhuys)对其政府的意图描述如下：“圣地的问题以及影响它的每件事情对法国来说都无所谓……引起如此多噪声的所有东方问题对于帝国政府来说，不过是打破将近半个世纪以来试图让法国瘫痪的大陆联盟的手段。当最终出现引起强大联盟不和的机会时，拿破仑皇帝立刻抓住了它。”拿破仑自己承认，对抗俄国的首要目标是击碎神圣同盟：“这是战争的最大目标；分裂两个国家(俄国和奥地利)并重新恢复法国……在国外行动的自由。”③

即使在开始时是无意的，英国在边缘化“欧洲协调”和重新恢复地缘政治竞争中的角色至少和法国一样重要。帕默斯顿和他的盟友利用俄国和西方国家间不断加剧的紧张关系，在公众中掀起反俄情绪，孤立阿伯丁等其他温和派，以使内阁支持更加强硬的对外政策。在“欧洲协调”的全盛时期，英国会带头来团结俄国——正如在1839—1841年东方危机时同法国一起所做的那样。到了19世纪50年代早期，英国的做法却截然相反，坚定地寻求同俄国的对抗。施罗德写道，英国领导人“阻挠任何有希望的外交解决努力……(他们)愿意在一个本可以解决的争吵问题上打一场战争”④。

在英国，如同法国一样，关于包容的战略话语让位于对抗的话语，损害了协调时期的规范原则。英国和法国不再提及欧洲大国的家庭关系和兄弟关系，将俄罗斯描述成一个暴虐扩张的国家。1815年之后形成的彼此信任被相互怀疑所替代；伦敦不愿意接受谈判解决，部分原因“是英国对俄国不信任的结果；除阿伯丁外，没人认为尼

---

① Schroeder, *Austria, Great Britain, and the Crimean War*, p.405.

② Richardson, *Crisis Diplomacy*, p.80.

③ Rich, *Why the Crimean War?* pp.20-21.

④ Schroeder, *Austria, Great Britain, and the Crimean War*, pp.xii, 393.也可参见pp.408-409。

古拉斯是个诚实的人”[①]。在英国政策制定者的眼中,俄国不仅失去了它的友善特征,还有它的友善意图。尽管俄国继续采取战略克制并在危机的不同阶段准备接受外交解决,帕默斯顿将仍俄国描绘为扩张成瘾、决意要巩固其对奥斯曼帝国影响力的国家。他说,俄国的野心不仅在于制造危机,还在于其反映了俄国广泛的扩张主义倾向:“俄国政府的政策和实践总是在其他政府漠不关心或容忍其这样做的限度内以最快的方式推动它的入侵行动,但又总是在遇到坚定抵抗时停止和撤退,并且之后等待下一个有利的机会来转向另一个其中意的受害者。”[②]

在这些被修正的俄国意图评估背景下,英国不仅自己拒绝沙皇对奥斯曼王朝施加决定性影响的直接目标,还准备给予俄国以物质上和心理上的打击以压制其扩张的野心。如帕默斯顿解释的,“直到(俄国的)骄傲被彻底打败,否则这种竞争会一直持续下去”[③]。同英国在“欧洲协调”时期的外交形成鲜明对比的是,伦敦现在非常明确地寻求羞辱俄国政府。而且,这种逻辑为英国自身的扩张目标打下了基础。一旦开战,帕默斯顿坚持这些目标将达到远远超过遏制俄国扩张的效果。“未来欧洲和平的最好以及最有效的安全,”他于1854年5月写道:“将会是俄罗斯同一些它之后会要求的边境领土隔离开,包括格鲁吉亚、切尔卡西亚、克里米亚、比萨拉比亚、波兰和芬兰。”作为他这种对战争的“良好愿景”的一部分,他还设想奥地利结束在伦巴底和威尼斯的统治,以及推动整个欧洲的宪政改革。[④] 英国的战争目标比法国和奥地利都要大,不仅要将俄国从奥斯曼帝国领土上驱逐出去,还要占领塞瓦斯托波尔,削弱俄国的海军力量,并迫使沙皇接受自由主义改革。只有当处在其同盟伙伴相当大的压力之下时,帕默斯顿才接受了未能实现这些目标的和平。[⑤] 英国实际上成为一个修正主义国家,寻求扩展其地缘政治影响力并输出其自由主

---

① Schroeder, *Austria*, *Great Britain*, *and the Crimean War*, p.77.阿伯丁伯爵于1852—1855年任英国首相。

② Richardson, *Crisis Diplomacy*, p.97.

③ Snyder, *Myths of Empire*, p.172.

④ Rich, Why the Crimean War? pp.108-109.

⑤ 有关战争目标以及就结束战斗的谈判,参见 Rich, *Why the Crimean War*? pp.140-198。

义的意识形态。

当法国和英国逐渐放弃在“欧洲协调”时期的实践和政策时，俄国、奥地利和普鲁士的最初反应是维持现状。俄国确实在有关奥斯曼帝国境内东正教徒的问题上坚持自己的立场，并在同君士坦丁堡打交道时有时诉诸狂暴的最后通牒。它还采取挑衅行动使得大国接近军事对抗，例如在1853年派遣军队占领多瑙河流域地区。但在一系列连续的场合，俄国准备做出让步并接受谈判解决。只是在来自法国和英国直接压力的情况下，君士坦丁堡才会拒绝这样的解决方案。如理查德森（Richardson）指出的，“俄国境遇的最显著特征……是沙皇愿意并能够做出让步的程度”①。尽管施罗德承认沙皇的傲慢和不可预测性，他同意说，外交记录清楚表明，尼古拉斯“无意破坏‘欧洲协调’或者对抗其他大国”。“无论俄国要对其他什么事件负责”，施罗德继续说道：“它并非是导致‘欧洲协调’外交失败的原因。它最不希望的就是同西方，特别是英国对抗，当它看到它有可能陷入这种对抗中的时候，它便开始让步。”②

与普鲁士作为一个成功的观望者不同，奥地利寻求扮演外交仲裁者的角色，呼吁用“欧洲协调”的规范来促成和平解决。维也纳面临着艰难的选择。一方面，奥地利不欢迎俄国对其邻国奥斯曼帝国逐渐增强的影响力。但另一方面，它被已经在法国和英国生根发芽的自由化热情所威胁，并且担心同西方国家结盟会削弱奥地利在匈牙利及意大利的支配地位。③ 最后，法国和英国成功地把奥地利拉入了它们的阵营，这样做使得维也纳同俄国政府对抗以故意拆散神圣同盟。④ 在奥地利于1854年12月正式加入英法同盟后，法国驻君士坦丁堡代表通知巴黎：“你已经使神圣同盟受到致命伤害，并且给了它最高级别的葬礼。”据一位英国历史学家说：“其结果是，1815年体

---

① Richardson, *Crisis Diplomacy*, p.101.

② Schroeder, *Austria, Great Britain, and the Crimean War*, pp.29, 408.有关俄国愿意妥协的进一步讨论见 Rich, *Why the Crimean War?* pp.28, 50-57, 73-78。

③ 举例来说，奥地利怨恨英国所坚持的要求，即奥斯曼政府既不能拘禁也不能引渡逃到奥斯曼领土的匈牙利反对派。这些行动使得很多奥地利人确信，英国决心向奥地利输出自由化改革并且煽动民族主义起义，而这会破坏它的帝国势力范围。参见 Schroeder, *Austria, Great Britain, and the Crimean War*, pp.9-11。

④ Schroeder, *Austria, Great Britain, and the Crimean War*, p.418.

系最后的遗迹消失了……再不会有三个大国支持维持现状;再不会有什么'欧洲协调'存在,即便是萌芽阶段的。"[1]

总体而言,1848 年革命启动了在法国和英国的政治变革,使得它们都摆脱了 1815 年之后形成的安全共同体的束缚。尽管法国更加清晰地表明它希望摆脱《维也纳协定》对它的约束,但却是英国反复尽一切努力来妨碍和平协定的达成。施罗德总结说:"一贯违背'欧洲协调'的规则,拒绝或阻碍'欧洲协调'的解决方案,并且坚持将危机转变为大国间面对面的冲突的唯一国家是英国。"[2]英国的领导使得"欧洲协调"得以形成——以及英国的不妥协在其消亡中扮演了首要角色。

"欧洲协调"为什么会失败

"欧洲协调"消亡的根源,对有关民主治理和制度化克制在国家战略行为上的调解作用这一常规看法提出挑战。两个在通向自由民主的道路上走得最远的国家——英国和法国——是为了修正主义目标、背弃"欧洲协调"规范、放弃战略克制的首要责任国。男性普选权在法国的引入并未削弱拿破仑三世的民族主义雄心。实际上,他的知名度很大程度上来自于他的皇室传承,以及要把法国从"欧洲协调"的地缘政治限制中解放出来的誓言。

类似地,英国中产阶级的加强以及工人阶级的崛起,远非大众约束的来源,相反鼓舞帕默斯顿将社会帝国主义作为确保其政治地位的工具。他相信国内稳定依赖于对自由主义变革的输出,并煽动反俄情绪,这些在说服内阁放弃战略克制中发挥了决定性的作用。[3] 同时,俄国、奥地利和普鲁士仍热衷于维持"欧洲协调"以及合作的实践,尽管——事实上,由于——1848 年革命引起的剧变。从这个角度看,英国和法国这两个接受国内制度化克制的国家——却是在实施对外政策时最迅速地放弃战略克制的国家。"欧洲协调"的瓦解支持了这样一个命题,即向民主过渡的国家相比于专制政权和成熟民主

① Rich, *Why the Crimean War?* p.145.引用的这位历史学家是加文·亨德森(Gavin Henderson)。

② Schroeder, *Austria, Great Britain, and the Crimean War*, p.409.

③ Ibid., pp.413-420.

国家来说更可能采取修正主义的目标。[①] 这一洞见为本书的主要结论提供了更进一步的支持——政体本身的类型不足以预测一国在国家战略中实施战略克制的意愿和能力。

1848 年后地缘政治对抗的回归,说明了社会参与在维持安全共同体中扮演的复杂角色。"欧洲协调"有效运行了三十多年,部分原因就在于它是个精英俱乐部。其领导人可以在制定对外政策时受到很少的国内干预。此外,这一群体的排外性和贵族属性促进了共同认同的形成。尽管在这些方面有其优势,"欧洲协调"薄弱的社会根基确实使其在 1848 年剧变中容易受到伤害。由于权力易主,这种缺乏私营部门或大多数民众支持的政治秩序不存在国内基础。而且,国内政治对外交政策逐渐增强的影响力,更多的是损害而非促进持久和平。对中产阶级不断增长的力量做出回应,以及适应工人阶级的崛起这两大挑战,在诱使精英们采取扩张主义的政策、削弱以规则为基础的欧洲秩序中扮演了中心角色。直到一个世纪以后,自由民主得以巩固,欧洲领导人才成功地回到重建安全共同体的任务中。这些发现使我们更加确信,专制政体和成熟民主制,而非在民主化过程中的国家,可能更适合建设持久和平。

英国和法国的经济发展还意味着,把欧洲东部国家和西部国家分隔开来的社会秩序差异在加深。从 1815 年到 19 世纪中叶,发生在法国和英国的社会变革远比普鲁士、奥地利和俄国的社会变革更加深远。英国有蒸蒸日上的中产阶级,工业化迅速扩大了其城市工人阶级。同样的社会趋势发生在法国,虽然其工业化发展慢很多。但是,它有更高级的阶级结构和相比于欧洲大陆其他任何国家更加强大的中产阶级。[②]

1848 年革命把社会秩序的差异摆到了前台,提出了英法城市化与工业化社会同其东部农业主体社会间的不相容性。面对国内的动荡,法国实质性地放宽了政治参与。之后不久,拿破仑就削弱了议会,但他的民族主义辞藻和推翻《维也纳协定》的誓言是民众意见日益重要的自然结果。英国也是如此。帕默斯顿的新外交政策以及相伴的反俄观点,是为阻止迅速的社会变革所引起的政治压力而采取

① 参见 Mansfield and Snyder, *Electing to Fight: Why Emerging Democracies Go to War*。

② Stearns, 1848: *The Revolutionary Tide in Europe*, pp.1-68.

的国内政策的副产品。正如爱德华·曼斯菲尔德(Edward Mansfield)和杰克·斯奈德(Jack Snyder)指出的,“老精英”和“城市中产阶级”是不相容的政治同盟。因此,“帕默斯顿勋爵的伪自由帝国主义被证明是在民主转型时期创造持久执政同盟的唯一成功公式”[①]。在英国和法国,中产阶级被纳入仍由贵族主导的权力结构中。英国和法国领导人因此寻求满足资产阶级的自由天性,创造一个能够对抗新兴的、具有更大社会经济雄心的工人阶级的政治同盟。[②]

1848 年危机的蔓延,的确引发了在奥地利和普鲁士的国内起义,促使两国领导层的变更以及普鲁士宪政国家的开始。重塑西欧政治的社会秩序结构变化并未在东欧进一步发生。德国北部商业阶层的兴起,加强了普鲁士及其周边邻邦政治改革的呼声。与此同时,俄国仍保有其农奴制度并且中产阶级还未发展起来。如果只是取决于奥地利、普鲁士和俄国三国的话,君主的团结和“欧洲协调”还将在 1848 年剧变后延续很长时间。

欧洲大国间政治和社会差异的加深——以及不同的国内压力——使得“欧洲协调”成员维持由其创始者形成的文化同质性和共同认同变得越发困难。它们培育的亲密私人关系因人事变化而断送。由于大众舆论在英国和法国变得越来越重要,精英们面临放弃“亲密同盟”和“家庭”的言辞、支持更加对抗和反对的话语的政治诱因。在西方,专制国家变为了残暴的“他者”——他国必须要集中其资源和严肃其政治才能与之对抗的国家。在俄国,英国和法国变成了对手,不仅对领土现状构成了威胁,并且还对君主制的基本原则构成了挑战。1815 年后经常被用作共同认同和团结来源的“基督教兄弟关系”被宗教分歧所压垮。事实上,起初的争端是关于奥斯曼领土上天主教和东正教的相对权力,所导致的事态顶点就是克里米亚战争。

“欧洲协调”解体的历史证明了共同认同的可塑性。在政治和社

---

① Edward Mansfield and Jack Snyder, “Democratization and War,” *Foreign Affairs* 74, no. 3(May/June 1995): 89.

② Jonathan Sperber, *The European Revolutions*, 1848-1851 (Cambridge: Cambridge University Press, 1984), pp.246-247;也可参见 Reinhart Koselleck, “How European Was the Revolution of 1848/49?” in Axel Körner, ed., 1848—*A European Revolution? International Ideas and National Memories of* 1848 (New York: St.Martin's Press, 2000), p.211。

会变革的背景下，精英们面对崭新的国内政治图景，受欢迎的多样性变成了难以忍受的差异，并且竞争和分裂取代了克制与共同体。显而易见的是，促成变革的主要因素在于更加自由的英国和法国。在坚持输出自由主义改革和支持民族解放运动的过程中，它们改变了现状并背叛了“欧洲协调”。缺少了“欧洲协调”的稳健实践和制度，关于耶路撒冷宗教圣城地位的微小分歧逐渐上升为关于威望和利益的重大冲突。安全共同体的崩溃和克里米亚战争的爆发就是结果。

1981 年以来海湾合作理事会的演变和动摇

由于长期受制于部族竞争和帝国主义征服，当 1968 年英国宣布它很快会从该地区撤出时，阿拉伯半岛在地区一体化上并没有什么经验。[①] 尽管如此，海湾合作理事会(GCC)于 1981 年成立，在前十年推动地区一体化方面取得了显著的成功。海湾合作理事会能够利用几个方面的因素来支持其发展。它的创始国——阿曼、沙特阿拉伯、阿拉伯联合酋长国、卡塔尔、巴林——主要是逊尼派，并且它们有着共同的语言、宗教和部族社会秩序。[②] 身处一个在种族、宗教和国家地位关系上被相互对立的概念分割的地区，海合会国家还约定了一个独特的“乌玛”(伊斯兰共同体)概念，以同伊朗伊斯兰革命和伊拉克的世俗阿拉伯民族主义区分开。战略背景也有利于地区合作。潜在的伊朗伊斯兰革命输出，加上极端主义分子对科威特、巴林和沙特阿拉伯的攻击，对海合会的君主政权构成了国内威胁。与此同时，1980 年爆发的两伊战争及其向南扩展的可能性构成了对半岛国家领土的外部威胁，以及对其经济命脉——波斯湾航运的巨大威胁。

在成立之后，海合会拟定了迅速而实质性的通往安全共同体的步骤，其成员或解决或搁置大量的领土争端。它们在边境管制、情报和签证制度方面紧密合作，以抵御来自穆斯林叛乱分子的威胁。它们采取雄心勃勃的步骤抵御来自两伊战争的威胁，包括建立联合军

---

① 沙特代表了一种显著的例外。沙特王国在 1932 年通过哈萨、盖提夫、内志(纳季德)、汉志(希贾兹)等主要地区合并而建立。

② 伊巴底穆斯林(Ibadi Muslims)构成了超过阿曼 50%的人口，剩下的大部分是逊尼派穆斯林。巴林由逊尼派皇室家族统治，但主要人口则是什叶派穆斯林。

事力量并且寻求建立一体化的防空网络。它们还推进了有关经济和社会一体化的一个广泛议程。伴随着 1983 年海合会的第一次联合军事演习,阿曼苏丹卡布斯(Sultan Qabus)总结了这些进展:“现在六个海湾国家组成了它们自己的海湾合作理事会,相比于以往任何时候都是创造一个稳定海湾的好机会。一同思考;一同交谈;一起计划;并且我们共同而非单独地看待事物。”①

尽管有良好的开端,海合会却无法继续在整个 20 世纪 80 年代推进持久和平的过程。② 的确,该组织从 1990 年开始就摇摇欲坠,随时间的不断推移不见改善。这刺激了迈克尔·巴尼特和格里高利·高斯(Gregory Gause),他们给该组织打上了“止步不前”安全共同体的标签。③ 鉴于海合会成员面临 1990 年伊拉克入侵科威特所导致的不断上升的外部威胁,这种倒退尤其令人费解。伊拉克的入侵构成了对成员国领土的直接攻击。原则上,海合会应该巩固 20 世纪 80 年代以来的成果,更紧密地联合起来以应对集体防御的需求。相反,20 世纪 80 年代取得的进步,在 90 年代早期发生倒退,海合会经历了安全政策的再国家化(re-nationalization)以及成员国间领土争端的回归。来自伊拉克的威胁本可以帮助巩固安全共同体,但却起了相反的效果。

海合会为何步履蹒跚是这个案例研究的中心谜题。从终极意义上来说,海合会的倒退是依赖美国力量的结果;成员国寄希望于依赖与美国的双边防务关系,这以牺牲它们彼此间的防务联系为代价。外部威胁水平较低时,东盟能够搁置是否依赖外部大国的不同意见;与东盟相比较,由于来自伊朗和伊拉克的对海湾稳定的紧迫威胁,海

---

① Interview on November 7, 1983, in R.K.Ramazani, *The Gulf Cooperation Council: Record and Analysis* (Charlottesville: University of Virginia Press, 1988), p.155.

② 为保持第一章中成功案例需要具备至少十年持久和平的条件,我将海合会定为一个失败案例,这主要是由于其自身在 1990 年对科威特的入侵便开始出现逆转的事实。尽管武装冲突并未在成员国之间重新出现,多边防务合作陷于停滞同时领土争端开始出现。此外,这种逆转并非短暂的插曲。自 1990 年开始,海合会成员间的安全合作被侵蚀而止步不前。

③ Michael Barnett and F.Gregory Gause III,“Caravans in Opposite Directions: Society, State, and the Development of Community in the Gulf Cooperation Council,” in Adler and Barnett, *Security Communities*, p.162.

合会却不能避免关于美国在地区角色的分歧。担心地区安全合作将会让海合会小国服从于沙特不受制约的权力，以及成员国不愿意限制自己的主权、整合防御力量，仍是持久和平的障碍。“欧洲协调”的失败是由内而外的；成员国的政治和经济变化导致它们从安全共同体中脱离。海合会的失败是由外而内的；外部威胁导致成员国向美国寻求保护，诱使它们退出了安全共同体的合作实践。

和平是如何发生的

在波斯湾沿岸，几十年的帝国主义统治和武装对抗结束后，建立地区安全共同体的提议开始在20世纪70年代中期传播开来，阿曼苏丹卡布斯是主要的推动者。主要的动力源自海湾地区失去了外部保护者。不仅是英国从苏伊士运河以东地区撤出，还因为美国在从越南撤军后不久，便发布了尼克松主义，表明华盛顿希望波斯湾的当地国家负责自己的安全保障。人们担心，大国监管的终结将恢复由来已久的地区对抗；甚至在殖民时代，部落竞争都经常导致血腥杀戮。阿曼最初的努力是准备通过提升安全合作来获得地区的自给自足，但这并没有取得实实在在的效果。尽管如此，科威特的艾米尔在1978年拥抱了这一事业，并成为它最积极的推动者。他发起的地区范围内磋商为1981年海湾合作理事会的建立奠定了基础。[①]

两个主要的发展使得在阿拉伯半岛建立国家间防务合作成为一种战略需求。首先，1979年伊朗国王被推翻，加剧了海湾君主国对国内骚乱和激进伊斯兰运动可能推翻它们政权的担忧。加之地区范围内零星的什叶派教徒暴动和激进分子攻击，伊朗革命给了海湾国家以推动地区合作的强大理由。其次，两伊战争的爆发及其潜在的溢出效应对海湾酋长国的领土和海上航线构成了直接威胁（见图5.2）。同样重要的是，它使得半岛国家能够实施地区动议而不必担心伊拉克会支配它们的努力。鉴于其军事优势与它的世俗和反君主制取

① 有关海湾地区早期安全合作的提议见 John Christie，“History and Development of the Gulf Cooperation Council：A Brief Overview，” in John A. Sandwick，ed.，*The Gulf Cooperation Council：Moderation and Stability in an Interdependent World*（Boulder，CO：Westview Press，1987），pp. 7-20；Emile Nakleh，*The Gulf Cooperation Council：Policies，Problems，Prospects*（New York：Praeger，1986），p.2；and Ramazani，*The Gulf Cooperation Council*，pp.1-10。

向，将伊拉克纳入地区体中会威胁较弱的成员。伊拉克必须被排除在外才能使海湾阿拉伯国家对地区一体化的前途感到安心。伊拉克同伊朗的战争提供了将其排除在海合会之外的论据和理由。①

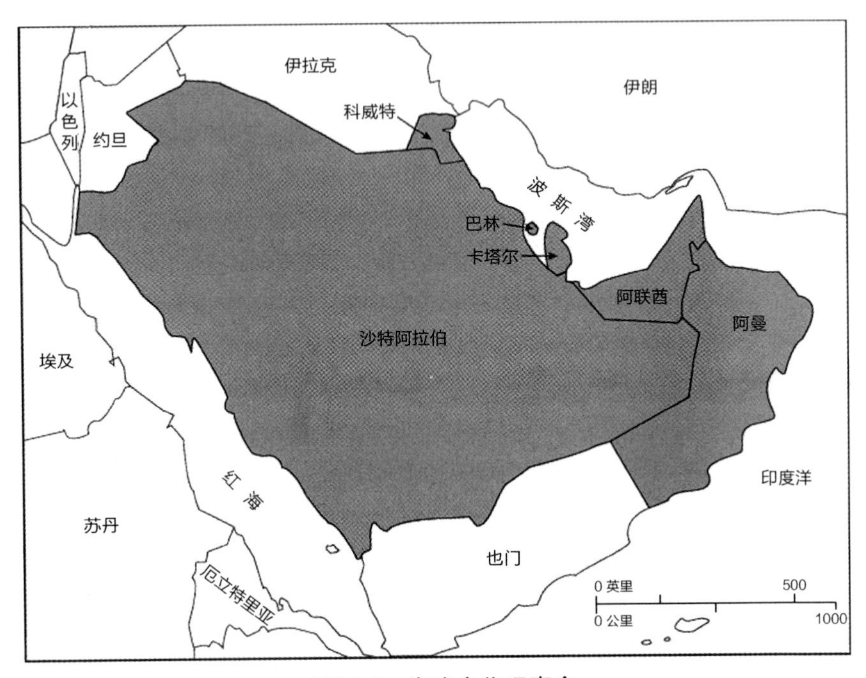

地图 5.2　海湾合作理事会

资料来源：http://www.kingfahdbinabdulaziz.com/jpghi/f140.htm。

最后一个关键的因素就是沙特阿拉伯实施战略克制的意愿。从领土、人口和经济方面来看，沙特阿拉伯的实力超过其他海合会成员之和。② 对巴格达主导地位的关切已经在两伊战争中被减轻，但畏惧被沙特阿拉伯征服仍是地区一体化的障碍。沙特政府试图谨慎地减轻这类担忧。它从大量同邻国的大量领土争端中后退，包括长久以

① 参见 Barnett and Gause, "Caravans in Opposite Directions," pp.165-166；以及 Ramazani, *The Gulf Cooperation Council*, pp.6-7。

② 沙特面积超过 83 万平方公里，而阿曼作为海合会第二大成员国面积为 12 万平方公里。其他成员国的面积则更小了。在 1980 年的早期沙特人口粗略为 1 亿 1 千万，然而其他成员国人口低于 2 千万，其中卡塔尔人口最少，只有 29 万人口。Erik R.Peterson, *The Gulf Cooperation Council: Search for Unity in a Dynamic Region* (Boulder, CO: Westview Press, 1988), p.15.

来同阿布扎比和阿曼关于布赖米绿洲(Buraimi Oasis)的争端。它向阿曼和巴林提供经济援助。沙特同意在不断发展的地区机构中采取平等的决策制定权。正如埃里克·彼得森(Erik Peterson)指出的，“从组织影响力的立场出发,沙特阿拉伯的地区主导地位并未转化为以共识为基础的海合会框架下相应的主导地位。”①

《海合会宪章》于1981年5月25日由6个创始国签署。宪章强调“它们共同的联系是基于伊斯兰教义的特殊关系、共同特征以及相似的制度”②。海合会的创始宪章并未提及安全事务,而是聚焦在争议较少的政治、社会和经济事务上。但在其幕后,国家安全问题是非常显著的。正如约翰·克里斯蒂(John Christie)观察到的,“如果新闻发布会是关于经济合作的,那么海合会内部的紧急讨论则是关于防务和内部安全的”③。此外,一个通过谈判与协商来解决成员国间争端的委员会被建立起来。④

在海合会成立后不久,具体的安全合作就随之而来。在最初的两年间,海合会成员主要关注国内安全事务。两伊战争几乎没有迹象会产生外溢效果,但伊朗伊斯兰革命使得成员国特别担心极端主义对政权稳定的威胁——就如一系列遍布阿拉伯半岛的攻击所表明的。在1979年,原教旨主义者占领麦加大清真寺,沙特越发关注什叶派少数群体的潜在动员。1979年和1980年巴林发生了什叶派起义。科威特则经历了国内动荡。在1981年末,一场针对巴林逊尼派领导人的密谋刺杀被揭露出来。在这种战略环境下,成员国视海合会为“对抗革命的同盟”。“它们最害怕什么,”根据R.K.拉马扎尼(R.K. Ramazani)所言,“是伊斯兰革命在其人民和社会中的震动,特别是由于假定本国什叶派民众对伊斯兰革命运动的敏感性。”⑤

这些关切促使海合会成员关注边境巡逻,一体化它们的签证以及引渡制度,协调镇压叛乱的合作,并且交换情报信息。第一次海合

---

① Peterson, *The Gulf Cooperation Council*, p.95.

② Ibid., p.15.

③ Christie, “History and Development of the Gulf Cooperation Council,” p.11.

④ Barnett and Gause, “Caravans in Opposite Directions,” p.169.

⑤ Ramazani, *The Gulf Cooperation Council*, pp.8, 192.

会参谋长联席会议于1981年9月举行。① 如东盟的例子那样，正式的安全协议在双边基础上达成，沙特阿拉伯同除科威特以外的所有海合会成员谈判达成协定。科威特的犹豫情绪似乎源于其对沙特主导和介入国内事务的担心，这是在20世纪90年代危害海合会的事态的先兆。②

海合会还是一个使自我约束和共同约束规则化的有价值的论坛。相互克制促成了残余领土争议的解决。在海合会的保护下，巴林和卡塔尔解决了两个争端，其一是卡塔尔北部海岸的一块名为苏巴拉（Subarah）的土地，其二是关于哈瓦尔岛（Hawar Island）——它受巴林统治但更靠近卡塔尔。后一个争端并未被解决，但两国同意搁置它，这样就不会妨碍地区合作。③ 正如经常发生在"欧洲协调"和东盟的那样，海合会成员隔离了冲突。海合会还帮助调解了阿曼和南也门间的冲突，以及20世纪80年代中期巴林和卡塔尔的第三次领土冲突。相互克制的规范和抱团的非正式实践逐渐成熟，并产生了看得见的结果。随着海合会的演进，它不仅成功压制了由极端主义暴动带来的国内威胁，还推动了成员国间持久和平的事业。

到1982年，海合会的战略焦点开始从国内安全和多边和解向集体防务转变。这种战略再定位背后的动力是伊朗对伊拉克发动了一系列成功的攻击，引起了对伊朗很快会成为地区成员国领土构成直接威胁的担忧。伴随着伊朗对波斯湾外国航运的空中打击，这种担忧在1984年增强了。海合会并未法典化任何正式的集体防务承诺，但部长们公开证实，海合会将"视任何对海合会成员的攻击为对全体海合会成员的侵犯"，并且"地区安全和稳定是所有海合会成员身上的集体责任"④。

被挫败的巴林暗杀阴谋和之后连续发生在科威特的恐怖袭击，

---

① John Duke Anthony, "The Gulf Cooperation Council," in Robert Darius, John Amos II, and Ralph Magnus, eds., *Gulf Security into the 1980s: Perceptual and Strategic Dimensions* (Stanford, CA: Hoover Institution Press, 1984), p.83.

② Ramazani, *The Gulf Cooperation Council*, pp.35-38.

③ Ibid., p.126.

④ GCC Ministerial Council, February 7, 1982, in Ramazani, *The Gulf Cooperation Council*, p.45.

确保海合会将继续关注国内安全；镇压国内叛乱仍是主要目标。但在1983年下半年，海合会开始制定领土防御的具体计划。在10月份，所有六个成员国都参与到在阿联酋的称为“半岛之盾I”(Peninsula Shield Ⅰ)的联合军事演习中。演习持续三周，涉及大约6500人的部队。在11月的首脑会议上，海合会的领导人们为建设常设的快速反应军队打下了基础。次年的10月，进行了第二次重要的演习——“半岛之盾Ⅱ”。在1984年11月的峰会上，海合会正式决定建立常设军事单元，称为“半岛之盾”部队。这一部队在1985年组成，由沙特军官指挥，位于哈费尔巴廷(Hafr al-Batin)，靠近科威特边境的沙特基地。①

同一时期，为回应伊朗和伊拉克对航运的攻击，海合会加快建立了一体化的防空网络。沙特空军的明显优势——里根政府向其转让了F-15战斗机和空中预警机——使得其他的海合会国家严重依赖沙特的军事能力。正如拉马扎尼(Ramazani)观察到的，“沙特的力量是创造一体化地区防务系统的关键。”②推进防空网络建设的工作进展缓慢，但在1984年，沙特确实成功地击落了沙特水域的伊朗战机。

到了20世纪80年代后半期，海合会在推进安全合作方面取得了卓越的进展；成员国成功地将相互猜疑变为相互信任，协调行动击败国内对稳定的威胁，并开始一体化它们的地面与空中力量以提供集体防务。在1985年峰会上，海合会成员国确认，对任一成员国的攻击是“对所有海合会成员国的威胁，因为海合会成员国家的安全是不可分的”③。

海合会官员和观察员都指出该进展的速度和范围令人印象深

---

① 起初的提议是部队需要由两个旅组成。部队最终由大概来自所有六个成员国的4000人组成。扩大其规模、形成“半统一”命令来监督独立的国家军队、理性的采购政策以及建立一体化训练学院的计划最终并未能实现。此外对半岛之盾是集中在地区防御还是镇压叛乱缺乏清晰的认识，这源于对海合会是加强国内安全或集体防御还是二者兼备的分歧。参见Barnett and Gause，“Caravans in Opposite Directions，” p.174；Ramazani，*The Gulf Co-operation Council*，pp.61-67；and Serge Herzog，“Arms，Oil and Security in the Gulf：A Tenuous Balance，” in Abbas Abdelkarim，ed.，*Change and Development in the Gulf* (New York：St. Martin's Press，1999)，pp.240-241。

② Ramazani，*The Gulf Cooperation Council*，p.66.

③ Ibid.，p.65.

刻，其结果实质上超过了预期。据巴尼特和高斯所言："海湾国家朝着军事一体化前进，远超过当初的预期……总的印象是，海合会国家为它们所取得的成果感到惊讶。"①在1984年海合会峰会闭幕时，沙特国王法赫德表明了他对组织成就的满意："第五次最高委员会会议是合作与协调的一个重要阶段，坚定了海合会向更大范围的一体化和凝聚力迈进的步伐……有条不紊地推进……让海合会在短暂的发展中……取得了值得骄傲的成就。我们在许多合作的许多方面取得了很大进展，这让我们对这个理事会的进展感到信心满满。"②

海合会与美国的力量：管控争议

在成立的头五年，海合会在内部和外部威胁的帮助下，成功地成为一个初生的安全共同体。然而，在其初始的对国内威胁的关注之上，增加集体防御新责任的努力，的确暴露了一个关键的弱点——成员国间缺乏对海合会与外部国家尤其是同美国的关系的共识。东盟在如何处理其成员国对大国在东南亚适当角色的不同看法问题上有相同的困境。但在缺乏需要外部援助的紧迫外部威胁的情况下，东盟能够避开这个问题。两伊战争意味着海合会并没有这个福分。

自海合会建立之初，其成员国在是否依赖美国力量来捍卫其领土安全以及波斯湾航线问题上持相当不同的观点。这个事情不仅触及了同该地区最近的殖民历史相关的敏感问题，还有着引发伊斯兰原教旨主义威胁国内稳定的风险，特别是考虑到美国对阿以冲突的政策。从其公开声明中判断，海合会的目标同东盟的目标非常相似：提升地区内持久和平，从而防范外部国家的干涉。就如1981年起草的海合会工作文件中提到的，"在这样一个有着同一声音、观点和力量的融合地区，外国的打算没有立足之地。然而，它们能够找到一千个立足点，如果这个地区……仍由会易受伤害的小实体组成"③。在接下来的1983年峰会上，卡塔尔埃米尔将海合会的指导哲学描绘为："海合会成员同意，达成我们的目标的最好方式是主要地依赖我们自

① Barnett and Gause, "Caravans in Opposite Directions," p.175.

② Transcript from November 29, 1984, in Ramazani, *The Gulf Cooperation Council*, p.164.

③ "GCC Working Paper," May 26, 1981, in Ramazani, *The Gulf Cooperation Council*, p.29.

己，并且为建立我们自己的力量打好基础，相比其他任何力量，它都能更好地保障我们有能力免受干涉并使我们的地区免受超级大国的冲击。”①其他人，包括海合会秘书长，对这一立场做了更强有力的说明。根据1981年阿卜杜勒·比沙拉(Abdullah Bishara)新闻发布会的官方概要，“秘书长强烈地重申成员国拒绝外国干涉，包括建立基地、舰队存在以及外国影响力，并加上一句：这个理事会的目标是使该地区免受并远离任何外国干涉”②。这种情绪在民众中广为传播；在科威特的一项调查显示，几乎四分之三的调查对象将海合会视为保障地区免受大国算计的工具。③

在保障海湾地区免受大国干涉的明显共识之下，掩盖了许多关于海合会同美国关系问题的不同观点。阿曼这个长期同英国海军保持密切联系的国家，也发展了同美国海军的广泛关系，允许使用其设施来帮助提供霍尔木兹海峡及其周边的安全。随着海合会的形成，阿曼散发了一份工作文件，指出海合会没有足够能力来提供自身安全，因此不得不追求同美国的亲密合作。这份文件引起了相当大的争议并被很快搁置。④

站在另一端的则是科威特，它对依赖美国力量持强烈反对立场并支持海合会的战略独立。科威特还同苏联保持了良好的外交关系，部分原因是制衡美国的影响力。沙特采取的立场处于阿曼和科威特之间。出于战略需要，沙特坚持海合会必须采购美国的武器，寻求美国帮助威慑以及在必要的时候抵御外部威胁，即便不是完全公开这么做。但同美国的战略合作却要保持安静，不引人注意。海合会对美国的依赖更多的应该是技术上的而非依赖美国的军事力量。购买空中预警机和F-15战斗机作为海合会空防系统力量的支柱，就是恰当的例子。尽管这些系统需要美国在沙特派驻支持人员，沙特表面上获得了防御自身的能力。

沙特的立场最终占据了上风，不仅得益于沙特王国自身的压倒

---

① Transcript from November 7, 1983, in Ramazani, *The Gulf Cooperation Council*, p.157.

② Summary from press conference on May 27, 1981, in Ramazani, *The Gulf Cooperation Council*, p.31.

③ Nakleh, *The Gulf Cooperation Council*, p.89.

④ Christie, “History and Development of the Gulf Cooperation Council,” p.11.

性物质力量，还得益于两伊战争的溢出效应。对海湾中立航运的攻击削弱了反对同美国进行战略合作的意见。海合会国家起初拒绝了美国提供空中掩护、以换取基地所有权的提议。但当对中立航运的攻击开始不久后，美国战舰开始护送在波斯湾为美国船只补给的油轮，最终导致1987年科威特油轮改换旗帜和接受护航。尽管美国在海湾地区的存在增加了，这种存在更多的是离岸的和在视野之外的。举例来说，1984年美国在该地区有11 500名水手和士兵，但他们中的10 000人驻扎在海上。沙特还根据和五角大楼的协议接待了几千名美国平民，大部分人是为从美国购买的武器系统提供技术支持的人员。① 此外，沙特还扩建了其设施并且配备武器和物资库存，以防该地区内美国作战基地有更多的需求。②

尽管美国的军事存在相对低调，海合会对美国力量逐渐增长的依赖还是引起了反对。例如秘书长比沙拉在1986年注意到的，"尽管美国理解了海合会的趋势，会变得逐渐熟悉它并支持它，但其未能意识到海合会同阿拉伯问题相联系的强度……美国未能意识到海湾水域自力更生、拒绝外国舰队的认真程度"③。海合会内部关于美国在海湾地区扮演角色的分歧从未达到白热化的程度，然而，随着对航运的威胁弱化并且伊朗—伊拉克之间的军事平衡转向了伊拉克占优，军事僵局让位于伊拉克成功反击，紧接着的便是1988年经联合国介入达成停火协议。在威胁消退后，同美国战略联系的问题也就淡出了视线，这使得海合会能够避开依赖美国力量这一引发分裂的问题，巩固它自1981年以来所取得的实质性成果。

决策与社会一体化

依据其决策程序和社会一体化日程，海合会相比于东南亚更接近欧洲的模式。东盟成立初期，一直回避峰会和正式秘书处的问题。相比之下，海合会从其发端就排满了峰会、部长级会谈和其他低级别

① J.E.Peterson, "The GCC and Regional Security," in Sandwick, *The Gulf Cooperation Council*, pp.201-202.

② See Charles A. Kupchan, *The Persian Gulf and the West: The Dilemmas of Security* (London: Allen & Unwin, 1987), chap.6.

③ Transcript from January 24, 1986 in Ramazani, *The Gulf Cooperation Council*, p.183.

会议。以1985年中的三个月为例，海合会举行了19次会议。[①] 海合会组织在利雅得设立了秘书处，任命经验丰富和知名度较高的科威特外交官作为首任秘书长。在最高委员会(the Supreme Council)这个最高决策机构中，实质性决策由全体一致达成，而程序性问题由多数决定。海合会主席实行年度轮换制。全体一致和主席国轮换被作为权力制衡机制；“海合会的结构尽可能忽视成员国力量的不对称”[②]。

海合会的创建文件及其创始领导人没有说明这一事业的终极目标。尽管海合会的建立者明确将欧洲的经验作为一个模板，成员国并不怀有联邦的愿望，并非自觉地着手半岛政治联合的计划。在1981年的第一次峰会上，比沙拉阐明，组织“不是一个邦联或者一个联邦，而是一个合作理事会”[③]。然而在随后的一年里，秘书长开始接受另一种不同的观点，这大概是由于海合会的成功和获得了支持。在1982年初，他阐明海合会“不[像]联合国——这是主权国家组织，[或]阿拉伯联盟——这是国家联合体。海合会要胜过这二者。我们是有统一态势的邦联结构”。在1983年5月，海合会第二个周年纪念日，他甚至更加明确地指出：“尽管《海合会宪章》并未包含一个清晰的政治理论这一事实，六个成员国间关于某种邦联的形式存在共识……成员国普遍同意在理事会的名义下采取行动，它们能够在政治、经济和其他事务上以邦联的方式进行联合。”[④]

然而比沙拉的观点似乎主要是在秘书处而非成员国的政府中流行。有关海合会终极政治性质的公开讨论很少，表明各国领导人明显偏好聚焦于具体的合作而非需要正式让渡主权的制度化机制——这样的前景无法引起科威特和其他海合会小国的热情。20世纪70年代早期，英国强迫卡塔尔和巴林加入阿拉伯联合酋长国，但二者都倾向于保持各自的主权。科威特继续拒绝同沙特阿拉伯签署安全条约，清楚地表明它对于参与正式限制其主权的计划没有任何兴趣。

海合会不仅在政治设计上，还在经济一体化事务上参照了欧洲

① Nakleh, The Gulf Cooperation Council, p.3.

② Peterson, *The Gulf Cooperation Council*, p.95.

③ 拉马扎尼写道，比沙拉“据说”在1981年5月的第一次峰会上做了这一发言。参见Ramazani, *The Gulf Cooperation Council*, p.195。

④ Peterson, *The Gulf Cooperation Council*, pp.104, 102.

的模式。[1] 然而,推动一体化贸易集团的努力磕磕绊绊,因为一些针对市场自由化的主要动议没有能够实施;对主权的关切再次发挥作用。此外,海合会成员的经济十分相似,石油出口占据了各国产品的重要份额。结果,地区内贸易占总贸易的份额只保持在个位数,尽管采取了一些措施来降低关税和消除非关税壁垒。[2]

尽管地区内贸易的水平较低,但海合会在社会一体化方面仍有可观的成效。海合会国家的民众被允许在任何海合会国家工作并开设企业,从而导致劳动力的流动性逐渐增长。对地区内合资公司的资助促进了新的商业往来,并且在 1981 年成立了海湾商会。海合会范围内的签证要求降低了,同时海合会投资交通基础设施,便利了地区内的旅行。[3]

关于海湾团结的精英话语与不断增多的社会联系相补充,促进了共同海湾认同的产生。海合会公报和领导人经常使用共同体的表述,指明海合会的"共同命运和统一的目标",还有成员国"自然的团结"与"共济精神"[4]。同东盟相比,海湾地区精神的演进不仅仅是一种精英现象。政治领导人寻求并得到了大量的媒体关注。一位观察者在 1986 年指出,"可以毫不夸张地说,海合会在过去五年已经成为首要的新闻事件"[5]。一项在科威特的民意调查显示,78%的被调查者会经常关注海合会的新闻。相似比例的被调查者还相信,海合会是建立在成员国政治共性上的。[6] 如巴尼特和高斯观察到的,海合会公民"视自己如拥有共同利益和共同认同的'海湾军民'(khalijiin)……不可否认的是,'海湾'的表述现在比以前更加普遍,并且越来越多的公民发现,其物质利益和政治认同与海合会有密切联系"[7]。

---

① Anthony Cordesman, *The Gulf and the Search for Strategic Stability* (Boulder, CO: WestviewPress, 1984), pp.625-629.

② Peterson, *The Gulf Cooperation Council*, pp.114, 145-164. See also Abdullah Ibrahim El-Kuwaiz, "Economic Integration of the Cooperation Council of the Arab States of the Gulf: Challenges, Achievements and Future Outlook," in Sandwick, *The Gulf Cooperation Council*.

③ Barnett and Gause, "Caravans in Opposite Directions," p.178.

④ Ramazani, *The Gulf Cooperation Council*, pp.13, 28, 29.

⑤ Nakleh, *The Gulf Cooperation Council*, p.82.

⑥ Ibid., pp.88-89.

⑦ Barnett and Gause, "Caravans in Opposite Directions," pp.162-163.

海合会在第一个十年取得了显著的成功,推动地区和平与一体化的事业比参与者和观察者所期待的更具实质性。在成立后不久,其成员协作对抗对地区稳定构成威胁的极端主义,并发起了雄心勃勃的经济一体化计划。到1983年,海合会将其注意力转向两伊战争,采取了统一的外交立场,并且在美国的帮助下,对抗对海湾商业航运的威胁。一直以来,其成员国搁置长期以来的领土冲突,一体化它们的防务政策,创设了海合会快速反应部队和地区空防网络。它制度化的战略克制,以及成功应对来自国内和国外对安全的威胁,巩固了成员国间的团结与信任的意识。① 科威特副总理这样评价道,"海合会国家的关系超出了同盟。同盟存在于不相似的国家间,但我们是彼此信任的国家。"②简而言之,海合会在20世纪80年代演化成了初生的安全共同体。

伊拉克入侵科威特以及海合会的动摇

海合会在20世纪80年代向持久和平的发展,同20世纪90年代其遭受的挫折形成鲜明对比。理论上,1990年伊拉克对科威特的入侵应当加强地区的团结;对地区内成员国领土的直接攻击应当迫使海合会成员拓展和深化战略合作。事实上,它在冲突开始时起到了这样的作用。海合会按照其对集体防务心照不宣的承诺行事,迅速加入由美国组织的军事同盟,迫使伊拉克军队退出科威特。该组织的联合军事力量"半岛之盾"和各成员国的个体军事力量都参与到战争中。此外,地区一体化防空系统得到升级。如巴尼特和高斯指出的,"海湾国家联合起来支持科威特,并且接受美国和其他国际力量将伊拉克从科威特领土上驱逐出去,这一过程的速度和一致性是相当突出的……海合会在驾驭海湾地区危机的过程中表现出令人印象深刻的团结和守诺"③。

尽管如此,伊拉克对科威特的入侵,很快就成为海合会成员间深化安全共同体的障碍而非促进因素。大部分成员国走向了不同的方

① Barnett and Gause,"Caravans in Opposite Directions," p.177.

② Ramazani, *The Gulf Cooperation Council*, p.162.

③ Barnett and Gause,"Caravans in Opposite Directions," p.180.

向，而非协调它们的安全政策。阿曼认为，半岛之盾部队应该扩展到10万人，但其提议最终胎死腹中。相比于巩固地区内的多边主义，每个成员国更多地寄希望于同地区外大国的关系上——主要是同美国。[①] 除了沙特阿拉伯外，其他国家都同英国、法国或美国达成了正式的安全协议。与此同时，沙特悄悄地加强了同华盛顿的防务合作，实质上提高了其高科技武器的水平。海合会国家的防务开销迅速增长——1992—1993年间增加了超过50%——但每个成员国各自购买自己的装备，这就分化了供应商和技术而非协调他们的力量。根据巴尼特和高斯，海湾战争引起的“并非是地区主义的加强而是退回到国家主义”[②]。

海合会成员安全政策的再国家化证明，它返回到了领土冲突中。1992年，卡塔尔和沙特阿拉伯由于边境问题而争吵。埃及而非海合会主导了争议的调停。领土冲突还发生在卡塔尔和巴林间，同时阿曼反对在沙特和阿联酋间的一个划界协定，声明其侵占了阿曼领土。近来，阿联酋和沙特再次在边界问题上陷入了冲突，阿联酋主张其对于在沙特控制下的一片油田拥有权利。[③] 而且，它们关于领土的冲突远非是善意的争吵。1992年卡塔尔和沙特间的冲突造成了三人死亡。巴尼特和高斯坚持认为，“该地区的居民很容易地设想边境冲突将演变为边境战争”。他们认为，20世纪80年代的初期安全共同体“止步不前了”，不断加强的团结让位于“不信任与猜疑”[④]。塞吉·赫尔佐格(Serge Herzog)说，“挥之不去的领土冲突”在“阻止该组织在安全政策方面采取迈向统一状态的决定性步骤中扮演了重要角色”[⑤]。根据牛津分析公司(Oxford Analytica)2003年的一份报告，“不排除海合

---

① 参见 Abbas Abdelkarim，“Change and Development in the Gulf: An Overview of Major Issues，”以及 Herzog，“Arms, Oil and Security in the Gulf，” in Abdelkarim，*Change and Development in the Gulf*。

② Barnett and Gause，“Caravans in Opposite Directions，” p.181

③ Oxford Analytica Daily Brief, Monday, January 8, 2001，“Gulf States: Boundary Disputes Strain Regional Ties，” and Oxford Analytica Daily Brief, Friday, April 7, 2006，“Gulf States: Iran Threat Exposes GCC Defence Rifts，” p.1.

④ Barnett and Gause，“Caravans in Opposite Directions，” pp.183-184, 162-163.

⑤ Herzog，“Arms, Oil and Security in the Gulf，” pp.240-241.

会内部出现涉及威胁或实际使用武力的冲突"①。

20 世纪 90 年代前半期形成的模式为后半期奠定了基础;海合会成员继续寄希望于同美国的双边关系,而这以彼此间的多边关系为代价。巴林长期驻扎着美国在海湾的小型舰队,将这一设施扩展为一个重要的美军基地。到 1993 年,这个基地成为超过 18 000 名美军水兵的所在地。20 世纪 80 年代,阿联酋坚定反对美国在海湾的大规模存在。海湾战争后,它成为世界范围内美国水手的最大自由港。科威特在美国领导的同盟的帮助下才重获主权,因此不再反对美国在地区内的存在并且驻有美国的资产,后者是用来监管和遏制伊拉克政府的。尽管在科威特战败,伊拉克政府仍然有着好战姿态。

的确,并非所有各方都欢迎地区合作转向同美国的双边关系的明确转变。在 2001 年的海合会峰会上,沙特王位的合法继承者阿卜杜拉王储(Crown Prince Abdullah)相当坦率地感叹道:"海合会没有完成其预期的抱负……我们没有创造出抵御敌人和支持朋友的军事能力;我们没有建立一个统一的共同市场;我们还没有形成面对政治危机的统一政治立场。"②

然而,沙特的关注不足以扭转由海湾战争引起的再国家化。事实上,在 20 世纪 90 年代浮现的战略趋势,在 2001 年"9・11"事件以及美国 2003 年入侵伊拉克后得到加强。海合会国家反对入侵,但尽管如此它们还是加强了同美国的战略合作。在卡塔尔的阿尔乌迪特(al Udeid)有美国主要的空军基地,在美国决定从沙特阿拉伯移出其大部分军事人员后,它成为美国在海湾的主要空中行动总部。美国从沙特的撤出是由于围绕着美国存在的安全威胁和政治紧张加剧。美军第五舰队的总部位于巴林的一个基地,海军行动的范围大幅扩大,同时扩大的还有美国在阿联酋的德哈夫拉机场及其阿里山港(Jebel Ali)和富查伊拉港(Fujairah)的美军行动。科威特成为在伊拉克行动的主要集结待命地区,容纳了成千上万的美国军事和文职人员。

---

① Oxford Analytica Daily Brief, Monday, November 17, 2003, "Gulf States: Military Balance Shifts to Small States."

② Address to GCC Summit, December 30, 2001, in *Middle East Policy* 9, no.1 (March 2002).

再一次,同美国的战略联系葬送而非补充了地区内合作。在2005年,阿曼和卡塔尔宣布它们从半岛之盾中撤出其军事力量。沙特透露称这些部队仍然属于集体力量,但不会再部署在哈费尔巴廷,而是在其各自国家安排驻扎。① 根据国际战略研究所的看法,“科威特、卡塔尔、阿联酋、巴林和阿曼都同美国保持着双边联系,相比于它们自己的海合会义务更加优先……每个国家继续寻求美国这样的外部安全保障力量而非增加海合会自身的集体防务能力”②。牛津分析公司称:“海合会作为一个集体防御机制已经崩溃了。”③作为对海合会失去动力的回应,费萨尔亲王(Prince Saudal-Faisal)评论说:“各自独立的安排并不符合海合会的精神和特性……不仅削弱海合会的团结……还削弱了每个成员。”④

矛盾之处在于,海合会在防务和安全事务上的倒退却伴随着经济与社会方面的实质性进步。实际上,在安全上的地区合作同社会一体化负相关。能源价格的急剧增长,帮助海合会国家实现了经济多样化,促进了地区经济一体化。地区内贸易和投资欣欣向荣,并且商业集团在向政府施压以追求体制改革方面越发直言不讳。2003年1月1日关税同盟启动,2008年初共同市场形成,而且海合会成员已经原则上同意采用单一货币。⑤ 地区内的政治联系也增加了。在1994年,海合会国家咨询委员会和议会的成员们举行了首次会议。此外,海湾认同的意识在普通公民尤其是在知识分子中得到了增强。⑥ 简而言之,经济相互依赖和社会联系还是得以推进,尽管在安

---

① Oxford Analytica Daily Brief, Friday, April 7, 2006,“Gulf States: Iran Threat Exposes GCC Defence Rifts,” p.1.

② International Institute for Strategic Studies,“The GCC and Gulf Security: Still Looking to America,” *Strategic Comments* 11, no.9(November 2005): 2.Available at: http://www.iiss.org/index.asp? pgid=8431.

③ Oxford Analytica Daily Brief, November 17, 2003,“Gulf States: Military Balance Shifts to Small States.”

④ International Institute for Strategic Studies,“The GCC and Gulf Security,” p.3.

⑤ “A Brief Overview of the Achievements of the GCC,” Secretariat-General of the GCC, document prepared for the 25th Anniversary of the GCC, December 18-19, 2005.Available at: http://library.gcc-sg.org/English/Books/sessions/cs026.html.

⑥ Barnett and Gause,“Caravans in Opposite Directions,” pp.186-189.

全事务上的趋势是再国家化。[1] 这种社会一体化的加深使得与此同时海合会作为安全共同体的解体更加让人困惑。

海合会为什么步履蹒跚

同持久和平的发端相联系的三个因果条件中，制度化克制显然是海合会所缺少的。科威特是海合会起始阶段唯一有议会的成员国——但议会的权力同那些执政家族相比十分有限。另外五个君主制国家并没有代表机构。对君主制权力只存在有限的制衡，这样的克制完全来自指定的咨询委员会和部族长者。

制度化克制的缺乏并没有阻碍20世纪80年代持久和平的发端。沙特阿拉伯同半岛其他小国实践战略克制、避开长期存在的领土冲突的能力和意愿都得到了证明。它们准备好对自我约束和共同约束采取法典化的承诺，签署海合会宪章并承担其他限制它们自主权的义务。虽然缺乏同自由主义制度相联系的透明度，但它在某种程度上被定期召开的海合会会议、情报分享、在边界和国内安全以及集体防务合作上的开放性所抵消——集体防务合作包括联合地面力量防御以及一体化防空网络的初步建设。

同样属实的是，制度化克制的缺乏似乎并没有在伊拉克入侵科威特后对持久和平的侵蚀中扮演主要角色。从20世纪90年开始的安全政策再国家化，发生在大部分海合会国家采取渐进措施迈向而非远离政治自由化之时。巴林在2001年决定设立议会，随后卡塔尔在2003年效仿。卡塔尔半岛电视台和其他新闻频道的建立，扩大了公开辩论的范围。在这方面，多元化的政治与更少的安全合作恰巧同步。如果有什么的话，政治自由化和海合会作为安全共同体的命运是负相关的。根据一项评估，“随着民主的公民社会在海合会的发展，民族主义情绪、姿态和国家间冲突有可能伴随着民族国家构建的过程。”[2]

海合会国家的社会秩序不仅仅是相容的，事实上是相同的。统

---

① 有关经济上相互依赖增长的数据，参见 http://library.gcc-sg.org/English/Books/ArabicPublish-142.html。

② Oxford Analytica, Daily Brief, November 17, 2003, “Gulf States: Military Balance Shifts to Small States.”

治家族以及强大的部落和家族网络,控制着地区内大部分的能源资源和随之而来的财富。在那些人口较少的海合会国家,外国劳动力构成了劳动大军的主要部分。但外国劳工并未被授予公民身份和政治权利,因此他们对地区安全事务几乎没有任何影响。如果本地人口更多一些的话,海合会成员可能会维持更大规模的军事设施,为地区一体化提供额外的官僚政治动力。一些分析认为,统治家族有意限制国家军队的规模,以避免它们可能在其他方面构成对传统社会等级和君主统治的制度化威胁。①

海合会成员还享有较高水平的文化共同性。所有六个国家的公民几乎都是阿拉伯人,讲阿拉伯语并且逊尼派占主导地位。② 部落和家族通常在好几个成员国有分支。所有国家的人民都有保守主义的社会取向,相比于其他更加西方化的阿拉伯国家,更偏爱传统的阿拉伯服饰和社会风俗。海湾国家也自我认同彼此的政治同质性,还有同其他阿拉伯国家形成鲜明对比的传统君主制。唯一未坚持保守君主主义的半岛国家是也门,它也基于这些理由被海合会排除在外。

政治领导人、知识分子和媒体经常提到海合会国家的文化、宗教和社会的相似性。在为海合会建立而起草的一份工作文件中注意到,该组织有着“天然的团结”,并认为,“如果挑战足以在世界上的任何地区创造出有效的合作,那么海湾地区的情况更适合这样的合作。我们是有着共同地域、共同文明和共同价值与习俗的一个种族群体”③。酋长萨巴赫·艾哈迈德·贾比尔(al-Ahmad al-Jabir Al-Sabah)作为科威特的副首相和外交部部长在1984年指出:“联盟是家族的联盟,它是海合会国家的遗产和历史。”④其他领导人注意到海合会国家相比于西欧享有更多的共性,而西欧已经实现了实质上的地区一体化:“这些阿拉伯国家之间有很多的共同点。当然它们远比欧共体

① Herzog, “Arms, Oil and Security in the Gulf,” p.245.

② 巴林是什叶派占多数但由逊尼派主导的政府。

③ “GCC Working Paper,” May 26, 1981, p.29.

④ Transcript of press conference on November 26, 1984, in Ramazani, *The Gulf Cooperation Council*, p.162.

成员国有更多的同质性。"①

制度化克制的缺失并未阻碍20世纪80年代安全共同体的发端，而政治自由化是在其后才推进的。从一开始，海合会成员享受相容的社会秩序和高水平的文化共同性。为何后来安全政策的再国家化在20世纪90年代发生？

海合会的转折点伴随着伊拉克对科威特的入侵。萨达姆·侯赛因对成员国的大胆攻击本应当加强海合会成员的团结，并使其成员国达到政治和军事一体化的新高度。但却起到了相反的效果，即鼓励成员国寄希望于同美国的双边关系而不是加强多边安全合作。起初寻求美国帮助的决定并不费解；海合会成员没有用以保护它们自己或者将伊拉克军队从科威特驱逐出去的集体军事能力。在20世纪80年代后期，海合会成员国大约有19万人在服役，而当时伊拉克的军队数量超过60万。为兑现它们对集体防务的承诺，海合会别无选择只能转向寻求美国力量来将伊拉克军队驱逐出海合会领土并提供安全保护伞。

然而集体防御的战略需要不能充分说明为何对美国依赖的加深要以地区一体化为代价。为何对集体防务的关注阻碍了海合会在地区合作事务上的进程？为何海合会没有跟随欧共体的脚步，如欧洲一样利用美国的保护伞来追求一项导致欧洲安全共同体巩固的地区议程？

在20世纪80年代解决了它们自己的地缘政治竞争后——如欧洲在20世纪50年代一样——海合会完全可以利用外部保护来追求它们自己的地区一体化议程。在美国2003年入侵伊拉克之后，这样做的理由甚至更加强化了，当时海湾的威胁环境明显有利于在防务上的地区合作。在阿拉伯世界兴起的反美情绪，提高了同美国战略合作的国内代价。伊拉克不再构成地面威胁，留给海合会成员的两个主要挑战是：以极端主义攻击或什叶派动乱形式呈现的国内威胁，以及伊朗——主要是来自空中的——对能源基础设施的威胁。换句话说，战略环境同20世纪80年代非常相似——海合会的全盛时期。

① Sultan Bin Mohamed Al-Qasimi, Ruler of Sharjah, in Ramazani, *The Gulf Cooperation-Council*, p.xi.

根据国际战略研究所的一项评估,“在这样的情况下,海合会国家相比于以前应该更愿意紧密协调”①。

出于两个主要的原因它们没有这样做——由于对美国的战略依赖诱发的政治分裂,以及成员国不愿意接受安全事务一体化的深入导致主权的进一步丧失。如上所述,美国在海湾存在的范围和性质是海合会在演进过程中引起最大分歧的问题。20 世纪 80 年代的战略环境允许成员国有效地避开这个问题;安全需求仅要求对美国的有限依赖,很大程度上是刚刚露出端倪。然而在伊拉克入侵科威特之后,对海湾安全威胁的范围和迫切程度,使得美国在该地区的存在更加公开和实质化。赫尔佐格(Herzog)恰到好处地总结了这种随之而来的困境本质:“作为个体,它们都缺乏能力和资源来集结足够的军事力量抵御伊朗或伊拉克;作为海合会的共同成员,它们没有能达成必要的统一,将该组织转变为地区防务的优先载体。相反,它们依靠西方主要是美国的军事投送能力来威慑——如果必要的话——打击外部侵略者,即使这样做会引来国内政治压力和其他阿拉伯与穆斯林国家的批评。”②

美国的存在对海合会国家的安全至关重要,但出于政治原因,美国的存在不能成为海合会内部新的共识基础。在欧洲,同美国的战略合作不仅是必要的,还是合法的。在海湾,它是必需的,但不能为地区一体化提供合法性基础。对美国战略依赖所导致的困境——以及由此引发的海合会内部的不一致——在“9·11”事件后变得尤为显著,引起了美国和沙特关系的急剧紧张以及美国从沙特撤出军事力量。与此同时,为了准备同伊拉克的战争,美国显著深化了同海湾小国的战略合作。在这个方面,沙特阿拉伯同美国的关系迅速恶化,同时美国与其他海合会国家的关系迅速升温。③

这种分歧对战略合作的影响,被海合会小国对沙特霸权挥之不

① International Institute for Strategic Studies, “The GCC and Gulf Security,” p.2.

② Herzog, “Arms, Oil and Security in the Gulf,” pp.238-239.

③ 很难辨别美国的政策是否是故意设计来阻碍地区安全合作的。在欧洲的案例中,美国积极鼓励地区一体化。在东南亚的案例中,美国积极地阻碍地区一体化,反而偏好一种同华盛顿的中心—轮辐关系中的中心角色。在波斯湾地区,海合会成员同美国的双边关系看起来更多倾向于美国在有意努力阻碍地区安全合作。

去的不安所放大。根据国际战略研究所的看法，“想要削弱利雅得在海合会范围内主导地位的欲望”是“培养外部保护者而非建立联合防御能力的主要动力，尤其是当建设一个要求分担压力、理性分配安全责任的联合防御能力时”①。牛津分析公司注意到，“海合会内小国对沙特主导海合会机构的愤怒不断增长”②。巴尼特和高斯同意说：“即使对沙特始终主导海湾沿岸的恐惧得到缓解，它仍是真实存在的。”③对沙特来说。海合会公开地依赖美国的军事力量是不可接受的。但对海合会的小国来说，海合会依赖沙特的军事力量同样没有吸引力。沙特和较小邻国在战略合作上的分歧，是安全政策再国家化以及给予地区多边主义决定性打击这一关键发展的首要原因。如果沙特能像本书研究中考察的其他地区主导国家一样，愿意通过更强有力的共识建构承诺和实施战略克制来减轻这些担心，那么即便其成员更加严重依赖于美国来抵御外部威胁，海合会也能够推进地区一体化。

另一个主要的限制是成员国不愿意因为实质性地提高防务一体化水平而削弱它们的主权。这也是第一次海湾战争后战略环境所导致的政治后果。如果海合会采取集体步骤来更加有效地满足共同防御的需求，结果是更加深入和广泛的国家军事力量一体化。就如阿曼所提议的，半岛之盾部队在统一指挥下可以被有效地扩大到10万人。成员国将不得不理性地协调武器采购，来确保军事上的协同能力。而且它们将必须在同美国战略合作的性质和范围上采取共同立场。

这些措施包括要求牺牲一部分主权，但海合会国家显然不愿这么做。20世纪80年代对一体化的较低要求是可以容忍的，但现在要求确保集体防务这个更加雄心勃勃的安全合作形式是不能容忍的。就如阿卜杜拉王储指出的，“对夸大的主权概念的坚持，是我们统一努力的主要障碍”④。不同于欧洲的自由民主制度，保守的君主制不愿意放弃在国防事务上的主权这一终极特权。对科威特的攻击再次

---

① International Institute for Strategic Studies, “The GCC and Gulf Security,” p.2.

② Oxford Analytica Daily Brief, April 7, 2006, “Gulf States: Iran Threat Exposes GCC Defence Rifts.”

③ Barnett and Gause, “Caravans in Opposite Directions,” pp.182, 164.

④ 2001年海合会峰会的发言。

唤醒了领土和边界神圣不可侵犯的政治敏感性。根据巴尼特和高斯所言,"它们对边界神圣不可侵犯的坚持与海湾危机期间国家主权的中心地位为战后海合会内部关系打上了烙印"①。

作为主权关切的结果,成员国担心沙特的主导地位,在对美国战略依赖问题上观点各异。海合会作为安全共同体的地位,在可预见的将来仍将处于不确定的状态。该组织能否回到持久和平的道路上,取决于伊拉克和伊朗的发展,还有其成员国追求地区一体化的能力和意愿,即便它们继续依赖美国力量来对抗外部威胁。如果伊拉克能够稳定并且伊朗能够约束其对地区主导权的追求,至少可以认为,海合会可能追求一种同欧盟和东盟相似的扩大战略,最终演变为一个更广泛的地区安全组织,即使不能成为一个全海湾范围的安全共同体。

小　结

这些历史案例研究证实,安全共同体兴起和衰落的过程紧密遵循第二章所提出的理想化的顺序路径。在所有的案例中,创造合作安全秩序的初始动力是出于战略需要;外部威胁通常与对国内不稳定的担忧共同促成对持久和平的追求。建立"欧洲协调"的国家经历了拿破仑战争的代价和破坏,并且铭记着国内威胁对政权稳定的影响;"欧洲协调"倾向于维持领土和政治现状。对欧共体成员来说,第二次世界大战的灾难和苏联的威胁,以及对国内共产主义的恐惧共同确保了地区一体化的发展。东盟和海合会的创始国面对这国内和跨国叛乱分子以及潜在的外部威胁,这些因素驱动它们建立安全共同体。

单方面的包容和相互克制在所有案例中都是至关重要的第一步。战略克制的实践使得参与者能够中止长期存在的竞争。由于相互恐惧的消退,它们进而制度化了权力衡机制,参与安全合作以抑制来自国外和国内的威胁。在所有的案例中,持久和平的发端都依赖于主导国家立即实施战略克制以及提供地区领导权的意愿。英国和

① Barnett and Gause,"Caravans in Opposite Directions," p.182.

俄国愿意自我约束并提升周边小国的影响力，为“欧洲协调”及共同约束的制度化扫清了道路。在印度尼西亚抛弃了马印对抗政策、支持地区合作之后，东盟才得以形成。欧共体的基础是欧洲煤钢共同体的法德联合以及内在的共同约束和权力制衡机制。沙特阿拉伯放弃其地区主导优势的意愿——以及因伊拉克同伊朗作战而将其排除的机会——为海合会的形成奠定了基础。遵循着这样的逻辑，当这些主导国家放弃克制时，安全共同体会陷入困境。当英国和法国脱离了相互克制的规范后，“欧洲协调”瓦解了，而海合会在20世纪90年代由于担心沙特恢复主导地位经历了倒退。

安全共同体发端的最后阶段本质上是更加社会化性质的，尽管在安全共同体发端时社会一体化的贡献非常有限。欧共体是一个例外，经济一体化在巩固持久和平和推进超国家机构中扮演了至关重要的角色。尽管如此，经济一体化追随而非先于使得法国、德国以及它们较小邻国免于地缘政治对抗的关键战略和政治交易。而且，更多的公众参与到一体化事务中虽然能够深化安全共同体的基础，但也可能造成相反的效果。近来公众的参与并未有利于欧洲一体化计划的实现。2005年采用欧洲宪法的努力由于未能通过法国和荷兰的全民公决而宣告失败；公众参与阻碍而非促成统一的深化。欧洲精英试图确保代替欧洲宪法的“改革条约”在大部分成员国不需经公众批准绝非偶然。

在其他案例中，安全共同体的建立首要是一种精英现象。在“欧洲协调”期间，国家间贸易和社会联系仍然非常有限，对外政策事务掌握在一个专门的、主要是贵族群体的手中。当公众更多参与这类事务时，如他们在19世纪中期所做的，其结果是“欧洲协调”的解体而非巩固。尽管缺乏相当层次的公众参与或地区内贸易，东盟还是能够繁荣发展。海合会在头十年中发展得最好——当时社会参与和地区贸易水平很低。安全合作随着社会联系和地区内贸易的增长逐渐被侵蚀。这些发现表明，当存在较少而非较多的公众参与时，安全共同体可能会欣欣向荣；至少而言，公众参与不是持久和平的必要条件。这些发现还加强了一个结论，那就是持久和平的发端同经济和社会一体化间没有重要的因果关系。

除了欧共体以外，尽管在其他所有案例中社会一体化的程度都

相对较低，关于文化共同性和亲缘关系的表述的形成，在所有案例中都发挥了重要作用。精英们精心打造一种能够包含所有安全共同体成员的共同认同。“欧洲协调”的领导人乐于接受对共同体的话语，将欧洲称作“亲密统一体”“单一的实体”，以及是一个“家庭”。在东南亚，地区一体化的领导人推广“东盟方式”的概念。海合会在其成员国民众中灌输一种海湾认同，而欧盟在赋予其公民以欧洲认同、将其作为对国家认同的补充方面有类似的成功经验。相比之下，当法国和英国开始口头攻击它们的“暴虐”伙伴时，“欧洲协调”开始受到侵蚀。一种敌对的表述先于而非追随导致克里米亚战争的具体利益冲突。就这点而言，“欧洲协调”的解体呈现了一种持久和平的逆转过程；在国内层面的敌对表述导致了对抗而非克制的战略，最终促成了地缘政治对抗觉醒。

海合会的步履蹒跚完全是出于不同的原因。它在安全合作上的倒退起源于急剧增加的外部威胁，包括伊拉克对科威特的入侵，以及2003年美国入侵伊拉克后伊朗更加强硬的地区立场。在其他和解和安全共同体的案例中，不断增长的外部威胁一般是伴随着持久和平的加深。主要对于海合会而言，确实存在相反的情况，因为大多数成员求助于美国的保护来抵御伊朗和伊拉克。同美国的军事联系自始至终是中东的一个敏感问题，而且海湾小国最终选择深化它们对美国力量的依赖，与此同时美国军事力量事实上从海合会的主导国家沙特阿拉伯领土上撤出。沙特和其小伙伴之间的分歧确保了美国作为海湾安全保护者的地位不断提升，削弱而非强化了海合会的内部安全合作。

对美国战略依赖的问题在东盟内部导致了相似的争论，但缺乏紧迫的外部威胁缓解了在这一问题上不同观点所产生的影响。如果中国某天对东南亚构成军事威胁，可以想象，东盟会像海合会一样难以就依赖美国力量的合理程度达成共识。在欧洲背景下，法国对于依赖美国力量感到不满——这从戴高乐退出北约一体化军事机构的决定中就可以看出——的确损害了欧洲一体化的发展。但大部分其他欧洲国家对美国战略保护伞的坚定支持，最终确保了美国的存在促进而非阻碍西欧持久和平的深化。

有关安全共同体成为可能的条件，情况是混合且复杂的，如图5.1

所示。在考察的案例中，欧共体是唯一一个由自由民主国家组成的机构。民主治理和制度化克制对持久和平发端的贡献十分明显。民主辩论提供的透明度，使得法国，德国以及其他欧洲煤钢共同体创始国能够有信心评估它们新兴伙伴的意图。一体化的法制化和制度化的特征，抑制了彼此对背叛的担忧；自我约束和共同约束承诺的可信性，增强了新兴安全共同体的可持续性。民主治理的属性因此促进了欧共体锁定持久和平的能力。

	案例	制度化的克制	相容的社会秩序	文化的共同性
成功	“欧洲协调”（1815—1848）	无	有	有
	欧洲经济共同体（1949—1963）	有	有	有
	东盟（1967—）	无	有	有
失败	“欧洲协调”（1848—1853）	无	无	有
	海合会（1981—）	无	有	有

图 5.1　安全共同体：研究发现的总结

与此同时，欧共体成员国的民主特征使得安全共同体开始遇到了相当的阻力；通常情况下，这个过程会受制于强有力的国内制约。特别是法国，它坚决阻挠超国家决策，以及否决欧洲防务共同体，在很大程度上是国内政治压力的结果。当今欧盟的批评者常常指责其是一种精英架构，缺乏民主合法性。[1] 这样的批评切中要害。但欧共体和欧盟的历史表明，更广泛的民主参与并非是推动共同体发展的必需条件。随着在 2005 年欧盟宪法被否决以及成员国间民粹主义政治趋势的不断加深——由经济和社会混乱以及穆斯林移民的流入所加剧——欧盟范围内更加广泛的民主参与很可能会限制而非促进持久和平的深化。

“欧洲协调”、东盟和海合会都挑战着制度化克制是持久和平必

① 有关欧盟在超国家层面从民主输入的批判命题见 Ezra Suleiman，“Is Democratic Supranationalism a Danger?” in Charles A. Kupchan, ed., *Nationalism and Nationalities in the New Europe* (Ithaca, NY: Cornell University Press, 1995), pp.66-84。

要条件的观念,表明专制国家能够很好地形成安全共同体。在所有这三个案例中,精英没有被公众问责也没有被自由制度所制衡。但是,它们接受了包容的规范与相互的克制,从而使得安全共同体的发端成为可能。战略克制的实践对持久和平来说是必要的,但这种实践能够并且确实出现在缺乏国内克制制度的情况下。此外,“欧洲协调”走向解体的道路引发了自由主义改革对持久和平前景产生什么影响的麻烦问题。由于英国和法国的民主化破坏了导致安全共同体产生的国际交易,政治自由的扩张加强了民族主义的进攻特点,在破坏持久和平方面扮演了重要角色。再者,处于民主转型中的国家可能尤其不适于成为和平伙伴。

与制度化的克制不同, 相容的社会秩序看来是安全共同体的必要条件。当“欧洲协调”最开始出现时,英国和法国处在欧洲政治自由化的前列,已经接受在君主权威下的制度化克制。但政治和经济权力还主要掌握在贵族和地主的手里——奥地利、普鲁士和俄国的情况也如此。直到 19 世纪,英国和法国中产阶级得到加强,工人阶级十分活跃,社会动荡和分裂的社会秩序使得西欧国家同“欧洲协调”中的东方专制国家产生了碰撞。至于东盟、海合会和欧共体,它们的成员国都享有相似和相容的社会秩序。其结果是,地区一体化和持久和平的发端加强而非损害了关键性的国内支持者。

最后,本章考察的所有安全共同体都由享有文化共同性的国家构成——虽然历史记录表明,这是一个模糊与可塑的概念。在试图用共同认同加强地区一体化计划时,“欧洲协调”和欧共体的创立者和支持者都赋予了共同的传承和历史很重的分量。他们并非是首先这样做的人;自从罗马时代以来,领导人和知识分子屡屡谈及欧洲的共同宗教和文化根源。毋庸置疑,这种共性常常难以阻止地缘政治对抗,并且由于宗教原因经常造成流血冲突,而非促成共同体。尽管如此,“欧洲协调”和欧共体的领导人的确有着悠久的传统可资利用,以创造文化共同性、宗教兄弟关系和家族纽带的表述,从而促进团结意识。诚然,对欧洲文化共同性的认知,对政治建构来说是可塑和开放的——正如“欧洲协调”崩溃和接下来一个世纪的欧洲战争所表明的那样。但现有可用的共同历史、文化和宗教的表述,给那些对构建持久和平感兴趣的人以更多可做的工作。

海合会成员拥有共同的种族特征、语言、宗教和保守的社会。它的建立者在官方文件和声明中充分利用这些共同遗产。东盟的核心是东南亚的三个马来人国家——马来西亚、菲律宾和印度尼西亚。马菲印多——东盟的前身——试图依据族群界线将地区主义制度化。新加坡和泰国加入到这一混合体中。尽管不是马来人的国家，它们仍是可以成为“东盟方式”一部分的充分的“亚洲人”。种族和族群在东盟自主选择成员过程中很重要，澳大利亚和新西兰被排除在外表明，族群特征和种族在东盟确定成员身份时十分重要。即便东盟已经扩大了，澳大利亚和新西兰仍然是不合格的。

有意思的是，尽管处于相同的境地（没有制度化克制，但有着相容的社会秩序以及文化共同性），海合会是一个失败的案例，而“欧洲协调”和东盟则成功地巩固了持久和平。但几个方面的因素限制了海合会能被视为一个反常案例的程度。海合会在其成立的头十年确实在建立安全共同体方面取得了实质性的进展，只是在伊拉克入侵科威特后遭遇了明显的挫折。尽管随后的倒退确实削弱了多边安全合作，其成员国并没有回到彼此武装对抗的状态。就这一点而言，由相容社会秩序和文化共同性提供的凝聚力似乎有助于阻止更严重的地缘政治竞争形式的回归。此外，海合会的倒退是两个特殊因素的产物——来自伊拉克和伊朗的严重外部威胁促使其依赖美国的保护，以及担心沙特和其他海合会成员实力显著不对称会导致沙特的主导地位。而且，如果伊拉克局势稳定，以及伊朗的威胁减弱，海合会很可能以安全共同体的面貌再度出现，使得海湾国家能够更多关注地区一体化而非它们个体同美国的防务联系。

总体而言，就如和解案例一样，相容的社会秩序和文化共同性是安全共同体的必要条件。战略克制的实践同等重要，但安全共同体的例子证实，即便是在国内不接受制度化克制的国家，也能够在它们的对外政策中实行克制。

第六章
统一体

统一体是维系持久和平的最高级形式。统一体成员国不仅可以避免地缘意义上的竞争关系,借由规则与制度来规范彼此间的关系,更通过共享一部分主权,构成了新的政治实体。在这一过程中,它们让渡出一部分自主权,实现了从"多元主义"到"融合"的安全共同体的转变。统一体与安全共同体在很多方面都是截然不同的。安全共同体中,成员国分享彼此的利益与共同的身份认同,而在统一体中,利益与身份认同则都是完全相同的。安全共同体依靠的是政府间合作,各成员国派出代表组成决策理事会,但同时各自保持独立的主权。而统一体则由统一的超越各国主权的集体机制管理一系列统一体的事务。安全共同体下,成员国间就安全问题,以及一部分经济关系相互协调,但它们仍可以自由地与其他国家发展独立的外交与经济关系。而统一体不仅仅对内部成员国之间的关系施加影响,也可以以集体身份与非成员国发展外交与经贸关系。因此,统一体可以充当国际舞台上独立的行为体。

通向统一体,需要在安全共同体之路上更进一步。战略需要激发了停止对抗的努力,但成员国还需要通过以下四个关键阶段来启动持久和平:单方面的包容、相互的克制、社会一体化以及形成共同认同。包括自我约束、共同约束、搁置争议以及分权机制在内的权力制衡实践是形成安全共同体的基础,它们与制度化的克制、相容的社会秩序以及文化共同性一起,在统一体之中被进一步制度化。统一体成功形成后,成员国之间从和睦相处到安全共同体再到统一体的转变也会加速,当然,不同案例中其速度还是会有所不同。但无疑的,这一过程的最后几个步骤,即社会一体化以及认同的趋同更加重

要。因为,共同的认同能帮助成员国整合各自让渡出的主权,它的形成才标志着超国家领域在法理意义上的出现。既然统一体意味着高度的政治与经济整合,相容的社会秩序与文化共同性作为必要的原因条件也与之密切相关。

本章试图分析三个成功的统一体案例:1291—1848 年间的瑞士邦联(Swiss Confederate),1450—1777 年间的易洛魁族邦联(Iroquois Confederation),以及 1971 年至今的阿拉伯联合酋长国。① 瑞士邦联的发展过程清晰地揭示出社会与宗教的差异是如何阻碍统一体的形成的。尽管早从 1291 年法令开始,三大森林州(forest canton)就联合了起来,并成功维护该地区和平至今,但在扩张中,统一体还是不可避免地形成了社会(城市与农村)以及宗教(天主教与新教)领域内的区分。其最终的巩固直到 1848 年颁布的自由宪法明确标注了社会、宗教以及语言的区分后才完成。而易洛魁族邦联和阿拉伯联合酋长国的发展过程则体现出部落传统在形成统一体中所发挥的重要作用。易洛魁族邦联这一案例中,村落的互助、克制传统以及协商对于维持各部落之间的和平发挥了重要作用。阿拉伯联合酋长国的案例则显示出,经济刺激以及物质财富的再分配可以巩固统一。

接下来,本章将考察两个失败了的统一体案例:1958—1961 年间的阿拉伯联合共和国以及 1982—1989 年间的塞内冈比亚邦联。阿拉伯联合共和国的昙花一现可归结于埃及的一家独大,纳赛尔不愿对叙利亚采取克制态度。但不相容的社会秩序也是其失败的重要原因。叙利亚社会相对而言更加开放,其内部经济精英强烈反对埃及试图集中化管理叙利亚经济的企图,最终叙利亚的地主和商人一致

---

① 有些持久和平的案例具有集体安全与联盟的共同特征。瑞士邦联与易洛魁族邦联的案例也可以被视作集体安全而不是联盟。它们被看做本章的案例主要是因为瑞士国会与易洛魁大议会都具有强大的实权。尽管每个独立的瑞士州和易洛魁部落在理论上都有权与第三国保持独立的外交关系,但实际上,瑞士议会与易洛魁大议会的确在试图协调成员之间的外交政策。在瑞士邦联中,天主教与新教的国会经常就与第三国的关系进行协商。而在易洛魁族邦联,尤其是其晚期,大议会定期考察成员与欧洲定居者们的关系。当然,大议会未能在美国独立战争中就支持英国还是美国达成一致,并因此最终导致邦联的崩溃。此外,监管两个统一体的议会不仅处理安全事务,还处理其他许多的事务,包括资源分配、法律和社会问题等。

强烈要求脱离联邦。类似地，塞内冈比邦联受困于实力的不对称以及不相容的社会秩序。统一体的崩坍源于冈比亚担心塞内加尔建立地区霸权，以及塞内加尔高度集中的、封闭式的经济与冈比亚分权的、开放式的经济之间的不相容性。冈比亚的政治和经济精英感到自身权力在社会一体化的影响下受到威胁，于是他们开始阻挠统一体的推进，并最终造成了统一体的崩溃。

本章的结论部分还列出了其他一些成功的统一体的案例——1789 年的美利坚合众国，1861 年的意大利和 1871 年的德国，以及另一些失败的案例——1861 年的美国内战，以及 1965 年新加坡脱离马来西亚。这些补充案例既增加了统一体研究的历史多样性，也为本章的核心研究结论提供了更多的经验支持。

瑞士邦联的演变(1291—1848)

瑞士各州在经历重重考验后最终结成统一体，形成了一个统一的、持久和平的瑞士。这是成功统一的代表性案例。早在 1291 年，三个森林州就率先结成统一体，它们不仅在彼此间维持了持久的和平，更成为日后瑞士邦联的核心，并使其逐渐扩大、成熟，最终通过 1848 年的《联邦法案》，建立了统一的瑞士国家。但另一方面，瑞士在成为和平区的道路上更多的是反复的挫折而非完全的成功。从最初森林州的统一到最终形成邦联，瑞士花费了五百多年的时间来打造持久和平区，期间还先后经历了五次内战。此外，从 16 世纪早期的宗教改革到 1798 年法国入侵，邦联一直虚弱、分裂，饱受天主教州与新教州基本政治分歧的困扰。1847 年，宗教上的不和还带来了一场统一体内的血战——独立联盟战争，天主教在战争中惨败才最终为邦联的稳定扫清障碍。

因此，对瑞士邦联演进和巩固的解释，为我们研究进程顺利或受阻的时期提供了一个宝贵的机会，可以对有利于或者阻碍持久和平发端的条件提供重要的分析说明。下文中对瑞士邦联的历史考察提供了三个最重要的观点：第一，统一体的权力制衡机制以及事实上和法律上的各州自治帮助各成员州更易于接纳邦联，但它们也一直导

致了邦联政治上的软弱无力。允许各州保留相当的主权能增加其加入统一体的意愿，但这些保留的自主权也使得统一体很容易就走向分裂与战争。第二，权力制约与争端解决的制度化机制，虽然有时也会削弱统一体，但在制止冲突方面却能发挥关键作用。即使连续爆发内战，共同规范还是能帮助统一体限制冲突的范围与时间，并促使战胜者放弃可能埋下长久仇恨祸根的惩罚性处理方案。伙伴州也会迅速敦促参战各方尽早结束战争，以避免冲突对统一体造成致命的损害。第三，瑞士邦联的例子再次强调了社会秩序与宗教的相容性在缔造持久和平的过程中的关键作用。以天主教为主的农业州和以新教为主的城市州之间的分裂，困扰了瑞士邦联 长达几个世纪。直到 19 世纪中期，才借由自由民族主义的广泛传播带来了社会团结与共同的瑞士认同。

和平是如何发生的

作为连通欧洲南北的战略重地，当代瑞士的国土一直是罗马帝国的目标，并最终在公元前 15 世纪被其收入囊中。[①] 在阿尔卑斯山以北、侏罗山脉以南、隆河以东、莱茵河以西的这片土地上，生活着讲法语的凯尔特人，而罗马人的到来则又带来了基督教文明。公元 3 世纪罗马帝国衰落之后，日耳曼部落乘虚而入，在公元五六世纪之间成为该地区的主导力量。其中，最强大的阿勒曼尼部落最终将其定居的地区完全日耳曼化。而在西边，勃艮第人则相对不受日耳曼的影响，而是被说法语的凯尔特人最终同化。历史上阿勒曼尼人与勃艮第人最终带来了现代瑞士人惯用语言的分野[②]。此外，还有很少一部分人使用罗曼什语这种拉丁语系的方言。

到了 13 世纪，施维茨（Schwyz）、乌里（Uri）和翁特瓦尔登（Unter-

---

① James Murray Luck, *A History of Switzerland—The First 100,000 Years: Before the Beginnings to the Days of the Present* (Palo Alto, CA: Society for the Promotion of Science and Scholarship, 1985), p.4.

② E.Bonjour, H.S.Offler, and G.R.Potter, *A Short History of Switzerland* (Oxford: Oxford University Press, 1952), p.17.

walden)(见地图 6.1)这三个森林州开始初步结成邦联。① 这首先是因为圣哥达山口的开通将这些森林州与意大利北部相连,凸显了阿尔卑斯山区一带的战略价值。神圣罗马帝国与封建领主们都想染指此地,进而促使这些州团结起来以抵御外部干涉。就像 E.邦茹(E. Bonjour)、H.S.奥夫勒(H.S.Offler)和 G.R.波特(G.R.Porter)评论的那样,“强大的王朝对这一新的交通要塞的控制欲迫使这些当地社群尽快展开合作以捍卫自身的独立。”②

另一个起因则是在 1273 年,哈布斯堡家族的鲁道夫一世(Rudolph Ⅰ)成为神圣罗马帝国的国王,进一步融合了封建势力与帝国权力。9 世纪以来,神圣罗马帝国的削弱给森林州的农民们带来了相当程度的自主,他们可以独立于帝国权威之外扮演一种封建领主的角色。许多农民之所以选择定居于生存条件严苛的阿尔卑斯地区,就是被许诺的经济和政治自由所吸引,这使得这些森林州的居民们对自治的问题更加敏感。③ 鲁道夫执政之后,却试图慢慢地蚕食这些自由,对这些州施行更加严苛的政治控制与更高的税收政策,其中就包括针对圣哥达山口的过路费。对此,邦茹、奥夫勒和波特也有精彩评述:“以前所享有的自由正要被淹没在哈布斯堡王朝这面统一的旗帜下,当地社群正是为了应对这一威胁而行动起来,建立起了瑞士邦联的雏形。”④

---

① 历史学家对于为什么这三大森林州会成为形成联邦的先驱有不同解释。阿尔卑斯山高纬度地区贫瘠的土地与恶劣的天气吸引的定居者,大都是反对封建统治与王朝势力的穷苦百姓。群山环绕相对隔离的地理位置也赋予了这些森林州相对的政治自由,使得他们发展出了一种与早早投靠封建势力的平原地区人民不曾有幸享有的自由传统。与卢塞恩地区的人的接触与贸易也有一定的作用。详见 Luck, *A History of Switzerland*, p.25;以及 Oliver Zimmer, *A Contested Nation: History, Memory and Nationalism in Switzerland, 1761-1891* (Cambridge: Cambridge University Press, 2003), pp.21-22.。翁特瓦尔登(Unterwalden)有时也用以指代下瓦尔登州(Nidwalden)与上瓦尔登州(Obwalden)这两个地区,如地图 6.1 所示。

② Bonjour, Offler, and Potter, *A Short History of Switzerland*, p.12.

③ Unidentified author, “The Complicated Case of Switzerland,” in Deutsch, *Backgrounds for Community*, pp.21-4.

④ E.Bonjour, H.S.Offler, and G.R.Potter, *A Short History of Switzerland*, pp.70-71.

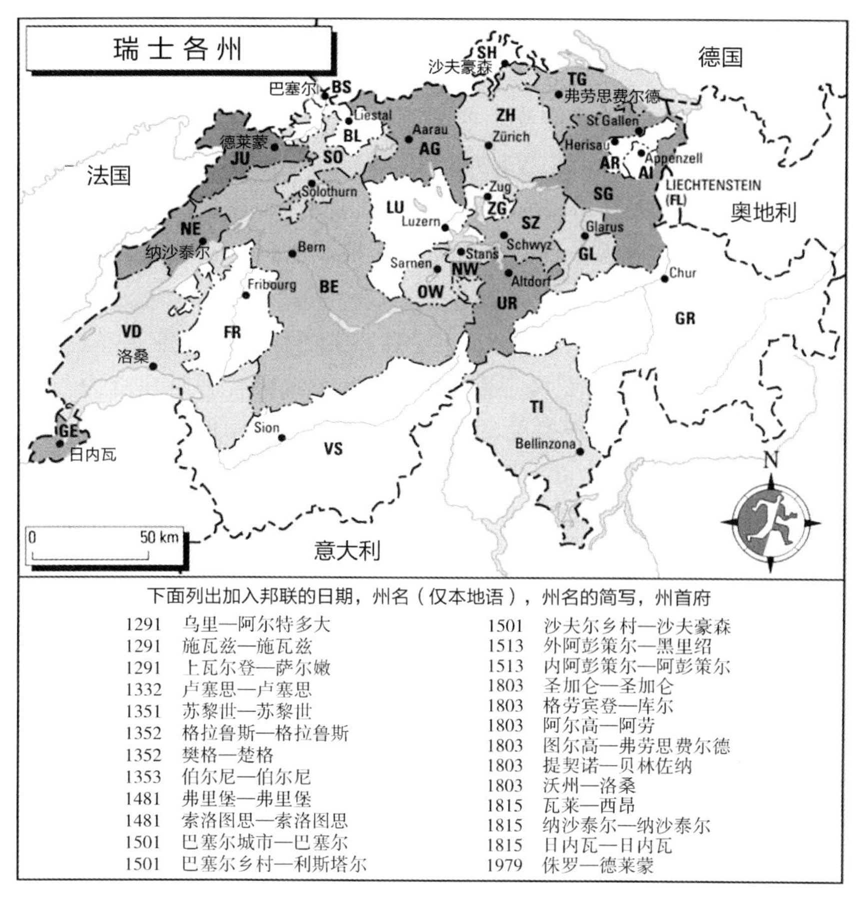

下面列出加入邦联的日期，州名（仅本地语），州名的简写，州首府

1291	乌里—阿尔特多大	1501	沙夫尔乡村—沙夫豪森
1291	施瓦兹—施瓦兹	1513	外阿彭策尔—黑里绍
1291	上瓦尔登—萨尔嫩	1513	内阿彭策尔—阿彭策尔
1332	卢塞恩—卢塞恩	1803	圣加仑—圣加仑
1351	苏黎世—苏黎世	1803	格劳宾登—库尔
1352	格拉鲁斯—格拉鲁斯	1803	阿尔高—阿劳
1352	樊格—楚格	1803	图尔高—弗劳恩费尔德
1353	伯尔尼—伯尔尼	1803	提契诺—贝林佐纳
1481	弗里堡—弗里堡	1803	沃州—洛桑
1481	索洛图恩—索洛图恩	1815	瓦莱—西昂
1501	巴塞尔城市—巴塞尔	1815	纳沙泰尔—纳沙泰尔
1501	巴塞尔乡村—利斯塔尔	1815	日内瓦—日内瓦
		1979	侏罗—德莱蒙

地图 6.1　瑞士邦联

资料来源：http://images.switzerland.isyours.com/images/rg.MAPS.cantons.pdf。

1291 年，鲁道夫一世逝世。施维茨、乌里和翁特瓦尔登三州利用摄政王时期的权力真空，再次巩固了它们的自治。在短短两周之内，他们签订了一系列的相互防御条约，决定共同保卫彼此的安全与领土完整。显而易见的是，这些协定超出了集体防卫的范畴，定下了三大州之间彼此保持和平的承诺。在这之前，森林州之间经常因为领土争端和家族世仇问题发生冲突。皇室和哈布斯堡贵族经常插手此类争端，来增加自己对森林州的影响力。因此，抵御来自封建王朝的势力需要的不仅仅是联盟，还有能够通过彼此间相互合作来解决地方争端的机制，以及当地社群的团结。

为了达到上述目标，三大森林州之间保持了一定的战略克制。他们将彼此约束与自我约束的实践制度化，通过仲裁与调节解决争端，并对拒绝协商而威胁到彼此和平的成员采取联合行动。反对的一方需要服从多数派的诫勉权力——事实上，这就是抱团（grouping）的实践——500年后被“欧洲协调”机制采用。1291年条约还规定道：“邦联中一旦产生分歧，最理智的那些成员应该采取所有适当的行动协助解决分歧，其他邦联成员可对不服从决定的成员采取行动。”①邦联还建立了维持正义的司法机构，要求本地人而非帝国指派的人员来充当法官。此外，这些森林州还制定和建立了一系列立法规范，召开集体会议的制度（逐步完善成类似国会的定期召开制）以及邦联的决策机构。詹姆斯·卢克（James Luck）将这一系列协定的功能总结为“惩治犯罪、追求公正、维持内部和平、共同抵御外部敌人：对任一成员的攻击即视作对全部州的攻击”②。

1315年，新生的邦联与来犯的奥地利军队在莫加顿（Morgarten）交战，而这一战役又进一步巩固了邦联。军事上的胜利提升了条约的集体性，三大州一致同意，在没有其他方同意的情况下不单独媾和，同时，这场胜利也为邦联的扩张扫清了障碍。在胜利的喜悦之中，森林州们决心将邦联扩展到临近地区以进一步巩固自身的财富与安全。而他们反哈布斯堡家族霸权的成功也使得邻近社群考虑加入邦联来获得维系自身政治独立的保证。

1332年，邦联迎来了第一位新成员——卢塞恩（Lucerne）。卢塞恩地处几大森林州之间，一直是贸易重镇，加入邦联也是理所当然。但即便如此，卢塞恩的加入还是引发了城市州和农业州之间的区分问题，这一问题随后也成为统一体最大的弱点之一。但在当时，城市与乡村之间的社会裂痕被反对帝国和封建当局的这一共同目标所掩盖。城镇里的工匠们还在寻求推翻贵族们在政治、经济上的统治地位，因而愿意与森林州的自由农结成联盟。然而，城市州加入邦联，引发了乡村农民与城镇新兴资产阶级之间的社会紧张，使得统一体

① William Bross Lloyd Jr., *Waging Peace: The Swiss Experience*（Washington, DC: Public Affairs Press, 1958）, p.6.1291年协定似乎是1273年前后签订的类似协定的更新。历史学家还未能定位早先协定的准确文本。参见 Luck, A History of Switzerland, pp.38-40。

② Luck, *A History of Switzerland*, p.57.

的完整和生存面临长期的挑战。

统一体的第一轮扩张有助于制度化邦联的三个界定特征。第一，和最初的三个成员一样，卢塞恩在所有条约没有明确涉及的事务上保持了有效的自治。这一邦联是由一系列高度自治的州组成的，而非具有国家属性的政治实体。打造一个足够松散、赋予成员相当自主权同时又足够集中、能够提供内部安全和集体防御的统一体，构成了接下来五百年中邦联的关键挑战之一。就像威廉·劳埃德（William Lloyd）评论的那样，邦联一直努力实现"最大限度的自治与最大限度的安全之结合"①。

第二，卢塞恩被视作一位中间调解人，被赋予了在邦联各州的分歧中充当中立的仲裁者的职责。卢塞恩的独特地位是邦联任命特定州为和平经理人的持续努力的第一步。② 第三，所有的成员州，无论规模大小与人口多少，都在集体决策中拥有同等的投票权。这一去中心化的设计能够保证人口众多或者富裕的大州不至于主导整个邦联。政治权力的平等性为统一体接下来吸纳诸如苏黎世、伯尔尼这样的城市中心铺平了道路。但随着较大、较富裕的州越来越不满于与其人口、财富不相称的政治影响力，这一特点也成为内部分歧的来源之一。

14 世纪 50 年代，邦联继续扩张，苏黎世于 1351 年加入，随后是 1352 年的楚格（Zug）和格拉鲁斯（Glarus），它们都与森林州签订条约以获取对政治和经济自由的支持。③ 在一些情况下，邦联的扩张使用了武力，但森林州诉诸武力却只是为了支持邻近社群的独立，而非征服和占领这些地方。在苏黎世的城市背景下，羽翼渐丰的各工匠行会向邦联求助以抵抗帝国与封建当局。在农业区域，农民常常依赖森林州的军事援助来反抗贵族与奥地利势力。伯尔尼加入邦联的动机却与地缘政治相关，而并不是要推翻贵族统治——几个显赫的家族当时仍牢牢控制着这座城市。苏黎世加入统一体以后，伯尔尼害

---

① Lloyd, *Waging Peace*, p.69.

② Ibid., pp.10, 69.

③ 邦联是由一系列协议，而非某一由所有州签署的单一协议构成的。此外，各州地位并非完全一致。格拉鲁斯是以"准"会员身份加入邦联的，地位受限，只对防御负有限责任。

怕若继续保持孤立，会引发奥地利的冒险主义。伯尔尼当时与翁特瓦尔登之间存在领土纠纷，不愿冒腹背受敌的风险，因此，于1353年加入统一体，将潜在的政治对手转化为战略合作伙伴。①

在14世纪的时间里，统一体的治理机构进一步扩张其权力，尤其是在1386年邦联在森帕赫(Sempach)击败奥地利之后。② 即使邦联及其成员在1648年《威斯特伐利亚条约》签订之前名义上隶属于神圣罗马帝国，但它们到14世纪晚期时已经有了很大程度的自治。此时，议会开始定期召开会议。奥利弗·齐默(Oliver Zimmer)在书中记述道，从1401到1420年，议会一共召开了126次会议。③ 政府并未参与其中；为了分散权力，会议召开的地点则在各州之间轮换。尽管还没有共同的"公民身份"意识，但各州的居民都服从于地方公共法院的裁判。1393年，规范军队战场行为的立法获得通过，各州承诺在针对第三方动武前将与彼此协商。

然而，各加盟州在包括税收、关税以及货币在内的各经济议题上保持有高度的自治。卢克认为，"一方面，它们的联系逐渐增多开始形成邦联，另一方面，它们仍然作为十分独立自主的州而存在。它们不仅自己铸币，彼此之间的关税壁垒也并没有减少，农业和工业产品在各州之间的流动都深受损害"④。除了集体管理有关战争与和平的事务，它们之间也没有联合部队或者统一指挥，相反，每个州都维持了自己的民兵。⑤ 此外，有关对安全政策进行集体管控的主张也被证明是徒劳的，各州都经常在结盟和对外使用武力的问题上违背先同邦联成员协商的承诺。

随着邦联的扩大和成熟，自我约束、共同约束、抱团和调停的实践也不断演进。发生争端时，不是当事方的州就会进行干涉。邦联

---

① William Martin, with additional chapters by Pierre Beguin, translated from French by Jocasta Innes, *Switzerland: From Roman Times to Present* (New York: Praeger, 1971), p.40.

② 参见 Roger Sablonier, "The Swiss Confederation," in Christopher Allmand, ed., *The NewCambridge Medieval History*, vol.7, c.1415-c.1500(Cambridge: Cambridge University Press, 1998), pp.649-650。

③ Zimmer, *A Contested Nation*, p.24.

④ Luck, *A History of Switzerland*, p.97.

⑤ Martin, *Switzerland*, pp.43-44; Bonjour, Offler, and Potter, *A Short History of Switzerland*, p.102; Lloyd, Waging Peace, p.74.

会首先实施一种友好的基于兄弟情谊的调停。如果调停失败，则继续诉诸正式仲裁。[①] 从14世纪下半叶开始，一直到整个15世纪，出现了大量的和平解决争端的例子。1357年，苏黎世、翁特瓦尔登以及施维茨成功调停了乌里与卢塞恩之间关于过路费的矛盾。1371年和1374年，邦联还成功化解了伯尔尼与森林州之间的一场潜在冲突。当时，据说农民在煽动城市居民举行民众起义。1404年，施维茨围困楚格，以示对楚格农民反资产阶级斗争的支持，对这一事件的仲裁结果是赋予了两大阶级同等的权利。[②] 劳埃德通过对15世纪一段长达20年的样本时期进行归纳，发现了40个成功的调停和仲裁案例。[③]

邦联也继续任命一些特定的州充当调停者。1411年，阿彭策尔(Appenzell)加入统一体，但在议会中并不具有投票权，相反，它被赋予了担任中立仲裁者的职责，直到1513年才获得完整的成员国资格。在阿彭策尔加入统一体的条约中明确写道："我们，上述的阿彭策尔人民，绝不参与或支持任何争端中的任何一方，除非派遣大使、在争端者之间重塑友谊之桥。"16世纪早期，巴塞尔(Basel)和沙夫豪森(Schaffhausen)也以类似的条件加入邦联，保证充当调停者，以及如果调停失败的话保持中立。[④] 与此相关的另一个预防冲突发生的机制是将某些特殊的地域划分为公用地。邦联将特定地段归为共同产权，以此来消除由各州不同的领土主张。

抱团和退出的实践在阻止各州的扩张主义目标引发内部不和方面有着独特的效力。各州有时会考虑一些针对第三方的单边攻击行动，即使这些动作得不到统一体内其他成员的支持。在一些情况下，抱团的实施就被用于劝阻这类事情的发生，就好像邦联伙伴说服伯尔尼不要试图占领黑森林(Black Forest)地区时所做的一样。就如劳埃德评论的，"邦联纽带常是对好战成员的限制"[⑤]。在另一些情况下，作为一个整体的邦联会退出特定争端，防止单个州的野心成为分

---

① Lloyd, *Waging Peace*, pp.11, 69.

② Ibid., pp.11-15.

③ Ibid., pp.91-93.

④ Ibid., pp.11, 37.

⑤ Ibid., p.24.

裂统一体。[1] 例如，乌里曾希望能将圣哥达山口以南的领土纳入统一体之中，这一目标使它与米兰的强大家族之间发生直接冲突。邦联的其他成员都反对这一挑衅举动。但从团结的大局出发，它们拒绝参与，但也并没有阻止乌里的相关行动，最终乌里成功将邦联的范围扩大到讲意大利语的人口之中。

邦联的碎片化：社会与宗教分歧

14 世纪以来，瑞士邦联逐渐发展成为欧洲的一个领先军事强国，各成员州不再彼此对抗，而是聚集和协调集体的能力来抵御外部挑战者。通过针对当地贵族的武装起义，以及几次边界战争，瑞士邦联在 15 世纪成功摆脱了神圣罗马帝国以及哈布斯堡家族长达几个世纪的统治。邦联在摆脱帝国以及封建当局方面的胜利，是它吸引现有和潜在成员的首要原因。然而，这一成功背后也有其代价。一旦共同的外部威胁消失，统一体的纽带也有所削弱，为打击共同敌人而压下的矛盾就开始浮出水面。[2]

农业州与城市州的社会分歧是阻碍政治合作、巩固持久和平的最大障碍。长期以来，森林州都拥有参与民主体制与政治平等的权利。他们塑造了有关邦联的"公众话语"，这一话语可以被"浓缩为简单的意识形态二元论：农民与贵族"[3]。与此相反，城镇的生活中涉及的阶层更多，也更加等级化。尽管工匠和商人欢迎农民们帮助结束王朝统治，但他们自己随后就取代贵族成为城镇之中的权力掮客，并常常与贵族结盟。军事上的胜利只是加剧了农民与资产阶级之间的经济、政治鸿沟：前者浴血奋战，而市民则获得了战利品以及贸易增长所带来的收益。[4]

城镇与乡村之间的紧张引发了邦联的第一场内战。尽管冲突的表面原因是 15 世纪 30 年代末的一场领土纷争，但这场发生在施维茨和苏黎世之间的暴力冲突实质上是农民与资产阶级竞争在邦联内部相对权力以及它们对于邦联不同观点的反映。施维茨与苏黎世对托

① Martin, *Switzerland*, p.53; and Lloyd, *Waging Peace*, pp.22-24.

② Martin, *Switzerland*, p.49.

③ Zimmer, *A Contested Nation*, p.32.

④ Martin, *Switzerland*, p.58.

根伯格伯爵(Court Toggenburg)逝世后留下的领地的归属权各执一词,随后,苏黎世对施维茨展开经济制裁。按惯例,其他州开始介入进行调停与仲裁,但都未获得成功。1440年,施维茨组织了一个针对苏黎世的邦联民兵同盟,零星的交火时断时续,直至1446年双方谈判停火协议。由五个中立州的仲裁最终导致了有共识的解决方案,苏黎世收回了冲突中被占领的领土,这清楚地证明了战略克制的规范和实践。①

邦联迅速从第一次内战中恢复元气。在15世纪下半叶,它不但进一步扩展了其成员,也频繁使用调停和仲裁机制来缓解冲突。但城市与乡村的分裂还是引发了施维茨和苏黎世之间的战争。就像卢克所观察到的,"阶级连带强于封建连带。"②森林州不愿意接纳新的城镇进入邦联,担心它们的加入将会威胁到议会内的政治平衡、有利于资产阶级。只有当城市州同意它们不形成排他性的同盟时,农民阶级才会默许这样做。这类的承诺在1481年的《施坦斯(Stans)协定中》得以法典化,并为接下来弗里堡(Fribourg)(这是法语人口第一次加入邦联)和索洛图恩(Solothurn)的加入扫清了道路。在接下来的十个新成员之中,农业州和城市州则各占均等的一半。议会继续选择在中立地区之间轮流召开,以避免加剧城镇与乡村之间的分歧。③

共同外部威胁的存在有助于缓解城市和乡村不断上升的分歧。15世纪末期,邦联经历了最后一场独立战争:斯瓦比亚战争(Swabian War)。神圣罗马帝国对各州新增赋税,并试图建立帝国法院的司法管辖权。德意志的城市和贵族们担心,瑞士这个样板将会导致它们自己的社会动荡;斯瓦比亚战争是一场"预防去领主化蔓延的社会战争"④。邦联对德国人的胜利为三个新成员的加入扫清了道路——巴塞尔、沙夫豪森和阿彭策尔——这使得成员总数达到13个。这三个州都是被指定为中立州加入邦联的,此举也旨在维持邦联内城镇和乡村之间的平衡。

自施维茨—苏黎世战争以来城市州和农村州之间难得的和平

---

① Luck, *A History of Switzerland*, pp.88-91.

② Ibid., p.105.

③ Lloyd, *Waging Peace*, p.30.

④ Thomas Brady 引自 Zimmer, *A Contested Nation*, p.27.

再次被宗教改革击碎。苏黎世人胡尔德莱斯·茨温利(Huldrych Zwingli)是16世纪20年代瑞士宗教改革运动的执牛耳者。这一运动很快从苏黎世传播到几乎所有其他城市州,但在农村州没有获得多少支持。知识分子和资产阶级都居住在城镇之中,对他们来说,宗教改革的进步信息是有吸引力的。城镇居民也都憎恶教会领主(ecclesiastical overlord)的政治权力,并乐于见到宗教改革削弱他们的影响力和地位。大部分的农业州仍然保守、信仰天主教,并不存在城市区域中宗教改革生根发芽的那些社会和政治条件。① 不仅仅是因为知识分子与资产阶级的数量很少,也是因为阿尔卑斯地区的居民长期以来享有的自治传统已经成功地挑战了教士的政治权力。② 充当雇佣军也是农业州的重要收入来源之一,而茨温利试图废除这一实践。③

因此,邦联的宗教分歧很大程度上与社会分裂平行,加剧了城市和农村之间的政治分歧。④ 随着宗教和政治影响力方面争端的升级,苏黎世于1531年再次使用经济强制政策,实施针对森林州的禁运。五大天主教州随即宣布开战,很轻易就占据了上风。其他新教州并没有进行调解,而是选择不介入冲突。大约几周的时间后,交战各方签订《卡佩尔和约》(The Peace of Kappel),同意此后各州对自己的宗教事宜拥有排他性的权力(provenance)。

通过赋予各州宗教自主权,《卡佩尔和约》看来解决了统一体的宗教纠纷。但随着宗教改革而来的宗教分歧还是在随后的三百年里一直威胁到邦联的统一。16世纪30年代开始,天主教与新教州开始召开各自的议会,很快,这两个单独议会的会议频率就超过了邦联议会。天主教州的议会常常在卢塞恩举行,而新教州定期在阿劳(Aarau)聚会。像格拉鲁斯和阿彭策尔这样人口混合的州,则根据教

---

① Martin, *Switzerland*, p.81.

② Unidentified author, "The Complicated Case of Switzerland," pp.21-5, 21-18.

③ 关于雇佣军的经济重要性,参见 Sablonier, "The Swiss Confederation," pp.665-667。

④ 卢塞恩与弗里堡和索洛图恩这两个小城镇仍然是信仰天主教。卢塞恩的统治贵族从来往的商人手中获利颇丰。参见 Robert Varickayil, "Social Origins of Protestant Reformation," *Social Scientist* 8, no.11 (June 1980): 14-31;以及 Andrew Pettegree, *The Reformation World* (London: Routledge, 2000), pp.176-177。

派的分界线而被分割成两个“半州”。在这些“半州”中，为了保持信仰的同质性而强迫少数人权迁走，以预防潜在的冲突。① 天主教州与新教州还实施独立的外交政策，在不与对方协商或协调的情况下就建立同盟、开展外交。1586 年，天主教州创立波罗米昂联盟（Borromean League），将它们在统一体的独立地位正式化。就如威廉·马丁（William Martin）所评论的，“《卡佩尔和约》远远没有重塑邦联的团结，反而起到了分裂作用……为了有利整个国家的团结，逐步消减各州主权的进程遇到了长期的阻碍和翻盘。”②

直到 19 世纪，社会分歧与宗教分歧互相加强，邦联的团结一直受到威胁。从《卡佩尔和约》到 1798 年法国入侵瑞士之间，邦联内部沿着宗教分界线又爆发了两场内战。1655 年，施维茨宣布驱除其领土范围内的新教居民，一场新教州与天主教州之间的战争随后爆发。天主教和新教州在 1712 年再次对峙。1685 年，法国宣布驱除境内新教徒后，紧张陡然加剧。接下来几件事情又加速了冲突的爆发。新教州的人数是天主教州的两倍多，在邦联议会中居于少数，经常以 6 比 7 的投票结果败下阵来，这使得新教州非常不满。同时，邦联的农民们变得焦躁不安，因为资产阶级与家族寡头受益于欧洲的商业和经济发展，其经济和政治力量正在上升。③ 1655 年与 1712 年的两场内战持续时间相对较短，通过谈判达成解决方案而告终。但是流血冲突表明，宗教分歧继续妨碍邦联获得任何有意义的政治团结感。

尽管社会和宗教差异将统一体分割为两个相互敌对的集团，所导致的政治僵局却在一些方面变成了邦联的优势。两个阵营实现了有效的相互制衡，使得邦联在那些特别具有分裂性（uniquely divisive）的热点问题上不会采取行动。例如，邦联的进一步扩大可能会危及天主教州和新教州之间的脆弱政治平衡。其结果是，统一体的成员身份事实上是不开放的；从宗教改革到 1798 年法国入侵，邦联的成员数一直稳定在 13 个。

类似地，邦联的内部分歧无意间促成了瑞士中立的实践；在议会

---

① Lloyd, *Waging Peace*, pp.46-47.

② Martin, *Switzerland*, pp.89, 120-121.

③ Martin, *Switzerland*, pp.111-126; Lloyd, *Waging Peace*, pp.54-58；以及 Hans Kohn, *Nationalism and Liberty: The Swiss Example* (London: George Allen & Unwin, 1956), p.22。

达不成共识的情况下，统一体同引发巨大愤怒的宗教和地缘政治斗争保持距离。由于天主教州和新教州的冲突使得邦联陷入事实上的僵局，邦联没有被卷入三十年战争（1618—1648）——欧洲历史上最血腥的宗教冲突之一。因此，当德国饱受这场战争的肆虐之时，瑞士的领土却完好无损。中立的概念在维持邦联内部的和平方面发挥了重要作用；而现在它帮助统一体免受边界之外的战争牵连。中立与其说是一种概念上的创新，还不如说是由于政治僵局而诞生的战略。就像马丁所观察到的，“内部的斗争迫使瑞士保持政策中立……这一政策从 16 世纪邦联的无能为力逐步演变为协调一致。它不是一种理念而是一种事实，与其说它是一项原则，不如说它是一种否定（not a principle so much as negation）”①。

整个 18 世纪的大多数时间里，邦联都受到社会和宗教分歧的困扰。天主教与新教两大阵营也保持着一种难得的和平。随着贵族统治（patrician rule）的巩固——甚至在农业州中也占有支配地位，社会紧张也不断加剧。② 贸易和商业经济的发展扩大了政治经济的不平等，时不时地引发农民起义，反对所谓的世袭寡头制度的复辟。在邦联面临的这些挑战中，单个的州依然是政治权力、忠诚与认同的焦点。

1798 年法国大革命和拿破仑军队入侵之后，邦联才拥有至少是表面的统一性了。巴黎颁布了一部自由宪法，规定“瑞士共和国是统一且不可分割的整体”，指定苏黎世为其首都，设立两院制的议会（分别代表州与市民），并试图发行单一货币和减少各州之间的贸易壁垒。由于认识到这里的居民“只将与自己生活在同一个州内的人看做是兄弟姐妹，却将生活在其他州的人视作陌生人”，于是着力培育人们对于新共和国的认同感：创造共同的公民身份，宣布宗教自由，确立普选制。③ 法国当局取消了德语作为统一体官方语言的特权地位，而让瑞士共和国同时使用三种语言。

不过，瑞士各州并没有做好这样正式合并的准备——尤其是在外力强加下这样做。1803 年，6 个新的州加入邦联，共同体的邦联性

① Martin, *Switzerland*, pp.90, 101.See also Kohn, *Nationalism and Liberty*, pp.20-21.

② Lloyd, *Waging Peace*, p.58.

③ 引用自 1789 年议会宪法条款，转引自 Kohn, *Nationalism and Liberty*, pp.40, 46。

质又倒退了；各州通过新的“调解宪法”（Mediation Constitution）重新主张自己的权力。① 将苏黎世或者任何其他州设为永久首都的做法也遭到废弃。自那以后，议会在三个天主教州和三个新教州之间轮流召开会议。1815 年法国战败后，形式上的统一也不复存在了。新的条约事实上恢复了拿破仑入侵前弱小、分散的邦联。全国大会被解散，州际议会重新成为唯一的邦联机构。1.2 万人口的乌里又与 30 万人口的伯恩有了同等的地位。发行单一货币、消除贸易壁垒的努力也被放弃。1815 年后，邦联在地方、州以及统一体层面上征收大约 400 种税；将近 60 个不同的当局发行货币。② 汉斯·科恩（Hans Kohn）评论道：新条约建立的是一个由主权国家构成的同盟；它没有建构一个国家。③

从分裂的统一体到持久和平

19 世纪 30 年代，借由席卷欧洲的自由主义和民族主义的大潮，瑞士邦联终于走上了通往持久和平的道路。在同一时期，各州纷纷通过自由宪法。这一运动是基于一种共同的国家身份观念，这一观念补充了——如果不是取代的话——公民对于各自州的忠诚。知识分子与政治家们都开始拥抱自由民族主义，后者不仅超越了各州的边界，也跨越了社会、宗教和语言的界限。④ 邦联的历史上第一次出现了这样的盛况：大众团体与政治领袖、活动家携手推广共同认同和统一国家身份的观念。时任议员的佩莱格林·罗西伯爵（Count Pellegrino Rossi）在 19 世纪 30 年代写道：“是的，共同祖国的观念对我们而言并不陌生，作为国家一员的情感存于我们的心中……如果要将祖国从不幸中拯救出来，需要一个新的条约，一个强大的邦联。”另一个自由民族主义者，海因里希·乔克（Heinrich Zschokke）也发出了类似的呼声：“瑞士的心不会在德国或者其他外部敌人面前发抖。我们的自由与独立最可怕的敌人是在我们自己中间……是那些将自己州的荣誉置于整个邦联的永恒荣誉之上的人，那些将个人或者家族利

① Luck, *A History of Switzerland*, p.312.

② Ibid., pp.345-346.

③ Kohn, *Nationalism and Liberty*, p.55.

④ 关于 18 世纪晚期和 19 世纪民族主义发展过程，参见 Zimmer, *A Contested Nation*。

益置于集体利益之上的人。”①

19世纪三四十年代，邦联逐步朝着更集中的趋势发展。尽管仍然由各州供养军队，但建立了监管军队的总参谋部，协调统一体的军事政策。国旗方案——这是共同国家身份的重要象征——在议会获得通过。自由民族主义的支持者在削减商业壁垒、促进州际贸易方面取得了进展。

就像邦联历史中之前的时期一样，这些进步和集中的趋势遭到保守的天主教州的顽固抵抗。为了增强统一体邦联性质不断加深的吸引力，一个议会委员会提议将天主教州的核心卢塞恩设为永久首都。但天主教各州依然害怕自由主义改革会削弱他们的政治和宗教传统。② 部分地由于新教州内对修道院和耶稣会修士的迫害，天主教州在1847年成立独立联盟（Sonderbund），退出议会，事实上脱离了邦联。这引发了统一体最后一场内战。邦联军队大约几周之内就镇压了反抗，双方战死总共不过一百多名士兵。显而易见的是，从这场战争开始，传统意义上的裂痕却开始消失，不少天主教徒加入邦联军队作战，而独立联盟军队的一位主要指挥官竟是新教徒。③

独立联盟的失败为颁布1848年宪法扫清了道路，而这部宪法为现代瑞士的治理制度奠定了基石。因为地处在邦联的主要宗教、语言分界线上，伯尔尼被选中成为永久首都；设立两院制立法机关，由代表公民的邦联院和代表各州的州际委员会（Council of States）组成。邦联委员会是新设立的行政当局，由邦联大会（Federal Assembly）选举产生。宪法还规定了宗教自由，并将德语、法语和意大利语一起定为官方语言。在经济方面取得了重大的进步，统一体成功发行单一货币，各州之间的贸易也完全自由化。

除了这些走向邦联的重要进展之外，各州还是保持着相当的自治权。尽管通过了有关兵役制的普遍法案，但各州还是继续供养自己的军事单位。即便邦联成为一个贸易自由区，但各州仍然努力维持对关键商业部门的控制——例如铁路的发展。④ 19世纪60年代到

---

① 转引自 Kohn, *Nationalism and Liberty*, pp.71, 73。

② Kohn, *Nationalism and Liberty*, pp.72, 85.

③ Ibid., p.106.

④ Martin, *Switzerland*, p.233.

70 年代，由于德国和意大利的统一战争，沿着语言分界线出现了政治紧张。但民族主义的兴起并没有威胁到 1848 年制定的条约的完整。在克服了社会分歧与宗教分歧之后，邦联能够经受住具有更强政治意义的语言差异的考验。到 19 世纪下半叶，瑞士邦联最终成为一个持久和平区，拥有了足以对抗宗教和语言多样性潜在威胁的邦联结构和共同认同。

显而易见的是，与本书考察的大部分其他案例一样，瑞士邦联的社会与经济一体化是追随而不是先于持久和平的最初发端。各州之间的贸易在商业革命之后的确有所增长，但直到 1848 年邦联条约之后各州之间的贸易壁垒才得以消除，实现了货币统一，并逐渐建立起了全国的铁路系统。① 可以肯定的是，经济一体化的收益帮助单一国家倡导者找到了建立统一邦联的理由。② 但 19 世纪社会一体化的主要进展是 1848 年邦联条约所体现的政治统一行动的结果而非原因。

和平为什么发生

瑞士各州组成邦联的首要动力是反对帝国以及封建统治的共同利益。共同的外部敌人让森林州最初统一起来，并促进了随后的持续扩大。当来自德意志和哈布斯堡的威胁减弱之后，邦联的团结就相应受到了损害；社会和宗教分歧一直威胁到邦联的统一，直到 19 世纪自由民族主义的来临。如果说战略需要是邦联发起的根源，那么统一体长期以来得以不断发展，一路曲折最终走向持久和平的关键因素则源于其制度化的克制，社会秩序的演进和逐步趋同，以及文化共同性的建构。就如科恩（Hans Kohn）所指出的，瑞士是统一体的一个代表案例——通过一体化和邦联化的进程，社会、宗教以至于语言的裂痕逐渐消失。③ 战略克制的实施和制度化使得邦联能够在 13 世纪后期存活下来——即便社会宗教的分界线使得国家处于分裂状态。但是，直到 19 世纪自由民族主义到来——提供了宪政秩序、培育了共同认同——这些内部的分裂才被超越，最终把一个孱弱的邦联

---

① Bonjour, Offler, and Potter, *A Short History of Switzerland*, pp.289-296. 也可参见 Luck, *A History of Switzerland*, pp.345-346。

② Martin, *Switzerland*, p.226.

③ Kohn, *Nationalism and Liberty*, p.9.

转变为一个长期的持久和平区。

法治和参与型的政府——即使只是形式上的——也对瑞士邦联的发端和发展起到了中心作用。1291年成立邦联的三个森林州实施了一种早期形式的参与民主制，并接纳了从神圣罗马帝国输入法律传统。地理因素对协商政治(consensual politics)的发展也有作用；在那些彼此孤立的山谷社群里，群山环绕的地理特质很好地阻止了外部干涉社群的自治。[①] 保障自由农民的政治经济自由是各州结盟反对罗马帝国和封建当局的首要动机。随着邦联的扩张，共同抵抗德意志帝国和奥地利肯定促进了合作安全秩序的拓展和加深。但新兴的贸易商和工匠阶层扩大政治发言权、提出自决以及制衡贵族统治的努力，至少也是同等重要的。

在州一级层面上所实施的政治克制也同样被复制到邦联层面上——尽管它反复经受社会和宗教争端的考验，有时濒临崩溃。议会内的决策逐渐变成多数表决制；各州无论人口多少享有相等的票数。虽然这一直引发邦联内部的紧张，但是像苏黎世、伯尔尼这样更加富庶的州依然接受了议会的平均效应。各州一般来说接受抱团、调停和仲裁以及公共法院的管辖。虽然这些机制并不是每次都能成功地阻止冲突，但起作用的时候远远多于不起作用的时候。即便没有避免暴力，冲突中仍然充满了克制。统一体内部的战争一般来说持续时间不长，战死沙场的士兵相对较少。胜利方也不求从根本上地摧毁失败方，而只是希望获得有利于自己的争端解决方案。这种结果很容易通过中立州的调停实现。

战略克制的另一种表现形式是中立。中立最初被应用于促进统一体的扩大，以及确保邦联中能有现成的调停者，之后逐渐成为一个国家战略手段。邦联在外交政策上的中立可以说是一种无心之举；内部巨大的宗教分歧使得在外部冲突中选边站可能会导致邦联解体。然而，正是这种权力制约是统一体得以避开三十年战争和其他欧洲冲突的关键因素，这些战争和冲突很可能会导致国外占领，或者由于参与欧洲宗教战争带来无可挽回的分裂。

可以肯定的是，直到1848年邦联条约之后的很长时间里，自由主义的克制和参与民主制都是不全面的。但从13世纪以来，相比欧洲

---

① Unidentified author, "The Complicated Case of Switzerland," p.21-28.

的其他大多数地区，无论是单个的州还是作为一个整体的邦联，瑞士肯定处在政治潮流的潮头。而且，进步主义的各州成为自由化趋势的领导力量，这一趋势在19世纪三四十年代的欧洲非常普遍。1848年的巴黎起义被公认为是后来很快席卷欧洲的革命浪潮的导火索。但是，1847年瑞士邦联的事态，包括独立联盟（Sonderbund）失败，也在大动荡的发生中扮演了显著的角色。自那以后，自由民主制度的深化为松散、分裂的邦联成长为稳定和统一的邦联扫清了道路。

瑞士邦联的沉浮史证明，相反的社会秩序对于统一体能够施加强有力的离心力（原文为centripetal，疑有误。——译者）。社会差异的影响被统一事业的性质所放大；邦联不仅是一个同盟，也是一个正在出现的统一体，致力于接受一套共同的秩序原则。相应地，不仅有着抵御外部威胁的安全问题，生活条件、社会特征以及不同阶级之间力量的分配也是重要的问题。

在邦联初期的数十年中，相互竞争的社会秩序之所以没有带来分裂效应，是由于农民和工匠共同反对帝国和封建主义。而且，农村州和城市州之间大致的力量均衡得到审慎的维持，有助于预防沿着社会分界线的对抗。但是，随着帝国和贵族统治的崩溃、邦联的扩大，社会的不相容无法继续被遏制。农民及其农业生活方式同城市资产阶级发生冲突，最终后者选择同贵族结盟。社会冲突演变为对政治权力的争夺，农村州和城市州在议会中各自结成投票集团——或者形成各自的独立议会。此时，宗教改革把社会冲突转变为宗教冲突，保守的天主教州和进步的新教州之间互相斗争。所导致的分裂使得邦联的巩固被耽搁了三百多年时间。

持久和平的发端并不是要等到社会分歧完全消失。在19世纪中期，瑞士仍然有着相当规模的农村和山区农民人口，其生活方式与城市居民相差很大。① 但是，整个国家变得更加城市化；1850年，大约54%的能做事的瑞典人从事从业，而1798年这一比例是63%。② 此外，各州和邦联层面的自由主义制度开始最小化社会差异的政治后果。保守的天主教州的政治发言权、宗教活动和语言都受到法律保

① 有关城市和农村人口的估计，参见Bonjour, Offler, and Potter, *A Short History of Switzerland*, pp.316-321；以及Luck, *A History of Switzerland*, pp.432-434。

② 到1900年，农业人口的比重已经下降到30%。参见Zimmer, *A Contested Nation*, p.166。

护，不再把进步的新教州看作是对于它们政治地位或者生活方式的威胁。农村州人口的融合以及城镇的增多也稀释了统一体两个主要集团的同质性。商业化和中产阶级的兴起正在邦联内部普遍出现。

瑞士各州居民对文化共同性的感觉从一开始就受到各州生活自主性的削弱。的确，多元和自主是这个统一体的关键规范特征。但是，作为各州生活典型特征的独立感，既是地方主义的产物，也是社会、宗教和语言差异的产物。在早期的数十年间，邦联是相对同质的；由于被罗马人占领，以及随后日耳曼部落的涌入，天主教德语人口占据了主导地位。但是，地方社群和州是政治认同和忠诚的焦点。宗教改革和后来邦联的持续扩大带来了更大的宗教和语言多样性。天主教州和新教州之间尖锐的分歧妨碍形成统一体范围内对文化共同性的感觉。在 19 世纪自由民族主义普及之前，不存在连贯一致的瑞士共同认同。

显而易见的是，虽然宗教差异有着巨大的政治后果，事实上将邦联分隔成为敌对的阵营，语言的差异远远没有这么重要。宗教分歧倾向于沿着森林州和城市州的社会界线，从而加深了原有的裂痕。相反，语言的界线则跨越了社会和宗教分界线，这是它们没有产生政治不稳定的原因之一。就如肯尼思・麦克雷（Kenneth McRae）所观察到的，"瑞士历史中，幸运的一点是语言和宗教的边界没有重合"①。

其他几个因素也阻止了沿着语言分界线的政治分裂进程。尽管邦联民众中具有相当规模的多数都讲德语，不同的社群长期以来讲的是十分独特的地方方言。当将意大利语和法语的人口进入统一体之后，他们生活的邦联已经是一个语言上很多元的国家了。② 同样属实的是，在 17、18 世纪，德语州那些更富有和贵族化的家庭常常讲法语，这一趋势有助于防止语言障碍变成政治障碍。③ 最后，当德国和意大利的统一推动语言成为国家身份的关键标志之一时，瑞士已经采取宪法措施来预防语言多样性带来政治分裂。拿破仑已经在 1798 年宪法中引入了三语平等的条款。这是少数在瑞士共和国初期继续存留的革新之一，进而在 1848 年的邦联条约中得以重新确认。在 19

---

① Kenneth McRae, *Switzerland: Example of Cultural Coexistence* (Toronto: Canadian Institute of International Affairs, 1964), p.3.

② McRae, *Switzerland*, p.15.

③ Ibid., p.132.

世纪下半叶，瑞士的民族主义情绪动员贴上了语言标签。但是，瑞士人清楚知道这可能带来内部分裂和外部干涉的危险，从而选择了坚持自由民族主义和中立的发展传统。

到1848年，距离最初三个森林州施维茨、下瓦尔登和乌里建立邦联已经过去五个多世纪了。在此期间，邦联显著扩大了它的领土范围，成功击败了封建和帝国竞争者。但是，它也沿着社会和宗教分界线经历了反复的分裂。只有在1848年宪法贯穿了自由主义制度和包容性的民族主义之后，社会和宗教的裂痕才被磨平，被制度化的克制和共同的瑞士认同所驯服。瑞士邦联的各州最终实现了持久和平。

易洛魁族邦联(1450—1777)

易洛魁族曾经居住在今天纽约州北部的地方。他们是北美最凶残的战士之一，常常彼此交战，或者对临近的美洲土著部落发动战争。从15世纪下半叶开始，5个易洛魁部落——莫霍克(Mohawk)、奥奈达(Oneida)、奥农达加(Onondaga)、塞内卡(Seneca)和卡尤加(Cayuga)——建立了易洛魁族邦联，结束了暴力，打造一个持续到18世纪后期的持久和平区(见地图6.2)。这五个部落频繁对其他部落以及它们与从17世纪早期开始定居这一区域的欧洲移民者之间频繁爆发战争。但是，易洛魁族邦联在不成文原则的指导下，持续了很长的时间，维持了易洛魁人之间超过300年的和平。

战略需要是易洛魁族邦联形成的最初动力。[①]“暴力冲突在最初的五个部落之间不仅常见，而且代价沉重”，尤其是“服丧战争”的实

① 在同盟问题上的两位专家，丹尼尔·里克特和威廉·芬顿在易洛魁联盟(League)和易洛魁邦联(Confederacy)之间做出了区分。他们认为，同盟是易洛魁和平的早期，这时大议会还是世袭制的，并主要解决内部成员之间的问题。而邦联时期则是从17世纪下半叶开始，这一时期，议会世袭制已经难以为继，邦联成员也更加关注如何对外展开外交，如何对外与欧洲移民交战，而不是彼此自相残杀。在全书中我将统一使用邦联一词。参见Daniel Richter, *The Ordeal of the Longhouse: The Peoples of the Iroquois League in the Era of European Colonization* (Chapel Hill: University of North Carolina Press, 1992), p.7；以及William N.Fenton, *The Great Law and the Longhouse: A Political History of the Iroquois Confederacy* (Norman: University of Oklahoma Press, 1998), p.710。

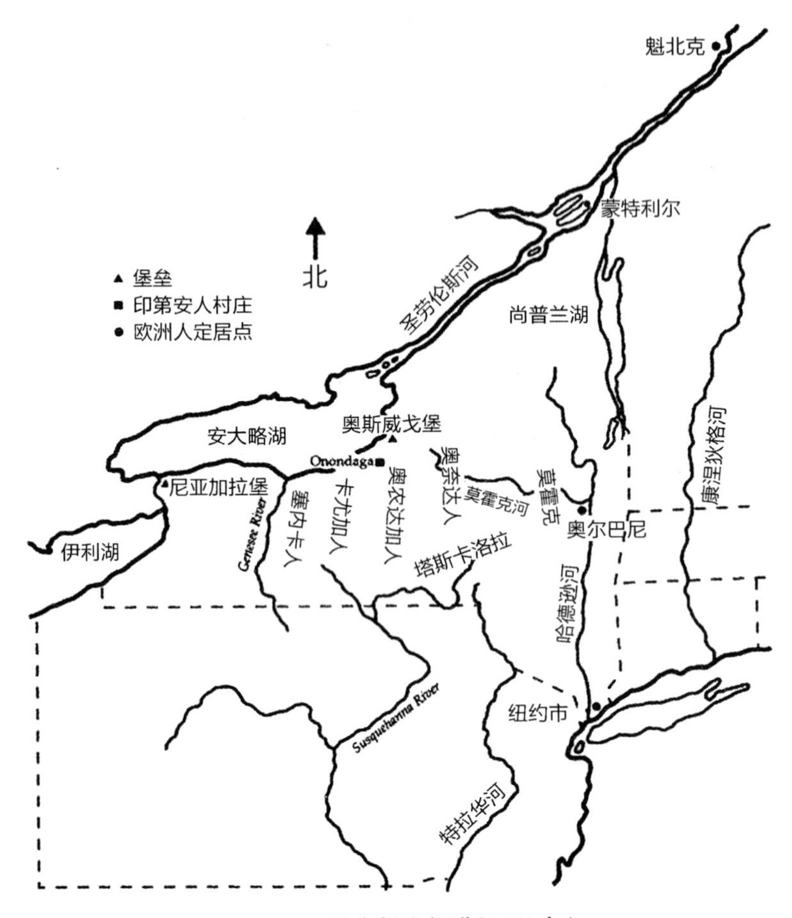

地图 6.2　易洛魁族邦联(1750 年)

资料来源:Reprinted with permission from Timothy J.Shannon, *Indians and Colonists at the Crossroads of Empire*: *The Albany Congress of 1974* (Ithaca, NY: Cornell University Press, 2002), p.19。

践带来了特别沉重的损失。① 在战场减员之后,易洛魁不足就会着手军事动员,以弥补战斗中失去士兵的那些社群。战俘们或者被接纳、整合进社群,或者作为某个仪式的一部分被杀,以减轻那些悲痛家庭的痛苦。由于连续不断的服丧战争所带来的减员压力,一个名叫海华

① Neta Crawford,"A Security Regime among Democracies: Cooperation among Iroquois Nations," *International Organization* 48, no.3(Summer 1994): 345.

沙(Hiawatha)的士兵，在一个名叫德甘纳维达(Deganawidah)的神秘调停者的陪伴下，穿梭于五个易洛魁族部落，传播和平与和解的信息。[①] 这一使命最终获得成功，建立了大议会(Grand Council)——一个由五个部落使者组成的、通过谈判处理争端以及为易洛魁族社群提供集体治理的大会。

易洛魁族邦联建立在易洛魁人独特的文化基础之上，包括取代了“服丧战争”的哀悼仪式、试图复制乡村层面提供秩序的治理制度的大议会议定书，以及交换礼物作为互惠的象征。但是，邦联用来维持和平的机制与本研究中考察的其他统一体所使用的机制有着显著的相似性。战略需要促成了相互克制的实践，驱动了统一体发端的后续。不成文协议随之而来，建立了旨在通过谈判和外交政策协调解决争端的决策程序和权力制约机制，从而奠定了维持邦联成员和平以及提供集体防御的基础。

这些易洛魁部落运用自我约束和共同约束的战略来驾驭更大的、更具有进攻性的部落，同时接受了抱团和退出的实践以保持一致。同时，通过保留发动战争以及在没有获得集体同意的情况下同外人签订条约的权利，每个部落都保持了一定程度的自主性。这五个部落也发展出了一套制定规则的规则，包括引入非易洛魁族成员部落的程序以及扩大统一体的程序——塔斯卡洛拉(Tuscarora)是来自北卡罗来纳州的易洛魁族部落，在18世纪初加入了邦联。这些实践和制度成功地维持了易洛魁人之间的和平，直到1777年美国独立战争使得邦联发生分裂。奥奈达与塔斯卡洛拉支持殖民地，而邦联的另外四个部落选择支持英国。易洛魁人之间的持久和平最终从属于北美欧洲移民不断增长的实力所带来的挑战。

---

① 历史学家对海华沙的故乡有所分歧，一般认为他出身于莫霍克或者是奥农达加。方东认为海华沙出身于奥农达加，后来离开部落开始为那些逝去亲人的家庭祭祀哀悼，由此被收养成为莫霍克人，进而踏上了他的和平游说之路。对联盟起源的考证也同样存在分歧，无法确定到底德甘纳维达是否作为一种神秘的超自然力量全程陪伴了海华沙的游说之旅，又或者是否是另一位神秘的人物借用了这一意象。参见 Fenton, *The Great Law and the Longhouse*, pp.90-95。

和平是如何发生的

对于建立易洛魁族邦联的五个部落来说，战争是很长时间里的一种生活方式。按照它的一个不成文的宪法版本，“与外部部落、兄弟部落、姐妹城镇的世仇以及家族之间的世仇，把每一个战士变成了喜欢杀戮的贼人”①。向持久和平的转变看来大概出现在1450年。②由于连续不断的服丧战争、流血冲突带来的荒凉，一个名叫海华沙的士兵离开了他在森林中避难的村庄。然后他遇到了德甘纳维达，后者说服他传播和平信息的必要性。海华沙和德甘纳维达一起在五个易洛魁部落间旅行，最终说服它们加入一个和平联盟（League of Peace）。所产生的邦联维持了成员部落之间的和平，即便它们依然定期与附近的部落开战，以及不久之后与欧洲移民者开战。一位法国观察家注意到这种明显的反差：“易洛魁人是北美最凶狠和可怕的民族；同时也是所知的最政治化和最深谋远虑的民族。”③

邦联的建立需要塑造一个反映成员部落实力和地位差异的决策体系。莫霍克人被认为是最娴熟的战士和开启邦联建立外交进程的部落。因此，他们首先思考了共同关心的问题，随后向其他部落表达他们的看法，进而引发了这些部落自己的思考。由于莫霍克部落愿意将自己和其他较弱的邻居捆绑在一起，其他的易洛魁部落反过来赋予莫霍克在邦联中的领导地位。就如唐纳德·卢茨（Donald Lutz）所认为的，“或许可以……把宪法看作是在一个架构内认可和正式化莫霍克卓越地位努力。这一架构为其他部落保护他们至关重要的利益提供了途径，把进攻性的莫霍克和一个更广泛的共同体连接起来”④。

同莫霍克一起充当“老大哥”或者更高级一方的是塞内卡。塞内卡地位的提升看来得益于其人口规模，占到了邦联总人口的大约一

---

① Donald Lutz, “The Iroquois Confederation Constitution: An Analysis,” *Publius* 28, no.2 (Spring 1998): 124.

② 历史学家和人类学家在易洛魁邦联形成的时间上有所分歧，但他们大都暂时同意将这一时间锁定在15世纪的中期。对这一问题的不同意见，参见Fenton, *The Great Law and the Longhouse*, pp.66-73。

③ Bacqueville de La Potherie引自Fenton, *The Great Law and the Longhouse*, p.330。

④ Lutz, “The Iroquois Confederation Constitution,” p.109.

半。奥奈达和卡尤加是"小兄弟"，而奥农达加则是邦联主要决策会议大议会的所在地。奥农达加起初拒绝了建立和平联盟的提议。继而调停者们建议由它来主持大议会，事实上使得它的主要村落勉强成为首都。这一提议成功地吸引了奥农达加的参与。[①] 此外，奥农达加是五个部落的地理中心，这可能是它被选作大议会所在地的另一个原因。

邦联内打造共识、维持和平所依靠的战略克制实践，来源于在乡村层面提供社会凝聚力和公共治理的传统。就如威廉·芬顿所写的，"地方达成共识的模式被运用到更高的一体化层次。"[②]乡村生活的首要单元是长屋（longhouse）——一种狭长的定居点，包含三到五个火堆中心。两个家庭分享一个火堆，住在长屋的两侧。这些家庭共同管理定居点，不仅分享用来加热和烹调的火堆，也分享食物和储藏空间。村庄委员会（village council）定期聚在一起，按照长屋中普遍遵循的互惠和共识的共同原则进行治理。

邦联大议会复制了长屋的结构。历史较长的部落坐在一边，历史较短的部落坐在另一边。奥农达加代表在中间照看火堆。每个部落派出特定数目的酋长（sachem）——起初是通过母系血统选出的部落领导人——参加大议会。大议会总共由50名代表组成。[③] 大议会的运作是依据一部口传的宪法，后来被称为"约束大法"（Great Binding Law）或者"和平大法"（the Great Law of Peace）。法律的论述中，包含了有关邦联建立的神话，也包含了获取和维持和平的治理传统。大议会坚持在文职和军事领导之间做严格的分离；战士不能成为大议会的成员，尽管他们经常参与顾问性质的会议。大议会在酋

① 关于邦联成立的时机，专家们对于导致邦联形成的事件次序细节也有不同的看法。口口相传的历史导致了各不相同的说明。本研究的说明首要是基于：Fenton, *The Great Law and the Longhouse*, pp.99, 247-248, 493; Richter, *The Ordeal of the Longhouse*, p.39；以及Lutz,"The Iroquois Confederation Constitution," pp.101, 105-109。

② Fenton, *The Great Law and the Longhouse*, p.715.

③ 每个部落派出的酋长数额不一，从奥农达加的14位到塞内卡的8位不等。然而，酋长的数量多少对这个部落的投票权重没有任何影响，无论人数多少，每个部落只有一票。在联盟的早期，酋长的位置一度采取世袭制度，直到人口的剧减使得这一规则没有办法实行为止。后来，有一部分是被选择派到大议会，但他们的位置不能世袭。参见Lutz,"The Iroquois Confederation Constitution," p.103。

长去世,或者因为不称职、不诚实而需要更换时,遵循规则化的程序。[1] 大议会每年至少开一次会。当邦联需要处理紧急事务时,常常会更加频繁地召开会议。

从15世纪建立,到18世纪消亡,邦联更多聚焦于集体的团结而不是集体的防御。就如卢茨所评论的,"它首要的目标是维持成员之间的和平,而不是协调对外行动"[2]。在对外交往方面,每个部落都维持了自己的自主性,继续有权签订条约、单独决定战争与和平。[3] 成员部落对其他成员的防卫不承担义务。相应地,单个的部落经常对临近部落和法国人发动战争。在整个邦联时期,暴力仍然是易洛魁社会不可或缺的一个组成部分:"参加战争晚会(war party)是易洛魁青年人发展过程中的一个基本情节。"而且,有关战争的习俗十分野蛮;战俘常常被十分残忍地杀死、剥去头皮,甚至在村庄宴会上被吃掉。[4] 但是,尽管有这种杀戮和吃人的环境,五个部落之间没有彼此相斗。在邦联建立以后,没有过五个部落之间发生战争的记载。的确有来自不同部落的个人参与到致人死亡的暴力事件中,但这些是孤立的事件,邦联有效地阻止了这些事态造成更广泛的冲突。[5]

邦联维持持久和平的主要实践包括了自我约束和共同约束。就如不成文文献的名字所表明的,"约束大法"试图把五个部落拴在一起,使它们致力于参与协商,直到达成共同的立场。按照芬顿的说法,"大法……遵循了包围、协调的战术"——这是类似于瑞士邦联和"欧洲协调"的成员所实施的抱团形式。[6] 就如口头传统所阐述的,"我们通过仅仅抓住对方的手,把自己绑定在一起,形成一个强大的

---

① 对邦联规则和管理的总结,参见 Fenton, *The Great Law and the Longhouse*, pp.215-223。

② Lutz,"The Iroquois Confederation Constitution," p.101.

③ Crawford,"A Security Regime among Democracies," p.356;以及 Fenton, *The Great Law and the Longhouse*, p, 275。

④ 一些俘虏被杀掉和吃掉,一些则被接纳。对于这一实践的描述,参见 Richter, *The Ordeal of the Longhouse*, pp.35-36. 引用来自 p.36。

⑤ 例如,1656年,莫霍克士兵就谋杀了两位塞内卡大使。大议会及时介入调停以防止事态升级。Fenton, The *Great Law and the Longhouse*, p.252.其他致死冲突的例子,参见 Richter, *The Ordeal of the Longhouse*, p.65。

⑥ Fenton, *The Great Law and the Longhouse*, p.95.

圆圈。就算是一棵树倒下来,也不能动摇或者打破它,从而我们的人民和孩子能够生活在安全、和平和幸福之中"①。

促使这一圆圈形成和持续的,是承诺实施包容和互惠以达成共识的实践——协商直到五个部落意见一致。就如芬顿观察到的,邦联"通过全体一致和互惠的原则达到统一"②。内塔·克劳福德(Neta Crawford)认为,"在易洛魁人的政策中,没有人可以使唤其他人。问题的解决是通过达成共识。"③丹尼尔·里克特(Daniel Richter)也同意说:"让政治世界总体上围绕着共同的核心、按照一定的轨道运转,依靠的是对共识理想的共同信念,以及对通过结盟所获得精神力量的共同信念。"④相应地,那些最受尊重的酋长的声望来自"慷慨、负责任、沉稳冷静以及善于妥协的能力",而不是来自毫不动摇的决心。⑤

长屋的共同团结不仅仅被复制到大议会的安排设计中。邦联试图作为一个大家庭进行运作,亲缘关系的纽带是统一的社会和精神根源:"邦联是漫长的妥协过程,它重塑关系,是长屋的延伸——长屋是基于亲缘关系的政治实体的象征……它的成功运转有赖于下沉到社会层面的共同亲缘习俗。"⑥大议会火堆的两边被标记为"年长"和"年幼"的部落,只是使用家庭术语的众多例子中的一个。在大议会,"对等的人之间称呼对方为'兄弟',而传统上具有尊卑关系的人之间使用'父亲'和'儿子'或者'大叔'和'侄子'的称呼,从而与这些亲缘关系联结所承担的相应更大责任相一致"⑦。当人口下降导致不能以母系血统的方式来继承酋长位置时,一种叫做"再生"(requickening)的仪式会选择合适的其他人来担任酋长,把去世酋长的责任和精神力量传递给继任者,并把继任者整合进由大议会代表的亲缘关系共同体之中。

这种对亲缘关系、互惠和克制的强调,并不一定能成功地带来全

---

① 引自 Crawford,"A Security Regime among Democracies," p.355。

② Fenton, *The Great Law and the Longhouse*, p.101.

③ Crawford,"A Security Regime among Democracies," p.357.

④ Richter, *The Ordeal of the Longhouse*, p.45.

⑤ Ibid., p.46.

⑥ Fenton, *The Great Law and the Longhouse*, pp.95, 102.

⑦ Richter, *The Ordeal of the Longhouse*, p.41.

体一致。但不能共识达成时，大议会就把问题搁置起来："完全一致不意味着少数一方屈服；它只是撤退。"[1]非正式的磋商将会继续，以"温和的方式让持异议的人靠近多数一方的观点"[2]。当"包围和协调"不能消除分歧的时候，少数派常常会同意多数的观点。在极端的情况下，邦联求助于不同形式的退出方案。在一些案例中，持异议的派系将会离开邦联，定居其他地方，"而非将共同体和平的分裂固定下来"[3]。在其他一些案例中，单个部落将会放弃参加大议会。[4] 这些弃权否定了邦联的全体一致，但是允许大议会达成共识。和平一直得以维持，对大议会的抵制都被证明只是暂时背离全体一致的规范。

无私的具体举动在保持共识方面发挥了中心作用；成员部落常常求助于"哀悼仪式"（Condolence ceremony）和赠送礼物来表达感情和团结。易洛魁人通过这种"哀悼仪式"来表达对失去亲人的家庭的同情与哀悼，以此替换了定期的"服丧战争"中用战俘来代替战死者的习俗。再生的实践不仅是用来填补空缺的领导位置，也是充实死者留下的精神空虚："哀悼仪式，纪念礼物，以及再生典礼象征性地处理了原来服丧战争所服务的人口、社会和心理需要，恢复了死亡所造成的精神力量缺失。"[5]大议会的会议常常包括交换有价值的礼物——最常见的是腰带或贝壳串珠。在一些情况下，这些礼物是针对外人的某种形式的行贿，让他们顺从或妥协。[6] 但交换礼物更常见的目的仅仅是象征互惠和善意。在里克特看来，"和平的辞令与和平的礼物……是不可分割的；它们一起证明和象征着良好关系和强大同盟所依赖的共同善念（good thought）"[7]。

---

① Fenton, *The Great Law and the Longhouse*, p.507.

② Richter, *The Ordeal of the Longhouse*, p.46.

③ Ibid., p.46.

④ 例如，在 17 世纪晚期，莫霍克和奥农达加曾竞争联盟的领导地位和对外交事务的控制权。在这些争端中，莫霍克以及其邻居奥奈达，经常故意在某些场合缺席议会。参见 Fenton, *The Great Law and the Longhouse*, p.248。

⑤ Richter, *The Ordeal of the Longhouse*, p.39.

⑥ 邦联通过赠与礼物团结莫霍克部落的一个例子，参见 Fenton, *The Great Law and the Longhouse*, p.250。

⑦ Richter, *The Ordeal of the Longhouse*, p.48.

社会互动和共同认同的形成

易洛魁部落之间不断增长的贸易既不是邦联形成的原因，也不是邦联形成的结果。这五个部落之间实际上没有商业联系。每个部落都控制它自己的经济，不存在商业市场。士兵有时会积攒有价值的物品——毛皮或者贝壳念珠——这些是战争的战利品。除此以外，易洛魁经济按照互惠和经济平等的原则进行运转，多余的食品按需分配。① 再分配的制度“基本上没有给任何形式的内部贸易留下空间”②。在欧洲人到来以后，易洛魁人开始参与到利润丰富的皮草生意中。但是，皮草市场主要是出现在易洛魁人和欧洲定居者之间，而不是他们自己中间。

大议会的定期会议的确有助于建立五个部落之间的社会联系。在议会任职的酋长们彼此之间建立了私人联系，促进了对于维持共识和一致来说至关重要的相互信任。哀悼仪式、再生以及礼物的交换在培养共同感和精神团结方面发挥了重要作用。但是，这种形式的社会一体化局限于精英——参加会议的酋长和战士。除此以外，成员部落的独立人群之间没有什么联系。通过下沉到乡村层面的地方议会，单个的社群被很好地整合进邦联的政治等级体系之中。但是，跨越部落的社会互动并不频繁——对统一体的发端和长期持续来说也不是一个重要因素。

相反，共同历史表述和共同认同的形成、宣传对于邦联的凝聚力和可持续性来说是至关重要的。有关邦联建立的神话——占据其中心的是海华沙和德甘纳维达的调停使命，以及经常被引用并代代相传的不成文宪法，是邦联努力宣扬共同认同的核心要素。经常使用表达亲缘关系的术语来指代政治等级关系、界定部落和酋长之间的关系，有助于形成共有的共同体感。长屋被用来比喻邦联，大议会的组织复制了长屋的实体结构，强调了易洛魁人是多么努力地将自己的共同体描述为扩大的家庭。

---

① Richter, *The Ordeal of the Longhouse*, p.22.

② Sara Henry Stites, *Economics of the Iroquois* (Lancaster, PA: New Era Printing, 1905), p.79.

欧洲人的到来与邦联的最终消亡

15 和 16 世纪是邦联最繁荣的时期。五个部落成功地打造和维持了一个和平区,形势稳定,部落之间没有冲突,带来了人口的增长。但是,17 世纪早期欧洲定居者的到来开始逆转了邦联的好运。欧洲人带来的新细菌,对易洛魁族的人口造成了致命的打击。此外,同法国、荷兰和英国定居者之间的互动使得邦联面对着一个它根本没有准备好应对的挑战——打造共同外交政策、提供共同防御。的确,正是同北美新定居者之间如何开展外交的矛盾最终分裂了邦联,终结了其成员之间三百年的和平关系。

欧洲人到来的第一个重大影响是新疾病的传播,尤其是天花。虽然有不同的估计,但新细菌看来至少夺去了易洛魁族邦联一半人口的生命。作为回应,易洛魁人恢复了服丧战争以弥补损失,从邻近地区的许多部族中获取战俘:“世纪中期,战役的主要目标是本地人,以满足对于战俘的极度需求,弥补五个部落不断增加的死亡人口的损失。”①尽管战俘的加入在一定程度上抵消了疾病带来的损失,新加入者稀释了共同体的同质性,也没有受过易洛魁传统的训练。在一些村庄,三分之二的人口都是来自其他部族。服丧战争的不断循环也加强了易洛魁族战士的政治影响力,让他们在大议会的协商中有更大的分量,也使得邦联更聚焦于对外关系而不是内部和平。②

邦联更加好战的倾向,再加上新法兰西不断增长的野心,引发了 17 世纪后期一系列的战争。尽管易洛魁人是享有盛誉的战士,在面对从欧洲输入的战争新技术面前他们并不走运。在 17 世纪后期,同法国人的战斗让邦联损失了大约一半的战士。③ 由于服丧战争赶不上损失的速度,大议会开始关注易洛魁人的外交协调以及建立提供集体防御的共同外交政策。塔斯卡洛拉是被欧洲定居者从北卡罗来纳州驱逐出来的部落,它的加入帮助稳定了人口,终结了对于服丧战

---

① Richter, *The Ordeal of the Longhouse*, pp.57-58, 64-65.

② Fenton, *The Great Law and the Longhouse*, pp.10-11; Richter, *The Ordeal of the Longhouse*, pp.65-66.

③ Fenton, *The Great Law and the Longhouse*, p.329.

争的依赖，从而推动了面向外交的新转变。①

在寻求一致对外的过程中，邦联最初的战略是包容：它试图同北美邻居和平相处，在法国人和英国人的殖民地建设对抗中保持中立。成员部落的不同效忠使得在不断增多的欧洲移民团体间保持平衡的挑战愈加复杂。大体而言，西北部的部落——奥农达加、塞内卡和卡尤加——倾向于法国人。它们同法国定居者之间有着更多的政治和经济联系，一些成员向北迁移，在主要是法国人居住的地方定居下来。② 同时，地理上的接近使得奥奈达——有时包括莫霍克——倾向于英国人。这一倾向被不断增长的贸易和频繁派往奥尔巴尼的外交使团所加强。

从17世纪70年代开始，邦联打造了契约链(Covenant Chain)，同哈德逊河畔的贸易商们建立了一系列的同盟。契约链随着时间的推移发展成为同英国人的一个更广泛的政治条约。③ 与英国的接近加强了邦联制衡法国的能力。一位纽约官员对这一战略做了如下描述："维持我们和法国人之间的平衡是现代印度安人的政治大原则。"④这一战略在18世纪上半叶取得了成功；中立让五个部落获得了一段时期的和平与稳定，使它们能够通过接纳塔斯卡洛拉和其他难民补充人口。1744年，在一个纪念易洛魁人和英国人条约签署的仪式上，来自奥农达加的使者同他的英国搭档分享了统一体的丰厚收益：

> 我们还有一件事要说，那就是，我们强烈地向你们——我们的英国兄弟——推介邦联和我们的好协定。不搞分歧，互相维持严格的伙伴关系，由此，你们将会和我们一样，变得更加强大。

---

① 对于塔斯卡洛拉加入邦联的时间说明存在分歧。里克特认为将塔斯卡洛拉人赶出北卡罗来纳的战争发生在1711—1713年之间，所以邦联大约在1720年正式接纳塔斯卡洛拉人。参见 Richter, *The Ordeal of the Longhouse*, p.239; and Crawford, "A Security Regime among Democracies," p.345。

② Fenton, *The Great Law and the Longhouse*, p.452.

③ Ibid., pp.330-349.

④ Peter Wraxall，纽约负责印度事务的秘书，引自 Richter, *The Ordeal of the Longhouse*, p.206。

我们聪明的先辈们在五个部落之间建立了统一体和友好关系；这使得我们是令人畏惧的；这让我们在与邻近部落交往时拥有更大的分量和权威。

我们是一个强大的邦联。通过遵循我们明智的祖先所采取的同样途径，你们将会获得新的力量和权力；因此不管发生了什么，都不要争吵。[①]

在 18 世纪下半叶，大议会维持共同外交政策的努力没有这么成功。邦联实施统一外交政策的能力被证明是暂时的。单个部落在对外事务上重新坚持自主权——这部分是根源于地理位置而产生的独立利益。美国革命的爆发继而把邦联是与美国定居者还是英国监管者结盟的观点分歧推到了顶点。大陆会议(Continental Congress)试图确保易洛魁族邦联遵守它的中立传统。同时，英国人寻求让易洛魁人帮助镇压反抗。莫霍克、奥农达加、塞内卡和卡尤加站在英国一边，认为殖民统治的延续将会维持易洛魁人的领土权利、延长契约链的存在。奥奈达和塔斯卡洛拉则支持革命者，它们与后者建立了更密切的联系。[②] 由于无法在大议会达成一致，六个部落同意解散邦联，熄灭议会火堆，各行其道。由于不同的效忠，导致易洛魁人陷入了独立战争的陷阱，1777 年 8 月 8 日易洛魁人部落在纽约奥里斯坎尼兵戎相见，这是 15 世纪邦联建立以来的第一次。

和平为什么会发生

持久和平的三个要素——制度化的克制、相容的社会秩序和文化的共同性——都存在于易洛魁邦联之中。组成邦联的部落和治理邦联的大议会都实践了一种粗糙的参与民主制。在这种参与民主制中，就包含了制度化的克制。在乡村层面，地方议会定期聚会，处理日常事务。每个部落“都分享着相似的政治制度”[③]。当需要讨论重

① 这位使者是卡纳萨特戈(Canasatego)，引自 Fenton, *The Great Law and the Longhouse*, p.432。

② Lewis Henry Morgan, *League of the Iroquois* (New York: Corinth Books, 1962), pp.27-29.

③ Fenton, *The Great Law and the Longhouse*, p.72.

大的政策问题以及向村庄长者提供建议时，会召开全体成年人大会。[①] 此外，邦联内组成部落的所有社群每五年会把居民聚到一起，集体批准邦联的扩大以及约束大法。酋长们尽管是依据母系血统进行选择，必须获得村庄、部落和邦联层面的批准。他们必须对自己的表现负责，如果不诚实或者不称职可能被免职。直到人口减少使得这一实践无法继续维持之前，酋长们只从有着最高首领地位的家族中选择。这实际上是一种贵族统治。女人在乡村层面发挥着重要作用，对酋长的选择有着相当的影响，决定着是否接纳还是杀死战俘。但是，女人不能在大议会任职。

大议会也贯彻了一种类似的粗糙民主制。就如前面详细说明的，每个部落在议会中拥有一票，而决策需要全体一致。同时，不同部落和酋长的地位在决策和共识形成中扮演着含蓄的角色。就如卢茨对这种民主制和部族主义的混合所总结的那样，“邦联议会……本质上是世袭寡头制，其成员的确定和选择是通过一种介于传统部族主义和制度化民主之间的方式”[②]。

类似地，乡村层面实施了制度化的克制，而大议会则复制了这种实践。约束大法中达成全体一致的程序要制衡单个部落的权力，引导其代表将邦联的福利置于个体成员的利益之上。诸如抱团、退出这样的部落传统，大议会长屋结构遵循的制度化互惠、哀悼仪式，以及例行公事的礼物交换，都表明乡村的权力制衡机构被移植到邦联层面上。战士在议会中不具有完全成员的身份，目的正在于防止议会屈服于掠夺野心——这是文官控制军队的一种早期形式。尽管只是不成文宪法，约束大法与当今的共和国宪法有着显著的相似之处。的确，一些历史学家认为，美国宪法的起草者吸收了易洛魁族邦联的不成文宪法。[③]

构成邦联的五个部落有着同样的社会秩序。每个部落都由氏族和村庄组织起来，都存在地方、氏族和部落的管理机构。男人一般狩猎和捕鱼，而女人们则倾向于园艺。邦联的成员也拥有文化的共同

① Stites, *Economics of the Iroquois*, p.105.

② Lutz, “The Iroquois Confederation Constitution,” p.114.

③ 卢茨和其他专家挑战了这一看法。参见 Lutz, “The Iroquois Confederation Constitution,” p.99, note 1。

性。五个部落讲的语言都源于易洛魁语。就如布鲁斯·特里格尔(Bruce Trigger)所观察到的,邦联"组成群体间有着文化和语言上的联系"。卢茨也强调"共同的由语言和通婚所建构的共同宗教和文化"所发挥的关键作用。①

只有易洛魁部族被允许加入邦联——就如18世纪接纳塔斯卡洛拉所证明的——这一事实强调了共同文化的重要性。就如一位酋长在大议会会议后所宣布的,"塔斯卡洛拉印第安人寻求托身于五个部落之间。他们是我们的一部分,很早以前离开,现在回来了"②。非易洛魁部落的个人可能被接纳和同化,但是邦联不向其他部族开放。但是,易洛魁人之间的相似性并非持久和平的充分条件。尽管邦联内部没有爆发冲突,它的成员的确有时和居住在北部的其他易洛魁族部落之间发生战争。这主要发生在17世纪后期与法国人不断冲突的背景之下。③ 但是,只有易洛魁人才能成为邦联成员这一点清楚地表明,文化的共同性是相似性和共同认同的一个。在共同传承的牵引下,易洛魁人打造了一个持久和平区,经受了对它统一性的持续考验。邦联被证明有很强的适应能力,只是被美国反抗英国统治所带来的巨大政治分歧所牵连,以致最终瓦解。

阿拉伯联合酋长国的演变(1971年至今)

七个酋长国克服了重重政治困难,最终在1971年成立了阿拉伯联合酋长国。每个酋长国都只有最基本的政治结构。的确,对它们而言,有固定边界的领土国家都还是个新的概念,是由英国人在殖民时代引入的,以此来帮助确定各统治家族的战略责任。边界线的勾画,加上石油的发现,导致了统治家族之间不同的领土主张以及武装冲突。外部威胁使得这一地区进一步动荡和分裂;海湾地区南部的小酋长国对如何更好地抵抗沙特阿拉伯、伊朗和伊拉克的霸权野心意见不一。而且,这些酋长国的经济相对来说欠发达,基本上没有区

---

① 特里格尔的话引自:Fenton, *The Great Law and the Longhouse*, p.72; Lutz, "The Iroquois Confederation Constitution," p.126。

② Fenton, *The Great Law and the Longhouse*, p.389.

③ Richter, *The Ordeal of the Longhouse*, p.169.

域内的贸易交流。

尽管存在这些障碍，当20世纪60年代殖民统治结束、英国人撤走的时候，七个酋长国将联邦式的统一看作是维护安全的最好途径。大多数观察家起初对此并不重视，带着十分怀疑的眼光来看待这些酋长国的联邦雄心。[①] 就如一位受人尊敬的该地区观察家在1966年所写的，"当前，海湾统治者们不可能走到一起，主动实施任何值得注意的政治团结"[②]。英国和美国决策者同样对是否会出现一个可持续的政治统一体抱有警惕。[③]

阿拉伯联合酋长国挑战了这些质疑。随着英国人撤退而建立的联邦不仅结束了数十年的武装冲突，也很轻易地平息了领土争端和部族对抗——这与其他许多地区非殖民化伴随的不稳定形成了鲜明的对比。无可否认，统一体的成熟过程是缓慢的；修订临时宪法的计划被一再推迟，扩大联邦政府权力的努力也陷入类似困局。但是，阿拉伯联合酋长国茁壮成长，不仅建立了稳定的持久和平区，还利用它丰厚的石油和天然气出口收入建设了一个现代化的国家和多元化的经济。

尽管在单个的酋长国中不存在正式的制度化克制，部族的协商和分权传统在统一体的发端过程中发挥了显著作用。就如易洛魁族邦联的案例所表明的，地方层面的部族治理形式被复制于建设持久和平的交易过程中。能源储备带来的丰收利润也使得阿布扎比能够在伙伴酋长国之间对财富进行再分配，为它们加入统一体提供了强有力的诱因。战略克制的实施和部族形式的宪政主义从而为持久和平扫清了道路。就如其他案例所表明的，相容的社会秩序和文化的共同性促进了统一体的发端。

---

① Frauke Heard-Bey, "The United Arab Emirates: Statehood and Nation-Building in a Traditional Society," *The Middle East Journal*, 59, no.3 (Summer 2005): 358.

② 引自 David Holden, *Farewell to Arabia*, 转引自 Malcolm Peck, *The United Arab Emirates: A Venture in Unity* (Boulder, CO: Westview Press, 1986), p.49。

③ Christopher Davidson, *The United Arab Emirates: A Study in Survival* (Boulder: Lynne Rienner, 2005), pp.48-49.

和平是如何发生的

19 世纪早期,来自阿拉伯半岛东南部的海盗开始攻击往来于印度的英国船只。英国作出的回应是同这一地区的部族领导人签署战略协议。这些部族领导人的权力既来自家族权威,也来自经济杠杆。他们向需要帮助的人提供资源,对主要源自珍珠采集、捕鱼以及种植枣树的收入征税。英国向这些领导人提供保护,所获得的回报是后者愿意帮助清除海盗。作为这些契约的结果,英国人开始把这些抱团的酋长国称作是休战酋长国(Trucial Emirates)。尽管相关的部族主要是以游牧为生,权威针对人而非土地来行使,英国推动有效劳动分工的努力促使殖民地官员们将特定的领土分属给最强大的家族。因为一些社群忠诚于不相邻的某个统治家族,七个酋长国以及它们最终建立的统一体刚出现时是一种不常见的飞地组合(参见地图 6.3)。

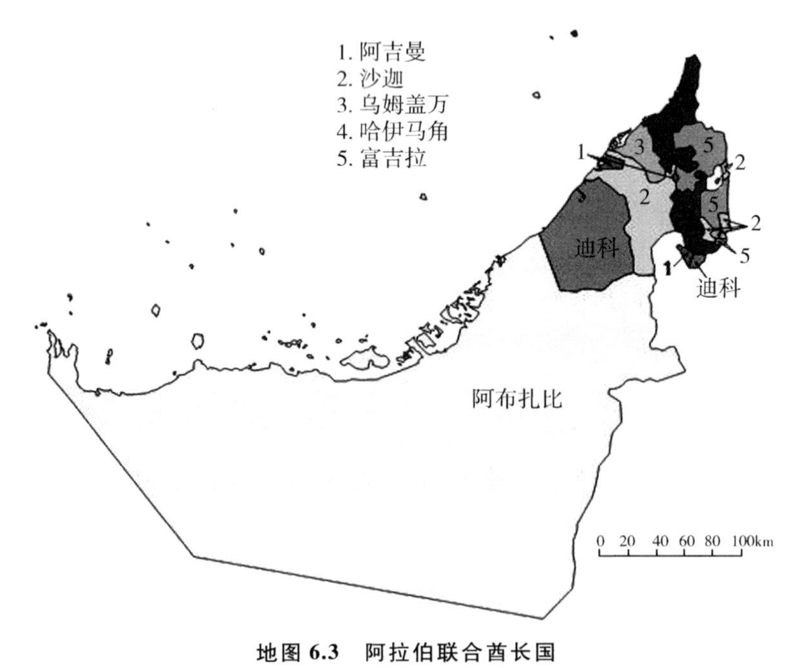

地图 6.3 阿拉伯联合酋长国

资料来源:http://commons.wikimedia.org/wiki/Image:UAE_en-MAP.png。

尽管成功地打击了海盗,英国在海湾南部的战略同盟并没有结束这一地区长期以来的部族对抗。即便是进入 20 世纪以后,自相残

杀的战争依然常见，以及为争取居住在内陆地区次族群团体（subtribe grouping）的支持也常常爆发武装冲突。1940年，两个主导性的酋长国，迪拜和阿布扎比，围绕着领土以及谁有权统治居住在内陆的贝都因人（Bedouin）爆发了战争。石油的发现——20世纪20年代开始勘察和授予特许权，到20世纪60年代就有相当的出口——急剧增加了领土要求的经济意义，为部族竞争提供新的根源。作为回应，英国人在监管酋长国之间的关系方面承担更加显著的角色，派遣使节帮助划定边界，建立英国控制下的地方军队阿曼停战部队（Trucial Oman Scouts），并常常召开执政酋长的会议来为有关政治和战略事务的合作提供便利。酋长们通过英国人获得外部保护，以及遏制统治家族之间的对抗。

尽管英国的外交和保护促进了酋长国之间的合作，英国从这一地区撤退的前景引发了建立酋长国政治统一体的努力。1968年，伦敦宣布它试图结束在海湾的军事存在之后，酋长国都担心地方对抗将会增多，也害怕来自伊朗和沙特的潜在威胁。伊朗和沙特都对那些曾经位于英国保护之下的土地坚持领土主张。酋长们在初期试图说服英国人改变决定，提出可以补偿英国维持在海湾存在的代价。[①] 当英国想要继续撤退的意图明确之后，它们越发担心外部威胁和部族重新陷入冲突，这加快了通过政治统一带来稳定的努力，以取代英国保护所提供的安全。[②]

建设和制度化一个联邦统一体的正式进程是以阿布扎比和迪拜为核心的。阿布扎比的酋长扎耶德（Zayed bin Sultan Al-Nuhayyan）和他的搭档迪拜酋长拉希德（Rashid bin Sa' id Al-Maktum）于1968年2月举行了会晤。阿布扎比作为遥遥领先的最大、最富裕的酋长国采取了开局让棋的举动。在一个最初的单方面包容举措中，它同意给

---

① Davidson, *The United Arab Emirates*, p.45.

② 对于战略需要在推动统一体方面的至关重要的作用，参见 Ali Mohammed Khalifa, *The United Arab Emirates: Unity in Fragmentation* (Boulder, CO: Westview Press, 1979), pp.14, 178; and Davidson, *The United Arab Emirates*, p.44。

予迪拜对有争议的费斯(*Fath*)油田以完全的控制权。[1] 两位领导人也同意主要在外交和国防领域建立一个统一体——这反映了融合举动背后的战略动机。自那以后很快,五个小的休战酋长国以及卡塔尔和巴林的领导人——后面两国也是在英国保护之下——在迪拜开会,旨在形成一个九个成员的联邦。迪拜和卡塔尔统治家族有着通婚关系;拉希德酋长的女婿是卡塔尔的统治者。阿布扎比与巴林有着特别密切的关系,并于1966年开始使用后者的货币。[2]

从一开始,实力的不对称就是一个很大的障碍。为了抵消人口和财富的差异,最初的一个建议呼吁五个小酋长国——沙迦(Sharjah)、哈伊马角(Ras Al Khaimah)、富吉拉(Fujairah)、阿吉曼(Ajman)和乌姆盖万(Umm al-Qawain)建立一个所谓的阿拉伯沿岸联合酋长国(United Arab Coastal Emirates)。这个新的国家进而与阿布扎比、迪拜、卡塔尔和巴林一起形成一个拥有五个成员的联邦。小酋长国们拒绝了这个合并建议,因为它减少了酋长国的影响力和自主性;它们坚持联邦由九个成员直接组成。

尽管九位领导人就统一体的基本条款达成了原则协议,联邦从未正式起步。两个主要的障碍在起作用。首先,伊朗坚持对巴林的领土主张,说它不会容忍这一岛屿被纳入联邦。伊朗外交部部长宣称:"只要巴林的未来地位在法律上没有明确,联邦对伊朗来说就是完全不可接受的。"从那以后,海湾南部的酋长国就不愿意启动一个将会激怒地区主导国的联邦。其次,九个酋长国最终在决策权威的分配以及如何最适宜地在联邦政府和个体成员之间分配权力的问题上没有达成一致。关键的症结包括联邦首都地点、决策机构中的投票权重、联邦财政的来源、成员国部队一体化的步伐和范围等。[3]

1970年春发布的一个联合国调查报告揭示了巴林公民的独立倾向,促使伊朗放弃了它的领土主张。但是,这一决定并不是给正在出

---

① Abdullah Omran Taryam, *The Establishment of the United Arab Emirates* 1950-85(London: Croom Helm, 1987), p.90; and Frauke Heard-Bey, *From Trucial States to United Arab Emirates* (London: Longman, 1982), p.341.

② Heard-Bey, *From Trucial States to United Arab Emirates*, p.342.

③ Heard-Bey, *From Trucial States to United Arab Emirates*, pp.351-360(引自 Iranian Foreign Ministry on p.352); Davidson, *The United Arab Emirates*, pp.47-48。

现的联邦带来好运，而是起了反作用。由于不再需要统一体这个保护伞——以及在加入联邦的问题上坚持获得更有利的条件——巴林退出了建议中的联邦，并在1971年终宣布独立。卡特尔迅速跟上。巴林是英国在海湾的管理中心；它更加发达的政治制度使得迈向独立的转变很容易。卡塔尔没有同样的制度优势。但是，它有不断增加的石油收入以及沙特阿拉伯的政治支持。这些因素都促使它追随巴林的脚步。

没有了让巴林和卡塔尔加入联邦的政治难题，阿布扎比和迪拜迅速建立了阿拉伯联合酋长国，于1971年12月2日正式宣布成立。[1] 哈伊马角(Ra's al-Khaimah)一开始拒绝加入。它因为有希望发现石油，对统一体内分配的政治权重感到不满。哈伊马角对未来的伙伴没有更坚持支持它与伊朗争夺两个离岸岛屿——大小通布岛(the Greater and Less Tunbs)——感到失望。但是，它放弃参加统一体的决定很快被逆转。在几个月的孤立之后，哈伊马角的统治者认识到孤立起来不会过得更好，因此在1972年2月参加了阿联酋。

阿拉伯联合酋长国的起步很慢。领土争端挥之不去。其中之一是沙迦与富吉拉在1972年爆发的冲突，这次冲突使20人丧生。1975年，迪拜和沙迦的争端是最后一次重大的领土纷争；联邦政府的积极参与和相互包容的举措解决了其他突出的争端。[2] 即便是战略对抗让位于相互的克制，集中化的过程也进展缓慢。1971年的临时宪法本应在五年后修改和固定下来，但是这一过程被反复拖延；直到1996年，才有了一部永久宪法。类似地，联邦政府本应对国防事务有着排他性的控制权，但花了超过二十年的时间来将各独立酋长国的军队整合进联邦军队。但是，战略克制的实践和许多权力制衡机制的制度化使得阿联酋能够联合成一个持久和平区。

权力制衡机制

阿联酋的根基是包含几个核心要素的政治契约：财富分配；混合

---

① 巴林可能加入联邦，这是一个麻烦。不仅是因为伊朗的反对，也因为巴林主张联邦内的政治影响力应该按照人口比例进行分配。这一提议将增加它的发言权，削弱小酋长国的发言权。参见 Heard-Bey, *From Trucial States to United Arab Emirates*, p.351。

② Khalifa, *The United Arab Emirates*, p.102; Peck, *The United Arab Emirates*, p.129.

了宪政主义和部族治理形式的权力分享制度以及防务一体化。在这些问题上的自我约束和共同约束交易具有充分的可信度,吸引个体酋长国的服从,产生互惠行为。它们也具有充分的灵活性,能够在实力显著不对称以及个体酋长国特别希望维持相当自主权的情况下维持统一。尽管统一体是专制的,而阿布扎比又具有压倒性的物质力量,小的酋长国们能够对权力的集中化施加重要的遏制作用。的确,阿联酋之所以生存下来,很大程度上是因为它在政治上很虚弱。如果阿联酋的开国总统扎耶德坚持联邦政府从一开始就拥有更大的控制权,那么统一体可能在早期就失败了。①

财富的分配

阿联酋的成功在很大程度上是一个单一核心做交易的产物:阿布扎比愿意用金钱来换取权力。不可否认,阿布扎比的确在领土和安全问题上实施了单方面的包容。但是它成功地向小邻居们表达自己的善意,更多依靠的是经济上的大方而不是领土上的让步。作为遥遥领先的最大、最富裕的酋长国,阿布扎比不仅承担了统一体的大多数成本,也重新分配石油收入以促进其他酋长国的繁荣。反过来,小的酋长国门统一让阿布扎比让渡重要的权力——向迪拜让渡的少一些——事实上是用自主权来换取繁荣。就如阿里·穆罕默德·哈里发(Ali Mohammed Khalifa)所准确观察到的,阿拉伯联合酋长国谋求的是“基于依赖的一体化……跨越酋长国边界的物质奖赏一般是沿着一个方向流动,这可能是让酋长国们聚在一起的最强大、最明显的诱因”②。

阿布扎比的领域大概占阿联酋的85%;它的面积大概是26000平方英里,而第二大酋长国迪拜只有1500平方英里。③ 1971年统一体

---

① 参见 Heard-Bey, *From Trucial States to United Arab Emirates*, p.403; Heard-Bey, “The United Arab Emirates,” p.359; Taryam, *The Establishment of the United Arab Emirates*, p.197。就如本章后面所探讨的,阿拉伯联合共和国是一个有启发意义的反例。埃及和叙利亚的统一之所以失败,很大程度上是因为埃及坚持快速合并两国的政治和经济机构,这很容易就导致了叙利亚的退出。

② Khalifa, The United Arab Emirates, p.179.

③ 以平方英里为单位,其他酋长国的领土规模如下:沙迦—1000; 哈伊马角—650; 富吉拉—450; 乌姆盖万—300; 阿吉曼—100。参见 Heard-Bey, *From Trucial States to United Arab Emirates*, p.407。

建立之时，阿布扎比每年的石油收入大约是4.5亿美元，迪拜是4000万美元，而其他的酋长国没有石油或者天然气。超过50%的人口居住在两个最大的酋长国之中；总人口的18万市民，46 000人住在阿布扎比，59 000人住在迪拜。① 在统一体的早期，阿布扎比支付了统一体财政开支的90%以上，大概相当于该酋长国25%的开销。② 随着迪拜经济的增长，它承担了更大的联邦财政份额，但是阿布扎比仍然是阿联酋的首要捐助者。

阿布扎比不仅承担了统一体的大部分开销，还向联邦的公民提供直接的补助。从阿布扎比向较穷的酋长国的巨大财富转移支撑了城市中心、高速公路、电力和电信网络的现代化基础设施建设。联邦政府向需要的人提供土地、房屋和就业岗位。它甚至向阿联酋国民提供结婚基金，支付婚礼的费用。在一些情况下，这些补助金是直接从阿布扎比发放到接受者手中。在其他一些情况下，这些基金是通过地方精英发放，以免威胁到现有的资助体系。结果证明这是一个行之有效的办法，通过经济刺激带来了政治忠诚：阿布扎比给阿联酋公民带来了富裕生活，反过来得到了他们的接纳和对阿布扎比政治主导地位的拥戴。用克里斯托弗·戴维森（Christopher Davidson）的话来说，“在整个阿联酋已经出现了一个重要的协定。虽然是不成文的、没有被公开表述的。这一契约是，几乎所有的人都接受了阿联酋国家的合法性，以获得薪水丰厚的就业的稳定及其所带来的酬金”③。

部族宪政主义

阿拉伯联合酋长国的治理体系根植于一种独特的混合制度，包括正式的宪政克制和非正式的庇护网络，后者起源于长期的部族统治历史。尤其是对于一个没有自由或者民主传统、仅仅存在初步政治制度的社会而言，这七个酋长国是否会接受法典化的政治克制的原则和实践，完全是一个不可预知的结论。建立阿联酋的宪法——主要内容是在卡塔尔起草的，当时卡塔尔仍然希望加入统一体——规定了联邦的机构，具体说明了它们各自的功能，赋予联邦政府外交

① Heard-Bey, “The United Arab Emirates,” p.359.
② Khalifa, *The United Arab Emirates*, pp.62-65.
③ Davidson, *The United Arab Emirates*, p.90.

和国防责任,同时把其他大多数事务留给了个体酋长国。这部宪法是临时性的,本应在五年之后修订,成为永久宪法;修改计划涉及一系列的问题,包括联邦财政的来源以及防务一体化。阿布扎比作为首都也是临时性的。七年之内,一个新的首都应该在阿布扎比和迪拜的交界处建成,象征着权力的去中心化以及推动两个主导性的酋长国的一体化。①

宪法建立了最高委员会(Supreme Council)作为最高决策机构,七个酋长国每个都是一票。实质性的决策需要获得五个酋长国的同意,其中必须包括阿布扎比和迪拜,从而授予了这两个酋长国以否决权。内阁职位的分配根据的是财富和人口。阿布扎比获得了总统职位以及其他六个内阁职位,迪拜则获得了副总统职位以及四个内阁职位(包括总理职位),其他的酋长国获得的内阁职位从一个到三个不等。联邦国民委员会——勉强称得上是立法机构——也被建立起来,尽管它的成员是通过任命产生,只具有顾问职能。

尽管建立了正式的权力分享结构,阿联酋的七位领导人常常依靠非正式的协商和交易来进行治理。在统一体的早些年里,最高委员会基本上没有开过会。相反,扎耶德酋长同迪拜领导人拉希德酋长,以及统治家族的其他首领一起协商、形成政策共识。从许多方面来看,部族政治结构都压倒了宪政秩序,在统一体层面上复制了酋长国内部沿袭的权威和庇护模式。就如戴维森所观察到的,阿联酋的治理体系引人关注,因为"在核心的统治家族内外对亲缘关系的忠诚一直都很重要,以及这一治理体系一直需要强有力的部族支持"②。

通过协商和妥协进行治理是海湾地区部族领导的一个特点。部族首领的职位不是世袭的;相反,显赫家族中的要人们根据个人魅力和让人尊重、服从的能力来选择领导人。被选中的个人并不拥有绝对权力,相反是作为一个仲裁者,负责形成有关治理的共识。就如1999年一位内阁成员所评论的,"(扎耶德)的领导是基于七个酋长

① 哈伊马角曾主张,新的首都应该设在沙迦和迪拜的边界,以制衡阿布扎比的权力,加强北部小酋长国的影响。这一计划遭到拒绝,最终的决定是让阿布扎比成为永久首都。参见 Taryam, *The Establishment of the United Arab Emirates*, p.131。

② Christopher M.Davidson, "After Shaikh Zayed: The Politics of Succession in Abu Dhabi and the UAE," *Middle East Policy* 8, no.1(Spring 2006): 55.

国的共识。与伊斯兰传统相一致，他被看作是同僚之首（first among equals）。他之所以持续当选总统，是因为他获得了国内其他领导人的尊重和人民的崇敬”①。

正如物质刺激在维持统一体的核心政治契约上发挥重要作用一样，阿联酋领导人掌握的权力不仅有赖于部族的权威形式，也依赖于政治奖赏的精明分配。扎耶德酋长和他的搭档们常常任命有影响力的人物担任联邦和酋长国层面的职务。这就是一种政治拉拢。就如哈里发（Khalifa）对第一任内阁的组成所描述的，“显而易见的是，被任命的内阁成员要么是成员国统治家族的成员，要么是在本地区部族政治结构中同这些家族结盟的公民”②。统治家族以及其他重要家族中的要人会经常性地填补非正式顾问团（sub-cabinet）的职位，以及充实到官僚机构中去。戴维森把这些任命称作是“安慰奖”——虽然没有进入内部圈，但是吸引他们进入到体系之中。③ 通婚也常常被用作巩固忠诚网络、在强大家族之间建立联盟的手段。总的来说，统治家族通过拉拢的方法来转化对抗者，而不是将他们排斥在权力体系之外，这是联邦能够避免对抗性的世袭集团之间出现瘫痪性的争端的主要原因之一。④

尽管物质刺激和政治奖赏的强力结合发挥了作用，在统一体的最初二十年中，扎耶德酋长在加强联邦机构方面只取得了有限的成功。其他的酋长国——尤其是迪拜——坚定地抵制他将联邦财政来源规则化的努力。1976 年，扎耶德威胁要辞职——提出把首都搬走——但这一努力无济于事，没有说服最高委员会将每个酋长国石油收入的 75%贡献给统一体财政。五年之后，当已经成为副总统的拉希德酋长同时获得总理职位时，解决方案出现了。作为回报，他同意贡献迪拜 50%的石油收入给联邦财政。⑤

类似地，很难发现有对外交和安全政策的集中控制。就如下面

① 引自 Davidson, *The United Arab Emirates*, p.72。

② Khalifa, *The United Arab Emirates*, p.60.

③ Davidson, *The United Arab Emirates*, p.73.

④ 这些拉拢的例子，参见 Davidson, *The United Arab Emirates*, pp.99-100。

⑤ Davidson, *The United Arab Emirates*, pp.201-204; and Heard-Bey, “The United Arab Emirates,” pp.362-366.

详细说明的，直到1996年，各酋长国的独立民兵组织（militias）才被整合进统一体的国防部队之中。即便是在外交事务上，阿联酋也不总是表现为一个单一国家。在两伊战争期间，阿布扎比倾向于伊拉克，而迪拜则倾向伊朗——这主要是出于商业原因。阿布扎比参加了石油输出国组织（OPEC），但迪拜没有，使得调整出口、满足阿联酋总体份额的任务落到了阿布扎比肩上。出于这些原因，阿联酋的一些学者认为，在20世纪90年代国家巩固之前，统一体是一个松散的邦联，而不是单一的政治实体。从这个角度来看，在法律上的联邦出现了20多年之后，单个的酋长国才准备在统一体的名义下牺牲它们事实上的自主权。

防务一体化

在国防事务上，临时宪法赋予联邦政府以明确的、不可分割的权威。但是，对国防部队的集中控制进展得十分缓慢。在阿联酋的早些年中，国防部仅仅控制着统一体的国防部队——其前身是英国人建立的阿曼停战部队。依据宪法第142条的许可，阿布扎比、迪拜、沙迦和哈伊马角都维持了独立的民兵团。阿布扎比的军事规模和能力要远远强于其他酋长国。其他酋长国担心，合并事实上意味着被阿布扎比军事机构吞并，而不是创造一支象征着（作为集体整体的）统一体的联合部队。[①] 1976年的确进行了法理上的合并，但是主要还是做做样子。尽管所有的部队都开始穿着同样的制服，国防部的地区司令部取代了独立的民兵团，新的司令部都是依政治界线来划定边界，事实上各酋长国依然控制着自己的民兵团。[②] 直到1997年永久宪法通过之后，迪拜才最终解散了他自己的部队，将其整合进位于阿布扎比的国防部所完全掌控的联邦军队之内。

因此，国防部花了超过20年的时间，才建立了对各酋长国军队的有效控制。尽管有宪法授予联邦政府的权威，以及阿布扎比不断集中控制防务政策的努力，小的酋长国们仍然不愿意放弃对于独立民兵团的控制权。扎耶德酋长在这一问题上的耐心，反映了他在治理方法上的共识导向，以及他认识到防务一体化问题上的缓慢推进对

---

① Khalifa, *The United Arab Emirates*, pp.81-82.

② Heard-Bey, *From Trucial States to United Arab Emirates*, p.394.

确保统一体的生存来说是非常重要的。

社会一体化与国家认同的形成

阿联酋的出现不是因为经济和社会相互依赖的加深。在20世纪70年代以前，七个酋长国之间基本上没有什么商业往来。20世纪30年代珍珠业衰落以后，这一地区的中产阶级逐步萎缩，削弱了在地区内经济一体化中有着既得利益的选区。各酋长国之间的贸易因为交通基础设施的缺乏而困难重重。1971年统一体建立之时，阿布扎比和迪拜之间甚至都没有一条柏油马路。从海岸到内地的道路网——尤其是穿越哈迦山脉（Hajjar Mountains）到达阿联酋在安曼湾的领土——则更加简陋。

统一体建立之后，在阿布扎比石油收入的资助下，阿联酋的路网显著拓展。很快，现代化的高速公路把东北沿海的主要城市区域连接起来，跨越哈迦山脉的平坦道路也在1976年投入使用。这个交通网使得雄心勃勃的基础设施计划和发展项目成为可能。扎耶德酋长期望通过这些建设来巩固他的政治权力、获取较穷的酋长国的效忠。但是，尽管各酋长国通过现代化的高速公路和电信连接起来，各酋长国内部的贸易仍然很少，每个酋长国都把对外贸易放在第一位。从这个角度来看，赏赐与再分配的前景——而非商业一体化——仍然是使统一加强成为可能的首要诱因。

统一体内贸易水平不高，部分是因为各酋长国经济结构相似；它们出口能源，输入商品和观光客。但是，酋长国之间长期的对抗也是原因之一，就如阿联酋航空业的发展所表明的。尽管地理上接近，迪拜、沙迦和阿布扎比都建设了大型的国际机场。同巴林合资的海湾航空公司起初被设想为阿联酋的主要航空运输公司。但是迪拜接着决定建立阿联酋航空公司（Emirates Airways）。为了不被迪拜压倒，阿布扎比在2003年建立了阿提哈德航空公司（Etihad Airways），并将其称为阿联酋的“国家航空公司”（National Carrier）。一个人口大约430万的国家建立了三个大型的航空公司，这一事实证明了塑造各酋长国商业战略的政治分界线是多么坚韧。①

对地方的效忠持续存在，这也妨碍了有关统一体认同的宣传。

① Davidson, *The United Arab Emirates*, p.166.

尽管有着共同的宗教、语言和文化，联合形成阿联酋的各社群在认同上主要还是效忠本部族。对基于领土的酋长国——更不用说联邦统一体——的忠诚仍然是少见的、格格不入的。即使在单个的酋长国内，共同认同的观念也都很弱，尤其是内陆地区。在那里，社群的规模小、更加分散孤立，远离政治权威中心。

在阿联酋建立之后，联邦当局清楚认识到有必要推动有助于建立一种更加包容的、统一体范围的政治认同的倡议。对交通和通讯基础设施的投资不仅是用来改善经济条件，也是为了带来各分离社群之间的心理联系。通过地方领导人来发放财政资助象征着庇护体系被"提升"到统一体的层次；如果某个家族或者部落领导人向阿布扎比效忠，效忠于这个领导人的人就会跟着向阿布扎比效忠。联邦当局也试图通过通常的主权符号与实践来加强共同认同感：国旗、国歌、全国性假日以及国家教育体系。他们也试图从历史中发现有助于塑造国家认同的典型文化实践。骆驼赛跑、传统服装以及保守的伊斯兰社会准则在这一方面发挥了重要作用。[①]

阿联酋在建设包容性的共同体感方面面临一个独特的挑战：本国公民在人口中明显是少数。在联邦建立的时候，侨民已经占了劳动大军的60%左右。此后，这一数字稳步增加。今天，侨民占阿联酋劳动力人口的90%以上，是阿联酋常住人口的85%。[②] 这么多外国人的存在总的来说使得阿联酋国民很容易就自我认同为一个国家群体；外来群体是大量的外国人，而不是阿联酋人内部的氏族或部族。就如佛罗科・赫德贝(Frauke Heard-Bey)所评论的，人口的不平衡"有助于建设一个民族国家，超越了以单个部族为基础的酋长国"[③]。同时，对侨民劳动力的依赖创造了一个十分多元的社会，其风险是冲淡了强有力的国家认同以及与之相伴随的社会凝聚力。政府部门和其他有影响力的机构依赖侨民中的专业人士，也引发了那些不符合这些高学历岗位要求的国民的愤恨。

---

① Davidson, *The United Arab Emirates*, pp.77-82.

② 这些都是大致数字；无法获得可靠的人口普查数据。参见 U.S.State Department, Bureau of Near Eastern Affairs, October 2006, "Background Note: United Arab Emirates," p.1; Davidson, *The United Arab Emirates*, pp.145-146。

③ Heard-Bey, "The United Arab Emirates," p.361.

在统一体的早期，政治效忠仍然是针对单个部族及其统治家族，这导致了顽固抵抗联邦机构集中权力的努力。随着效忠和认同逐步转移到统一体层面，这些抵抗在减弱。原因之一在于，联邦机构逐步有能力收紧对大多数政策领域的控制，包括财政和军队。2002年一个非正式的调查揭示，将近80%的阿联酋公民对统一体而不是所居住的酋长国有着更大的忠诚。只有在迪拜，大多数被调查者表达了对本酋长国更大的忠诚观念。①

和平是怎么发生的

和本书中其他几乎全部的案例一样，阿联酋的诞生是出于战略需要。面临着英国即将从海湾地区撤退的形势，各酋长国求助于政治统一来提供集体防御（应对来自伊朗和沙特的紧迫外部威胁）和地区和平（海湾南部的部落长期互相冲突）。通过促进休战酋长国之间的合作，以及在准备撤退时鼓励形成联邦，英国运用它的帝国权力帮助建立了阿联酋的基础。

如果战略需要促成了对统一的寻求，什么因素使得统一成为可能？从促进持久和平发端的三个通常条件来看，参加统一体的单个酋长国都缺乏制度化的克制，但它们有着相容的社会秩序和文化上的共同性。不管是建立阿联酋的酋长国，还是统一体自身，都不是民主和自由的。依据自由和民主程度对国家进行排名的研究常常把阿联酋放在名单的最末之列。而且，统一体的巩固既不是政治自由化进程的结果，也不是政治自由化进程的原因。如果有什么的话，国内治理随着时间的推移变得更加不自由，很大程度是为了回应如下态势：侨民的大量涌入、伊斯兰极端主义和伊朗野心的加强，以及根源于两伊战争、伊拉克入侵科威特和美国在2003年入侵伊拉克的地区环境动荡。

有两个因素有助于弥补酋长国之间自由主义克制的缺失。首先，阿布扎比丰厚的石油收益和阿联酋相对较少的人口结合在一起，意味着财富的再分配能够强烈地刺激较小的酋长国参加统一体，默认了加入联邦后丧失自主权。解决不断恶化的领土争端以及协调一

① Davidson, *The United Arab Emirates*, p.84.

致对抗外部威胁的诱惑,提供了进行合作的动机。但是,实质性的经济回报是小酋长国愿意接受阿布扎比政治霸权的首要诱因。

其次,尽管单个的酋长国缺乏政治克制的正式制度,阿联酋在一些重要领域的权力制衡机制复制了地方层次上起作用的部族宪政主义形式。就如易洛魁族邦联一样,部族政治中共同协商和共识决策的传统被融入统一体的治理实践之中。[1] 不可否认的是,最高委员会的权威并没有受到负责任的民主或者政府独立机构之间权力分立的制衡。但是,最高委员会的决策遵守了宪法的规则。扎耶德酋长的权力根本不是绝对的,就如他一直没有能成功地修改宪法和让统一体集中化所表明的。协商和共识的部族传统意味着权力是发散的、权威是共享的,尽管缺乏正式的制衡机制。这些传统而不是正式的宪政制约构成了自我约束和共同约束实践的主要来源,而正是自我约束和共同约束使得统一成为可能。

七个酋长国有着同样的社会秩序;财富和权力的分配总的来说依据家族界线。尤其是随着珍珠贸易的衰落、中产阶级走向消亡,掌握权力的家族也倾向于那些掌握了财富的家族。石油的发现只是加强了权力和富裕之间的联系。统治家族不仅兴旺发达,他们也有能力通过向劣势的公民再分配财富而巩固权力。从这个角度来说,统一体的发端加强而不是削弱了传统的社会秩序。

阿联酋作为商业中心和能源出口者的兴起,尽管意味着财富的增长,但也威胁到了它传统的社会秩序,因为该国巨大的侨民群体变得更加富裕、拥有更多权力。阿联酋采取了一些步骤来确保商业企业的急剧扩大能够增加国家的收入;依据法律,阿联酋必须拥有所有公司至少51%的股份。[2] 对国民人口的大量补贴可能让公民的日子过得很兴旺,但是它使国民丧失了上进的动力——尤其是考虑到大量受教育的、技艺精湛的外国人的涌入。用戴维森(Davidson)的话来说,“阿联酋的公民身份变成了一种财政资产,从而消除了从事有意

① 尽管阿联酋和易洛魁族邦联都受益于分享权力的部族传统,易洛魁族接受了制度化的克制(例如乡村议会、挑选和批准酋长的程序),而海湾南部的部落则没有制度化的克制。

② 2007年,阿联酋宣布,它试图允许在一些部门中外国人拥有多数产权。参见Simon Kerr,“UAE Aims to Open up to Foreign Ownership,” *Financial Times*, June 12, 2007。

义的、有成果的工作的需要。”[1]随着时间的推移，这些情况可能在国民中培养出不满情绪，感觉在自己的国家被剥夺了公民权。这种可能的不稳定前景，是领导层推动经济多元化、确保更多公民接受高等教育从而有机会从事高层次工作的原因之一。

最后，联合起来形成阿联酋的酋长国们有着共同的文化。休战酋长国的民族是阿拉伯民族，讲阿拉伯语，并且首要的组成人口都是逊尼派穆斯林。而且，酋长国之间存在着跨越政治边界的强大亲缘纽带。事实上，阿布扎比和迪拜的统治家族都把自己的起源追溯到巴尼亚斯部落（Bani Yas）。两个酋长国之间的对抗是19世纪之后才开始的，当时迪拜的统治家族退出了部族等级制。实际上阿联酋的所有学者都把这种共同的文化看作是解释阿联酋成功的中心要素。就如马尔科姆·佩克（Malcom Peck）所观察到的，“共同的文化根植于传统的阿拉伯和伊斯兰价值观以及一个广泛分享的历史之中，把这七个酋长国联结起来。”[2]哈里发则写道：“共同文化的存在看来在一定程度上塑造了精英的政治文化。他们的政治意识形态和观点或多或少是一致的。”[3]文化上的共同性，加上相容的社会秩序和部族宪政主义，构成了阿联酋成为一个成功的持久和平区的主要原因。

阿拉伯联合共和国的兴起和消亡（1958—1961）

在数个世纪之中，埃及的地缘政治野心之一就是吞并当今叙利亚的领土。埃及对这一地区的军事占领终止于1840年。在二战爆发以前，地中海东部是英国和法国帝国主义的目标。自那以后，叙利亚和埃及的关系就在一个由冷战、埃以冲突和泛阿拉伯民族主义界定的地区背景下演变。

在1952年埃及的自由军官运动推翻该国的宪政君主制后，纳赛尔（Gamal Abdul Nasser）逐步掌握了对政府的控制，试图让埃及成为地区的主导者以及泛阿拉伯主义的领导者。同时，叙利亚政府的稳

---

① Davidson, *The United Arab Emirates*, p.187.
② Peck, *The United Arab Emirates*, p.120.
③ Khalifa, *The United Arab Emirates*, pp.128-129.

定性正受到派系斗争的威胁,这也导致了外交政策摇摆不定。叙利亚和埃及的关系没有走向公开敌对,但是纳赛尔一直担心伊拉克和叙利亚关系的缓和将会威胁到开罗对地区霸权的追求。①

1955 年《巴格达条约》的签署被证明是开罗和大马士革关系的转折点。这是一个美国鼓励下建立的同盟,旨在遏制苏联扩张主义,而土耳其和伊拉克是它的创始成员。伊朗、巴基斯坦和英国随后不久也加入进来。纳赛尔反对《巴格达条约》,认为它是西方帝国主义的工具,这一观点在大马士革赢得了许多支持者。埃及和叙利亚的回应是 1955 年两国达成的共同防御条约。这一步骤带来了战略层次的合作,随着 1958 年初阿拉伯联合共和国(UAR)出人意料的突然组建达到了顶峰。阿拉伯联合共和国是一个单一国家,而不是松散的联邦。两国的政府和军队合二为一。叙利亚和埃及放弃了各自的机构和认同;叙利亚成为共和国的"北部地区",而埃及则成为"南部地区"。新的国家旨在推动阿拉伯的统一事业,同时是反对超级大国在中东地区影响力的堡垒。

这一激进的阿拉伯统一实验没有持续多久。在 1961 年 9 月大马士革发生军事政变之后,叙利亚脱离了阿拉伯联合共和国。纳赛尔迅速调派部队维持统一体,但当他意识到叙利亚军队支持反叛时,就放弃了这一使命。拯救统一体需要埃及军事占领叙利亚,这一步骤基本无助于推动阿拉伯统一事业。阿拉伯联合共和国的兴衰为何如此迅速?是什么导致了突然的统一,也如此迅速的瓦解?

看起来有点自相矛盾,统一体建立的主要因素——纳赛尔的强势领导——也是它消亡的主要原因。从一开始,纳赛尔就坚持牢牢掌控统一体,使得两个没有合作历史和共同边界的国家结合成为一个单一国家。但也正是埃及在阿拉伯联合共和国中不受约束的统治地位,疏远了叙利亚的所有社会集团,包括起初支持两国合并的军队。由于开罗坚持统一控制,同时削弱、疏远了叙利亚的新旧精英,纳赛尔事实上播下了阿拉伯联合共和国消亡的种子。由于统一体中的主导国家没有实施战略克制——埃及的人口超过 2500 万,而叙利

---

① Elie Podeh, *The Decline of Arab Unity: The Rise and Fall of the United Arab Republic* (Brighton: Sussex Academic Press, 1999), p.30.

亚只有大约400万；从领土面积来说，埃及是叙利亚的五倍——大马士革开始把阿拉伯联合共和国看作仅仅是埃及霸权的工具。

不相容的社会秩序恶化了统一体内两个地区之间的冲突。埃及有着集中和社会主义化的经济，而叙利亚经济则是开放和分散的，大量的地主以及商业阶层共同构成了经济精英群体。当纳赛尔试图向叙利亚出口埃及的政治经济学时，他遭遇来自地主和商业群体的激烈抵抗。强加的农业改革、银行国有化以及国家控制汇率和价格等措施，没有如意料之中的那样削弱旧精英，结果只是使叙利亚的经精英坚定地同心怀不满的军队站在一起脱离阿拉伯联合共和国。

和平是怎么发生的

从1956年开始，叙利亚复兴党的要人以及他们在叙利亚军官团中的盟友联合起来，在推广同埃及建立联邦统一体的理念方面发挥了领导作用。他们主要的动机是削弱叙利亚共产党日益增长的力量，预防国家陷入国内混乱。复兴党有着社会主义取向，而年轻的军官团则亲近纳赛尔的军事背景。它们假设，同埃及的联邦将会带来政治好运。叙利亚社会中其他有影响力的部门很快团结在同埃及统一的理念之下。在阻挠复兴党支持联邦和呼吁阿拉伯团结时，叙利亚共产党要求叙利亚和埃及合并成为一个单一国家。甚至传统精英——地主、中产阶级和来自特权家庭的军官团成员——都支持同埃及进行统一，认为这是阻止国内发生大的动荡以及对他们经济和政治权力构成挑战的最安全的途径。①

到1957年，所有的叙利亚精英群体都开始支持同埃及进行合并，尽管都是出于自利考虑。对统一体如此广泛的支持也表明，叙利亚人总的来说对埃及的领导持友善的看法。通过在苏伊士运河危机中反对《巴格达条约》、与以色列和欧洲“帝国主义”对抗，纳赛尔推进了使自己成为泛阿拉伯运动领导人的目标。当整个地区泛阿拉伯民族主义的热情日益高涨之时，叙利亚精英们认为加强同纳赛尔的联系

---

① 参见 Podeh, *The Decline of Arab Unity*, pp.31-38；以及 James Jankowski, *Nasser's Egypt, Arab Nationalism, and the United Arab Republic* (Boulder, CO: Lynne Rienner, 2002), pp.101-105。

是加强自己国内合法性的一个手段。他们担心统一可能导致自主权的丧失，但是他们相信为了阻止国家的政治分裂，牺牲是值得的。

在大马士革形成了支持统一的共识之后，叙利亚议会在1957年12月派遣了一个考察团到开罗。但是，纳赛尔拒绝了这一提议，坚持他先前的立场，即叙利亚和埃及之间的任何正式制度联系至少还要等五年，他"目前没有考虑联邦或者邦联的可能性"①。大马士革继续坚持自己的看法。1958年1月，陆军军官的一个代表团在复兴党的支持下，到开罗敦促纳赛尔支持统一。作为这次访问的结果，埃及领导人在1月20日出人意料地同意统一。

纳赛尔最初同叙利亚建立紧密政治和军事联系的动机，主要是出于地缘政治的考虑。在《巴格达条约》缔结后，开罗想要确保伊拉克不会成功地引诱叙利亚进入西方的阵营。纳赛尔同样致力于防止叙利亚滑向苏联。1957年，他向叙利亚部署了2000人的埃及部队，维持叙利亚的国内安定，阻止共产党人让大马士革和莫斯科结盟的努力。起初，纳赛尔考虑到，部署军队再加上1955年缔结的防务条约，将足以让叙利亚保持中立，走泛阿拉伯主义的道路；埃及因此不需要冒着正式统一的风险和负担。但是，最终纳赛尔得出结论，如果他继续拒绝叙利亚反复要求的合并，他作为泛阿拉伯民族主义领导人的资格将会打折扣。通过建立自己在中东地区泛阿拉伯统一运动的领导地位，纳赛尔巩固了他的权力。因此，他最终被迫答应大马士革的提议。纳赛尔也继续担心叙利亚国内的不稳定及其可能同莫斯科结盟。②

纳赛尔十分清楚，叙利亚的国内分歧可能对同埃及的合并造成重大挑战；他私下里承认，统一将会是一件"令人头痛的事情"③。相应地，纳赛尔提出了四个条件：接下来成立的政治实体将会是一个确保开罗有着充分控制权的单一国家，而不是联邦；叙利亚军队远离政治；所有的叙利亚政党解散；两国举行全民公决批准统一。叙利亚人接受了其中的三个条件。出于对埃及将主导单一国家的不安，他们

---

① Jankowski, *Nasser's Egypt*, p.103.

② Ibid., pp.109-111.

③ Ibid., p.114.

要求新成立的国家是联邦结构。纳赛尔拒绝了，大马士革也默认了。1958年2月1日，阿拉伯联合共和国宣告成立。

接下来是议会批准和全民公决。2月5日，在埃及议会阐述统一理由的演说中，纳赛尔强调了两个主题：阿拉伯统一是抵御外部大国主导这一地区的战略需要；埃及和叙利亚有着共同的历史和认同。十字军战士、奥斯曼帝国、欧洲的殖民帝国以及冷战的超级大国——历史和现在都充分表明，只有当"整个地区为了共同安全的理由团结起来"，它才能击退外部的威胁。用纳赛尔的话来说，埃及和叙利亚的统一是一个合乎逻辑的起点，因为"开罗的历史大体上也是大马士革的历史。细节可能有所差异，但是本质的东西是一样的：同样的国家，同样的侵略者，同样的国王，同样的内心以及同样的烈士"。纳赛尔接着说："一系列影响深远的因素铺平了埃及和叙利亚统一的道路。它们是对自然、历史、种族、语言、宗教、信仰以及共同安全和独立的认同。"①这些论点在议员和公民中都获得了积极的回应。到2月底时，叙利亚和埃及的立法者与公众都以大比分优势批准了统一体。阿拉伯联合共和国的起步令人印象深刻。

统一体的消亡

在统一体是采取单一国家的形式还是联邦的形式问题上，纳赛尔的强势很容易就解决了埃及和叙利亚的这一最初分歧。但是，这一问题上的纷争是开罗和大马士革若隐若现的权力斗争的早期表征。这种权力斗争最终导致了阿拉伯联合共和国的消亡。在一开始，叙利亚——在阿拉伯联合共和国成立后被称为"北部地区"——至少还有着表面上的自主权。开罗的中央内阁管理统一体范围内的事务，例如外交和国防。同时，阿拉伯联合共和国的两个地区都有自己的内阁来处理地方政策事务，诸如内部安全、财政和司法。但是，在现实中，叙利亚表面上的自主并没有付诸实践。由一位叙利亚人和八位埃及人组成的中央内阁对所有重大政策领域都行使了实际控制权。就如伊利·波德（Elie Podeh）注意到的，"中央内阁的组成不仅确保了埃及在联邦事务（例如军队和外交）上的主导地位，也确保

① Gamal Abdel Nasser, "A United Arab Republic," Vital Speeches of the Day 24, Issue 11(March 15, 1958): 327.

了埃及在地区事务(例如经济和教育)上的主导地位。”[1]

由于纳赛尔坚持军队远离政治,以及政党解散,叙利亚政治精英的权力已经受到削弱。纳赛尔进而任命叙利亚复兴党的要人和叙利亚军官到开罗任职,使他们远离大马士革的权力基础。表面上是提拔,但这些调动被证明恰恰是起相反作用;阿拉伯联合共和国的新岗位没有被赋予重要的责任。为了进一步削弱叙利亚军队——统一后被称为阿拉伯联合共和国第一军(UAR's First Army)——的政治影响力,军官团被清洗,数百名埃及军官被派往叙利亚监督其武装部队。同时,纳赛尔寻求有效手段控制叙利亚的公开辩论。19 家报纸中的 8 家被关闭,叙利亚的广播系统被整合进埃及的广播系统。[2] 国内的镇压也在增强,1958 年纳赛尔下令逮捕了成百上千名共产党人。

对开罗来说,主导统一体的政治机构并不足够;在纳赛尔看来,叙利亚整合进阿拉伯联合共和国也意味着按埃及的想法来重组其经济。到 20 世纪 50 年代后期,埃及已经进行了农业改革——决定性地打破了土地精英的权力——对许多公司进行了国有化,建立了集中的、国家控制的经济。正如波德(Podeh)注意到的,“旧的精英在经济上被剥夺,社会上被取代,政治上被推翻”。相反,叙利亚的经济是由大量的地主和中产阶级所主导——超过 80%的叙利亚农村人口要么没有土地,要么就是只有很少的土地;而中产阶级的商业成功依靠的是私有制、开放贸易和可以自由兑换的货币。[3]

在 1958 年后期,纳赛尔开始着手在叙利亚复制埃及已经发生的转型。农业改革急剧地限制了土地持有的规模,从而流出大片土地在农民中进行分配。对奢侈品也强制征收进口税。其直接的后果是土地精英和中产阶都不高兴。而且,这两个经济部门没有投降,反而掀起了抵制改革计划的努力。用波德(Podeh)的话来说,“法律没有达到它的主要目的:摧毁传统地主和商业精英的权力。相反,它成功

① Podeh, *The Decline of Arab Unity*, p.52.

② J.S.F. Parker, “The United Arab Republic,” *International Affairs* 38, no.1 (January, 1962): 21; Podeh, *The Decline of Arab Unity*, pp. 53-55; and Jankowski, *Nasser's Egypt*, pp.115-118.

③ Podeh, *The Decline of Arab Unity*, pp.19, 75.

地疏远了这些强大的群体”①。

在阿拉伯联合共和国成立第一年的年末时，对统一体的不满已经在叙利亚社会中蔓延。复兴党和它的军官团盟友原来假定他们会是统一的首要受益者，但是他们的结局是被分配到名声很好却没有实权岗位上的公职人员。共产党人支持了纳赛尔有关叙利亚和埃及合并的要求，但是他们中许多人被投入监狱。土地精英和中产阶级曾经支持统一，认为这是防止国内混乱的最好办法。他们的考虑被证明是准确的，但国内秩序的维护是以牺牲他们自己的经济利益为代价的。在疏远起初支持统一的所有社会主要部门方面，纳赛尔所做的一切的确让人印象深刻。

对于不断增加的不满，开罗起初的反应是赋予叙利亚更多的自主权，但仅仅是表面上的。纳赛尔扩大了地方和中央内阁的规模，增加叙利亚人担任部长的数量。但是，他也加强了中央内阁的权力——这一机构仍然牢牢掌握在埃及人手中——确保地方内阁仅仅是下属的管理机构。当叙利亚人对开罗主导统一体的抵制没有减轻这一点明确之后，纳赛尔派陆军元帅埃默(Field Marshall Abdul Hakim Amer)到大马士革，实际上任命这位埃及军官为“总督”，授予他事实上不受约束的行政权力。许多叙利亚人把埃默的任命看作是消除他们在统一体残余政治影响的动作。②

自那以后不久，复兴党的要人开始从阿拉伯联合共和国政府辞职，抱怨他们在政策制定方面的作用“仅仅是形式上的”③。再一次，纳赛尔以收紧控制来回应叙利亚人的不满。更多的埃及人被派到大马士革的官僚机构任职。由于担心第一军的忠诚度，纳赛尔派了更多的埃及军官去里面任职。当时，他告诉美国驻开罗的大使，他已经成功地“摧毁了第一军的政治性，其手段是调动、退休和在北部地区派驻埃及军官”④。开罗也开始努力集中控制叙利亚经济，终止货币的自由兑换，引入价格控制机制，命令所有的银行都必须是阿拉伯人所有。这些措施仅仅增加了叙利亚人对阿拉伯联合共和国的不满，

---

① Podeh, *The Decline of Arab Unity*, p.79.

② Jankowski, *Nasser's Egypt*, pp.119-125.

③ Podeh, *The Decline of Arab Unity*, p.102.

④ Ibid., p.114.

尤其是商业界的不满。

为了摧毁叙利亚对于开罗在统一体主导地位的抵抗,纳赛尔在1961年下半年作出了最后的努力。他命令国有化所有的银行和保险公司。纳赛尔废除了两个地方内阁,正式宣告了它们的角色毫无意义的现实。如果说还有叙利亚人在大马士革有着重要影响的话,那就是曾经担任过内政部长的萨拉杰(Abdul Hamid Sarraj)。萨拉杰有着强大的地方支持,很大原因是他掌管压迫性的安全机构。但是,正因为萨拉杰在大马士革的独立影响力,纳赛尔任命他作为阿拉伯联合共和国的副总统之一,要求他搬到开罗。在认识到他也被给予了一个空头职位之后,萨拉杰在9月份辞职,返回了大马士革。

萨拉杰辞职后不久,第一军的一个军官小团体——在商界的政治和财政支持下——发动了一次政变。他们控制了机场、通讯中心和大马士革的其他战略要点,同时扣留了可能忠诚于开罗的军官。起初,反抗者试图维持阿拉伯联合共和国,但是坚持对统一体做重大的改变:农业改革和国有化的经济计划必须取消,阿拉伯联合共和国必须转型为一个联邦统一体,叙利亚和埃及享有平等的政治地位。纳赛尔立刻拒绝了这些条件,派遣埃及部队与第一军中忠诚于开罗的部队一起镇压反抗。叙利亚迅即退出了阿拉伯联合共和国。此后不久,纳赛尔认识到第一军的绝大部分部队都支持叙利亚脱离。在这种情况下,他召回了部队,接受叙利亚从统一体中撤出。①

阿拉伯联合共和国消亡的主要原因是叙利亚和埃及之间显著的政治不平等——导致了和叙利亚所有权势部门的疏远,以及纳赛尔的最终示弱。从一开始,纳赛尔的主导和压制政治就导致了复兴党人、共产党人和陆军军官的不满,而他的经济改革同样引发了经济精英的不满。开罗没有实施战略克制、赋予北部地区一定程度的自主权以满足叙利亚人的期望。它的做法恰好相反,不断收紧对统一体的集中控制,只是激起更强烈的反抗。就如帕克(J.S.F.Parker)观察到的,"埃及的制度、方法、组织和规划扩展到叙利亚,而不是相反;很难想到有什么具体的叙利亚要素被整合进国家的总体运作之中"②。

① Podeh, *The Decline of Arab Unity*, pp.148-151.

② Parker, "The United Arab Republic," p.19.

摩西·毛兹(Moshe Ma' oz)同意说:“埃及在霸权观念的驱使之下,试图在政治和经济上主导统一体。”①

纳赛尔不重视战略克制和权力制约机制制度化的重要性,后两者能够让叙利亚人至少保持对他们自己事务的一些控制权。纳赛尔干了不可能干成的事情:他联合了叙利亚难以驾驭的政治系统。叙利亚人寻求同埃及的统一,部分是因为该国处于严重的分裂之中,朝着混乱的方向发展;它的每一个强大的政治集团都求助于阿拉伯联合共和国来加强自己的地位。但是,纳赛尔试图剥夺他们所有人的权力,导致他们联合起来反对阿拉伯联合共和国。1958年,叙利亚精英和公众都指望埃及提供友好的领导,确保稳定、免于超级大国强制的自由和阿拉伯统一。到了1961年,他们认为埃及的领导等同于主宰和压迫。

社会一体化和共同认同的形成

社会一体化损害而不是巩固了阿拉伯联合共和国。由于内部关税的下降以及鼓励贸易的政治努力,统一体两个地区之间的贸易的确有了实质性的增加。但是,双边贸易仍然只是叙利亚和埃及各自总贸易额中很少的一部分。陆地不接壤意味着所有的商品必须通过海上或者空中运输。叙利亚私有化的经济和开放边界使得它已经同接壤的邻居发展出兴盛的商业联系。② 而且,双边贸易的少量增加被如下事实所抵消并超过:统一体对叙利亚的经济精英产生了不利影响。不仅农业改革和对私营部门的国有化遭到抵制和不满,新的关税、价格控制和货币管制都导致资本外逃,扭曲了叙利亚同传统市场的贸易,尤其是和黎巴嫩。其结果是,随着经济改革的推进,土地精英和商人对统一体的反对都上升了。③

叙利亚人和埃及人之间的社会联系也削弱而不是加强了统一。大多数在埃及任职的叙利亚要人没有什么政策影响力,纳赛尔的任命主要是将他们与大马士革的权力基础隔离开来。他们开始怨恨统

① Podeh, *The Decline of Arab Unity*, p.x.

② Jankowski, *Nasser's Egypt*, pp.132-134.See also Amitai Etzioni, *Political Unification: A Comparative Study of Leaders and Forces* (New York: Holt, Rinehart and Winston, 1965), pp.115-116.

③ Podeh, *The Decline of Arab Unity*, pp.188-190.

一体和他们的埃及“老爷”(overlords)。成千上万的埃及人被调往叙利亚,以统治北部地区,他们在军队中服役或在官僚机构中任职。但是,叙利亚在统一体中是请求者的角色背景,很容易让叙利亚人对这些埃及人的存在感到不满。尤其是在第一军的队伍中,叙利亚人把埃及军官看作是闯入者,有些时候认为他们是间谍。当发动政变的军官通过大马士革电台宣布脱离阿拉伯联合共和国时,他们抱怨埃及“羞辱了叙利亚,贬低了叙利亚军队”①。在阿拉伯联合共和国存在的短暂时间里,叙利亚经历了一次干旱。一个流行的笑话揭示了叙利亚人对他们客人的普遍态度:“自从埃及人来了以后,就没下过雨;在他走之前,也不会下雨!”同样具有启示性的,是叙利亚人对纳赛尔有关在大马士革和开罗轮换阿拉伯联合共和首都的计划的反应。纳赛尔维持阿拉伯联合共和国的最后努力是象征性的权力分散建议。他在 1961 年后期建议,中央政府每年 2 月到 5 月迁到大马士革。叙利亚人并没有把这个建议理解为是平等分享权力的让步举动,反而抱怨纳赛尔只赋予他们的首都“地方城镇的地位”②。

对于组成阿拉伯联合共和国的两个国家,纳赛尔发展共同国家认同的努力没有能抵消叙利亚人对统一体的愤恨。阿拉伯联合共和国在建立后不久有了自己的国旗、国歌和共同的假期。阿拉伯联合共和国的标志出现在所有的邮票上,教科书也做了修改,强调阿拉伯统一以及叙利亚和埃及的共同历史经历。政府给出版和广播媒体以及作者和知识分子施加压力,要求他们积极评价阿拉伯联合共和国的建立,以及它对于阿拉伯统一事业的促进作用。纳赛尔的演说常常是宣扬新的国家认同的场合。

这些建立共同认同的努力没有能达到预期的目标。在纳赛尔不断收紧对叙利亚控制的背景下,开罗发展有关共同性表述的尝试被证明是事与愿违;这一尝试被看作是主宰而非统一战略的一部分。对于叙利亚精英和公众来说,他们的国家被吞并和“埃及化”,而不是带来了新的统一体认同。官员们可能把阿拉伯联合共和国的两个领

---

① Adeed Dawisha, *Arab Nationalism in the Twentieth Century: From Triumph to Despair* (Princeton, NJ: Princeton University Press, 2003), pp.230-231.

② Jankowski, *Nasser's Egypt*, pp.134, 164.

土称为北部地区和南部地区。但是，在整个叙利亚——甚至在埃及——新的术语并没有成为通常用语。[①] 1958 年帮助统一体建立的新兴共同认同已经转变为叙利亚人对埃及霸权的普遍愤恨，这促成了 1961 年阿拉伯联合共和国的瓦解。

统一为什么失败

阿拉伯联合共和国得益于叙利亚与埃及在语言、族群和宗教上的相似性，但它也受害于对开罗权力制度化约束的缺失以及两国之间相逆的社会秩序。在埃及以及在阿拉伯联合共和国的框架下，纳赛尔的权力事实上是不受制约的。不可否认，纳赛尔求助于议会的批准和全民公决来合法化统一，建立了一个统一体范围内的政党（民族统一党，National Union），建立统一体议会（统一体建立两年之后才开会），并通过了一部统一体宪法（埃及宪法的删节版本）。但是，这些动议没有什么政治效果；事实上不存在对纳赛尔权力的制度化制约。当面临来自大马士革的抵抗时，纳赛尔只是加强了中央内阁的权力，把北部地区的内阁变成无关紧要的机构。当抵抗继续时，纳赛尔废除了地区内阁，调走其最强有力的成员——萨拉杰——到开罗以削弱他的影响。按照国会图书馆（Library of Congress）的说法，"阿拉伯联合共和国完全在纳赛尔的控制之下"[②]。在既没有对纳赛尔的制度化制衡，他个人也不愿意实施战略克制的情况下，叙利亚暴露在开罗不受约束的权力之下。它此后的不满是阿拉伯联合共和国倒台的主要根源。

阿拉伯联合共和国也缺乏成功统一体的第二个关键要素：相容的社会秩序。就如帕克（Parker）所观察到的，"两国的社会结构有着显著的不同"[③]。魏特夫（Karl Wittfogel）发现，地理和气候是社会结构的决定因素。[④] 埃及的经济首要依赖灌溉农业，因此是国家中心

① 对构建国家身份认同的措施，详见 Podeh, *The Decline of Arab Unity*, pp.56, 120-123, 181。

② Library of Congress Country Studies, "Syria," available at http://lcweb2.loc.gov/cgi-bin/query/r? frd/cstudy:@ field(DOCID+sy0023).

③ Parker, "The United Arab Republic," p.16.

④ 参见 Karl Wittfogel, *Oriental Despotism: A Comparative Study of Total Power* (New York: Vintage, 1981)。

的,而叙利亚的农业依靠的是雨水,因此是更加分散和开放的。而且,纳赛尔和自由军官运动有效打破了埃及地主的权力,而叙利亚的精英仍然是由“土地—商业寡头”所主导的。[1] 纳赛尔重组叙利亚传统社会结构的努力,正因为是从外部强加的改革,不仅失败了,还激起了该国土地和商业精英的反对。权势家族和富有的商人因同军队和复兴党结盟,瓦解了统一体。

阿拉伯联合共和国的确有着文化上的共同性,这一共同性促进了持久和平的发端。就如阿米塔伊·埃齐奥尼(Amitai Etzioni)观察到的,有利于统一体的因素包括,“叙利亚和埃及看起来很相似;两国人口都讲阿拉伯语,绝大多数是穆斯林,认同阿拉伯民族主义”[2]。在刚建立的时候,阿拉伯联合共和国的支持者,叙利亚人和埃及人,都大谈这些共同性。纳赛尔认为,“相似,乃至相同和和谐,是绝对的”[3]。但是,文化的共同性没有能够克服埃及霸权控制或者两国社会秩序差异所带来的离心力。文化的共同性在统一体的建立过程中发挥了重要作用,但是当叙利亚曾经相互竞争的所有派系联合起来反对统一体继续之时,它带来的亲近不足以维持阿拉伯联合共和国。

塞内冈比亚邦联的兴起和消亡(1982—1989)

在西非国家长达数十年地讨论政治统一体的可能性之后,1982年初,塞内冈比亚邦联建立了。当冈比亚还是英国殖民地的时候,伦敦就考虑让这一小块领土同塞拉利昂或者塞内加尔成立联邦。1960年,塞内加尔从长达数十年的法国统治下独立,试图同马丽实现统一,但这一尝试最终被放弃了。当冈比亚于1965年独立时,与塞内加尔的联合再次被提上议事日程;冈比亚的面积很小,而且被塞内加尔所环抱,两国之间有着文化和历史的纽带,这些都加强了统一的理由。在一位观察家看来,塞内加尔和冈比亚长期以来被视为“迫切要

① Podeh, *The Decline of Arab Unity*, p.4.
② Etzioni, *Political Unification*, p.97.
③ Nasser, “A United Arab Republic,” p.327.

求联合的地区"①。负责考察两国联合可能性的一个联合国委员会建议两国建立邦联。但是，塞内加尔和冈比亚并没有听从这一劝告，而在 1965 年决定放弃统一，选择缔结防御条约。

大约 15 年后，当塞内冈比亚邦联最终出现于世时，这实际上是一个偶然事件。当时，冈比亚总统达乌达·贾瓦拉（Dawda Jawara）正在国外访问，左翼激进分子发动了政变。冈比亚没有自己的国防部队，这促使贾瓦拉呼吁塞内加尔军队帮助镇压叛乱。② 从那以后，塞内加尔部队就留在了冈比亚，保护总统以及保卫其他政府驻地。冈比亚和塞内加尔很快缔结了建立塞内冈比亚邦联的协定，冈比亚对强邻的突发战略依赖由此获得政治上的庇护，并将这种庇护合法化。邦联有自己的内阁和大会，建立了统一体的军队，并开始规划经济和货币的统一。

塞内冈比亚邦联仅仅持续到 1989 年。当塞内加尔热心于统一体的巩固之时，冈比亚则犹豫得多。冈比亚担心，邦联条约的完全实施将会意味着最终被吞并；塞内加尔的人口是冈比亚的 8 倍，财富总量是冈比亚的 12 倍。冈比亚尤其关心统一对其经济的影响。该国的关税比塞内加尔要低得多。其结果是，政府收入的相当一部分以及许多公民个人的生计都依赖于进口到冈比亚的商品对塞内加尔的非法再出口。关税同盟的建立——这是塞内加尔的一个关键目标——因而会威胁到冈比亚经济的支柱。公务员和其他精英也担心，他们英语教育所带来的特权可能会因为整合进一个由法语邻居主导的统一体而受到损害。简言之，两国有着不相容的社会秩序，这促使冈比亚国内受到统一威胁的社会部门阻止完全实施和巩固邦联。与大多数失败的统一体不同，塞内冈比亚邦联的瓦解没有出现讥讽或者相互指责，只是简单的衰退。

和平是怎么发生的

当今塞内加尔和冈比亚的领土在很长时期里分裂成为"对抗的

① Jibrin Ibrahim, *Democratic Transition in Anglophone West Africa* (Dakar: Council for the Development of Social Science, 2003), p.53.

② 冈比亚没有建立军队的一部分原因是考虑到没有防御是最好的防御；没有军队的话，该国可以置身于潜在的地区冲突之外，有效地居于中立。

土著国家”,沿着族群和宗教分界线频繁爆发战争。① 16 世纪中期,法国和英国的船只开始抵达,围绕这一地区的帝国争夺在 18 世纪和 19 世纪到达顶峰。英国人的注意力集中在冈比亚河,1816 年占领了班珠尔(Banjul)——冈比亚的未来首都。而法国人主导着塞内加尔河,并且更加深入到内陆地区。1889 年,伦敦和巴黎同意在冈比亚和塞内加尔之间建立一条国际边界(参见地图 6.4)。②

地图 6.4　塞内加尔和冈比亚

资料来源:Map No.4174 Rev.3 United Nations, Department of Peacekeeping Operations, Carto-graphic Section, January 2004; http://www.un.org/Depts/Cartographic/map/prof ile/senegal.pdf。

塞内加尔于 1960 年宣布独立,而冈比亚在五年之后也获得了独立。在 20 世纪 50 年代和 60 年代的非殖民化时期,欧洲和非洲的官

① Arnold Hughes, “The Collapse of the Senegambian Confederation,” *Journal of Commonwealth & Comparative Politics* 30, no.2(July 1992): 201.

② 有关殖民地时代的简明历史,参见 Edmun B.Richmond, “Senegambia and the Confederation: History, Expectations, and Disillusions,” *Journal of Third World Studies* 10, no.2(1993): 176-177。

员都常常探讨塞内加尔和冈比亚政治联合的理念。在这一时期得到加强的泛非主义情绪中，达喀尔建议冈比亚在维持地区自治的同时，应该被合并成为塞内加尔的第八个省。① 其他的一些计划支持更松散的联合形式。冈比亚拒绝了这些提议，担心人口和经济远超自己的塞内加尔将势必主导两国组成的统一体。冈比亚确实在1965年同塞内加尔缔结了防御条约，但它感觉是别无选择；自从独立以来，这个小国就选择不拥有自己的军队。相应地，班珠尔求助于塞内加尔取代英国作为外部保护者。从1965年到1982年，塞内加尔和冈比亚继续签署了大约30个合作条约。②

尽管塞内加尔和冈比亚之间的联系不断增多，两国关系在20世纪60年代后期和70年代初转向恶化。塞内加尔试图终止来自冈比亚的非法再出口商品，这些努力导致了边界的暂时关闭以及塞内加尔军队在冈比亚领土上的零星搜查。达喀尔和班珠尔的关系因为对跨越两国边界的村庄的不同归属权主张而变得进一步紧张。当塞内加尔总统桑戈尔（Leopold Senghor）于1969年访问班珠尔时，这些紧张引发了暴力冲突。③ 它们也加剧了达喀尔的担心，即冈比亚可能同西非的英语集团结盟，制衡塞内加尔主导地位的威胁。

1981年班珠尔的左翼政变是统一的导火索，让已经讨论了数十年的提议突然变成现实。当贾瓦拉总统向塞内加尔请求帮助时，年初接替桑戈尔担任塞内加尔总统的迪乌夫（Abdou Diouf）迅速派遣了2000人左右的部队到冈比亚平息政变。战略需要促使双方以迅速缔结邦联条约的方式来应对事态的突然转变。贾瓦拉没有自己的军队，依靠塞内加尔来恢复和保护他的政府；邦联至少为这种战略依赖提供了一定程度上的合法性。冈比亚副总统卡马拉（Assan Camara）注意到，政变让班珠尔别无选择，只能满足达喀尔的愿望："我们讨价还价的这些人正坐在我们身上……对于塞内加尔人来说，这是一个

① Arnold Hughes and David Perfect, *A Political History of the Gambia*, 1816-1994 (Rochester: University of Rochester Press, 2006), p.255.

② Hughes, "The Collapse of the Senegambian Confederation," pp.211-212, 204, 202.

③ Hughes and Perfect, *A Political History of the Gambia*, p.259.

机会,一个缺口。"[①]这一时期的学者也持同样的评价。蒂扬·萨利赫(Tijan Sallah)写道:"贾瓦拉总统如此焦急地想要在塞内加尔的保护下恢复和巩固他的权威……邦联并非建立在共同利益之上。"[②]阿诺德·休斯(Arnold Hughes)和珍妮特·路易斯(Janet Lewis)观察到,"冈比亚政府……准备为了国内稳定而接受这样的军事附属地位"[③]。

塞内加尔十分愿意利用这一缺口;到20世纪80年代早期,它对于同冈比亚政治统一的兴趣达到了顶峰。战略考虑是最主要的。就如休斯和路易斯所观察到的,"毫无疑问,**安全**是最重要的因素,可以解释条约签署的时机和重点"[④]。一个激进、左倾的冈比亚政府将会威胁到塞内加尔和这一地区的政治稳定;因此,恢复贾瓦拉职务的军事干涉具有了战略优先性。达喀尔也需要一个通过冈比亚到达南部省份卡萨芒斯(Casamance)的便捷通道。在那里,乔拉(Jola)族正在酝酿反叛。乔拉人在族群上与冈比亚和几内亚比绍有亲缘关系,这就引发了对可能出现反塞内加尔同盟的恐慌。此外,达喀尔关注到,塞内加尔的持不同政见者正在冈比亚避难。最后,塞内加尔把统一看作是确保冈比亚不同尼日利亚结盟或者陷入利比亚革命布局的共同约束条约。[⑤] 除了这些战略目标以外,达喀尔长期以来想要实现同冈比亚的经济统一,切断冈比亚向塞内加尔的再出口贸易。

班珠尔的政变发生在7月末。到12月,两国签署了组建塞内冈比亚邦联的条约,并于1982年2月经两国议会批准生效。塞内加尔总统成为邦联总统,而冈比亚总统是邦联副总统。为了抵消两国财富和人口的显著不对称,统一体的治理机构有着分散的权力结

---

① Michael Phillips, "Senegambia: The Limits of Pan-Africanism," *Christian Science Monitor*, May 5, 1988.

② Tijan Sallah, "Economics and Politics in the Gambia," *Journal of Modern African Studies* 28, no.4(December 1990): 642.

③ Arnold Hughes and Janet Lewis, "Beyond Francophonie? The Senegambia Confederation in Retrospect," in Anthony Kirk-Greene and Daniel Bach, eds., *State and Society in Francophone Africa since Independence* (New York: St.Martin's Press, 1995), p.231.

④ Hughes and Lewis, "Beyond Francophonie?" p.230.

⑤ Hughes, "The Collapse of the Senegambian Confederation," pp.203-205; Hughes and Perfect, *A Political History of the Gambia*, p.256; and Hughes and Lewis, "The Senegambia Confederation in Retrospect," p.231.

构——这清楚表明了塞内加尔愿意实施战略克制。尽管冈比亚的人口只有塞内加尔的八分之一，冈比亚人在部长理事会的九个席位中占据了四个。在邦联大会的60个席位中，冈比亚有20个。而且，通过法律需要四分之三的多数，意味着至少需要5个冈比亚人投票支持多数。①

邦联的条款致力于让双方推进经济和货币统一，在外交和安全政策事务上列出了雄心勃勃的日程。尽管达喀尔和班珠尔继续在国际机构中维持独立的代表，他们同意彼此的对外关系。总统在副总统的“同意下”监管安全政策，建立了一种协商治理的规范。建设统一军队的努力迅速开始，1985年部署了作战营。冈比亚提供了这个联合部队三分之一的士兵和资金。统一体的宪兵部队也被建立起来。虽然统一体常常动作缓慢，不愿意对外交和安全政策实施集中控制，塞内冈比亚邦联在外交和国防事务上朝着超国家决策的方向迈出了显著的步伐。很明显，冈比亚没有国防部队以及贾瓦拉对塞内加尔部队提供保护的依赖促进了防务一体化领域不同寻常的步伐。②

邦联的消亡

塞内冈比亚邦联的政治讨价还价和治理制度有助于满足双方的安全需求，有效地制衡了塞内加尔的主导权力，本应使得统一体具有稳固的基础。与埃及拒绝叙利亚在阿拉伯联合共和国中扮演任何有意义的角色的情况不同，塞内加尔的做法相反，赋予冈比亚人与其人口不成比例的政治影响力，以期让后者对统一体感到满意。但是，塞内冈比亚邦联步履蹒跚。在整个20世纪80年代，塞内加尔努力推动统一进程的加深，尤其是在经济领域。冈比亚确实没有试图退出邦联，但是班珠尔对于巩固统一体没有表现出什么热情，相反阻碍达喀尔推动经济一体化的努力。1989年，班珠尔和达喀尔最终在经济和货币统一的条款上达成一致，双方正在谈判塞内加尔如何补偿冈比

① Hughes, “The Collapse of the Senegambian Confederation,” pp.210-211.

② 有意思的是，诸如瑞士邦联、易洛魁族邦联以及阿联酋这样缓慢迈向防务一体化的统一体看来比起行动快得多的统一体（诸如阿拉伯联合共和国和塞内冈比亚邦联）要更可持续。

亚由此面临的收入损失。但是,在这一交易达成之前,双方突然退出了统一体。

塞内冈比亚邦联的瓦解与其建立一样——出人意料、突如其来。按照休斯和路易斯的说法,“塞内冈比亚的迅速解体……让政治评论家们感到吃惊。这一解体的迅速和轻易也让冈比亚人和塞内加尔人感到吃惊”①。当塞内加尔与毛里塔尼亚和几内亚比绍的关系同时恶化时,它撤出了在冈比亚的部队,重新部署到应对这些新威胁的地点。几天后,迪乌夫在一个电视演说中建议,邦联应该被“冻结”。②贾瓦拉没有拒绝;的确,仅仅几周之前,他清楚表达了对于邦联内权力不平衡的日益上升的不满,要求邦联总统由塞内加尔和冈比亚国家元首轮流担任。迪乌夫看来对于统一体同样不满。他提到,统一体就像是“快没油的汽车”③。在迪乌夫公开呼吁搁置邦联的几周之后,它正式解散了。从这个角度来说,邦联的终止,更多是来自于无视而不是双方审慎的、有计划的退出。当解体的机会出现时,双方都抓住了。就如迪乌夫所提到的,“我相信,到目前为止,对于塞内冈比亚的一体化缺乏认真的考虑……所有邦联的制度机构仅仅是在无意义地运转”④。

塞内冈比亚邦联的衰亡首要是因为两个成员的目标和期望不一致。冈比亚政府求助于塞内加尔来确保 1981 年政变后的政权生存;贾瓦拉总统别无选择,只能寻求邻国军队的保护。但是,除了总统之外,冈比亚的精英和公众总体上反对同塞内加尔的统一。政治和经济的一体化威胁到了政府官员的特权以及商界的繁荣;邦联事实上没有获得总统之外的政治支持。到了 20 世纪 80 年代末,冈比亚有了自己的军队和宪兵,贾瓦拉在机会到来之时可以自由地撤出邦联:“冈比亚感到,它的安全需求已经发生变化,不再需要同塞内加尔保持更密切的联系。”⑤

① Hughes and Lewis,“Beyond Francophonie?” p.239.

② Hughes,“The Collapse of the Senegambian Confederation,” p.215.

③ Sallah,“Economics and Politics in the Gambia,” p.642.

④ Tale Omole,“The End of a Dream: The Collapse of the Senegambian Confederation, 1982-1989,” *Contemporary Review* 257, no.1496(September 1990): 133.

⑤ Hughes and Lewis,“Beyond Francophonie?” p.239.

相比冈比亚的精英和民众，塞内加尔的精英和公众一开始都对统一体抱有更多的热情。但是，由于没有达到关键的目标，他们对邦联的支持也就消退了。在安全领域，统一体的确成功地重建和稳定了一个同达喀尔结盟的政府。但是，塞内加尔运用在冈比亚的军事存在镇压卡萨芒斯叛乱的计划没有取得成果。班珠尔拒绝了达喀尔修建跨冈比亚河大桥、取代古老的渡船服务以改善南部战略通道的计划。此外，卡萨芒斯的叛乱在20世纪80年代局势恶化，表明邦联没有起到抵消的作用。在经济领域，塞内加尔不能阻止冈比亚继续大量的再出口，因为班珠尔坚持拒绝经济和货币统一。到80年代末时，这些失望耗尽了起初塞内加尔国内对邦联的绝大多数政治支持。就如休斯所评论的，“塞内加尔和冈比亚国内，在商业和公共部门的关键精英团体中，或者强大的、民众基础广泛的组织中，没有有影响力的压力集团致力于维护邦联的生存”①。

社会反对的来源

冈比亚精英反对经济统一是统一体加强——从终极意义上来说，生存——最主要的障碍。按照塔莱·奥摩尔(Tale Omole)的说法，“两国的经济和金融系统无法实现可接受的协调”是统一体瓦解的首要原因。② 冈比亚的商界严重依赖再出口贸易，努力阻碍班珠尔履行经济统一的承诺。不仅是私营部门的繁荣会处于险境，政府收入的很大一部分也是如此。关税同盟将会急剧减少对再出口的需求，从而波及进口关税和税收收入，减少冈比亚三分之一的收入。它也会使冈比亚人的生活成本至少升高20%。在冈比亚，商品的流动基本不受管制，税收和关税只占进口商品价值的18%。在塞内加尔，商品的流动受到严厉的管制和官僚主义压制，税收和关税占到了进口商品价值的86%。相应地，塞内加尔大宗商品的价格常常比冈比亚要高50%——这是再出口贸易如此利润丰厚的主要原因。③ 不仅

---

① Hughes, “The Collapse of the Senegambian Confederation,” p.217.

② Omole, “The End of a Dream,” p.135.

③ Lucie Colvin Phillips, “The Senegambia Confederation,” in Christopher Delgado and Sidi Jammeh, eds., *The Political Economy of Senegal under Structural Adjustment* (New York: Praeger, 1991), p.179；以及 Hughes and Lewis, “Beyond Francophonie?” p.237。

邦联没有能够切断再出口贸易，实际上，跨边界的非法贸易在 20 世纪 80 年代还增加了。

冈比亚精英不仅担心政治和经济完全统一将带来的政府收入减少，公务员、律师和其他受到英语教育训练、用英语工作的从业人员还担心，如果冈比亚被整合进讲法语的塞内加尔，他们将失去特权地位。这一问题并不是源自语言本身；大多数冈比亚从业者讲法语。相反，精英们担心，如果同塞内加尔统一，官僚机构和法律系统将会发生变化，他们基于英语的技能其价值就会下降。[①] 正如《纽约时报》在 1982 年 2 月 1 日所观察到的，统一生效的那一天开始，“班珠尔的城市精英……一直在反对邦联”[②]。

冈比亚选民的不支持是塞内冈比亚邦联生存的终极障碍。从一开始，冈比亚民众就对合并反应谨慎——尽管制度安全提升了冈比亚在邦联内阁和大会中的政治影响力。对许多冈比亚人而言，“邦联条约很明显是塞内加尔霸权强加于冈比亚的产物”[③]。冈比亚人频频批评驻扎在班珠尔的塞内加尔部队，认为这是占领军，怀疑达喀尔最终的意图是吞并冈比亚。在 1985 年的一个事件后这一观念特别流行，当时塞内加尔部队在没有先同冈比亚当局协商的情况下被派到一个足球运动场保护塞内加尔观众，据称在场的冈比亚球迷有着进攻性的行为。[④] 达喀尔持续实施经济统一以及建设跨冈比亚河大桥的努力，加剧了冈比亚公民对统一事实上意味着政治上屈服于塞内加尔的担忧。贾瓦拉 1989 年提议邦联总统职位在冈比亚和塞内加尔人之间轮换的提议部分也是对这些担心的回应。

冈比亚的主要反对党利用公众对邦联日益上升的不满，大打民族主义牌反对政府。例如，争取独立于社会主义人民民主组织（The People's Democratic Organization for Independence and Socialism）发行

① Hughes and Perfect, *A Political History of the Gambia*, p.257.

② "Gambia Enters Union with Senegal on Wary Note," *New York Times*, February 1, 1982.

③ Jibrin Ibrahim, *Democratic Transition in Anglophone West Africa* (Dakar: Council for the Development of Social Science, 2003), p.54.

④ Sallah, "Economics and Politics in the Gambia," p.641; and Omole, "The End of a Dream," p.137.

小册子，指责政府“依附于和有利于塞内加尔；邦联被描述成政治上羞辱冈比亚人民，经济上损害了冈比亚人民”①。到了 20 世纪 80 年代后期，民众对统一体的反对扩大和加强了。按照菲利普斯（Lucie Colvin Phillips）的说法，“大多数冈比亚公民……激烈地反对邦联。它是 1987 年 3 月冈比亚总统和议会选举中唯一真正的问题，反对党继续利用已经发酵的反塞内加尔情绪”②。甚至执政党也丧失了它对于统一体的最初热情；就如休斯和路易斯所评论的，“没有冈比亚政党明确倡导同塞内加尔的完全政治一体化”③。

在塞内加尔，公众对于邦联的态度更加积极，尤其是在一开始的时候。但是，许多塞内加尔人相信，冈比亚应该被整合进塞内加尔，而邦联是朝向并入的一个准备步骤。就如塞内加尔前总理迪亚（Mamadou Dia）在塞内冈比亚邦联建立大会上所说的，“这是一个名副其实的兼并。它被称为是邦联，但是它事实上是一次兼并。我们不能指鹿为马”④。出自塞内加尔要人的这些言论只是加剧了冈比亚人的担心，即他们的国家正在被强邻所吞并。在 20 世纪 80 年代，塞内加尔精英和大众对冈比亚拒绝推动经济一体化越来越沮丧，对统一体的热情也就消退了。一个报道认为，塞内加尔人越来越质疑“冈比亚对统一的承诺，对于延迟签署经济一体化协定感到焦躁”⑤。到了 20 世纪 80 年代后期，不管是在塞内加尔还是在冈比亚，精英和大众对邦联的支持都处在低潮。

塞内冈比亚邦联的独特一面在于，它预示着阻碍而不是促进跨边界的贸易。从冈比亚向塞内加尔的商品流动（大多数是非法的）在邦联建立前后都很兴盛——这让达喀尔感到十分烦恼。尽管塞内加尔人和冈比亚人都参与了走私，达喀尔敦促建立关税同盟，这将使得双方的价格趋同，从而损害再出口的贸易。从这个意义上说，邦联意

---

① Hughes and Perfect, *A Political History of the Gambia*, p.265.

② Lucie Colvin Phillips, “The Senegambia Confederation,” p.177.

③ Hughes and Lewis, “Beyond Francophonie?” p.237.

④ 引自“Gambia Enters Union with Senegal on Wary Note,” *New York Times*, February 1, 1982。

⑤ Colin Legum, ed., *Africa Contemporary Record: Annual Survey and Documents*, vol.18, 1985-1986(New York: Africana Publishing, 1987), p.B27.

味着扰乱两国人口经济一体化的主要根源。的确,因为对经济统一没有取得进展感到沮丧,塞内加尔在19世纪中期事实上关闭了边界。尤其对于冈比亚而言,老百姓把经济统一看作是扰乱而非促进社会一体化。

塞内加尔在冈比亚的驻军也面临同样的处境。表面上来看,一体化的作战营可以提升共同认同。但是,塞内加尔部队在班珠尔的存在——保护重要的地点,诸如政府办公室、机场和主要的广播电台——激发了愤恨而不是团结感。从这个角度来看,塞内加尔和冈比亚之间或许是最显眼的社会一体化标志在影响冈比亚人对邦联态度方面更多是一种负债而非资产。

精英和媒体都没有公开积极参与邦联事务这一情况也促进了统一体的衰退。[①] 在塞内加尔,统一体的形成几乎没有引起媒体的关注。不管是总统迪乌夫,还是其他重要领导人,都没有在激发大众参与方面投入多少时间和精力。冈比亚的公开讨论更多一些,但是很多是对这一新的冒险的批评。[②] 正如休斯注意到的,"毫无疑问,对邦联没有什么热情,甚至没有多大兴趣;引人关注的是,对于邦联大会商议的关注是如此之少,尽管通过官方出版物和报纸报道试图引发人们的兴趣"[③]。冈比亚公众以及反对党缺乏热情的现实使得贾瓦拉在他的总统任期内没有把邦联放在中心。其结果是,不管在塞内加尔还是冈比亚,统一首先仍然是一项官僚事务。就如《冈比亚周刊》在1989年所评论的,"邦联轻易地被解散,表明它的确是多么的浮于表面……它没有超越……两个政府,完全没有影响到塞内冈比亚人……对于普通的塞内冈比亚人来说……它本质上没有改变任何东西。相反,它所带来的只是大量的纸上谈兵"[④]。

因此,邦联在塞内加尔和冈比亚社会中根基很浅。其结果是,当贾瓦拉和迪乌夫不再认为它在政治上可取时,它就得不到支持了。

---

① Hughes, "The Collapse of the Senegambian Confederation," p.211.

② "Gambia Enters Union with Senegal on Wary Note," *New York Times*, February 1, 1982.

③ Hughes and Perfect, *A Political History of the Gambia*, p.263.

④ *African Research Bulletin*, vol.26, 1989-1990 (Crediton, UK: Africa Research Limited, 1991), pp.9402-9403.

冈比亚有自己的国防部队了，这意味着贾瓦拉不再需要依赖塞内加尔部队。达喀尔则厌倦了班珠尔在经济统一方面的犹犹豫豫。当迪乌夫从冈比亚撤出塞内加尔部队、应对同毛里塔尼亚和几内亚比绍不断紧张的关系时，达喀尔和班珠尔都有了让邦联消失的借口。塞内加尔迅速切断了同冈比亚的贸易。迪乌夫指出："塞内加尔不会允许自己被当成冈比亚走私品的倾销地。在邦联时期，由于我们想要按照一体化的规则行事，我们睁一只眼，闭一只眼。可能我们太不管不问了。我们不能再这样下去。"①班珠尔进行了报复，最后把塞内加尔汽车的通行费增加了10倍。② 冈比亚也寻求同毛里塔尼亚的新战略联盟，以制衡塞内加尔。统一最终让位于地缘政治对抗的开始。

统一为什么失败

塞内冈比亚邦联得益于制度化的克制以及文化的共同性，但是不相容的社会秩序构成了持久和平发端中不可逾越的障碍。在统一的时期里，冈比亚是非洲最成功的自由民主国家之一。贾瓦拉是民众选举出来的，法治普及，直到1994年政变结束民主治理为止。塞内加尔在独立后也成为一个共和国，但是在桑戈尔和迪乌夫时期，国家仍然是不自由的民主制。反对党和外部观察者都常常指责主导的社会党（Socialist Party）过度把权力集中在总统手中，以及操纵选举结果。但是，班珠尔和达喀尔都接受了共同约束的交易以及权力制衡机制，这些体现在邦联条约之中。物质力量的显著不对称一直加剧冈比亚人对被吞并的担心，但是塞内加尔的确实施了战略克制，遵守了它的承诺，即在统一体的治理机构中给予冈比亚超额的代表性。

冈比亚和塞内加尔不相容的社会秩序是邦联生存的主要障碍。冈比亚的领土小，人口少，不足以支撑起农业或者工业为主的经济。因此，冈比亚发展出了一种"转口"（entrepot）经济，严重依赖进出口

---

① "Gambia Weathers Senegal Split," *Christian Science Monitor*, July 19, 1990.

② John Wiseman, "Gambia," in Iain Frame, ed., *South of the Sahara—2006*, 35th ed. (New York: Routledge, 2005), p.506.

的相对自由流动——这一发展受到英国自由放任政策遗产的鼓励。①该国的官僚机构和社会秩序发展出了相应的结构。与之相反,塞内加尔继承了法国对以国家为中心的经济社会的偏爱,寻求对年轻的工业基础进行关税保护。高税收和关税,伴随着全面的管制和许可控制,与冈比亚更加市场导向的经济无法密切配合。与埃及和叙利亚的案例一样,经济一体化威胁和疏远了冈比亚统治精英,而不是加强了这些精英。出于这一原因,班珠尔最终不愿意实施经济和货币的统一,从而否定了塞内加尔建立邦联的一个主要目标,也销蚀了达喀尔对继续统一的兴趣。

塞内加尔和冈比亚有着很高程度的文化共同性,这也是邦联得以组建的主要原因之一。两国的人口超过90%都是穆斯林,由相互重叠、语言上相互联系的族群组成。邦联的建立条约注意到,冈比亚和塞内加尔的公民"是由于历史变迁而分属两个国家的单一民族"②。这一地区的学者常常提到文化共同性在把两国联合起来中扮演的重要角色。萨利赫(Tijan Sallah)观察到,塞内加尔和冈比亚拥有"共同的族群、宗教和文化遗产",而里士满(Richmond)则注意到,"两国在文化、语言和历史方面是同源的"③。易卜拉欣(Jibrin Ibrahim)同意说:"塞内加尔和冈比亚的文化和社会彼此相吻合,此外还有许多相同的地方。存在一个由地理和历史所界定的塞内冈比亚社会空间。"④

尽管有这些文化联系,塞内加尔和冈比亚人口在族群构成上的差异是政治分歧的潜在来源。沃洛夫人(Wolof)占了塞内加尔人口的40%以上,主导着国家的政治体系。同时,冈比亚的主导族群是曼迪卡(Mandika)人,沃洛夫人只占人口的15%左右。不过,两国不同的族群构成没有明显地损害邦联的运作或者导致它的解体;族群平衡

① Ebrima Sall and Halifa Sallah,"Senegal and the Gambia: The Politics of Integration," in Momar-Coumba Diop, ed., *Sénégal et ses Voisins* (Dakar: Societes-Espaces-Temps, 1994), p.128.

② "Agreement between the Republic of the Gambia and the Republic of Senegal," preamble. Available at http://untreaty.un.org/unts/60001_120000/8/40/00016000.pdf.

③ Sallah,"Economics and Politics in the Gambia," p.640; Richmond,"Senegambia and the Confederation," p.173.

④ Ibrahim, *Democratic Transition in Anglophone West Africa*, p.53.

问题没有成为政治分歧的重要根源。尽管冈比亚的沃洛夫党在一开始短暂支持过邦联，但后来为了选举前途转而反对邦联。[①] 格兰・海登(Goran Hyden)和迈克尔・布拉顿(Michael Bratton)注意到，即便是在选举期间，“事实上完全不存在族群紧张”。他们进而把“种族特点的价值不高”归因为“塞内冈比亚人口之间长期紧密的历史联系，归属共同宗教的跨族联系，以及沃洛夫语作为通用语的角色”[②]。社会秩序的不相容而不是族群分歧最终导致了塞内冈比亚邦联的消亡。

结　论

本章考察的历史案例在结果和解释变量方面涵盖了广泛的范围变化。在成功的统一体中，瑞士案例强调了社会和宗教分界线带来的政治分歧——以及趋同的社会秩序、宪政克制和自由民族主义克服分歧的能力。战争是易洛魁族部落的生活方式。但是，易洛魁族邦联在不成文法律阐述的互惠和克制实践的指引下，持续了超过三个世纪。阿拉伯联合酋长国完全没有自由民主制度的外观。但是财富的再分配和独特的部族宪政主义有效地塑造和维持了一个稳定的统一体。这三个案例都说明了战略需要在最初促进统一体建立过程中的重要性，以及战略克制实践(但不是制度化的克制)、相容的社会秩序以及文化的共同性在持久和平的发端和维持过程中的关键作用。它们也证明，经济一体化常常是追随政治一体化，而不是为政治一体化铺平道路。它们也表明，共同的国家认同与统一体的巩固是同步演进的，而不是先于统一体的巩固。

阿拉伯联合共和国和塞内冈比亚邦联的失败证明了这些结论。两个统一体都很有希望。叙利亚和埃及拥有共同的宗教、文化和语言，而塞内加尔和冈比亚也有着很强的族群、宗教和语言联系。而且，在后殖民时代的早期，阿拉伯联合共和国和塞内冈比亚联邦都分别受益于泛阿拉伯主义和泛非主义。但是，两者都因为不相容的社

① Hughes and Perfect, *A Political History of the Gambia*, p.257.

② Goran Hyden and Michael Bratton, *Governance and Politics in Africa* (Boulder, CO: Lynne Rienner, 1992), p.71.

会秩序而搁浅。在叙利亚,土地精英和商业中产阶级拒绝埃及强加的农业改革和国有化计划。在冈比亚,政府和私营部门拒绝塞内加尔削减利润丰厚的再出口市场的努力。而且,埃及和叙利亚、塞内加尔和冈比亚之间的力量不对称使得叙利亚和冈比亚都担心,同压倒性的伙伴进行政治合并可能让它们失去自主权。从这个角度来看,埃及不愿意实施战略克制在加速阿拉伯联合共和国的消亡上发挥了重要作用。

所有这五个主要的案例在一定程度上是与众不同的。它们被选中是为了:加强案例的多样性,扩大所考察的统一体的时间和地理范围,最大限度涵盖不同的政体类型、社会秩序和文化环境。为了防止这一方法在忽略其他案例——包括更主流的案例——时掺杂自己的偏见,本章在结束时会简要总结其他几个成功的历史案例和失败统一体案例。首先考察三个成功的统一体案例:美国(1789)、意大利(1861)和德国(1871)。这三个案例都说明了战略需要、制度化克制和文化共同性在持久和平发端过程中的中心作用。它们也说明了不相容的社会秩序对于统一体的成功实现所起到的阻碍作用。本章接着考察了两个失败的统一体案例:美国内战(1861)和新加坡被逐出马来西亚(1965)。这两个案例强调了不相容社会秩序和族群分歧阻碍持久和平的作用。

成功的统一体:美国、意大利和德国

美国

推翻英国统治的战略挑战促成了美国殖民地之间持久和平的发端。每个殖民地都感到,“自己是自主和独立的,孤零零的”[1]。只有在它们聚集各自的资源、协调政治和军事战略之时,这三个殖民地才有资本获得独立。这一战略需要是它们团结起来的首要根源。这一点,从独立战争结束后所建立的集体机制权力有限可以看得很明白。1782 年建立的邦联,其主要权力主要局限在战争与和平事务。中央机构缺乏在贸易、税收和财政上的控制权,被证明过于虚弱、不能提

[1] Felix Gilbert, *To the Farewell Address: Ideas of Early American Foreign Policy* (Princeton, NJ: Princeton University Press, 1961), p.7.

供有效的治理。

1780年统一体得到加强，不仅赋予联邦在结盟和战争事务上的权威，也赋予联邦政府在商业、货币和税收上的权威。这么做的目的是想在过于分散和过于集中的体系状态中取得平衡——过于分散的结果是成员之间陷入均势对抗，而中央掌握太多权力可能使各州面临暴政。① 就如1782年的邦联条款所表明的，各州不愿意为了统一体的利益而牺牲它们的自主权。的确，对许多美国人而言，尤其是对于来自更加自由的南方的美国人，他们更关心的是国内暴政的威胁，而非外部敌人的威胁。②

不过，战略考量——外国干涉的可能性以及对统一体成员之间地缘政治对抗的担心——成功地迫使各州支持对它们的自主权做更大的限制。《联邦党人文集》反复对统一体不稳定的危险提出警告。约翰·杰伊(John Jay)预见到了外部的危险，认为“国内的虚弱和分裂将会招致外部的危险；我们自己的统一、有力和善治是确保我们免于危险的最佳途径”。汉密尔顿(Alexander Hamilton)同意说，另一条路就是外国在“分而治之”的逻辑指导下，让独立的各州“成为它们阴谋诡计的牺牲品”③。

杰伊推断说，如果这样的外部威胁变成现实，独立各州将可能各自为战：各州将“不会为了邻居的利益而牺牲自己的安宁和眼前的安全。它们可能一直就嫉妒这个邻居，乐意看到其重要性被削弱。尽管这样的行为不是明智的，但是，它将是很自然的”。杰伊不仅担心这种四散奔逃的可能性，还担心独立各州之间对抗的危险。他警告说，如果不统一起来，它们“要么会卷入争端和战争，要么是一直生活在对彼此的忧虑之中”，其结果是“互相之间只有畏惧”。类似地，汉密尔顿预见到很可能出现领土冲突。他警告说：“由历史而推究将

---

① David Hendrikson, *Peace Pact: The Lost World of the American Founding* (Lawrence: University Press of Kansas, 2003), p.259.

② See Daniel Deudney, "The Philadelphian System: Sovereignty, Arms Control, and Balance of Power in the American States-Union, Circa 1787-1861," *International Organization* 49, no.2(Spring 1995).

③ John Jay, Federalist 5, in James Madison, Alexander Hamilton, and John Jay, *The Federalist Papers* (London: Penguin Books, 1987), p.101; Hamilton, Federalist 7, in Madison, Hamilton, and Jay, *The Federalist Papers*, p.113.

来，我们完全有理由相信，武力有时候被当作是裁决者。”[1]

通过政治克制的实践以及在宪法中的法典化，美国的建国之父们把战略需要转化为稳定的统一体。较大的州，例如纽约和宾夕法尼亚，采取了单方面包容的举措。它们略过了自己的资源和人口优势，接受了一个各州无论规模大小都有平等权的上院。它们在经济自主权的问题上作出妥协，废除了州际关税，用汉密尔顿的话来说，放弃了“通过商业管制让其他州向自己朝贡的机会”。汉密尔顿注意到，较大的州需要这样的包容举措来确保小州不会“带着不友好的眼光看待我们不断扩大的前景”[2]。尽管宪法赋予联邦机构以相当的权力，它也通过赋予各州和公民权利来制衡这些机构。复合共和国、权力分立、制度化的制衡——这些机制都是为了确保“各州受到一部可以相互否决的宪法的制约和规范——这是一个由受到约束、限制的权力机构相互制衡的架构”[3]。就如麦迪逊（James Madison）所写，“首先，必须让政府有能力控制被统治者；进而，迫使它控制自己”[4]。

中央必须强大到足以维系统一体的程度，但是不能强大到各州拒绝参与的程度。共同约束的交易及其导致的权力制衡机制采取了各种各样的形式。联邦政府有权征集陆军和海军，但是各州的民兵仍然是军队的主要来源。美国人担心，联邦控制下的庞大军队将会导致过度的集中，牺牲各州的权利和个人的自由。尽管联邦政府有权铸造货币，直到内战爆发、财政告急之前，美国并没有单一货币；各州倾向于处理它们自己的货币事务。最高法院是一个联邦机构，但是各州仍然保持了自己的司法系统，保留了实施法律的责任。

首都的选址虽然是一个特别引起分裂的问题，但最终促进了分散权力的目标。许多南方人认为，国会（大陆会议——译者）的最初所在地费城如果作为首都，那么将会让政府受到城市生活的腐蚀，让

---

① Jay, Federalist 4, in Madison, Hamilton, and Jay, *The Federalist Papers*, p.100, Jay, Federalist 5, in Madison, Hamilton, and Jay, *The Federalist Papers*, p.103; Hamilton, Federalist 7, in Madison, Hamilton, and Jay, *The Federalist Papers*, p.111.

② Hamilton, Federalist 7, in Madison, Hamilton, and Jay, *The Federalist Papers*, p.111.

③ Deudney, "The Philadelphian System," p.195.

④ James Madison, Federalist 51, in Madison, Hamilton, and Jay, *The Federalist Papers*, p.320.

北方处于有利地位，过度放大宾夕法尼亚州的政治影响。新英格兰的一些重要声音建议建“流动国会”，在不同地点之间轮换，从而避免围绕一个常设权力中心的充满火药味的争论。在18世纪80年代，许多地点被纳入考虑范围，包括纽约、普林斯顿、特伦顿、安纳波利斯，以及波托马克河的一个地点，那里既涵盖了乔治城的定居点，也涵盖了阿纳卡斯蒂亚（Anacostia）的港口。波托马克河的地点是一个折中方案，属于南北方的交界，对农业和商业利益来说都有利。从现有的马里兰和弗吉尼亚土地上划出单独的哥伦比亚特区，以免首都被定位在某一个州内可能引发的嫉妒。①

商业一体化和新的共同认同的形成追随而不是先于稳定统一体的发端。就如默里·福赛斯（Murray Forsyth）注意到的，“一个主要以防御为目的的统一体也变成了一个商业统一体”②。在统一体的早期数十年中，各州的贸易对象首要还是欧洲，而不是彼此之间。尽管美国人有着相当程度的文化共同性——共同的种族、语言和宗教——他们花了数十年的时间进行社会一体化，培育出统一的认同。就如戴维·亨德里克森（David Hendrickson）所观察到的，“共同国家意识是相互牵连和自然发展（exiguous necessity）的结果，而不是来源于共同的民族性”③。直到19世纪下半叶之前，公民们对于统一体的忠诚和认同仍然没有超过对自己所在的州。只是在内战之后，提到美国时后面接单数动词而不是复数动词的情况才流行开来。在战争起到集中化的效应——南方邦联失败、南部的重建——之前，统一体被广泛视为多元化的“各州—统一体”，而不是统一的联邦。④

南方和北方不相容的社会秩序被证明是联邦可持续性最显著的障碍。北方发展出城市化和工业化的经济，依靠雇佣劳动力，对新出

① 有关首都的选址，参见 Lawrence Delbert Cress, “Whither Columbia? Congressional Residence and the Politics of the New Nation, 1776 to 1787,” *William and Mary Quarterly*, 3rd Ser., 32, no.4 (October 1975): 581-600; Joseph Ellis, *Founding Brothers: The Revolutionary Generation* (New York: Vintage Books, 2002); John C. Miller, *The Federalist Era: 1789-1801* (New York: Harper and Brothers, 1960)。

② Murray Forsyth, *Unions of States: The Theory and Practice of Confederation* (New York: Leicester University Press and Holmes and Meier, 1981), p.68.

③ Hendrikson, *Peace Pact*, p.ix.

④ 参见 Deudney, “The Philadelphian System.”

现的工业基地实施保护主义。南方是农业经济,依靠的是奴隶制,支持自由贸易以最大化农业产品的出口。在统一体的早期数十年间,这些差异通过政治交换得到管理;例如,1820 年的密苏里妥协规定,西进运动中新增奴隶州和自由州的数量是一比一。但是,就如下面将要探讨的,由于相逆的社会秩序所导致的不可修复的政治裂痕,统一体最终瓦解了。尽管制度化克制的实践和单个州的文化共同性,背道而驰的社会秩序粗暴地打断了美国作为一个持久和平区的演进。

意大利

随着罗马帝国的分裂瓦解,出现了许多个意大利国家。在数个世纪中,它们经受了外部的主宰和战争。到 19 世纪时,这些国家大多处在非意大利的皇室家族的统治之下。例如,在统一之前的几十年中,伦巴第(Lombardy)和威尼斯(Venetia)处在奥地利的统治之下,摩德纳(Venetia)和托斯卡纳(Tuscany)的皇室家族与哈布斯堡家族之间有联系,两西西里王国(Kingdom of the Two Sicilies,西西里和那不勒斯)在波旁王朝的统治下。教皇国在法国的保护之下,而皮埃蒙特尽管是意大利贵族统治,事实上是奥地利的受保护国。[1]

1848 年革命从两个关键的方面构成了意大利的转折点。其一,民族主义情绪蓬勃兴起,横扫欧洲,加强了意大利内部要求统一和反对外国主宰的呼声。那些仍然把彼此看作是地缘政治对手的意大利国家发现了反对外国统治的共同事业。此外,教皇对外部保护的依赖使得天主教和民族主义对立起来,孤立了神职人员和保守贵族,后者呼吁维持现状。其二,1848 年的事态提供了支持政治自由化的新动力,进一步否定了王朝统治的声誉,使得皮埃蒙特地区成为意大利统一和政治改革的旗手。只有在皮埃蒙特地区,宪政君主制和议会制政府度过了针对 1848 年起义的镇压。就如丹尼尔·齐博拉特(Daniel Ziblatt)所观察到的,"皮埃蒙特是 19 世纪 50 年代——也是它最后的独立十年——唯一完好保留了宪法和议会的意大利国家"[2]。

---

① Cronin, *Community Under Anarchy*, pp.78-79.

② Daniel Ziblatt, *Structuring the State: The Formation of Italy and Germany and the Puzzle of Federalism* (Princeton, NJ: Princeton University Press, 2006), p.112.

对绝对权力的宪政制约这一战略克制，有助于减轻意大利小国之前的关切，即呼吁统一只是皮埃蒙特扩张主义的掩饰。伦巴第和威尼斯的精英担心，统一将会鼓励皮埃蒙特"把这些省份当作是征服的土地"。相反，"意大利真正需要的……是皮埃蒙特行事慷慨"，不是"吞并意大利而是让自己变得更加意大利"①。皮埃蒙特接纳宪政治理，构成了一个受欢迎的单方面包容行为；它的小邻居们开始把它看作是自由和独立的旗手，而不是致力于霸权的主导国家。通过反抗奥地利在意大利北部的主导角色，皮埃蒙特能够利用民族主义者和自由主义推力来领导统一事业。毕竟，奥地利在镇压1948年的自由力量方面发挥了显著作用，而且仍然是王朝统治的坚定捍卫者。②

意大利半岛的合并经历了两个主要阶段，反抗外部主宰的战略挑战提供了呼吁统一的主要战斗口号。作为激发意大利国家团结的一种手段，皮埃蒙特实际上制造了一场与奥地利的冲突。1868年到1849年，皮埃蒙特利用一连串的起义操纵自己和北部邻居与奥地利开战。尽管奥地利很轻易就镇压了这些自由主义叛乱，对意大利北部维持着有效的控制，皮埃蒙特成功利用反抗奥地利的同盟把自己树立为自由变革和国家独立的代理人。后来很快成为皮埃蒙特总理的加富尔伯爵（Camillo Benso, Count of Cavour）是领导意大利统一的关键人物。他依靠的是一套与美国建国之父们十分相似的战略观点。他认为，只有意大利免于内部对抗，才能结束外部大国的统治。③

1859年，皮埃蒙特再一次求助于战争的方式，策划推进意大利的统一。在加富尔的指导下，皮埃蒙特与法国串通，激起了与奥地利的战争。尽管战争没有带来什么结果，皮埃蒙特与伦巴第的同盟成为意大利统一体的最初核心。托斯坎纳、帕尔马和摩德纳的革命者推翻了它们的君主这个内圈，为统一体扩张到意大利中部扫清了道路。同时，加里波第（Giuseppe Garibaldi）将军在意大利独立与统一的旗帜

---

① Denis Mack Smith, *The Making of Italy, 1796-1870* (New York: Walker, 1968), pp. 152-155.

② Lucy Riall, *The Italian Risorgimento: State, Society and National Unification* (New York: Routledge, 1994), pp.73-74.

③ Mack Smith, *The Making of Italy*, p.104.

下，领导他的部队攻击西西里和那不勒斯的王朝政权。[1] 北部的“商业贵族”和不断增加的中产阶级接受了自由民族主义，南部没有这样的社会基础。如果不是加里波第的部队进行干涉，南部还将继续维持王朝统治和外国主导。[2]

在加里波第获胜后，加富尔迅速呼吁南部进行公民投票，合法化意大利的统一。意大利王国于1861年建立。[3]首都从图灵迁到佛罗伦萨，这部分是为了减轻对皮埃蒙特霸权野心的担忧。威尼斯在1866年加入了统一体，当时皮埃蒙特利用奥地利同普鲁士的战争，把维也纳从它在意大利的最后据点赶了出去。1870年，法国部队离开了罗马，他们被召回是由于普法战争的爆发。在意大利部队包围罗马后，教皇的军队投降了。罗马被意大利王国吞并，1871年成为统一国家的首都。

与美国的案例一样，意大利的统一是地缘政治考量所驱动；一个防御性的统一体后来成为一个经济统一体。就如布鲁斯·克罗宁注意到的，“政治一体化**先于**经济一体化”[4]。统一之后，铁路网和其他商业基础设施才使得意大利原来独立各国之间的经济一体化成为可能。类似地，国家认同逐步落地生根。在统一以前，意大利人的确有着共同的文化、族群和宗教意识。例如，在为皮埃蒙特与伦巴第和威尼斯1849年的结盟辩护时，卡洛·阿尔伯托(Carlo Alberto)国王就提到“我们共同的种族”，并保证“我们现在是向你们提供兄弟之间的帮助”[5]。但是，新意大利的居民讲多种不同的语言和方言，维持着强烈的地区认同。就和在美国一样，意大利花了数十年的时间进行社会一体化，建立起强烈的国家认同，对继续存在的地区和地方效忠构成补充。共同的国家认同是政治统一的结果而非原因。

还与美国的案例一样的地方在于，意大利北部和南部不同的社

---

① 就如第二中所提到的，我把意大利的统一算作是和平合并的例子，即使加里波第的部队在西西里和那不勒斯与意大利人(fellow Italians)作战。战斗是为了将意大利从外国的主宰下解放出来，而不是皮埃蒙特使用武力兼并领土的产物。

② 有关南北方相反的社会秩序，参见Ziblatt, *Structuring the State*, pp.60-71。

③ 参见Charles Delzell, *Unif cation of Italy*, 1859-1961: *Cavour, Mazzini, or Garibaldi*? (New York: Holt Rinehart, 1965), pp.63-65。

④ Cronin, *Community Under Anarchy*, p.76.

⑤ Ibid., p.88.

会秩序被证明是统一的主要障碍。北部地区的商业化加速了政治改革，带来了自由化的效应。而在南方，这一情况并不存在，王朝统治的推翻是通过军事干涉。南方和北方相反的社会秩序尽管在新国家建立后随着商业化和工业化的进展而在趋同，但是直至今日仍然造成南北方的政治紧张。①

德国

有关共同的德国国家身份的理念可以回溯到神圣罗马帝国时代。但是，直到 19 世纪拿破仑谋求大陆霸权之前，导致德国统一的一体化具体进程并没有启动。1871 年，德意志王国建立，这是一系列渐进步骤的顶峰。这些步骤开始于 1815 年拿破仑战争的结束，当时建立了德意志同盟（German Bund），事实上扩大了拿破仑所组织的德意志公国邦联。德意志同盟包括了普鲁士、奥地利和超过 30 个日耳曼小国，是一个处在萌芽状态的安全共同体。与"欧洲协调"一样，它是为了击败拿破仑法国所缔结的战略条约的副产品。尽管其成员可以独立对外结盟和宣战，它们承诺进行集体防御，和平解决邦联成员之间的争端。② 与普鲁士、奥地利、俄罗斯组建的神圣同盟一样，德意志同盟成员共同承诺不仅要维持成员之间的和平，还承诺抵制自由改革和捍卫君主统治。

1834 年迈出了朝向统一的第二大步，当时德意志诸国建立了一个关税同盟（Zollverein）。关税同盟使得成员间的贸易有了相当大的增加。③ 与本书中考察的其他大多数持久和平案例相反，德国案例中，经济一体化先于政治一体化，并帮助铺平了政治一体化的道路。但是，显而易见的是，关税同盟的原初目标就是政治和经济兼具的。贸易的扩展是为了赢得不断增长的商业阶层的支持，从而使之与容克（Junker，即土地贵族）联盟，维持容克的权力。相比南部，普鲁士及其北部的小邻居有着更加商业化的经济，积极支持关税同盟，而南部

① 参见 Robert Putnam, *Making Democracy Work: Civil Traditions in Modern Italy* (Princeton, NJ: Princeton University Press, 1984)。

② Mark Hallerberg and Katja Weber, "German Unif cation 1815-1871 and Its Relevance for Integration Theory," *Journal of European Integration* 24, no.1(March 2002): 12-13.

③ Ziblatt, *Structuring the State*, pp.35-37; and Theordore A.Hamerow, *The Social Foundations of German Unification* (Princeton, NJ: Princeton University Press, 1972), pp.375-377.

地区的奥地利、巴伐利亚和其他各国的经济仍然以农业为主,就远远没有那么积极。① 的确,奥地利选择不参加关税同盟,就是因为这会对它传统的社会秩序构成威胁。此外,奥地利和它的南部邻居绝大多数信仰天主教,而普鲁士和它的邻居主要是信仰新教。这些社会秩序和宗教上的差异导致了普鲁士和奥地利争夺德意志诸国领导权的对抗。

和意大利的统一一样,1848 年革命被证明是德国的转折点。民族主义情绪和自由改革的呼声横扫德意志诸国。普鲁士变成了宪政君主制,而大多数其他德意志国家则接受了宪政治理。② 德意志大会开始在法兰克福召开。邦联议会是一个协调理事会,代表们代表的是仍然拥有事实主权的各国。尽管这是同盟建立不久后的一个进步,更加集中化的德意志邦联仍然是自主国家构成的初生安全共同体。

俾斯麦在 1862 年成为普鲁士首相。在将独立国家组成的松散邦联打造成联邦统一体方面,俾斯麦提供了必要的领导力。他的战略与加富尔一样,通过战争和与本族相近的国家建立战略盟友来推进政治一体化。俾斯麦操纵普鲁士与丹麦(1864)、奥地利(1866)和法国(1870)发生冲突,每一次都利用组建的同盟和德意志民族主义的勃兴来推动普鲁士领导下的德国统一进程。这些连续的冲突以及它们导致的民族主义不仅是重要的国内工具,也是重要的外交政策工具,被用来维持崛起的商业阶层和容克之间的政治契约——"铁与麦"的同盟。③

针对丹麦的战争使得石勒苏益格和荷尔斯泰因这两块德意志人占多数的领土被归入奥地利和普鲁士的联合控制之下。尽管这一事件中普鲁士和奥地利的合作促进了国家统一的目标,它也加剧了两国在德意志主导问题上的紧张。普鲁士和奥地利不仅争夺首要地位,还在治理事务上发生碰撞。与普鲁士相反,奥地利反对德意志诸

---

① Ziblatt, *Structuring the State*, pp.35-42.

② Ziblatt, *Structuring the State*, p.113; Cronin, *Community Under Anarchy*, p.111.

③ Erich Eyck, *Bismarck and the German Empire* (London: Unwin University Books, 1968), pp.62-63.

国间的商业一体化，拒绝建立法兰克福大会，继续坚定捍卫绝对君主制。①

1866 年普鲁士击败奥地利，为它们围绕着首要地位所展开的斗争画上了句号。这也象征着保守君主主义势力的失败。这一胜利也使得俾斯麦能够采取下一步统一行动——吞并连接普鲁士东部和西部的领土，与邻国建立了北德意志邦联（the North German Confederation）。尽管普鲁士通过单边吞并和强制外交来建立邦联，俾斯麦同时实施了战略克制。他制度化了一系列的权力制衡机制。就如齐伯赖特（Ziblatt）注意到的，俾斯麦和加富尔一样，很清楚“过度集中的危险”②。他提出男性公民拥有普遍选举权，建立了下院（the Bundestag）和一个代表各国的上院（the Bundesrat）。考虑到普鲁士拥有压倒性的经济和军事资源，俾斯麦很热心地展示他的善意，鼓励小国把统一看作是集体打造新的国家政治实体，而不是被纳入到一个扩张性的普鲁士国家之中。③

尽管 1866 年建立的邦联局限在美因河北部的德意志诸国，俾斯麦对长期与奥地利联盟的南部诸国也实施了战略克制。在击败奥地利后，他避免强加一种惩罚性的和平，相反同奥地利的前盟友达成军事条约。俾斯麦本想推进政治一体化的事业，但南部诸国仍然把德国统一等同于“普鲁士化”。尽管它们参加了海关会议，就关税和贸易达成了新的协议，它们不愿意接受北德意志邦联南扩所带来的自主权丧失。④ 的确，1868 年海关会议的选举是反普鲁士的天主教保守候选人令人瞩目的胜利。⑤

面对这些抗拒，俾斯麦再次求助于战争。这一次是同法国开战，

---

① Eyck, *Bismarck and the German Empire*, pp.62-63.

② Ziblatt, *Structuring the State*, p.7.

③ Eyck, *Bismarck and the German Empire*, p.145; and Cronin, *Community Under Anarchy*, pp.117-118.应该注意到，一些历史学家认为，俾斯麦打造的是一种多元主义的假象，给较弱的德意志国家留了面子，但是别无选择，只能默许普鲁士的要求。例如，参见 Gordon Craig, *Germany* 1866-1945（New York: Oxford University Press, 1978）。

④ Otto Pflanze, *Bismarck and the Development of Germany: The Period of Unification*, 1815-1871（Princeton, NJ: Princeton University Press, 1962）, pp.398-399.

⑤ Jonathan Sperber, *A Short Oxford History of Germany*（Oxford: Oxford University Press, 2004）, p.87.

以完成德国统一的大业。就如普夫兰茨(Otto Pflanze)所说,“对外部敌人的憎恨,而非自发地献身于德意志,被证明是击败分离主义情绪的最强力量”[①]。俾斯麦的考虑是,战争的统一效应,是让南部诸国进入邦联,同时无须作出他认为不可接受的政治让步的唯一途径。[②] 即便是军事获胜、民族主义高涨,俾斯麦也不得不放宽加入的条款,以将统一确定下来。建立德意志王国的条约是同邦联签署的,而不是同普鲁士。上院的权力得到了加强。巴登、符腾堡,特别是巴伐利亚,被授予特殊的权益和权力。例如,巴伐利亚军队仍然保留为独立的民兵,战时才归德国皇帝指挥。上院的代表拥有外交而不是议会豁免权——这象征着单个国家权利和地位的延续。[③]

在这里,值得大段引用普夫兰茨对妥协和权力制衡机制的描述,正是这些机制最终使得独立的德意志诸国有可能建立稳定的统一体:

> [俾斯麦]联合了德意志民族主义和特殊主义(particularism)的力量,解决了将不同规模大小的国家联合起来的难题……它的民族特征是用来吸引南部的人民,而它的联邦特征是用来安抚其政府……这就是俾斯麦的平衡术。邦联的机构和权力同普鲁士和其他各国的权力相平衡。前者有更多的立法权,而后者则有更多的行政权。在中央政府内部,两个机构之间又进行了划分,其中之一只有立法权,而另一个则是兼有立法和行政职能。不同压力互相制衡:民族对王朝;邦联对普鲁士;下院对上院;议会对议会;中心主义对特殊主义;向心力对离心力。[④]

正如这一对联邦发端过程的总结所表明的,制度化克制的存在促进了德国的统一。从1848年开始,普鲁士实施和支持宪政治理。

---

① Pflanze, *Bismarck and the Development of Germany*, p.437.

② Eyck, *Bismarck and the German Empire*, p.173.

③ Ziblatt, *Structuring the State*, pp.129-130; Pflanze, *Bismarck and the Development of Germany*, pp.487-489.

④ Pflanze, *Bismarck and the Development of Germany*, pp.338, 344.

联邦机构中战略克制的实践和权力制衡机制在鼓励德意志弱小国家追随普鲁士的领导而不是制衡它方面发挥了关键作用。统一体的建立也得益于广泛的文化共同感。尤其是在1848年革命释放出民族主义热情之后，族群和语言的同质性推动了德国统一。

统一的主要障碍是将南北诸国区分开来的社会秩序和宗教差异。在寻求统一的过程中，商业化的新教北方反复遇到农业主导的天主教南方的抵制。俾斯麦对于天主教的观点十分明确。他在1854年写道："使用最邪恶的武器，对新教政府，尤其是对普鲁士展开长期攻击的，并不是基督教教义，而是充满了憎恨与狡猾的虚伪、搞偶像崇拜的罗马天主教……'天主教'和'普鲁士的敌人'是同义语。"①社会秩序和宗教的差异有可能导致两种类型的德意志国家——进步的新教国家，以普鲁士为中心；保守的天主教国家，以奥地利为中心。从最低程度来说，德意志邦联可能和瑞士邦联一样受到内部分歧的损害。

这些结局最终被避免，证明了自由主义克制和文化共同性在解释持久和平发端上的重要性。尽管它们的社会秩序和宗教不同，南德意志各国最终同普鲁士而不是奥地利联合起来。这是出于两个主要的原因。其一，随着商业化在南部的推进，南部地区也接受了更加自由和进步的政治。普夫兰茨观察到，"德国南部的民族情感首要来自中产阶级自由主义者"②。奥地利因为坚定捍卫保守君主制，在德国统一的事业中就不是那么有吸引力的候选领导者。南部社会和政治秩序的演进使其同柏林而不是维也纳建立了更紧密的政治联盟。其二，奥地利坚持多民族的帝国。的确，奥匈帝国中，3600万居民中只有800万是德意志人。如果德国要凝聚成一个有着共同种族和语言的统一体，那么它应该在普鲁士而非奥地利的领导之下。就如克罗宁注意到的，"奥地利不愿意忍受从多民族帝国向民族国家的必要变革，这使得它最终不可能成为德意志民族的领导者"③。

---

① Pflanze, *Bismarck and the Development of Germany*, p.368.

② Ibid., p.384.

③ Cronin, *Community Under Anarchy*, pp.115-121; quote on p.121.

失败的统一体：美国内战与新加坡被逐出马来西亚

美国内战

美国的建立是持久和平区建构的典型案例。最初的动力来自战略需要；美国殖民地联合起来，聚集推翻英国统治所需的力量。在那以后，在共同语言、宗教和族群特征的帮助下，战略克制的实践和制度化使得统一体继续保持团结。在建立之后，新的共和国欣欣向荣；随之而来的是连续数十年的政治稳定、经济增长和领土扩张。

美国的顺利开端使得它在 19 世纪 60 年代的消亡变得更加令人困惑。1789 年以及随后的数十年间，维持统一体所需的条件充分存在。年轻的共和国不仅被证明是可持续的，还成功地让欧洲国家陷入困境，向西扩张领土范围。但是，在 19 世纪 60 年代，美国殖民地建立的持久和平区已经步履蹒跚；南方宣布独立，美国只是因为统一体军队胜过南部邦联军队才得以生存下来。是什么造成了持久和平的瓦解？为什么统一体在连续多年取得进展之后，在它的第七个十年一开头就解体了？

内战的根本原因在于南方和北方不相容的社会秩序。就如比尔德夫妇（Charles and Mary Beard）所写的，“所谓的内战归根结底来说……是一场社会战争”，是南方的奴隶制农业经济社会和北方的工业化自由劳动社会之间的对决。[1] 这一地方分歧不是到 19 世纪 60 年代突然出现的。相反，南方和北方的冲突自从统一体建立就在酝酿之中。但是，美国的政治体系最初对关税、奴隶制和统一体的政治经济性质等问题的地区差异进行了有效的管理，达成的交易让北方和南方能够实施不同的发展观。如前所述，密苏里妥协是一个最好的例子。

在早期，美国之所能包容南方和北方的社会差异，是出于三个主要的理由。首先，在统一体的早期数十年中，两个地方的经济主要都还是农业经济。北方人渴望建设一个更加城市化和工业化的社会，但是这一观点还没有变成现实。1800 年，大约 70% 的北方劳动力都

---

① Charles and Mary Beard, *The Rise of American Civilization*, in Michael Perlman, ed., *The Coming of the American Civil War*, 3rd ed. (Lexington, MA: D.C. Heath and Co., 1993), p.33.

从事农业，只比南方80%的比例略低。① 北方和南方的经济沿着不同的轨迹发展，但是还没有到分道扬镳的时候，延缓了最终因为社会秩序不同而导致政治决裂。其次，北方和南方处于事实上的政治均势。在18世纪后期、19世纪早期，“两个地区在人口、州的数目上都完全对等，当时没有一方侵占另一方的危险”②。外交与国内问题上的地区差异已经出现，但是政治均势的存在促使北方和南方都进行实用主义的妥协。

最后，政党系统的结构促进了地区妥协；在19世纪50年代中期重组之前，党派分歧并不是完全依据地区画线。相反，主要政党在北方和南方都有根基，两个地区派往国会的代表同时来自统一体的主要政党，混合的程度相当高。例如，在19世纪40年代，“民主党和辉格党是全国性的政党，领导人和追随者同时来自两个地区……国会议员的投票不是基于南方人或北方人的地区划分，主要是按照辉格党和民主党的划分。在进入国家政治议程的大多数问题上，政党而非地区利益更重要”③。统一体的主流政党试图同时吸引北方和南方的选民，由此政党系统产生的是中间的政策，以及跨地区的政治讨价还价。

北方和南方的政治均势没有能够一直持续。不断分化的经济轨迹不仅放大了社会秩序的地区差异，还决定性地使得政治权力朝着有利于北方的方向倾斜。就如比尔德夫妇注意到的：“如果北方和南方的经济体系维持不变，或者变化缓慢，没有引发社会结构的巨大紊乱，势力均衡或许可以一直得到维持……通过这一方式把内在的不满限制在外交的范围内。但是，美国的经济或者与其多样性相关联的道德情感都在变化。”④随着时间的推移，两个地区的经济和社会面貌呈现出显著的差异。到1860年，北方的农业劳动力人口比例已经

---

① James McPherson, “Southern Exceptionalism: A New Look at an Old Question,” in Perlman, ed., *The Coming of the American Civil War*, pp.194-195.

② Frank Owsley, “The Irrepressible Conf ict,” in Perlman, ed., *The Coming of the American Civil War*, p.35.

③ Edward Pessen, “How Different from Each Other Were the Antebellum North and South,” *American Historical Review* 85, no.5(December 1980): 1139.

④ Charles and Mary Beard, *The Rise of American Civilization*, p.24.

下降到了40%。只有1%的人口是黑人。与此相反,大约85%的南方劳动力是农业人口。三分之一的南方人口是黑人,其中95%是奴隶。北方的人口曾经大体与南方相当,而到了1860年已经超过了50%,其原因是增加了来自海外的移民以及南方迁移过来寻找制造业工作的人口。①

西进运动进一步使经济和政治天平向北方倾斜。铁路网的扩大把西部领土和北方联系起来,加速和拓宽了工业化进程。奴隶制是否随着领土扩张继续西进,这被证明是一个特别容易引起分歧的问题。在北方实力不断增长的鼓舞下,1860年上台的共和党政府坚持,奴隶制不能再向西扩张,为进一步削弱奴隶制各州的选举分量创造条件。尽管此时南方还没有面临在已经建立奴隶制的地方废除奴隶制的威胁,南方各州很清楚,政治权力的天平已经朝着明确不利于它们的方向倾斜。正如比尔德夫妇对此所描述的,"南方正在同人口统计表做斗争——人口统计表明,工业资本在聚集,产业巨头激增,铁路系统在扩大,自由农场主的耕种面积增多。种植园州和商业州之间曾经……完全平衡;到1860年这一平衡已经不复存在"②。

跨地区党派的消亡,放大了南方和北方不断加深的政治失衡所导致的后果。作为对南方成功废除密苏里妥协的回应,共和党在19世纪50年代中期成立了。共和党成为北方的主要政党和追求地区经济和政治利益的主要载体,其中就包括阻止奴隶制向西扩张:"对于共和党人来说,到19世纪50年代后期,他们已经成功地发展出了连贯一致的意识形态,这种意识形态是基于对北方社会秩序的信奉。"③

同时,北方的民主党选民群体在萎缩,使得民主党成为南方政党。政党系统不再是跨地区妥协的载体,相反帮助固化了围绕奴隶制的地区对抗。就如埃里克·福纳(Eric Foner)观察到的,"在政治层面上,内战的到来是地区意识形态侵入政党系统的结果……在最后

① Pessen, "How Different from Each Other Were the Antebellum North and South," p. 1121; McPherson, "Southern Exceptionalism" pp.194-196.

② Charles and Mary Beard, *The Rise of American Civilization*, p.34.

③ Eric Foner, "Politics, Ideology, and the Origins of the Civil War," in Perlman, ed., *The Coming of the American Civil War*, p.182.

的地区间大政党瓦解后不到一年，统一体就破裂了。这绝非偶然。同样，促成最后危机的不是任何‘公开动作’，而是总统选举”①。迈克尔·霍尔特(Michael Holt)同意说，统一体经历一个决定性的“从全国性的均势政党系统向地区性的极化政党系统的转变。在前者中，主要的政党在全国各地展开相当对等的竞争，而在后者中，共和党主导着北方，民主党主导着南方”②。

统一体的加强是因为政治和经济一体化促进了共同的认同，同样地，统一体的破裂是因为政治和经济的差异导致了分裂的认同。就如布莱恩·里德(Brian Holden Reid)所写的，“政治和经济的要求导致了有关社会和文化特殊性的意识，而不是相反”③。在北方，出现了一种批判南方的表述，不仅是因为它信奉“奴隶的力量”，还因为它从更广泛意义上来说属于一种过时的贵族社会秩序。④ 同时，南方发展自己的“民族主义”，强调地区独特的文化和生活方式。正如《查尔斯顿信使报》(*Charleston Mercury*) 在1856年所写的，“北方和南方是两个民族，因为它们制度、风俗和思维习惯不同，就如英国人与法国人的差异一样”⑤。

为了象征从统一体内的政治和文化分离，南方各州开始使用州旗，许多这些旗帜上都只有一颗星星，显示州的权利以及从统一体集体大家庭中的脱离：“在分离危机中，这些一星旗帜的使用使得[统一]进程发生逆转。用戴维斯(Jefferson Davis)的话来说，这些国家‘摘下’自己的星星，而不是迎接巩固成为一个单一主体的未来。”⑥随着分离的各州组建自己的政府和军队，它们采用了一个共同的邦

---

① Foner, “Politics, Ideology, and the Origins of the Civil War,” p.171.

② Michael Holt, “Party Breakdown and the Coming of the Civil War,” in Perlman, ed., *The Coming of the American Civil War*, p.92.

③ Brian Holden Reid, *The Origins of the American Civil War* (New York: Longman, 1996), p.97.

④ 参见 Eric Foner, *Politics and Ideology in the Age of the Civil War* (New York: Oxford University Press, 1980), p.48。

⑤ Avery Craven, *The Repressible Conflict*, 1830-1861 (Baton Rouge: Louisiana State University Press, 1939), p.28.See also McPherson, “Southern Exceptionalism.”

⑥ Robert Bonner, *Colors and Blood: Flag Passions of the Confederate South* (Princeton, NJ: Princeton University Press, 2002), p.28.

联旗帜，象征着它们作为一个独立统一体的巩固。就如福纳(Foner)观察到的，即便当战争爆发时，"从族群特征、语言和宗教来说……美国人，南方和北方，仍然十分接近。这一点是确定无疑的"①。但是，这些共同性没有能够弥补南方和北方社会秩序的分歧，以及这一分歧造成的地区对抗。

到19世纪50年代，导致持久和平发端的顺序进程被逆转了。在18世纪后期，地缘政治需要和制度化的克制结合在一起，为联邦统一体奠定了基础。社会一体化和国家认同的产生进而有助于巩固统一，同时，政治均势支撑了南方和北方不同社会秩序之间的妥协。但是，随着统一体的成长，经济发展带来了南北双方的政治失衡，以及社会秩序鸿沟的扩大。社会分裂随之而来，对立的表述压倒了共同国家认同的表述，政治克制让位于边缘政策和最后通牒。很快，地缘政治对抗和战争爆发随之而来，暴力打断了美国作为持久和平区的巩固进程。

新加坡被逐出马来西亚

在为英国结束在东南亚的帝国存在做了大概20年的准备之后，1963年马来亚、新加坡、沙巴和沙捞越的外交努力到达顶峰，组建了一个统一体。② 马来亚于1957年获得独立。英国直辖的殖民地新加坡在20世纪60年代初步马来亚的后尘。伦敦相信，新加坡的安全和经济生存最好是通过与马来亚的合并获得解决。

统一体面临的主要障碍是它对马来族群和华人族群的人口均衡可能造成的冲击。马来亚的建立是基于马来人多数族群和华人少数族群之间的政治契约。马来亚人将保留政治主导地位，并受益于赞助性的教育和就业行动计划。作为回报，华人继续享有明确的经济优势。就如玛丽·弗莱彻(Mary Fletcher)观察到的，"这些条款被写入了宪法文件，确保马来亚人的特殊地位，授予他们一定的特权……

---

① Foner, "Politics, Ideology, and the Origins of the Civil War," p.188.

② 参见地图5.1。

马来亚人获得政治优势的保证，以平衡非马来亚人的经济主导地位"[1]。马来亚和新加坡的合并将威胁到这一契约；新加坡大约75%的人口是华人，如果合并的话，华人族群在统一体的人口中将处于多数。对于马来亚首相东姑阿都拉曼（Tunku Abdul Rahman）来说，这一人口比例上的转变将会对马来亚人的政治主导地位和该国的马来亚特征构成不可接受的挑战。[2]

不过，东姑阿都拉曼推动了1963年新加坡加入马来西亚联邦的进程。他最终决定这么做，首要的原因是战略需要。[3] 新加坡和马来亚政府都把共产主义看作是对地区稳定的主要威胁。吉隆坡由于担心新加坡可能成为试图渗透马来亚的共产主义活动分子基地，逐渐支持统一的选择。新加坡政府的取向比马来亚政府更左，但是20世纪60年代初的选举有利于过左的一方面，动摇了为政当局的地位，促使总理李光耀及他的人民行动党（PAP）追随东姑阿都拉曼的领导，将统一作为制衡共产主义威胁的手段。李光耀尤其感兴趣的是通过改善经济境遇来促进国家的政治稳定；伴随着统一的，是一个自由贸易机制，这一机制将确保新加坡的制造业产品获得利润丰厚的市场，巩固它的海上运输中心地位。[4]

面对统一起来的战略需要，东姑阿都拉曼采取措施消除新加坡进入联邦后的人口影响。他把沙巴和沙捞越纳入了统一体——这两个是原来英国在婆罗洲岛的属地——以抵消华人族群在联邦中的数量增长。的确，吉隆坡是如此热心地吸引这些领土加入统一体，即使它们仅仅占联邦人口的12%，但是吉隆坡提供给它们25%的议会席位。东姑阿都拉曼对新加坡做的恰好相反，尽管新加坡按人口应该

---

① Nancy McHenry Fletcher, *The Separation of Singapore from Malaysia* (Ithaca, NY: Department of Asian Studies, Cornell University, 1969), p.56.

② Fletcher, *The Separation of Singapore from Malaysia* p.7; John Oh, "The Federation of Malaysia: An Experiment in Nation-Building," *American Journal of Economics and Sociology* 26, no.4(October 1976): 426.

③ Mohamed Noordin Sopiee, *From Malayan Union to Singapore Separation* (Kuala Lumpur: University of Malaysia Press, 1974), p.142; Oh, "The Federation of Malaysia," pp.425-437; and Fletcher, *The Separation of Singapore from Malaysia*, p.72.

④ Fletcher, *The Separation of Singapore from Malaysia*, p.5.

获得 25 个席位,但是新加坡人只获得 159 个席位议会中的 15 个。此外,李光耀和东姑阿都拉曼之间还有一个默契,即人民行动党将把活动范围限制在新加坡,减轻它对东姑阿都拉曼政党马来民族统一机构(UMNO)和大陆主要华人政党马华公会(MCA)同盟的潜在威胁。这一协议本质上是因为,即便沙巴和沙捞越参加进来,统一体的人口中华人大约占 42%,马来人大约占 39%。[①] 这些保护马来族人政治主导的机制成功为统一扫清了道路。1962 年 8 月,马来亚同沙巴、沙捞越和新加坡合并,变成了马来西亚。

不过,统一是短暂的;尽管政治交易为联邦扫清了道路,马来西亚仍然被马来族和华人之间力量均势的变化所困扰。东姑阿都拉曼设想了一个"马来人的马来西亚",在其中,尽管有新的人口结构,马来人仍然维持政治主导地位。而李光耀则预想了"马来西亚人的马来西亚",在其中,各方可以公开竞争政治权力。在李光耀 1964 年决定扩大人民行动党的范围到大陆、将其变成一个统一体范围的政党之后,这两种设想之间的紧张程度开始上升了。

这一决定构成了统一体生存的关键转折点;通过威胁马来民族统一机构和马华公会的联盟,以及开启华人联合阵线的前景,李直接挑战了马来族的政治主导地位。就如穆罕默德·索皮(Mohammed Noordin Sopiee)观察到的,"原来就是政治纷争,现在成为危险的社会纷争"[②]。的确,新加坡出现了华人和马来人的暴力事件。但是,比起种族紧张更让人担心的是,通过把人民行动党的范围扩大到大陆,华人族群可能会主导统一体。"对东姑阿都拉曼来说,"弗莱彻(Fletcher)观察到,"这一参与不仅与东姑阿都拉曼认为的李光耀先前的保证相反,在他的眼里,还试图背弃新加坡被接纳进入联邦的宪政安排"。而且,"通过报告人口数字和历史数据,李光耀告诉让马来人惊恐的事实,即华人的数目超过了马来人,公开挑战了马来人要求特殊地位和特殊权利的基础……导致了强烈的担心华人颠覆的

---

① Fletcher, *The Separation of Singapore from Malaysia*, pp.56-57.

② Sopiee, *From Malayan Union to Singapore Separation*, p.193.

情绪”①。

1965 年 8 月，东姑阿都拉曼决定把新加坡从马来西亚中驱逐出去。李光耀别无选择，只能接受被逐出的要求。② 最后，族群分歧、马来亚人和华人权力分配变化的可能性，导致了统一体的终结。就如弗莱彻注意到的，“事实上，新加坡—马来亚争端的所有方面都牵涉到种族纠纷”③。多民族的马来西亚自身并不是问题；统一体内多样性蓬勃发展。相反，统一体的瓦解，是因为新加坡的加入带来了人口结构的冲击，规模可观的华人人口对马来人主导的政治秩序构成了威胁。联邦得益于制度化的克制，以及接受族群多样性的具有包容性的马来西亚认同。但是，在新加坡的华人多数对马来族主导的政治秩序构成威胁的情况下，它就无法继续生存下去。

新加坡从马来西亚的分离是和平发生的。但是，两国边界很快成为一条地缘政治分界线。新加坡很快在此驻扎重兵，防御来自马来西亚和印度尼西亚的威胁。从分裂一直到东南亚国家联盟成长起来之前，新加坡、马来西亚和所在的更广泛的地区都没有迎来持久和平的发端。④

就如表 6.1 所总结的，结论部分的这些案例进一步提供了支持本书核心论点的证据，不可否认的是，本章考察的 10 个统一体案例没有证明，引发持久和平的条件是完全一致的。尽管文化的共同性在所有成功的统一体案例中都存在，制度化克制的因果重要性在这些案例中则不是那么一致。阿联酋的形成和延续缺乏制度化的克制——即便它和易洛魁族邦联类似地得益于协商决策的部族传统。阿联酋的经历再一次证实了尾章的一个关键结论：尽管是一个有利条件，制度化的克制不是持久和平的必要条件；但是，在国内没有接受制度化

① Fletcher, *The Separation of Singapore from Malaysia*, pp.36-37, 62, 57.

② R.S.Milne,“Singapore's Exit from Malaysia: The Consequences of Ambiguity,” *Asian Survey* 6, no.3(March 1966): 182.

③ Fletcher, *The Separation of Singapore from Malaysia*, p.56.也可参见 Stanley Bedlington, *Malaysia and Singapore: The Building of New States* (Ithaca, NY: Cornell University Press, 1978), p.208；以及 Oh,“The Federation of Malaysia,” p.428。

④ 独立后新加坡国防政策的演变，参见 Tim Huxley, *Defending the Lion: The Armed Forces of Singapore* (St.Leonards, New South Wales: Allen & Unwin, 2000)。

克制的国家可以在国家战略行为中实施战略克制。

表 6.1　统一体：总结相关发现

	案例	制度化的克制	相容的社会秩序	文化的共同性
成功案例	瑞士邦联(1291—1848)	有	无*	有
	易洛魁族邦联(1450—1777)	有	有	有
	阿拉伯联合酋长国(1971 年后)	无	有	有
	美国(1789—1861)	有	无*	有
	意大利(1861 年后)	有	有	有
	德国(1871 年后)	有	有	有
失败案例	阿拉伯联合共和国(1958—1961)	无	无	有
	塞内冈比亚邦联(1982—1989)	有	无	有
	美国内战(1861)	有	无	有
	新加坡和马来西亚(1965)	有	无	有

* 参见正文中的补充说明。

表面上，瑞士和美国的案例对相容社会秩序是持久和平必要条件的假设提出了质疑。但是，做出这样的结论是误解了这些历史案例。不可否认，瑞士邦联和美国的确持续超过了十年——本书使用这一标准来界定是否是成功案例——尽管它们的组成各州之间有着深刻的社会分歧。但是，这些社会的不相容性事实上最终导致了统一体的破裂，两国在最终巩固之前都发生了内战。而且，社会秩序影响结果的途径在两个案例中都很相似。当农村和城市地区之间存在大致的政治均势时，统一体能够维系。由于人口和经济的增长，以及不同的增长速度，这些相互竞争的地区之间政治均势被打破，内战和分裂随之而来。统一体最终得以维持，是因为居于少数的社会群体在试图脱离时战败（瑞士邦联中的独立联盟、美国案例中的南方邦联）。两个统一体的最终巩固是由于商业化和工业化带来的社会趋同。从这一角度来看，瑞士和美国的案例最终证实了相容社会秩序是持久和平必要条件的假设。

第七章
交友与择友

本书主要集中于两个问题。其一，国家通过什么样的方法抛开原有的怨恨，避免地缘政治竞争，建设一种不可能发生武装冲突的关系？简而言之，如何化敌为友？其二，持久和平区在什么条件下形成？又在什么条件下失败？简而言之，敌人何时、为何变成朋友？

案例研究为这些问题提供了简明的回答。在通过持久和平的道路上，战略需要导致了这一进程的发端，然后经过四个阶段。在一开始，国家面临着资源不足以应对现存的各种威胁，从而单方面包容、交好一个敌人。然后，相互的克制带来了经常性的合作，抑制了对抗。社会一体化随之而来，在伙伴国家之间建立了个人和制度化的联系。最后阶段需要形成关于友好的新表述，巩固彼此间相容、共同或者相同的认同。发生作用的机制从理性主义过渡到社会性机制；战略交易启动了和解的进程，社会一体化推动了国际社会的发端，而政治话语的变化和新认同的建构最终完成了持久和平的建设。

至于持久和平出现的原因，有三个关键的要素：制度化的克制、相容的社会秩序，以及文化的共同性。制度化的克制有利于——尽管并不是必要的——战略克制的实施，这对于起初实现相互包容来说是关键性的。这种相互的包容使得原有的敌人走上了通往和平的道路。相容的社会秩序确保了政治和经济精英推动而不是妨碍和解，加深彼此的联系，从而促进了社会一体化。文化的共同性帮助相互敌对的双方选定对方作为潜在的伙伴，有助于形成巩固持久和平的共同认同。

最后这一章并不仅仅是总结这些论点，而是想要思考本书发现中那些更让人吃惊的、与我们直觉不一致的方面。这些发现挑战了常识、与学者和政策制定者对于和平原因的一般思考相对立。首先

考察的是有关进程的问题,然后是持久和平发生的条件。本章也探讨了这些理论结论的政策意义。

交　友

本书的主要目标之一,是构筑一个指导国家化敌为友的路线图。通过考察和平发生的进程顺序,本书发现了有关国家如何避免地缘政治对抗、建设国际社会的下列见解。

包容和相互的克制

实施战略克制是建设持久和平过程中的一个关键要素。当国家开始自我约束和共同约束时,即便是它们在领土、财富以及军事能力方面很不平衡,这些因素也不会阻碍和解和国际社会的形成。瑞典在物质条件方面远超挪威,但是1905年和平的发生伴随着瑞典的自由民主化和战略克制的实施。阿布扎比是阿联酋中远超其他成员的最大和最富裕的酋长国,但它愿意克制使用自己的实力,重新分配它的财富,以及向较小的酋长国分享政治影响力,这些举措扫清了持久统一的障碍。伦敦安抚华盛顿的做法,在许多引人关注的争端上带来了相互的包容,从而使得两国之间出现了和平。相反,持久和平区的消亡与战略克制的缺失相联系。在纳赛尔表明他只愿意给予精英们很少的政治权利——如果有的话——之后,叙利亚退出阿拉伯联合共和国。海湾合作委员会一直受困于力量不对称的问题,担心沙特相对于其他小国的霸权。1848年革命激发了民族主义热情之后,"欧洲协调"瓦解了,促使英国和法国利用这一机会来追求单边的利益,而不是谨慎地予以回避。

包容和相互克制的政治作用远远超过了有关合作累积效应的传统论述。在持久和平发端的早期阶段,一种自由主义的政治框架的确能够充分掌握零零散散的交易和信号行为在多大程度上改变了战略考量和增加了透明度。但在此以后,这一进程具有更大的塑造能力。通过相互做出代价不菲的让步、实施明确的包容举措,双方开始赋予对方以友善的动机,为相互赋予良善的特征扫清了道路。从几个方面来说,这都是关键的转折点。国家不再是带着怀疑和竞争的

心理进行交易；的确，双方都开始假设对方的意图不是恶意的。国际社会开始成形，即使仍然“单薄”。现实主义者和自由主义者共同假设的妨碍合作的不确定性仍然存在，但是相互的信心和信任最小化了不确定性对加深伙伴关系的阻碍。战略上的不确定性或许不能减少，但是当持久和平开始具备理所当然的性质时，它就不再重要了。

争端解决和权力制衡机制的建立，有助于制度化自我约束和共同约束的实践。和平相处的伙伴之间建立了多种遏制分歧的程序，防止地缘政治竞争的重新回归。“欧洲协调”把观点相左的成员聚到一起，通过说服以及可能被孤立的威胁，重建了共识。当短时间内达不成共识时，持不同意见的成员选择退出联合行动，但是不会阻碍它。在易洛魁族邦联中，与多数意见不一致的部落不向大议会(Grand Council)派出酋长，以避免可能引发的争端。在瑞士邦联中，特定的州被任命为仲裁者，没有卷入某个既有争端中的州会把不和的各方聚到一起，以指导它们回到共识基础上来。东盟、阿拉伯联合酋长国以及易洛魁人使搁置实践制度化，有争议的问题先放一放，直到达成共识——或者干脆放弃。

尽管这些案例的地理和时间条件多种多样，在促成持久和平区成形的权力制衡机制的性质方面，它们表现出十分显著的相似性。各方都接受了分散权力的决策规则和其他设计，以减轻物质力量不对称的后果。在一些案例中，小国获得了不成比例的影响力，以减少它们对于大国伙伴主导地位的担心。在“欧洲协调”时期，英国和俄国提升了奥地利和普鲁士的政治影响力，欢迎战败的法国加入这一俱乐部。在塞内冈比亚议会中，冈比亚获得了超过其人口比例的席位数量。在其他案例中，实力和人口的不对称被决策程序中法定的平等原则所抵消。美国参议院的组成规定确保准备进入联邦的各州都拥有平等的席位——不管其规模大小如何。在瑞士邦联的长期演进中，人口稀少的农村各州在联邦议会中拥有与人口稠密的城市各州同样的投票权。五个易洛魁族部落虽然人口多少不同，派往奥内达加的代表团规模不等，它们在大议会中都只有一个投票权。

治理机构设在哪里，这也是常常有所选择——或者在不同城市间轮流——以减轻权力过分集中在一个成员国手中的担心。欧共体在多个地点设有治理机构，避开了最强大的几个成员的首都。美国

邦联政府坐落于哥伦比亚特区，以缓和部门对抗（sectional rivalry），照顾商业和农业部门的利益。瑞士邦联存在多个首都，随着时间的推移而巡回流动，以应对城市/农村和新教/天主教的分歧所带来的挑战。随着意大利统一进程的推进，首都从都灵搬到佛罗伦萨，再搬到罗马，以减轻对皮埃蒙特地区霸权的担心，并利用罗马的帝国血统所具有的感染力来促进国家的统一。纳赛尔提出将阿拉伯联合共和国的首都根据季节变化分别设在开罗和大马士革——但是这一计划提出之时，叙利亚的精英们已经对埃及在统一体内的政治主导地位失去了耐心。当纳赛尔认识到首都不固定的潜在好处时，已经太晚了。

实施自我约束和共同约束对于持久和平的发端来说是关键性的，同时，实力的运用也一样重要。的确，持久和平区常常围绕着力量核心出现。从这一角度来看，国际社会的演进，是压倒性国家（或者超国家权威）在实力的运用和克制方面成功达到一个均衡的结果。

东南亚和南美地区持久和平的发端有赖于印度尼西亚和巴西的领导；这些主导国家引领各自所在的地区迈向合作实践和共同规范。但是，基本的转折点还包括双方都愿意从冲突性的外交政策后退，克制使用自己的实力以安抚对方。有领头雁，再加上战略克制的实施，两者共同促进了地区和平。意大利和德国的统一分别有赖于皮埃蒙特和普鲁士的压倒性力量和领导作用。但是，宪政克制对于保护小伙伴们免于皮埃蒙特和普鲁士可能的压迫具有同样重要的意义。1848 年革命后，皮埃蒙特和普鲁士都制定了宪法，意大利和德国的统一进程得以大大加速，这绝非偶然。阿拉伯联合酋长国的形成依靠阿布扎比的领导，但是如果没有占主导地位的酋长国愿意克制自己、同小邻居们分享财富，统一有可能就会失败。

类似的逻辑也出现在由超国家权威而不是主导国家支撑的持久和平区上。从瑞士邦联的发端开始，它的议会在保留各州传统自主性的同时，努力集中足够的权威来提供秩序。对于美国来说，联邦机构为了提供有效的治理，需要集中足够的权力，但是不能集中到让各州担心出现暴政的程度，以至于它们选择不参与统一。从欧洲煤钢共同体的建立到欧盟最近的制度改革，欧洲当局一直小心地在法德联盟和布鲁塞尔欧盟集体机构的权力与各国政府的政治权力之间寻求平衡。

统一体如何对军事力量实施政治控制，表明了在统一机构和组成国家的权力之间达成平衡的重要性。作为自主和安全的最后阵地，对武力使用的控制常常是移交给集体权威的最后权限。① 即使在1848年建立统一的瑞士之后，各州在长时间内仍然保留自己的民兵。易洛魁部落的武士们有时协调他们的行动，但从未在邦联的集体控制之下。阿拉伯联合酋长国从一开始就建立了全国性的陆军，但是大概20年后才对各酋长国的武装力量实现了有效的集中控制。在刚统一后的数十年中，美国和德国的州忠实地捍卫各自民兵的独立性。欧盟还没有建立共同的外交和安全政策，因此它的成员国到目前为止仍然拒绝接受全欧盟范围的防务计划和程序，继续保持本国的武装力量。这些安排是国际社会领域的标志——处于国际政治的无政府状态和统一国家、单一主权之间的中间状态。

这些发现有几个方面的政策意义。首先，这一研究含蓄地否定了新保守主义的一个核心原则。至少就像（小）布什当局在第一任期里所理解的，新保守主义流派坚持认为，压倒性的实力，加上不可阻挡的决心，构成了等级制和国际体系秩序的关键要素。本书考察的这些案例得出了相反的结论——任意地使用实力会引发制衡、损害基于规则的秩序。相反，战略克制的实施培育和支撑了国际社会。持久和平需要相互的安抚和尊重，而不是相互的怀疑和愤怒。和平区的确围绕着力量中心出现，但只有在这些中心克制自己的实力使用、通过实施克制证明自己的善意后，和平区才会出现。更为普遍的是，国际体系中力量集聚的意义依赖于压倒性的国家如何运用它们的力量，而不仅仅是实力自身的分布。结构很重要，但国家战略也很重要。

其次，这些案例证明，代价不菲、清晰明确的让步在扫清和解的道路、开启通向持久和平的后续进程上发挥着中心作用。重大的让

① 案例研究提供了一些值得注意的、不符合这一模式的例外情况。塞内冈比亚邦联一开始创立了一体化的军事部队。这一例外很大程度上是因为冈比亚在邦联建立之前根本没有常备军。阿拉伯联合共和国成立后不久就建立了统一的司令部，许多埃及军官被派到叙利亚的“第一军”中服役。但是，武装部队的快速合并导致了适得其反的效果，是叙利亚拒绝埃及统治的一个重要根源。

步——而非做姿态——必不可少,因为它们是表达善意的必要信号。美国近来同印度的核交易提供了一个很好的例子。在进行条约谈判时,美国做出了重大的让步,在长期以来的核不扩散政策上妥协了——这首要是为了交好印度,同它建立战略伙伴关系。印度国内在是否采取包容战略问题上的政治复杂性起初阻碍了新德里接受这一交易;共产党反对这一条约正是由于它标志着同美国的伙伴关系。但是,国内政治力量之间联盟关系的变化,最终使得印度能够接受华盛顿的示好,开启了通向和解的大门以及美国和印度关系迅速改善的前景。

这样的开局让棋给双方关系的发展注入了重大的潜力。华盛顿可能实现同伊朗关系的完全正常化,其回报则是德黑兰愿意终止它的核计划以及停止对伊斯兰极端主义势力的支持。作为压倒性的一方,美国处于首先采取和解步骤的最佳位置。崛起的中国并不注定要和美国发生冲突;相互的包容支撑了推动实力和平转移的希望。美国可以为中国作为一个大国的出现让步,而不是试图阻拦,这样反过来让北京愿意实施相互的克制,帮助建立能够稳定同美国关系的规范和规则,加强东北亚地区新生的安全共同体。[①] 土耳其和希腊如果能够抓住“地震外交”提供的开局,抛开长期的怨恨做出重大让步,那么它们就是明智的。但相反,它们让和解陷入停滞,放纵自己的怨恨继续加深相互的猜忌。重大的包容举措很可能没有回馈——因此也就无法开启通向持久和平的大门。但是,它们是把充满怀疑和敌意的关系转变为相互信任和充满信心的关系的必要起点。

再次,这些案例说明了有计划的而非暂时的战略克制的重要性;当一个或者更多的成员放弃相互克制的时候,持久和平区就有可能瓦解。英国和法国在 1848 年革命的推动下,开始从拿破仑战争后各成员所接受的自我约束和共同约束实践中后退,“欧洲协调”就瓦解了。英国在 20 世纪 20 年代早期决定放弃同日本的结盟,废除了条约提供的互惠和相互安抚的规范,可以认为,这使得日本走上了一条单边主义的路线,最终同西方国家发生了毁灭性的冲突。

---

① 支持遏制和阻碍中国崛起的观点,参见 John J. Mearsheimer, *The Tragedy of Great Power Politics* (New York: Norton, 2001), chap.10。

这些历史教训突出了2001年“9·11”攻击后美国偏离克制和多边参与实践的风险。尤其是美国在欧洲的关键盟国中，精英和大众都开始认为华盛顿违反了二战后建立的有克制力和有义务遵守的契约。[①] 这种认知极大地恶化了美国同世界其他各国的关系，尤其是同欧洲盟友的关系。如果不加以关注的话，更加单边主义的美国外交政策路线将有可能使大西洋民主国家建立的和平区面临风险。的确，小布什政府第二任期更为多边主义的倾向，以及奥巴马总统实施的路线纠正，已经表明华盛顿认识到了这种危险。

当国家放弃战略克制时，它们在伙伴的眼中就不再是良善的国家；即便政体类型没有发生变化，国家的行为也可以改变对它们意图和动机的认知。2003年伊拉克战争结束后的舆论调查揭示，世界各地的公众——即使是在大西洋和平区的成员国内——不支持美国的单边主义和“反恐战争”，这一战争促使他们质疑美国实力的目标。[②] 美国的压倒性力量开始失去吸引或者团结其他国家的能力，反而重新唤醒了制衡行为。的确，学者们认为，在布什的任期内，针对美国的“软制衡”已经出现。[③] 世界各国不再把美国看作是一个良善的国家，美国的力量开始在国际体系内产生离心力而不是向心力。大西洋和平区面临着前所未有的紧张关系。德国和法国带头指责、阻碍对伊拉克的入侵，在有关战争与和平的基本问题上与美国分道扬镳。俄罗斯在北约扩大、科索沃独立、导弹防御以及许多其他问题上与美国发生冲突，实际上挑战了美国领导的西方秩序的基础。

对于华盛顿放弃实施战略克制，国内的反应加剧了国际反应的

---

① 在2007年7月的一个民意调查中，89%的法国人和74%的英国人相信美国在规划外交政策时没有考虑其他国家的利益。参见 Pew Global Attitudes Project，“Global Unease with Major World Powers，” available at http://pewglobal.org/reports/pdf/256.pdf，p.20。

② Pew Global Attitudes Project，“Global Unease with Major World Powers，” available at http://pewglobal.org/reports/pdf/256.pdf，pp.20-23.

③ 有关软制衡的讨论参见 Robert A.Pape，“Soft Balancing against the United States，” *International Security* 30，no.1(2005)；T.V.Paul，“Soft Balancing in the Age of U.S.Primacy，” *International Security* 30，no.1(2005)；Stephen G.Brooks and William C.Wohlforth，“Hard Times for Soft Balancing，” *International* Security 30，no.1(2005)；and Keir Lieber and Gerard Alexander，“Waiting for Balancing：Why the World Is Not Pushing Back，” *International Security* 30，no.1(2005)。

严重性——这与本研究中考察的历史案例在一定程度上是一致的。当国家从战略克制的实施中后退时,这使得伙伴国家的精英暴露在国内的冲击之下——羞辱的政治——促使他们放弃合作性的政策,或者反对包容战略的强硬派上台。在克里米亚战争爆发前,英国和法国放弃了战略克制。尽管俄罗斯做出连续的让步,避免同"欧洲协调"的伙伴国发生冲突,但是它的举措没有得到回报。这一动态让沙皇政府感到尴尬,最终加强了俄罗斯对抗英国和法国的意愿。塞内加尔耐心等待冈比亚遵守它建立共同市场的保证;冈比亚政府没能这么做,这反过来导致了塞内加尔国内的反冲,促使迪乌夫(Diouf)总统决定退出联邦。

类似的事态出现在当前的俄罗斯。从莫斯科的角度来看,俄罗斯连续数年向西方做出一系列的让步,包括容忍北约的扩大、对"周边"的民主革命保持克制以及便利美国向中亚和阿富汗的战略挺进。但是,最近以来,俄罗斯偏离了战略克制的道路——最显著的例子是向格鲁吉亚派遣军队,承认阿伯卡茨和南奥塞梯的独立。俄罗斯人——精英和大众都——表达了被羞辱和愤怒的感觉,这种感觉来自于他们认为西方是在利用俄罗斯的包容立场。结果,莫斯科采取了更加进取和民族主义的外交政策。奥巴马呼吁"重塑"两国关系,愿意在诸如军备控制、导弹防御等问题上做出妥协,这能否成功地帮助包容的政治在莫斯科胜出、为相互克制扫清道路,仍然有待观察。

最后一个有关战略克制和持久和平之间联系的政策见解,是关于克制的时机和形式。尽管勇敢和代价不菲的包容举措对于开启和解进程来说往往是必要的,国家并不自然就会克制自己的实力使用——即使是国内结构制度化了政治克制的国家。基于现实主义者发现的那些原因,国家一般只会缓慢、小心地放松自己的戒备。相应地,当战略克制是渐进、非正式地付诸实施,而不是从一开始就通过雄心勃勃和正式的机制实施,可能更具有吸引力。事实上在本书考察的所有案例中,持久和平的发端——尤其是权力制衡机制的制度化——是逐步进行的,有关各方能够相应调整它们的国家战略和国内基础。"欧洲协调"、欧共体、东盟、瑞士邦联、易洛魁族邦联、阿拉伯联合酋长国以及美国——这些以及其他的和平区都开始于松散的安排和非正式的谅解。如果这些群体一开始就追求更大的集中和正

式程度,它们可能已经流产了,其成员会远离对它们自主性的不可接受的侵蚀。的确,突然建立、从一开始就希望高度集中的统一体往往以失败而告终,就像阿拉伯联合共和国的瓦解以及塞内冈比亚的解体所证明的。

对今天来说,这些教训足够清楚——在维持和扩大持久和平方面,目标低一些可能更好。借用富兰克林·罗斯福总统的领导智慧,建设和平需要"有用的最少数",而非"不可能的最多数"。[①] 没有苏联威胁带来的团结之后,大西洋和平区及其首要机构——北约——已经变得难以驾驭,表明决策中需要更大的灵活性。北约当前对全体一致的依赖可能造成门槛太高,就像阿富汗战争所表明的,只有少数联盟成员准备承担高强度战斗的风险。而且,今天的大西洋民主国家对战略有限顺序没有共识,例如,它们对于国际恐怖主义的性质以及反恐的最佳方式意见不一。简而言之,它们现在在威胁认知和能力上的差异远比过去大得多。[②] 的确,对俄罗斯 2008 年夏天在格鲁吉亚的军事行动应该采取多么严厉的回应,以及是否应该启动格鲁吉亚和乌克兰加入北约进程的问题,美国和它的欧洲伙伴意见出现分歧。相应地,重塑一种更宽松和不那么正式的伙伴关系,比起忠于可能难以实现、雄心勃勃的预期,将会更有助于维持大西洋和平区。[③] 就如"欧洲协调"和易洛魁族邦联的瓦解所揭示的,除非得到了有效的管控,威胁认知和战略利益的差异有可能会导致持久和平的瓦解。

同样的逻辑也适用于其他地方的和平区——不管是处于建立前的谋划之中,还是已经开启了其演进历程。东盟的茁壮成长很大程度上是由于它通过非正式的方式达成共识。如果东北亚地区要出现一种合作性的安全架构的话,它也可能会建立在"东盟方式"的非正式基础上。中东、非洲和拉美地区同样如此,持久和平区在这些地方

---

① 戴维斯(Forrest Davis)在采访罗斯福总统后如此描述总统的思想。参见"What Really Happened at Tehran," *Saturday Evening Post*, May 20, 1944, p.44。

② 参见 Charles A.Kupchan,"NATO Divided," *International Herald Tribune*, April 10, 2008。

③ 参见 Charles A.Kupchan,"The Fourth Age: The Next Era in Transatlantic Relations," *National Interest*, no.85(September/October 2006)。

的存在仍然停留在非常初级的阶段。在全球层面上也是如此。临时组建的集团——而不是更加正式的联合国安理会——是大国合作的最有效工具。巴尔干联络小组、中东问题四方机制、朝鲜问题的六方会谈以及处理伊朗核计划的欧盟三国加美国团队——这些集团已经成为当代外交的常见产物。不管是在地区层面还是全球层面,通过非正式的方式达成共识、实施相互克制,最有希望推进和平的事业。如果成功的话,这些方式随着时间的推移,进而会扫清持久和平正式化和制度化的障碍。

社会一体化和认同变革

本书最引人关注的发现之一是,经济一体化在持久和平初期并不具有重要的因果意义。许多关于政治一体化的现有文献强调经济相互依赖的有益作用,与此相反,本书所考察的案例表明,商业联系和持久和平的起初步骤之间没有因果关系。这一发现否定了多伊奇、博尔丁、洛克等人的研究,后者对于和解、安全共同体和统一体主要给出了一种互动性(transactional)的说明。[①] 在本书考察的20个案例中,只有在德国统一的案例中,经济一体化为扫清和解和政治一体化的障碍发挥了重要作用。即使是在德国案例中,领导人很明显将经济工具用于政治目的——以获得中产阶级的支持、推动德国的统一事业。在其他所有案例中,单方面的包容和相互克制的实践都先于经济一体化。而且,地缘政治的考虑而非经济诱因是推动和解的首要因素。

在后面的阶段中,经济一体化的确推动了持久和平的进程,社会联系巩固了和解,促进了合作与信任。从经济开放、投资贸易增加中获益的公司成为重要的次国家行为体,呼吁推进商业和政治联系。当参与巩固持久和平进程的行为体从政治精英扩大到经济精英,以及更广泛的大众时,国际社会就"充实"起来了。但是,重要之处在于,政治而非经济是指挥棒。只有在政治精英们成功地摆脱地缘政

① 有关国际贸易对于国际安全和运用武力的影响的进一步讨论参见 Edward D.Mansfeld and Brian Pollins, eds., *Economic Interdependence and In ternational Conf ict: New Perspectives on an Enduring Debate* (Ann Arbor: University of Michi-gan Press, 2003)。

治对抗之后，经济一体化才能变成有助于推进持久和平事业的重要机制；商业相互依赖本身并不能驱动这一进程向前。在面临政治离心力的时候，商业相互依赖自身也不能维持持久和平。政治决定常常压倒经济考虑，相互依赖带来的好处受到冷遇。例如，当毛泽东和赫鲁晓夫在意识形态方面分道扬镳之后，中苏的交流和商业关系也以显著的速度中断了。

尽管经济一体化在巩固和解、安全共同体和统一体方面经常发挥作用，同样属实的是，经济因素常常是持久和平的重大障碍。如果伙伴国家社会秩序不相容，一体化可能会损害经济精英的利益，通向持久和平的道路就常常被阻碍。阿拉伯联合共和国以及塞内冈比亚邦联的消亡可以直接归因于统一给叙利亚和冈比亚经济带来的威胁。德国统一的进程发生得很缓慢，贯穿了19世纪的多个时期，很大程度上是因为南方的农业州抵制经济一体化将会带来的商业化。同样，19世纪60年代的美国陷入了南北方社会和经济不相容性不断增长的困境。从这个角度来说，在持久和平的方面，经济考虑的消极作用比积极作用更加显著。在消极的方面，经济的障碍可能会妨碍持久和平生根发芽——即使已经存在政治上的开放性。从积极的角度来说，经济诱因可以帮助和支持持久和平的进程——但是在没有政治开放的前提下，它们没有足够的能力带来持久和平。

重要的政策考量随之而来。当处理长期的对抗时，政府、国际机构和私营部门不应该再在这样一种幻想上浪费精力，即仅仅通过促进经济相互依赖就可以带来政治和解。中国和日本的贸易投资在接下来的年份中可能继续增长，但这样的流动对于它们的双边关系没有什么作用，除非中日两国在地缘政治事务上同时进行包容和相互的克制。国际社会可以鼓励以色列和巴勒斯坦当局之间、科索沃和塞尔维亚之间、印度和巴基斯坦之间的贸易。但是只有在有关各方政治包容的背景下，这样的贸易才会产生重要的政治收益。

类似的逻辑也可以运用在持久和平区的维持上。跨大西洋贸易和商业关系在接下来的年份中还将维持继续增长的势头。但是，只有经济相互依赖并不能确保大西洋和平区的持续。就如各国围绕着2003年美国入侵伊拉克的不和所证明的，安全问题上的分歧能够损害到政治联系的性质，即便存在强劲的贸易和金融流动。而且，全球

和经济一体化绝不应该仅仅被视为跨大西洋凝聚力和相互依赖的来源。由于传统的福利国家面临着全球竞争的威胁，经济民族主义正在欧盟兴起。在美国，金融的混乱、外包、去工业化以及不断增长的收入差距，一直在削弱美国人对全球化和自由贸易的热情。保护主义的天性可能是大西洋共同体内新的、强大的张力来源。毕竟，使20世纪30年代西方国家合作陷入瘫痪的"人人为自己"的态度就开始于大萧条中出现的关税和经济民族主义。而且，本书的几个案例——例如中苏伙伴关系的瓦解和美国内战——都清楚表明，经济关系的疏离可能是地缘政治对抗的前兆。

至于新表述的形成和认同的变化，本书的分析强调了政治话语在因果关系中的重要性。语言和符号很重要，尤其是当政府官员和舆论领袖使用它们作为政策工具时。与政治领导人一样，经济利益集团、媒体和文化渠道都使用（deploy）有关伙伴国家的新表述，有能力改变双方社会持有的对彼此的深层认同。所引发的认同变化在持久和平区的巩固上发挥了重要作用——在持久和平区的瓦解上也是如此。

从独立战争到19世纪90年代中期，大不列颠一直是美国的首要敌人。到20世纪初，两国社会都开始认为，英美开战相当于手足相残。英国对美国的让步以及随后实施的相互克制，为和解扫清了道路。但是，使得两国认同相容、巩固持久和平以及为延续至今的战略伙伴关系奠定根基的，是在大西洋的双方都出现的新话语——宣扬诸如"共同的盎格鲁-撒克逊种族""英美大家庭"这样的观念。类似地，"欧洲协调"产生于零零散散的战略交易以及精英们对于一系列秩序规范的共识。但是，它的持续和长寿也是政治话语所带来的共同体感的结果。在涉及欧洲时，常常使用"单一的实体""亲密的联盟"以及"基督教兄弟"这样的话语，帮助巩固了共同的欧洲认同。叙述和认同变革的重要性在统一体的案例中表现得甚至更为显著——阿拉伯联合酋长国、德国和美国——在这些案例中，相同认同的出现对于合法化和加强超（原本独立的）各州治理制度的权威起到了关键作用。

话语变化发挥破坏性作用与发挥建设性作用的可能性一样大。中苏伙伴关系的消亡，是由于意识形态争端引发的。继而是相互的

言辞指责，这使得赫鲁晓夫和毛泽东的不和外溢到公众领域。撤走顾问、中断合作使得两国边界的军事化以及地缘政治对抗回归成为必然，最终结果也是这样。美国内战的发端是由于双方用语的显著升级所促成的，北方人和南方人都使用了敌对的话语。南方最终试图建立它自己的国家身份感，以自己国旗和民族知识（national lore）为标志的政治和文化独立。塞内冈比亚邦联没有陷入类似的敌对话语困境，但是它的确受害于没有团结一致的话语。塞内加尔和冈比亚的精英都没有共同努力来建构一种相同的认同。由于缺乏社会一体化，以及双方的舆论领袖没有能流布一种共同体的话语，统一体事实上退化了。当机会来临时，达喀尔和班珠尔都选择了脱离。

因此，今天的政治领导人和舆论领袖应该以比以往更加严肃认真的态度来对待话语和认同的问题。电视新闻频道的增加，以及电子技术导致的信息革命，加强了政府和媒体塑造公众态度的能力。这些影响力被过于频繁地用来影响名望或者市场份额的短期收益——而缺乏有关话语对于国家战略行为潜在作用的适当思考。而且，总统演讲与其他形式的公开宣传，即使是着眼于国内选民，现在则面向全球的观众。相应地，在政治领导人试图塑造公众态度的时候，他们需要仔细衡量其在国内和国外可能产生的影响。

在现存的和平区中，精英们应该确保政治话语表达需要继续团结和加深共同认同。例如，欧洲一体化的计划不再像以前那样激荡各国政治和政治话语，这是令人忧虑的。的确，欧洲的精英们不再把欧盟描述成确保和平与繁荣的根本载体，而是经常性地贬低它。批评家指责说，一体化削弱了民主问责制（democratic accountability），威胁到福利国家，造成经济威胁以及给成员国带来大量的移民。政治话语的重新国家化随之而来，削弱了欧盟的前进动力。精英和大众对于全球化、扩大以及移民的抵制，意味着欧洲一体化可能已经到了顶点。如果欧盟的集体机构和集体认同强劲到足以排除后退和解体可能性的话，这一前景可能会令人安心一些。但是历史的教训——美国内战、阿拉伯联合共和国的瓦解、“欧洲协调”的解体以及南斯拉夫的分裂——这些以及其他许多案例都提醒我们对欧盟的可持续性不要抱着自满的态度。

相应地，致力改善欧洲集体机构的效能以及合法化这些制度所

需的共性认知,仍然是十分迫切的任务。成员国必须授予欧盟机构足够的权威来实现有效治理,同时避免引发反对统一体的过度集中。欧盟也必须采取能够证明它对于公民生活重要性的政策,尤其是在经济领域。这些任务不仅需要改革制度和政策,也需要重新强调团结一致,以及欧盟对于欧洲安全和繁荣具体贡献的政治话语。

大西洋和平区也面临同样的问题。正如近来跨大西洋的紧张关系所表明的,美国和欧盟的伙伴关系并不是可以想当然的。大西洋两岸的代际变化使得在大西洋民主国家间维持国际社会的任务变得更加复杂。对于二战后的一代来说,大西洋团结一致是不容置疑的信条。然后,年轻一代的欧洲人和美国人正在取代他们,对新的一代来说,大西洋双方的联系远远没有那么重要。移民的模式给大西洋共同体带来了新的挑战。文化上的相似性促进了盎格鲁-美利坚和解以及大西洋和平区的发端;在美国历史上的许多时期里,大多数美国人来自欧洲。移民的流动正在迅速改变这些祖传的联系。到21世纪中期,源于欧洲的美国人数量将会不足美国人口的一半,主要被与拉丁美洲有着家庭纽带的公民所取代。这一变化将促进西半球的持久和平事业,但可能以牺牲大西洋的团结为代价。同时,欧洲的人口越来越多样化,大量的移民从非洲和中东涌入。这一变化也将推动地中海地区的持久和平事业,但又可能以牺牲跨大西洋纽带为代价。

这些人口统计的变化不一定危及大西洋和平区,但是它们的确表明维持和平区的任务变得更加艰难。领导人可能想通过聚焦共同价值观和利益的话语来抵消人口的多元化,而不是基于共同的祖先和历史。至少,他们需要避免由于伊拉克战争引起的不和而带来的激烈言辞。在这场战争中,欧洲人和美国人都把对方描绘为敌人。如果任其泛滥的话,反对和对抗的话语有可能成为自我实现的预言。欧洲人热烈欢迎奥巴马总统及其重建大西洋伙伴关系的努力,这为化解围绕着入侵和占领伊拉克所导致的怨恨提供了一剂良药——就如法国总统萨科齐和德国总理默克尔都具有亲美倾向。

就像在那些已经成功摆脱地缘政治竞争的国家之间那样,话语在敌对者之间也发挥着重要作用。伊朗和美国短期内不太可能找到相互包容的办法。但是华盛顿把伊朗标为“邪恶轴心”一部分的做法,以及德黑兰把美国标为“大撒旦”、把以色列标为“发臭的死尸”的

做法，使得双方都特别难以冒着风险采取包容的勇敢举措，而这正是从对抗转向相互克制所需要的。类似地，美国领导人警告中国的威胁迫在眉睫，以及中国领导人谴责美国过分使用自己的实力，这可能都是政治上的权宜之计。但是，这些言辞有可能会妨碍中国的和平崛起。

类似地，区域性的对抗也可以从改变敌对话语的努力中获益。例如，在东亚，围绕着日本是否为它在二战中的行为承担足够责任，以及相应地围绕着它的历史教科书的修改，展开了持续的争论。这些争论不仅具有重要的象征意义。通过维持中国人、日本人和韩国人之间的敌对表述，这些问题构成了东北亚和解的重大阻碍。中东地区的教科书和媒体报道也极端化了公众的态度，阻碍了巴以冲突的解决。在所有这些案例中，根深蒂固的敌对话语创造了阻碍战略克制实施的国内障碍，使得领导人在采取有可能推进和解的包容政策时处于特别困难的境地。

择　友

本书的另一个主要目标是发现促成持久和平的因果条件。对这一问题的探讨提供了有关持久和平在何时何地最有可能出现、哪些因素有利于其持久存在的洞见。本书考察的20个案例表明，制度化的克制是持久和平的一个有利条件，但不是必要条件。在12个持久和平的成功案例中，制度化克制缺失的有4个——和解初期的巴西和阿根廷、"欧洲协调"、东盟以及阿拉伯联合酋长国。[①] 相反，相容的社会秩序和文化的共同性看来是持久和平的必要条件。它们在12个成功案例中都存在。[②] 除了海湾合作委员会，在6个失败案例中，这两个条件要么缺少一个，要么都没有。不相容的社会秩序看来是阻碍持久和平的最为明显和频繁的障碍，在除了海湾合作委员会之外的其他所有失败案例中都扮演了重要角色。这些发现带来了如下的政策结论。

---

① 就如第4章后讨论的，巴西与阿根廷的和解始于两国都是军政府的时期人，但其巩固是在两国民主化之后。

② 参见结论中有关瑞士和美国案例的补充之前章节的论述。

制度化的克制

通过证明许多不同类型的政权，包括专制政权，有能力打造持久和平区，本书为政体类型和持久和平之间的关系提供了一个有争议的视角。尽管自由民主制度是一个有利因素，但它并不是化敌为友的必要条件。制度化的克制是对最有利于塑造持久和平区的政体类型的一种更为包容和准确的分类。而且，案例研究清楚表明，制度化的克制可以采取许多不同的形式。在一些案例——包括英美和解和美国、德国以及意大利的统一——之中，伙伴国家（州）内以及它们之间的宪政是制度化克制的主要工具。在其他案例——诸如阿拉伯联合酋长国和易洛魁族邦联——之中，分享权力和协商一致决策的部族传统是最重要的。部落内所实践的克制传统被运用于彼此之间。在东盟的案例中，源于乡村的社会规范强调协商和深思熟虑，为国家间层面的克制和共识决策提供了重要的基础，也为安全共同体的建立打下了基础。

案例研究也表明存在重要的例外——即使在国内不存在政治克制，国家在对外关系中也可能实施战略克制。“欧洲协调”运作有效，尽管它包含了三个绝对君主制国家——奥地利、普鲁士和俄罗斯。诚然，“欧洲协调”的运作得益于反法联盟中出现的合作规范。但是，尽管存在三个坚定拒绝对君主统治施加宪政限制的成员，不同的政体类型都实施了战略克制。苏联和中国都是专制政权统治，却在20世纪50年代建设了一种非常紧密的伙伴关系。印度尼西亚和马来西亚、巴西和阿根廷在和解开始的时候都不是宪政国家。在开启持久和平道路时，巴西和印度尼西亚都是由军政府控制。政策的彻底转变不是因为对政治权力的制度化限制，而是因为国内情势紧急。应对印度尼西亚国内的经济恶化以及遏制巴西国内安全机构的权力增长——这些是引发政策急剧转变的紧迫挑战。不可否认的是，自由化改革的推进有助于巩固巴西和阿根廷的持久和平。但是，即便苏哈托政权在国内事实上仍然不受制约的时候，东盟就已经形成并得到加强。

同样属实的是，尽管依据第二章所阐明的理由，民主促进了持久和平的发端，它很难说是持久和平的充分条件——甚至可能起到妨

碍作用。1848年革命之后，“欧洲协调”拥有了更多的民主国家，英国和法国。在大众民族主义(popular nationalism)要求颠覆现状的推动下，最终引发了克里米亚战争。在19世纪90年代，伦敦安抚华盛顿的决定部分是由于认识到美国公众和国会对战争的狂热。美国的民主制度是造成忧虑的源头，而不是让人安心的根源。20世纪20年代，当英国退出英日同盟时，它是一个民主国家——推动英国这么做的，是英国以及它民主的盎格鲁-撒克逊盟国的反日种族主义。当新加坡试图接受民主规范，而这一规范将改变马来族群和华人族群之间的力量均衡之时，新加坡和马来西亚的统一就结束了。

民主结构和持久和平之间关系的多样化表明，在分析和平的根源时，外交政策行为——尤其是战略克制的实施——是比政体类型本身更为重要的变量。因此，国家是否愿意参与相互的克制行动，比起对政体特征进行更加形式化的区分，是衡量潜在和平伙伴的更好标志。这一发现与学者和政策制定者惯常的看法不同。后者认为美国和其他自由民主国家在选择国际伙伴时需要重视政体类型。制度化的克制是衡量什么类型的国家最有能力打造持久和平区的可靠标志，但是案例研究表明，即便是在国内没有接受制衡的政权，它们在国际上也可能这么做。

这一发现表明，在试图打造稳定的国际秩序时，美国和其他民主国家按照政体类型分类的做法，是不必要，也不明智的。从这个角度看，近来建立民主国家联盟或者把北约转变为全球民主国家联盟的计划没有什么战略意义。[①] 美国不应该犯这样的错误，即把很可能已经准备好实施战略克制、帮助治理国际体系的非民主国家从合作制度中排除出去。那样做不仅会错失合作的机会，也会阻碍非民主国家继续对相互包容和相互让步——这是推进和解和有计划合作的关键步骤——保持开放心态，从而使得合作更加不可能。

从这一角度来看，在扩大和平方面，大国协调是比民主国家协调

① 有关支持建立民主国家联盟动议的文献出处，参见第3页注释①。对这一提议的批评，参见Charles A.Kupchan, “Minor League, Major Problems: The Case Against a League of Democracies,” *Foreign Affairs* 87, no.6(November/December 2008)。关于将北约变为一个全球联盟，参见Ivo Daalder and James Goldgeier, “Global NATO,” *Foreign Affairs* 85, no.5(September/October 2006)。

更好的方式。而且,敦促大国加速其民主化的步伐,对于促进大国和平的事业来说可能弊大于利。至少在可见的将来,俄罗斯和中国的政治稳定可能会使它们成为更加强有力的伙伴,好过迅速的民主化变革所带来的国内动荡和民族主义。此外,就如前面一节所详述的,如果美国断言它同中国和俄罗斯的伙伴关系是基于它们民主化的意愿,受到威胁的精英群体很可能会试图以阻碍战略合作的方式进行回应。

社会秩序

社会秩序是否相容被证明是比政体类型可靠得多的持久和平指示标。各案例一致表明,社会秩序的相容性是持久和平发端的许可条件,而不相容则是一个重大的障碍。社会分歧从几个方面证明了其作用。在挪威和瑞典的案例中,阻碍持久和平的关键障碍是挪威的平等社会秩序对瑞典贵族权力和特权的威胁。在其他的案例中——苏联和中国、瑞士邦联、德国以及美国——最大的鸿沟出现在农村/农业社会和城市/工业社会之间。在阿拉伯联合共和国和塞内冈比亚邦联中,集中、封闭的经济与更加分散、开放的经济发生冲突。在所有这些案例中,受到政治和经济一体化威胁的社会部门阻碍持久和平的推进。在一些案例中——诸如阿拉伯联合共和国,导致了统一体的解体。在其他一些案例中——诸如瑞士邦联和美国,社会秩序的差异导致了内战。

相反,当不存在社会分歧或者随着政治和经济的变革分歧显著缩小,持久和平的发端就会十分迅速。巴西和阿根廷的和解、东盟的形成、易洛魁族邦联和阿拉伯联合酋长国的建立——在所有这些案例中相容的社会秩序都促进了持久和平的进程。德国北部更加商业化的州和南部更加农业化的州之间的政治紧张关系,拖延了德国的统一进程。继而,南部各州商业化的推进以及所带来的社会趋同帮助扫清了统一的道路。社会分歧引发了瑞士邦联和美国的内战,但是经济发展弥补了瑞士城乡和美国南北的社会鸿沟,最终巩固了统一。

由此推断,建设新的持久和平区的努力,在那些享有相容社会秩序的国家间最有可能产生积极的结果。从这一角度来看,全球化和

商业金融流动更多流向发展中世界会产生有益的地缘政治效应。但是，这些益处不是来自通常所认为的相互依赖，而是贸易所带来的社会秩序趋同。例如，如果北非有一个庞大、繁荣的中产阶级，那么将这一地区拉入欧洲和平区就会更加容易，否则一体化就会因为大量的移民而威胁到欧洲的劳动大军，以及对北非的传统精英构成剥夺。类似地，持久和平在美国的扩大可能有赖于首先弥合西半球国家国内以及国家之间的收入差距。否则，自由贸易和社会一体化的推进可能会带来类似于委内瑞拉和玻利维亚所发生的政治冲击。在没有相容的社会秩序时，地区一体化可能会弊大于利，给那些收入差距很大的社会造成动荡，加剧经济发达国家和严重欠发达国家之间的紧张。

社会是否相容对于确保长期国际合作的相对重要性，提供了有关大国关系的一定程度的乐观主义观点。中国、印度和俄罗斯都在经历快速的经济增长，中产阶级得以扩大。它们有着相对开放的经济，精英群体在融入全球经济的一体化进程得到了加强，而不是受到威胁。中国出口商品和资本，印度出口计算机技术和服务，俄罗斯出口能源，这些都让三国的关键社会部门变得更加富裕和强大。但是，社会秩序的重要差异仍然把新兴大国同工业化的西方区别开来——这些差异可能会妨碍更深的社会一体化——通过削弱反对和解的社会力量，社会趋同的确有助于为大国和平打下基础。

随着时间的推移，经济自由化很可能会引发政治的自由化，但是，如果预设俄罗斯和中国接受自由民主制度来开展合作和实施相互的克制，那将会是一个错误。尽管（尤其是）中国正在工业化和城市化，但远不能确定它的经济和政治轨迹将会追随西方的脚步。中国是最紧密跟随西方大规模工业发展模式的新兴国家。就如19世纪的西方那样，商人、企业家和专业人员阶层正在繁荣发展。但与西方一样，传统精英——在中国是共产党——正在拉拢新兴的中产阶级。就如《纽约时报》所描述的："党吸收企业家、城市专业人员和大学生进入精英阶层，这个阶层致力于维护政治现状。"①在可见的将来，统治精英和上升人群的交易很可能阻碍政治自由化。

---

① "China's Leaders Are Resilient in Face of Change," *New York Times*, August 6, 2008.

中国是否或者何时将会经历工业发展的下一阶段——这一阶段需要加强工人阶级的权力以及开始自由民主，这一点也不明朗。乡村农民仍然占中国人口的60%。比较一下，英国在19世纪后期巩固自由民主制度时，大约70%的人口居住在城市和乡镇，而今天的北美和欧洲大概有着同样比重的城市居民。随着中国中产阶级和工人阶级的扩大，以及追求和它们财富相匹配的政治权力，民主化很可能从内部发生。但是，这一进程和欧洲一样可能是缓慢和渐进的。

同时，新兴国家和当前领导国家之间在社会秩序上的逐步趋同，为他们采取尝试巩固大国和平打下了基础。本书表明，这些趋同将不仅带来政体类型的一致，还将为合作奠定基础。的确，如果西方在中国和俄罗斯完全民主化之前都限制它们参与全球议事，这两国的政治精英将可能予以抵制，因为这对他们掌控权力造成了威胁。毕竟，“欧洲协调”之所以成功维持不同政权间的大国合作，很大程度上是因为它的成员不试图干涉彼此的国内事务。“欧洲协调”实现了规则化的合作，但并不追求全面的社会一体化或者完全消除地缘政治对抗，为未来的大国协调提供了一个直观的模型。

文化的共同性

族群、种族和宗教的差异给持久和平造成了严重的障碍。在本书考察的20个案例中，只有1个——20世纪50年代的中苏关系——不论是和平区的兴起还是消亡，文化因素都没有在其中发挥重要作用。共产主义意识形态及其致力于超越文化和民族的差异，为这种反常现象提供了最好的解释。在所有其他案例中，文化的共同性是促进持久和平的关键因素，而文化的差异则构成了一个关键的障碍。英美和解、挪威和瑞典之间和平的发生、“欧洲协调”、阿拉伯联合酋长国的统一、易洛魁族邦联以及意大利的统一——这些持久和平的案例都得益于文化相似的背景。相反，英日和解的消亡、新加坡脱离马来西亚以及排除澳大利亚和新西兰加入东盟——这些历史事件都证明了文化差异导致分裂的可能性。

与族群、种族和宗教差异相比，语言上的差异看来已经越来越不是阻碍持久和平的主要绊脚石。诚然，共同的语言有助于持久和平的发端，尤其是在社会一体化和共同认同形成的阶段。英美和解、阿

拉伯联合酋长国的形成、美国各州的合并、德国的统一——在这些案例中共同的语言都是有利条件。但是，共同的语言肯定不能保证持久和平得以持续。尽管成员国有着相同的语言，作为安全共同体的海湾合作委员会仍然需要巩固，阿拉伯联合共和国瓦解了，都讲德语的瑞士各州以及美国的南方和北方之间爆发了战争。

同样属实的是，语言的差异在许多案例中并没有阻碍持久和平的进程。“欧洲协调”、东盟以及欧共体都存在相当大的语言多样性。语言障碍并没有阻止巴西和阿根廷、中国和苏联的和解。当中苏和解最终失败时，社会秩序和意识形态的差异，而并非语言差异，是首要的原因。实现统一时，意大利人讲着许多不同的语言；除了繁多的意大利方言，罗马区域讲拉丁语，都灵讲法语，而在那不勒斯、西西里和撒丁岛则讲西班牙语。在瑞士邦联中，社会秩序和宗教长期困扰着统一体——但是语言差异并不是政治分歧的一个重要来源。

除了语言的差异相对不重要之外，族群、种族和宗教可能扮演分裂角色，这的确给文化分界线在多大程度上阻碍持久和平发端的问题提供了令人警醒的结论。同时，这些文化障碍显然不是不可逾越的障碍。相反，对文化共同性和差异性的认知是可塑的，受到社会和政治建构的影响；在旁观者的眼中，今天难以应对的文化差异，明天可能变成可容忍的或者无关紧要的。瑞士邦联几个世纪以来都被新教徒和天主教徒之间的对抗所困扰。但是，这一宗教分歧在1848年自由民族主义和宪政制约到来之后就减轻了。一种共同的瑞士认同开始超越各州和宗教的分歧。同样的动态出现在德国；对各州的忠诚以及新教徒和天主教徒之间的紧张随着经济一体化、政治自由化和民族主义的传播——部分是由于连续的对外冲突——逐步衰减。即便是在存在共同文化背景的案例中，它也常常发生话语上的变化，把这些共同性摆上桌面。美国人和英国人、挪威人和瑞典人、皮埃蒙特人和那不勒斯人、莫霍克人和奥奈达人——只有在停止战略对抗，为形成新的话语和随后的共同认同扫清道路之后，这些民族才开始认为彼此是可信赖的亲人。

尽管这一观察使得我们有理由对实践和话语克服敌对认同的能力抱有乐观，重要的是，需要注意认同变化的进程也可能反向运行。在“欧洲协调”中，共有的共同认同感帮助各国超越了长期以来导致

流血冲突的竞争冲动。但是,1848 年革命唤醒了民族主义,重新点燃了将再度给大陆带来战争的社会分歧(communal cleavage)。美国内战的发端伴随着新的敌对认同,族群、语言和宗教的共同性在面对断层线两侧的极端化时显得无能为力。几十年来,穆斯林、天主教徒和东正教徒共同居住在萨拉热窝,拥有共同的波斯尼亚认同。但是,这种共同感在面对民族主义精英的操纵时被证明是处于危险重重的脆弱境地。

这些见解带有如下的政策意义。决策者应该优先对待有着文化共同性的潜在和平区。比起跨越文化分界线的国家群体,这些群体更有可能建立和延续和平区。如此肯定文化边界的重要性,并不意味着顺从亨廷顿的忠告,即文明之间的冲突是不可避免的。相反,它是承认了文化相似性对和平的可能促进作用。

由此推断,中国更有可能成功地融入一个追求更加多元的东亚和平区。这一结论并不意味着,中国和美国之间的和解是徒劳的,但是它的确意味着,中美和解不太可能轻易发生,以及获得像美国和英国那样的全面拓展。美国和中国可能找到稳定合作的途径,但是中国打造持久和平区的天然伙伴是它的亚洲邻居。从这个角度来看,美国应该追求同中国的战略包容,同时,在地区层面上鼓励实施相互的克制和社会一体化。

类似地,除了北边和西边的基督教邻居之外,土耳其可能发现它的东边和南边穆斯林邻居中存在合适的战略伙伴。这一观察绝不意味着反对土耳其融入欧盟。的确,对于土耳其最终进入欧盟,可以提出十分强有力的战略和政治理由。但是,这一观察确实表明,土耳其作为伊斯兰世界的力量核心之一,在支撑中东地区的潜在和平区方面可以扮演重要角色。

这一分析也表明分区域建设和平的全球战略具有重要意义。[1] 比起那些跨越了族群、种族和宗教分界线的国家群体,拥有文化相似性的地区国家群体更有可能凝聚成和平区。或许通过世界主要大国

---

① Joseph Nye, *Peace in Parts: Integration and Conf ict in Regional Organization* (Boston: Lit-tle, Brown, 1971).

的协调，这些地区和平区进而可以为更加广泛的全球合作添砖加瓦。[1] 就如上面的分析表明的，政体类型的差异不一定阻碍大国合作。国家战略、社会一体化、政治话语——在正确条件下正确运用这些工具，有可能指导大国之间实现和平。

本书最重要的结论很简单。持久和平是可能的。敌人的确可以成为朋友。当国际社会出现时，它们成功地改变了世界，使得各国能够避免地缘政治对抗，而正是这些对抗使得历史的进程充满黑暗。没有哪一种政体类型、文化或者区域能够垄断持久和平的建构，这意味着本研究的经验教训可能具有普遍的适用性。但是，和平区仍然是稀有品种。当它们确实形成之后，其可持续性也绝不能被想当然。这些是诱人的前景，但也是冷静的忠告。相应地，学者和政策制定者都需要更加努力地促进持久和平的维持和传播。

① 进一步的讨论参见 Kupchan, "After Pax Americana: Benign Power, Regional Integration, and the Sources of a Stable Multipolarity."

参考文献

Abdelkarim, Abbas, ed.*Change and Development in the Gulf*.New York: St.Martin's Press, 1999.

Abdelkarim, Abbas."Change and Development in the Gulf: An Overview of Major Issues." In*Change and Development in the Gulf*, edited by Abbas Abdelkarim, 3-24.New York: St.Martin's Press, 1999.

Acharya, Amitav."Collective Identity and Conf ict Management in Southeast Asia." In*Security Communities*, edited by Emanuel Adler and Michael Barnett, 198-227.New York: Cambridge University Press, 1998.

——.*Regionalism and Multilateralism: Essays on Cooperative Security in the Asia-Pacific*.Singapore: Eastern University Press, 2003.

Adler, Emanuel."The Spread of Security Communities: Communities of Practice, Self-Restraint, and NATO's Post Cold War Transformation." *European Journal of International Relations* 14, no.2(2008): 195-230.

Adler, Emanuel, and Michael Barnett, eds. *Security Communities*. Cambridge: Cambridge University Press, 1998.

Albrecht-Carrié, René. *The Concert of Europe*.New York: Walker, 1968.

Alves, Maria Helena Moreira. *State and Opposition in Military Brazil.* Austin: University of Texas Press, 1985.

Anderson, Stuart.*Race and Rapprochement: Anglo-Saxonism and Anglo-American Relations*, 1894-1904.East Brunswick, NJ: Associated University Presses, 1981.

Anthony, John Duke."The Gulf Cooperation Council." In*Gulf Security into the 1980s: Perceptual and Strategic Dimensions*, edited by Robert Darius, John Amos II, and Ralph Magnus, 93-115.Stanford, CA: Hoover Institution Press, 1984.

Austin, J.L., J.O.Urmson, and Marina Sbisa.*How To Do Things With Words*.Oxford: Oxford University Press, 1976.

Axelrod, Robert.*The Evolution of Cooperation*.New York: Basic Books, 1984.

Ayoob, Mohammed, ed. *Regional Security in the Third World: Case Studies From Southeast Asia and the Middle East*.Boulder, CO: Westview Press, 1986.

Barnett, Michael, and F.Gregory Gause III."Caravans in Opposite Directions: Socie-

ty, State, and the Development of Community in the Gulf Cooperation Council." In*Security Communities*, edited by Emanuel Adler and Michael Barnett, 161-197.New York: Cambridge University Press, 1998.

Beale, Howard K.*Theodore Roosevelt and the Rise of America to World Power*.Baltimore: Johns Hopkins University Press, 1966.

Beard, Charles, and Mary Beard.*The Rise of American Civilization.In The Coming of the American Civil War*, 3rd ed., edited by Michael Perlman, 23-34.Lexington, MA: D.C.Heath and Co., 1993.

Bedlington, Stanley.*Malaysia and Singapore: The Building of New States*.Ithaca, NY: Cornell University Press, 1978.

Bellquist, Eric Cyril, and Waldemar Westergaard."Inter-Scandinavian Cooperation." In "Supplement: Contemporary Problems of International Relations: Regional Groupings in Modern Europe,"*Annals of the American Academy of Political and Social Science* 168(July 1933): 183-196.

Bengtsson, Rikard."The Cognitive Dimension of Stable Peace." In*Stable Peace Among Nations*, edited by Arie M.Kacowicz, Yaacov Bar-Siman-Tov, Ole Elgström, and Magnus Jerneck, 92-107.Lanham, MD: Rowman & Littlefield, 2000.

——.*Trust, Threat, and Stable Peace: Swedish Great Power Perceptions* 1905-1939. Lund, Sweden: Lund University Department of Political Science, 2000.

Best, Antony."India, pan-Asianism and the Anglo-Japanese Alliance." In *The Anglo-Japanese Alliance*, edited by Phillips Payson O' Brien, 236-248.New York: RoutledgebCurzon, 2004.

Bonjour, E., H.S.Offler, and G.R.Potter.*A Short History of Switzerland.* Oxford: Oxford University Press, 1952.

Bonner, Robert.*Colors and Blood: Flag Passions of the Confederate South*.Princeton, NJ: Princeton University Press, 2002.

Boulding, Kenneth.*Stable Peace*.Austin: University of Texas Press, 1978.

Bourne, Kenneth.*Britain and the Balance of Power in North America*, 1815-1908. Berkeley: University of California Press, 1967.

Brooks, Stephen, and William Wohlforth."Hard Times for Soft Balancing."*International Security* 30, no.1(2005): 72-108.

Brooks, Stephen, and William Wohlforth.*World Out of Balance: International Relations and the Challenge of American Primacy*.Princeton, NJ: Princeton University Press, 2008.

Brown, Michael, Sean Lynn-Jones, and Steven Miller, eds.*Debating the Democratic Peace*.Cambridge, MA: MIT Press, 1996.

Bull, Hedley. *The Anarchical Society*. London: MacMillan, 1977.

Bullock, Charles J., John H. Williams, and S. Rufus. "The History of our Foreign Trade Balance from 1789 to 1914." *Review of Economic Statistics* 1, no.3 (July 1919): 215-266.

Buruma, Ian. *The Wages of Guilt: Memories of War in Germany and Japan*. New York: Meridian, 1994.

Bury, J.P.T. "Great Britain and the Revolution of 1848." In *The Opening of an Era: 1848*, edited by Francois Fejto. New York: Howard Fertig, 1966.

Buzan, Barry. *From International to World Society? English School Theory and the Social Structure of Globalization*. Cambridge: Cambridge University Press, 2004.

Buzan, Barry, and Richard Little. *International Systems in World History: Remaking the Study of International Relations*. Cambridge: Cambridge University Press, 2000.

Campbell, A.E. *Great Britain and the United States*, 1895-1903. London: Longman's, 1960.

Campbell, Charles S. *Anglo-American Understanding*, 1898-1903. Baltimore: Johns Hopkins University Press, 1957.

——. *From Revolution to Rapprochement: The United States and Great Britain*, 1783-1900. New York: John Wiley & Sons, 1974.

Campbell, Robert W. "The Post-War Growth of the Soviet Economy." *Soviet Studies* 16, no.1 (July 1964): 1-16.

Carter, Susan B., Scott Sigmund Gartner, Michael R. Haines, Alan L. Olmstead, Richard Sutch, and Gavin Wright, eds. *Historical Statistics of the United States*. Millennial Edition On Line. Cambridge: Cambridge University Press, 2006.

Castlereagh, Robert Steward, Viscount. *Correspondence, Dispatches, and Other Papers of Viscount Castlereagh*. 3rd series, vol.11. London: H.Colburn, 1850.

Chapman, John. "The Secret Dimensions of the Anglo-Japanese Alliance, 1900-1905." In *The Anglo-Japanese Alliance*, edited by Phillips Payson O' Brien, 82-98. New York: RoutledgeCurzon, 2004.

Checkel, Jeffrey. "International Institutions and Socialization in Europe." *International Organization* 59, no.4 (October 2005): 801-826.

Child, Jack. *Geopolitics and Conflict in South America: Quarrels Among Neighbors*. New York: Praeger, 1985.

Christie, John. "History and Development of the Gulf Cooperation Council: A Brief Overview." In *The Gulf Cooperation Council: Moderation and Stability in an Interdependent World*, edited by John A. Sandwick, 7-19. Boulder, CO: Westview

Press, 1987.

Clancy, Tom. *The Hunt for Red October*. New York: Berkeley, 1984.

Collier, Ruth Berins, and David Collier. *Shaping the Political Arena: Critical Junctures, the Labor Movement, and Regime Dynamics in Latin America*. Notre Dame, IN: University of Notre Dame Press, 2002.

Cordesman, Anthony. *The Gulf and the Search for Strategic Stability*. Boulder, CO: Westview Press, 1984.

Craig, Gordon. *Germany* 1866-1945. New York: Oxford University Press, 1978.

Craven, Avery. *The Repressible Conflict*, 1830-1861. Baton Rouge: Louisiana State University Press, 1939.

Crawford, Neta. "A Security Regime among Democracies: Cooperation among Iroquois Nations." *International Organization* 48, no.3(Summer 1994): 345-385.

Cress, Lawrence Delbert. "Whither Columbia? Congressional Residence and the Politics of the New Nation, 1776 to 1787." *William and Mary Quarterly*, 3rd Ser., 32, no.4(October 1975): 581-600.

Cronin, Bruce. *Community Under Anarchy: Transnational Identity and the Evolution of Cooperation*. New York: Columbia University Press, 1999.

Curtis, John Shelton. *Russia's Crimean War*. Durham, NC: Duke University Press, 1979.

Daalder, Ivo, and James Goldgeier. "Global NATO." *Foreign Affairs* 85, no.5(September/October 2006): 105-113.

Daalder, Ivo, and James Lindsay. "Democracies of the World, Unite!" *American Interest* 2, no.3(January/February 2007): 131-139.

Darius, Robert, John Amos II, and Ralph Magnus, eds. *Gulf Security into the 1980s: Perceptual and Strategic Dimensions*. Stanford, CA: Hoover Institution Press, 1984.

Davidson, Christopher M. *The United Arab Emirates: A Study in Survival*. Boulder, CO: Lynne Rienner, 2005.

——. "After Shaikh Zayed: The Politics of Succession in Abu Dhabi and the UAE." *Middle East Policy* 13, no.1(Spring 2006): 42-59.

Dawisha, Adeed. *Arab Nationalism in the Twentieth Century: From Triumph to Despair*. Princeton, NJ: Princeton University Press, 2003.

Delgado, Christopher and Sidi Jammeh, eds. *The Political Economy of Senegal under Structural Adjustment*. New York: Praeger, 1991

Delziell, Charles. *Unification of Italy, 1859-1961: Cavour, Mazzini, or Garibaldi?* New York: Holt Rinehart, 1965.

Derrida, Jacques.*Of Grammatology*.Baltimore: Johns Hopkins University Press, 1976.

Deudney, Daniel."The Philadelphian System: Sovereignty, Arms Control, and Balance of Power in the American States-Union, Circa 1787-1861." *International Organization* 49, no.2(Spring 1995): 191-228.

——.*Bounding Power: Republican Security Theory from the Polis to the Global Village*. Princeton, NJ: Princeton University Press, 2007.

Deutsch, Karl W.*Backgrounds for Community: Case Studies in Large-Scale Political Unification*.Unpublished manuscript.

——.*Political Community and the North Atlantic Area*.Princeton, NJ: Princeton University Press, 1957.

Dickinson, Frederick R."Japan Debates the Anglo-Japanese Alliance: The Second Revision of 1911." In*The Anglo-Japanese Alliance*, edited by Phillips Payson O'Brien, 99-121.New York: RoutledgeCurzon, 2004.

Dinan, Desmond.*Ever Closer Union: An Introduction to European Integration*.Boulder, CO: Lynne Rienner, 2005.

Dittmer, Lowell.*Sino-Soviet Normalization and Its International Implications*, 1945-1990.Seattle: University of Washington Press, 1992.

Dolan, Paul."The Nordic Council."*Western Political Quarterly* 12, no.2(June 1959): 511-526.

Dreisziger, N.F."The Role of War Planning in Canadian-American Relations, 1867-1939."*Canadian Review of American Studies* 10, no.3(Winter 1979): 100-106.

Durkheim, Émile.*The Division of Labor in Society*.New York: Free Press, 1984.

Edelstein, David."Managing Uncertainty: Beliefs about Intentions and the Rise of the Great Powers."*Security Studies* 12, no.1(Autumn 2002): 1-40.

Edelstein, Michael."The Determinants of U.K.Investment Abroad, 1870-1913."*Journal of Economic History* 34, no.4(December 1974): 980-1007.

El-Kuwaiz, Abdullah Ibrahim."Economic Integration of the Cooperation Council of the Arab States of the Gulf: Challenges, Achievements and Future Outlook." In*The Gulf Cooperation Council: Moderation and Stability in an Interdependent World*, edited by John A.Sandwick, 71-84.Boulder, CO: Westview Press, 1987.

Ellis, Joseph.*Founding Brothers: The Revolutionary Generation*.New York: Vintage Books, 2002.

Endy, Christopher."Travel and World Power: Americans in Europe, 1891-1917."*Diplomatic History* 22, no.4(Fall 1998): 565-595.

Ericson, Magnus."The Liberal Peace Meets History: The Scandinavian Experience." Unpublished paper, Lund University.

——.*A Realist Stable Peace*: *Power*, *Threat*, *and the Development of a Shared Norwegian-Swedish Democratic Security Identity*, 1905-1940. Lund, Sweden: Lund University Department of Political Science, 2000.

Etzioni, Amitai. *Political Unification*: *A Comparative Study of Leaders and Forces*. New York: Holt, Rinehart and Winston, 1965.

Eyck, Erich. *Bismarck and the German Empire*. London: Unwin University Books, 1968.

Eyck, Frank. *The Revolutions of* 1848-49. New York: Barnes & Noble, 1972.

Fearon, James. "Domestic Political Audiences and the Escalation of International Disputes." *American Political Science Review* 88, no.3 (September 1994): 577-592.

Feis, H. *Europe*: *The World's Bankers*, 1870-1914. New York: Norton, 1965.

Fejto, Francois, ed. *The Opening of an Era*: 1848. New York: Howard Fertig, 1966.

Fenton, William N. *The Great Law and the Longhouse*: *A Political History of the Iroquois Confederacy*. Norman: University of Oklahoma Press, 1998.

Ferris, John. "Armaments and Allies: The Anglo-Japanese Strategic Relationship, 1911-1921." In *The Anglo-Japanese Alliance*, edited by Phillips Payson O'Brien, 249-263. New York: Routledge Curzon, 2004.

Fletcher, Nancy McHenry. *The Separation of Singapore from Malaysia*. Ithaca, NY: Department of Asian Studies, Cornell University, 1969.

Foner, Eric. *Politics and Ideology in the Age of the Civil War*. New York: Oxford University Press, 1980.

——."Politics, Ideology, and the Origins of the Civil War." In *The Coming of the American Civil War*, 3rd ed., edited by Michael Perlman, 169—188. Lexington, MA: D.C. Heath and Co., 1993.

Forsyth, Murray. *Unions of States*: *The Theory and Practice of Confederation*. New York: Leicester University Press and Holmes & Meier Publishers, 1981.

Friedberg, Aaron L. *The Weary Titan*: *Britain and the Experience of Relative Decline*. Princeton, NJ: Princeton University Press, 1988.

Fursenko, Aleksandr, and Timothy Naftali. *Khrushchev's Cold War*: *The Inside Story of an American Adversary*. New York: Norton, 2006.

Gardiner, A.G. *The Life of Sir William Harcourt*. Vol.2. London: Constable, 1923.

Gelber, Lionel M. *The Rise of Anglo-American Friendship*: *A Study in World Politics*, 1898-1906. London: Oxford University Press, 1938.

Gellner, Ernest. *Nations and Nationalism*. Ithaca, NY: Cornell University Press, 1983.

Gilbert, Felix. *To the Farewell Address*: *Ideas of Early American Foreign Policy*. Princeton, NJ: Princeton University Press, 1961.

Gillingham, John. *Coal, Steel, and the Rebirth of Europe*, 1945-1955: *The Germans and French from Ruhr Conflict to Economic Community*. Cambridge: Cambridge University Press, 1991.

Gittings, John. *Survey of the Sino-Soviet Dispute: Commentary and Extracts from the Recent Polemics*, 1963-1967. London: Oxford University Press, 1968.

Glaser, Charles L. "Realists as Optimists: Cooperation as Self-Help." *International Security* 19, no.3 (Winter 1995/96): 50-90.

——. "The Security Dilemma Revisited." *World Politics* 50, no.1 (October 1997): 171-202.

Gleason, John Howes. *The Genesis of Russophobia in Great Britain: A Study of the Interaction of Policy and Opinion*. Cambridge, MA: Harvard University Press, 1950.

Goncharenko, Sergei. "Sino-Soviet Military Cooperation." In *Brothers in Arms: The Rise and Fall of the Sino-Soviet Alliance*, 1945-1963, edited by Odd Arne Westad, 141-164. Washington, DC: Woodrow Wilson Center Press, 1998.

Gonzalez, Guadalupe, and Stephan Haggard. "The United States and Mexico: A Pluralistic Security Community?" In *Security Communities*, edited by Emanuel Adler and Michael Barnett, 295-332. New York: Cambridge University Press, 1998.

Grossman, Bernhard. "International Economic Relations of the People's Republic of China." *Asian Survey* 10, no.9 (September 1970): 789-802.

Haas, Ernst. *The Uniting of Europe: Political, Social and Economic Forces*, 1950-1957. Stanford: Stanford University Press, 1958.

Haas, Peter. "Introduction: Epistemic Communities and International Policy Coordination." *International Organization* 46, no.1 (Winter 1992): 1-35.

Hagan, Joe. "Domestic Political Sources of Stable Peace: The Great Powers, 1815-1914." In *Stable Peace Among Nations*, edited by Arie M. Kacowicz, Yaacov Bar-Siman-Tov, Ole Elgström, and Magnus Jerneck, 36-54. Lanham, MD: Rowman & Littlef eld, 2000.

Hallberg, Charles W. *Franz Joseph and Napoleon III*, 1852-1864: *A Study of Austro-French Relations*. New York: Octagon Books, 1973.

Hallerberg, Mark, and Katja Weber. "German Unification 1815-1871 and Its Relevance for Integration Theory." *Journal of European Integration* 24, no.1 (March 2002): 1-21.

Hamerow, Theodore A. *The Social Foundations of German Unification*. Princeton, NJ: Princeton University Press, 1972.

Hardy, Thomas. *The Dynasts: An Epic-Drama of the War with Napoleon*. London: Mac-

millan, 1920.

Heard-Bey, Frauke. *From Trucial States to United Arab Emirates*. London: Longman, 1982.

——. "The United Arab Emirates: Statehood and Nation-Building in a Traditional Society." *Middle East Journal* 59, no.3 (Summer 2005): 357-375.

Hemmer, Christopher, and Peter Katzenstein. "Why Is There No NATO in Asia? Collective Identity, Regionalism, and the Origins of Multilateralism." *International Organization* 56, no.3 (Summer 2002): 575-607.

Hendrikson, David. *Peace Pact: The Lost World of the American Founding*. Lawrence: University Press of Kansas, 2003.

Herzog, Serge. "Arms, Oil and Security in the Gulf: A Tenuous Balance." In *Change and Development in the Gulf*, edited by Abbas Abdelkarim, 238-259. New York: St. Martin's Press, 1999.

Higgot, Richard, and Kim Richard Nossal. "Australia and the Search for a Security Community in the 1990s." In *Security Communities*, edited by Emanuel Adler and Michael Barnett, 265-294. New York: Cambridge University Press, 1998.

Hirst, Monica. "Mercosur's Complex Political Agenda." In *Mercosur: Regional Integration*, World Markets, edited by Riordan Roett. Boulder, CO: Lynne Rienner, 1999.

Hoeffding, Oleg. "Sino-Soviet Economic Relations, 1959-1962." *Annals of the American Academy of Political and Social Science* 349, no.1 (September 1963): 94-105.

Holt, Michael. "Party Breakdown and the Coming of the Civil War." In *The Coming of the American Civil War*, 3rd ed., edited by Michael Perlman, 90-113. Lexington, MA: D.C.Heath and Co., 1993.

Hughes, Arnold. "The Collapse of the Senegambian Confederation." *Journal of Commonwealth & Comparative Politics* 30, no.2 (July 1992): 426-438.

Hughes, Arnold, and Janet Lewis. "Beyond Francophonie? The Senegambia Confederation in Retrospect." In *State and Society in Francophone Africa Since Independence*, edited by Anthony Kirk-Greene and Daniel Bach, 228-243. New York: St. Martin's Press, 1995.

Hughes, Arnold, and David Perfect. *A Political History of the Gambia*, 1816-1994. Rochester, NY: University of Rochester Press, 2006.

Hunter, Janet. "Bankers, Investors and Risk: British Capital and Japan during the Years of the Anglo-Japanese Alliance." In *The Anglo-Japanese Alliance*, edited by Phillips Payson O' Brien, 176-198. New York: RoutledgeCurzon, 2004.

Huntington, Samuel. *The Clash of Civilizations and the Remaking of World Order.* New York: Touchstone, 1996.

Hurrell, Andrew. "An Emerging SecurityCommunity in South America?" In*Security Communities*, edited by Emanuel Adler and Michael Barnett, 228-264. Cambridge: Cambridge University Press, 1998.

Huxley, Tim. *Defending the Lion: The Armed Forces of Singapore.* St. Leonards, New South Wales: Allen & Unwin, 2000.

Hyden, Goran, and Michael Bratton. *Governance and Politics in Africa.* Boulder, CO: Lynne Rienner, 1992.

Ibrahim, Jibrin. *Democratic Transition in Anglophone West Africa.* Dakar: Council for the Development of Social Science, 2003.

Iikura, Akira. "The Anglo-Japanese Alliance and the Question of Race." In*The Anglo-Japanese Alliance*, edited by Phillips Payson O' Brien, 222-235. New York: RoutledgeCurzon, 2004.

Ikenberry, G.John. *After Victory: Institutions, Strategic Restraint, and the Rebuilding of Order After Major Wars. Princeton*, NJ: Princeton University Press, 2001.

Ikenberry, G.John, and Charles A.Kupchan. "Socialization and Hegemonic Power." *International Organization* 44, no.3 (Summer 1990): 283-315.

Ikenberry, G.John, and Anne-Marie Slaughter, Princeton Project on National Security. *Forging a World Under Liberty and Law: U. S. National Security in the 21st Century.* Princeton, NJ: Woodrow Wilson School of Public and International Affairs, 2006.

International Institute for Strategic Studies. "The GCC and Gulf Security: Still Looking to America." Strategic Comments 11, no.9 (November 2005), http://www.iiss.org/index.asp? pgid=8431.

Ion, Hamish. "Towards a Naval Alliance: Some Naval Antecedents to the Anglo-Japanese Alliance, 1854-1902." In*The Anglo-Japanese Alliance*, edited by Phillips Pay-son O' Brien, 26-47. New York: RoutledgeCurzon, 2004.

Jackson, Patrick Thaddeus. *Civilizing the Enemy: German Reconstruction and the Invention of the West.* Ann Arbor: University of Michigan Press, 2006.

Jankowski, James. *Nasser's Egypt, Arab Nationalism, and the United Arab Republic.* Boulder, CO: Lynne Rienner, 2002.

Jian, Chen, and Yang Kuisong, "Chinese Politics and the Collapse of the Sino-Soviet Alliance." In*Brothers in Arms: The Rise and Fall of the Sino-Soviet Alliance*, 1945-1963, edited by Odd Arne Westad, 246-294. Washington, DC: Woodrow Wilson Center Press, 1998.

Johnston, Alastair Iain. *Social States: China in International Institutions*, 1980-2000. Princeton, NJ: Princeton University Press, 2008.

Jorgensen-Dahl, Arnfinn. *Regional Organization and Order in South-East Asia*. New York: St.Martin's Press, 1982.

Jun, Niu. "The Origins of the Sino-Soviet Alliance." In *Brothers in Arms: The Rise and Fall of the Sino-Soviet Alliance*, 1945-1963, edited by Odd Arne Westad, 47-89. Washington, DC: Woodrow Wilson Center Press, 1998.

Kacowicz, Arie. *Zones of Peace in the Third World: South America and West Africa in Comparative Perspective*. Albany: State University of New York Press, 1998.

——. "Stable Peace in South America: The ABC Triangle." In *Stable Peace Among Nations*, edited by Arie Kacowicz, Yaacov Bar-Siman-Tov, Ole Elgström, and Magnus Jerneck, 200-219. Lanham, MD: Rowman & Littlef eld, 2000.

Kacowicz, Arie, Yaacov Bar-Siman-Tov, Ole Elgström, and Magnus Jerneck, eds. *Stable Peace Among Nations*. Lanham, MD: Rowman & Littlef eld, 2000.

Kant, Immanuel. *Perpetual Peace: A Philosophical Essay*, translated and edited by M. Campbell Smith. London: Swan Sonnenschein, 1903.

Kennan, George. *American Diplomacy*, 1900-1950. Chicago: University of Chicago Press, 1984.

Kennedy, Paul M. *The Rise and Fall of British Naval Mastery*. London: Macmillan, 1983.

Keohane, Robert. *After Hegemony: Cooperation and Discord in the World Political E-conomy*. Princeton, NJ: Princeton University Press, 1984.

Khalifa, Ali Mohammed. *The United Arab Emirates: Unity in Fragmentation*. Boulder, CO: Westview Press, 1979.

Kirk-Greene, Anthony, and Daniel Bach, eds. *State and Society in Francophone Africa Since Independence*. New York: St.Martin's Press, 1995.

Kohn, Hans. *Nationalism and Liberty: The Swiss Example*. London: George Allen & Unwin, 1956.

Körner, Axel, ed. 1848—*A European Revolution? International Ideas and National Memories of* 1848. New York: St.Martin's Press, 2000.

Koselleck, Reinhart. "How European Was the Revolution of 1848/49?" In 1848—A European Revolution? *International Ideas and National Memories of* 1848, edited by Axel Körner, 209-221. New York: St.Martin's Press, 2000.

Kramer, Paul A. "Empires, Exceptions, and Anglo-Saxons: Race and Rule between the British and United States Empires, 1880-1910." *Journal of American History* 88, no.4 (March 2002): 1315-1353.

Krebs, Ronald, and Patrick Jackson. "Twisting Tongues and Twisting Arms: The Power of Political Rhetoric." *European Journal of International Relations* 13, no.1 (2007): 35-66.

Kupchan, Charles A. *The Persian Gulf and the West: The Dilemmas of Security*. London: Allen & Unwin, 1987.

——. *The Vulnerability of Empire*. Ithaca, NY: Cornell University Press, 1994.

——, ed. *Nationalism and Nationalities in the New Europe*. Ithaca, NY: Cornell University Press, 1995.

——. "After Pax Americana: Benign Power, Regional Integration, and the Sources of a Stable Multipolarity." *International Security* 23, no.2 (Fall 1998): 40-79.

——. *The End of the American Era: The Geopolitics of the Twenty-first Century*. New York: Knopf, 2002.

——. "The Fourth Age: The Next Era in Transatlantic Relations." *National Interest*, no.85 (September/October 2006): 77-83.

——. "Minor League, Major Problems: The Case Against a League of Democracies." *Foreign Affairs* 87, no.6 (November/December 2008): 96-109.

Kupchan, Charles A., and Clifford A. Kupchan. "Concerts, Collective Security, and the Future of Europe." *International Security* 16, no.1 (Summer 1991): 114-161.

Kydd, Andrew. "Game Theory and the Spiral Model." *World Politics* 49, no.3 (April 1997): 371-400.

——. "Sheep in Sheep's Clothing: Why Security Seekers Do Not Fight Each Other." *Security Studies* 7, no.1 (Autumn 1997): 114-155.

Large, Stephen S. *Emperor Hirohito and Sho¯wa Japan: A Political Biography*. New York: Routledge, 1992.

Legum, Colin, ed. *Africa Contemporary Record: Annual Survey and Documents*, vol. 18, 1985-1986. New York: Africana Publishing, 1987.

Leifer, Michael. *Indonesia's Foreign Policy*. London: George Allen & Unwin, 1983.

Lieber, Keir, and Gerard Alexander. "Waiting for Balancing: Why the World Is Not Pushing Back." *International Security* 30, no.1 (2005): 109-139.

Lindgren, Raymond. "Nineteenth Century Norway and Sweden: A Contrast in Social Structures." In Backgrounds for Community: Case Studies in Large-Scale Political Unif cation, edited by Karl W. Deutsch. Unpublished manuscript.

——. *Norway-Sweden: Union, Disunion, and Scandinavian Integration*. Princeton, NJ: Center for Research on World Political Institutions, 1979.

Lloyd Jr., William Bross. *Waging Peace: The Swiss Experience*. Washington, DC: Public Affairs Press, 1958.

Luck, James Murray. *A History of Switzerland—The First* 100,000 *Years*: *Before the Beginnings to the Days of the Present*. Palo Alto: Society for the Promotion of Science and Scholarship, 1985.

Lutz, Donald. "The Iroquois Confederation Constitution: An Analysis." *Publius* 28, no. 2(Spring 1998): 99-127.

Mackie, J.A.C. *Konfrontasi*: *The Indonesia-Malaysia Dispute* 1963-1966. London: Oxford University Press, 1974.

Madison, James, Alexander Hamilton, and John Jay. *The Federalist Papers*. London: Penguin Books, 1987.

Mainwaring, Scott. "The Transition to Democracy in Brazil." *Journal of Interamerican Studies and World Affairs* 28, no.1(Spring 1986): 415-431.

Mann, Michael. *The Sources of Social Power*: *The Rise of Classes and Nation-States*, 1760-1914. Cambridge: Cambridge University Press, 1993.

Mansfield, Edward, and Brian Pollins, eds. *Economic Interdependence and International Conflict*: *New Perspectives on an Enduring Debate*. Ann Arbor: University of Michigan Press, 2003.

Mansfield, Edward, and Jack Snyder. "Democratization and War." *Foreign Affairs* 74, no.3(May/June 1995): 79-97.

Mansfield, Edward, and Jack Snyder. *Electing to Fight*: *Why Emerging Democracies Go to War*. Cambridge, MA: MIT Press, 2007.

Manzetti, Luigi. "Argentine-Brazilian Economic Integration: An Early Appraisal." *Latin American Research Review* 25, no.3(1990): 109-140.

Martin, William, with additional chapters by Pierre Beguin, translated from French by Jocasta Innes. *Switzerland*: *From Roman Times to Present*. New York: Praeger, 1971.

Mattern, Janice Bially. "The Power Politics of Identity." *European Journal of International Relations* 7, no.3(2001): 349-397.

McCain, John. *Lecture*. The Hoover Institution, Stanford, CA, 1 May 2007.

McPherson, James. "Southern Exceptionalism: A New Look at an Old Question." In *The Coming of the American Civil War*, 3rd ed., edited by Michael Perlman, 188-203. Lexington, MA: D.C. Heath and Co., 1993.

McRae, Kenneth. *Switzerland*: *Example of Cultural Coexistence*. Toronto: Canadian Institute of International Affairs, 1964.

Mearsheimer, John J. "The False Promise of International Institutions." *International Security* 19, no.3(Winter 1994/1995): 5-90.

——. *The Tragedy of Great Power Politics*. New York: Norton, 2001.

Mehnert, Ute. "German Weltpolitik and the American Two-Front Dilemma: The 'Japanese Peril' in German-American Relations, 1904-1917." *Journal of American History* 82, no.4(March 1996): 1452-1477.

Mercer, Jonathan. *Reputation and International Politics*. Ithaca, NY: Cornell University Press, 1996.

Mercer, John. "Emotion Adds Life." Paper presented at the annual meeting of the International Studies Association, Washington, DC, February 1999.

Miller, John C. *The Federalist Era*: 1789-1801. New York: Harper and Brothers, 1960.

Millet, Allan, and Peter Maslowski. *For the Common Defense: A Military History of the United States of America*. New York: Free Press, 1984.

Milne, R.S. "Singapore's Exit from Malaysia: The Consequences of Ambiguity." *Asian Survey* 6, no.3(March 1966):175-184.

Milward, Alan S. *The Reconstruction of Western Europe*, 1945-1951. Berkeley: University of California Press, 1984.

Misztal, Barbara. *Trust in Modern Societies: The Search for the Bases of Social Order*. Cambridge: Polity Press, 1996.

Mitchell, B.R. *International Historical Statistics, Europe*, 1750-1993. London: Palgrave Macmillan, 1998.

Moravcsik, Andrew. *The Choice for Europe: Social Purpose and State Power from Messina to Maastricht*. Ithaca, NY: Cornell University Press, 1998.

Morgan, Lewis Henry. *League of the Iroquois*. New York: Corinth Books, 1962.

Nakleh, Emile. *The Gulf Cooperation Council: Policies, Problems, Prospects*. New York: Praeger, 1986.

Narine, Shaun. *Explaining ASEAN: Regionalism in Southeast Asia*. Boulder, CO: Lynne Rienner, 2002.

Neale, Robert G. *Great Britain and United States Expansion*: 1898-1900. East Lansing: Michigan State University Press, 1966.

Neilson, Keith. "The Anglo-Japanese Alliance and British Strategic Foreign Policy, 1902-1914." In *The Anglo-Japanese Alliance*, edited by Phillips Payson O'Brien, 48-63. New York: Routledge Curzon, 2004.

Nish, Ian. *The Anglo-Japanese Alliance: The Diplomacy of Two Island Empires*, 1894-1907. London: Althone Press, 1966.

——. *The Alliance in Decline: A Study in Anglo-Japanese Relations*, 1908-1923. London: Athlone Press, 1972.

——. "Echoes of Alliance, 1920-30." In *The History of Anglo-Japanese Relations*. Vol.

1：The Political-Diplomatic Dimension, 1600-1930, edited by Ian Nish and Yoichi Kibata, 255-278.New York：St.Martin's Press, 2000.

——."Origins of the Anglo-Japanese Alliance：In the Shadow of the Dreibund." In*The Anglo-Japanese Alliance*, 1902-1922, edited by Phillips Payson O' Brien, 8-25. London：RoutledgeCurzon, 2004.

Nish, Ian, and Yoichi Kibata, eds.*The History of Anglo-Japanese Relations*.Vol.1：The Political-Diplomatic Dimension, 1600-1930.New York：St.Martin's Press, 2000.

Nye, Joseph.*Peace in Parts：Integration and Conflict in Regional Organization*.Boston：Little, Brown, 1971.

O' Brien, Phillips Payson, ed.*The Anglo-Japanese Alliance*.New York：Routledge Curzon, 2004.

Oelsner, Andrea.*International Relations in Latin America：Peace and Security in the Southern Cone*.New York：Routledge, 2005.

Oh, John."The Federation of Malaysia：An Experiment in Nation-Building."*American Journal of Economics and Sociology* 26, no.4(October 1976)：425-438.

Omole, Tale."The End of a Dream：The Collapse of the Senegambian Confederation, 1982-1989."*Contemporary Review* 257, no.1496(September 1990)：133-139.

O' Neill, Michael.*The Politics of European Integration*.New York：Routledge, 1996.

Oren, Ido."The Subjectivity of the 'Democratic' Peace：Changing U.S.Perceptions of Imperial Germany."*International Security* 20, no.2(Fall 1995)：147-184.

Ostrom, Elinor."A Behavioral Approach to the Rational Choice Theory of Collective Action."*American Political Science Review* 92, no.1(March 1998)：472-505.

Owen, John M."How Liberalism Produces Democratic Peace." In*Debating the Democratic Peace*, edited by Michael Brown, Sean Lynn-Jones, and Steven Miller, 116-156.Cambridge, MA：MIT Press, 1996.

——."Pieces of Stable Peace：A Pessimistic Constructivism." Unpublished paper, Third Pan-European International Relations Conference, Vienna(September 16, 1998).

Owsley, Frank."The Irrepressible Conf ict." In*The Coming of the American Civil War*, 3rd ed., edited by Michael Perlman, 34-39.Lexington, MA：D.C.Heath and Co., 1993.

Oye, Kenneth.*Cooperation under Anarchy*.Princeton, NJ：Princeton University Press, 1986.

Pape, Robert A."Soft Balancing against the United States."*International Security* 30, no.1(2005)：7-45.

Paribatra, Sukhumbhand, and Chai-Anan Samudavanija."Internal Dimensions of Re-

gional Security in Southeast Asia." In*Regional Security in the Third World: Case Studies From Southeast Asia and the Middle East*, edited by Mohammed Ayoob, 57-94.Boulder, CO: Westview Press, 1986.

Parker, J.S.F."The United Arab Republic." *International Affairs* 38, no.1 (January 1962): 15-28.

Paul, T.V."Soft Balancing in the Age of U.S.Primacy." *International Security* 30, no. 1(2005): 46-71.

Peck, Malcolm.*The United Arab Emirates: A Venture in Unity*.Boulder, CO: Westview Press, 1986.

Perlman, Michael, ed. *The Coming of the American Civil War*, 3rd ed. Lexington, MA: D.C.Heath and Co., 1993.

Pessen, Edward."How Different from Each Other Were the Antebellum North and South."*American Historical Review* 85, no.5(December 1980): 1119-1149.

Peterson, Erik R.*The Gulf Cooperation Council: Search for Unity in a Dynamic Region*. Boulder, CO: Westview Press, 1988.

Peterson, J.E."The GCC and Regional Security." In*The Gulf Cooperation Council: Moderation and Stability in an Interdependent World*, edited by John A.Sandwick, 62-90.Boulder, CO: Westview Press, 1987.

Petrov, Victor P."Some Observations on the 1959 Soviet Census." *Russian Review* 18, no.4.(October 1959): 332-338.

Pettegree, Andrew.*The Reformation World*.London: Routledge, 2000.

Pflanze, Otto.*Bismarck and the Development of Germany: The Period of Unification*, 1815-1871.Princeton, NJ: Princeton University Press, 1962.

Phillips, Ann."The Politics of Reconciliation Revisited: Germany and East-Central Europe."*World Affairs* 163, no.4(Spring 2001): 171-191.

Phillips, Lucie Colvin."The Senegambia Confederation." In*The Political Economy of Senegal under Structural Adjustment*, edited by Christopher Delgado and Sidi Jammeh, 175-194.New York: Praeger, 1991.

Pierson, Paul."The Path to European Integration: A Historical Institutionalist Analysis." Center for German and European Studies, University of California at Berkeley(November 1996).

Pion-Berlin, David."Will Soldiers Follow? Economic Integration and Regional Security in the Southern Cone."*Journal of Interamerican Studies and World Affairs* 42, no. 1(Spring 2000): 1-69.

Pleshakov, Constantine."Nikita Khrushchev and Sino-Soviet Relations." In*Brothers in Arms: The Rise and Fall of the Sino-Soviet Alliance*, 1945-1963, edited by Odd

Arne Westad, 226-245.Washington, DC: Woodrow Wilson Center Press, 1998.

Podeh, Elie.*The Decline of Arab Unity: The Rise and Fall of the United Arab Republic.* Brighton: Sussex Academic Press, 1999.

Preston, Richard A.*The Defence of the Undefended Border: Planning for War in North America*, 1867-1939.Montreal: McGill-Queen's University Press, 1977.

Prybyla, Jan S."Problems of Soviet Agriculture." *Journal of Farm Economics* 44, no.3 (August 1962): 820-836.

Putnam, Robert.*Making Democracy Work: Civil Traditions in Modern Italy*.Princeton, NJ: Princeton University Press, 1984.

Ramazani, R.K.*The Gulf Cooperation Council: Record and Analysis*.Charlottesville: University of Virginia Press, 1988.

Reid, Brian Holden.*The Origins of the American Civil War*.New York: Longman, 1996.

Resende-Santos, Joao."The Origins of Security Cooperation in the Southern Cone." *Latin American Politics and Society* 44, no.4(Winter 2002): 89-126.

Riall, Lucy.*The Italian Risorgimento: State, Society and National Unification*.New York: Routledge, 1994.

Rich, Norman.*Why the Crimean War? A Cautionary Tale*.Hanover: University Press of New England, 1985.

Richardson, James L.*Crisis Diplomacy: The Great Powers since the Mid-Nineteenth Century*.Cambridge: Cambridge University Press, 1994.

Richmond, Edmun B."Senegambia and the Confederation: History, Expectations, and Disillusions."*Journal of Third World Studies* 10, no.2(1993): 17-194.

Richter, Daniel.*The Ordeal of the Longhouse: The Peoples of the Iroquois League in the Era of European Colonization*.Chapel Hill: University of North Carolina Press, 1992.

Risse, Thomas."Let's Argue!' CommunicativeAction in World Politics."*International Organization* 54, no.1(Winter 2000): 1-39.

Rock, Stephen R.*Appeasement in International Politics*.Lexington: University of Kentucky Press, 2000.

——.*Why Peace Breaks Out: Great Power Rapprochement in Historical Perspective*. Chapel Hill: University of North Carolina Press, 1989.

Roett, Riordan, ed.*Mercosur: Regional Integration, World Markets*.Boulder, CO: Lynne Rienner, 1999.

Sablonier, Roger."The Swiss Confederation," In*The New Cambridge Medieval History*, vol.7, c.1415-c.1500, edited by Christopher Allmand, 645-670.Cambridge:

Cambridge University Press, 1998.

Sall, Ebrima, and Halifa Sallah. "Senegal and the Gambia: The Politics of Integration." In *Sénégal et ses Voisins*, edited by Momar-Coumba Diop, 117-141. Dakar: Societes-Espaces-Temps, 1994.

Sallah, Tijan. "Economics and Politics in the Gambia." *Journal of Modern African Studies* 28, no.4 (December 1990): 621-648.

Sandwick, John A., ed. *The Gulf Cooperation Council: Moderation and Stability in an Interdependent World*. Boulder, CO: Westview Press, 1987.

Schimmelfennig, Frank. "The Community Trap: Liberal Norms, Rhetorical Action, and the Eastern Enlargement of the European Union." *International Organization* 55, no.1 (2001): 47-80.

Schroeder, Paul. *Austria, Great Britain, and the Crimean War*. Ithaca, NY: Cornell University Press, 1972.

——. "The 19th-Century International System: Changes in the Structure." *World Politics* 39, no.1 (October 1986): 1-26.

Schweller, Randall L. *Deadly Imbalances: Tripolarity and Hitler's Strategy of World Conquest*. New York: Columbia University Press, 1998.

Searle, John. *Speech Acts: An Essay in the Philosophy of Language*. Cambridge: Cambridge University Press, 1969.

Selcher, Wayne A. "Brazilian-Argentine Relations in the 1980s: From Wary Rivalry to Friendly Competition." *Journal of Interamerican Studies and World Affairs* 27, no. 2 (Summer 1985): 25-53.

Shigeru, Murashima. "The Opening of the Twentieth Century and the Anglo-Japanese Alliance, 1895-1923." In *The History of Anglo-Japanese Relations*, edited by Ian Nish and Yoichi Kibata, 159-196. Basingstoke: Macmillan, 2000.

Shimazu, Naoko. *Japan, Race and Equality: The Racial Equality Proposal of* 1919. New York: Routledge, 1998.

SIPRI Yearbook 1995: *Armaments, Disarmament and International Security*. London: Oxford University Press, 1995.

Skidmore, David, ed. *Contested Social Orders and International Politics*. Nashville, TN: Vanderbilt University Press, 1997.

Smith, Denis Mack. *The Making of Italy*, 1796-1870. New York: Walker, 1968.

Snyder, Jack. *Myths of Empire: Domestic Politics and International Ambition*. Ithaca, NY: Cornell University Press, 1991.

——. *From Voting to Violence: Democratization and Nationalist Conflict*. New York: Norton, 2000.

Solingen, Etel.*Regional Orders at Century's Dawn: Global and Domestic Influences on Grand Strategy*.Princeton, NJ: Princeton University Press, 1998.

Sopiee, Mohamed Noordin.*From Malayan Union to Singapore Separation*.Kuala Lumpur: University of Malaysia Press, 1974.

Sopiee, Noordin."ASEAN and Regional Security." In*Regional Security in the Third World*, edited by Mohammed Ayoob, 221-231.Boulder, CO: Westview Press, 1986.

Sperber, Jonathan.*The European Revolutions*, 1848-1851.Cambridge: Cambridge University Press, 1984.

——. *A Short Oxford History of Germany*.Oxford: Oxford University Press, 2004.

Sprout, Tuttle."Mahan: Evangelist of Sea Power." In*Makers of Modern Strategy: Military Thought from Machiavelli to Hitler*, edited by Edward Mead Earle, 415-445. Princeton, NJ: Princeton University Press, 1971.

Spruyt, Hendrik.*Ending Empire: Contested Sovereignty and Territorial Partition*.Ithaca, NY: Cornell University Press, 2005.

Stearns, Peter.1848: *The Revolutionary Tide in Europe*.New York: Norton, 1974.

Steeds, David."Anglo-Japanese Relations, 1902-23: A Marriage of Convenience." In *The History of Anglo-Japanese Relations*, Vol.1: The Political-Diplomatic Dimension, 1600-1930, edited by Ian Nish and Yoichi Kibata, 197-223.New York, St.Martin's Press, 2000.

Stepan, Alfred.*Rethinking Military Politics: Brazil and the Southern Cone*.Princeton, NJ: Princeton University Press, 1988.

Stites, Sara Henry.*Economics of the Iroquois*.Lancaster, PA: New Era Printing, 1905.

Suleiman, Ezra."Is Democratic Supranationalism a Danger?" In*Nationalism and Nationalities in the New Europe*, edited by Charles A.Kupchan, 66-84.Ithaca, NY: Cornell University Press, 1995.

Taryam, Abdullah Omran. *The Establishment of the United Arab Emirates* 1950-85. London: Croom Helm, 1987.

Tate, Merze."Hawaii: A Symbol of Anglo-American Rapprochement."*Political Science Quarterly* 79, no.4(December 1964): 555-575.

Thompson, David G."The Norwegian Armed Forces and Defense Policy, 1905-1955." *Scandinavian Studies*, vol.11.Lewiston, NY: Edwin Mellen Press, 2004.

Treverton, Gregory F.*America, Germany, and the Future of Europe*.Princeton, NJ: Princeton University Press, 1992.

Vanthoor, Wim F.V.*A Chronological History of the European Union*, 1946-2001.Northhampton, MA: Edward Elgar, 2002.

Varickayil, Robert."Social Origins of Protestant Reformation."*Social Scientist* 8, no.11 (June 1980): 14-31.

Velazquez, Arturo C.Sotomayor."Civil-Military Affairs and Security Institutions in the Southern Cone: The Sources of Argentine-Brazilian Nuclear Cooperation."*Latin American Politics and Society* 46, no.4(Winter 2004): 29-60.

Waever, Ole."Insecurity, Security, and Asecurity in the West European Non-War Community." In*Security Communities*, edited by Emanuel Adler and Michael Bar-nett, 69-118.Cambridge: Cambridge University Press, 1998.

Walt, Stephen.*The Origins of Alliances*.Ithaca, NY: Cornell University Press, 1987.

Weeks, Jessica."Autocratic Audience Costs: Regime Type and Signaling Resolve." *International Organization* 62, no.1(Winter 2008): 35-64.

Wendt, Alexander."Anarchy Is What States Make of It: The Social Construction of Power Politics." *International Organization* 46, no.2(Spring 1992): 391-425.

——."Collective Identity Formation and the International State."*American Political Science Review*, 88, no.2(June 1994): 384-396.

——.*Social Theory of International Politics*.Cambridge: Cambridge University Press, 1999.

——."Why a World State Is Inevitable."*European Journal of International Relations* 9, no.4(2003): 491-542.

Westad, Odd Arne, ed.*Brothers in Arms: The Rise and Fall of the Sino-Soviet Alliance*, 1945-1963.Washington, DC: Woodrow Wilson Center Press, 1998.

——."Introduction." In*Brothers in Arms: The Rise and Fall of the Sino-Soviet Alliance*, 1945-1963, edited by Odd Arne Westad, 1-46.Washington, DC: Woodrow Wilson Center Press, 1998.

——."The Sino-Soviet Alliance and the United States." In *Brothers in Arms: The Rise and Fall of the Sino-Soviet Alliance*, 1945-1963, edited by Odd Arne Westad, 1-46.Washington, DC: Woodrow Wilson Center Press, 1998.

Wiseman, John."Gambia." In*South of the Sahara*—2006, 35th edition edited by Iain Frame.New York: Routledge, 2005.

Wittfogel, Karl.*Oriental Despotism: A Comparative Study of Total Power*.New York: Vintage, 1981.

Xu, Guoqi.*China and the Great War: China's Pursuit of a New National Identity and Internationalization*.Cambridge: Cambridge University Press, 2005.

Zagoria, Donald.*The Sino-Soviet Conflict*, 1956-1961.New York: Atheneum, 1964.

Zakaria, Fareed.*The Post-American World*.New York: Norton, 2008.

Zhang, Shu Guang."Sino-Soviet Cooperation." In *Brothers in Arms: The Rise and Fall*

of the Sino-Soviet Alliance, 1945-1963, edited by Odd Arne Westad, 189-225. Washington, DC: Woodrow Wilson Center Press, 1998.

Ziblatt, Daniel. *Structuring the State: The Formation of Italy and Germany and the Puzzle of Federalism*. Princeton, NJ: Princeton University Press, 2006.

Zimmer, Oliver. *A Contested Nation: History, Memory and Nationalism in Switzerland*, 1761-1891. Cambridge: Cambridge University Press, 2003.

译后记

在翻译《化敌为友:持久和平之道》这本书之前,我所重视的国际关系研究只是解释性的,即理解某一现象背后的主要原因和次要原因。的确,解释性研究是社会科学研究的核心,也是预测性研究和对策性研究的基础。但是,对《化敌为友》这本书的翻译,让我意识到,规范性理论的建构并不一定能自然、毫不费力地从解释性理论中推导出来。这是因为,规范性理论旨在说明如何建设一个更加美好的世界,所追求的目标一般来说超出现实的发展程度。对于实现持久和平这一命题来说,现实中既有成功的例子,也有更多失败的例子。对成功或者失败的解释可能会发现各种不同的原因,并不一定能提出一条普遍的路径。1902 年建立的英日同盟的失败可能是因为社会文化的差异,而阿拉伯联合共和国的失败可能是因为埃及希望控制叙利亚所导致的权力斗争。因此,在建构规范性理论的时候,我们固然需要以解释性理论为基础,但是规范理论建构仍然需要进一步的理论创造的努力。

本书在建构持久和平的理论时,基于现实主义、自由主义和建构主义的理论,提出了一条通向持久和平的路径设计。这一路径经历了单方面的包容、相互的克制、社会一体化和新的表述与认同的形成四个阶段。到了第四个阶段,持久和平就出现了。而这四个阶段背后的动力包含了地缘政治需要、制度化的克制、相容的社会秩序和文化的共同性这四种。地缘政治需要导致了单方面的包容,而制度化的克制有利于相互的克制和让步,相容的社会秩序是社会一体化顺利进行的基础条件,而文化的共同性则促进了新的表述与认同的形成。因此,本书所提出的规范性理论并不局限于任何一种宏观意义上的国际关系理论。相反,本书综合各种现有的国际关系理论,提出一种解决问题的方案,是一种解决问题的理论而非解释问题的理论。

之所以接手本书的翻译，主要是源于同济大学政治与国际关系学院门洪华教授和北京大学出版社社科编辑室耿协峰主任的邀请。他们多年来一直十分关照和支持我的学术成长，同时，我对两位师兄的学术眼光抱有完全的信心。而这次翻译也证明了这一点。库普乾的这本书绝对是值得一读的。他不仅提出了十分有说服力的理论逻辑，而且广泛使用了各种不同时期、不同地区的案例，使我们能够从更高的层次上理解不同地区国际关系史的重要事件。理论家们对某一地区的了解或许不如专门研究该地区的专家深刻，但是他们只需要足够的深度即可，而且他们对于国际关系史的宏观把握也是其他任何专门地区研究者无法企及的。

在翻译本书的过程中，我得到了许多朋友、学生的帮助。在翻译的分工中，我在北京大学国际关系学院指导的硕士生杨小龙和我共同翻译了第五章，我在北京大学国际关系学院指导的硕士生宋卓如和我共同翻译了第六章。其他部分均由我自己翻译。在校对的过程中，北京大学国际关系学院的硕士生刘妍辰、沈东谱给予了我很多的帮助。当然，我要特别感谢本书的责任编辑、北京大学出版社社科编辑室的张盈盈老师，她的耐心、细致和极为专业的编辑审校在很大程度上提升了本书的可读性和严谨性，为本书的中文版增色不少。

翻译是一项十分重要的事业；不准确的翻译容易误导许多学生和初学者。因此，在全书的翻译过程中，我怀着敬畏之心，希望能够通过自己的努力，让读者看到一本准确、流畅的国际关系研究著作。当然，肯定会有一些错漏的地方存在，诚恳欢迎读者指出与批评。

宋　伟

2016 年 10 月于中国人民大学

著作权合同登记号　图字 01-2012-6691

图书在版编目(CIP)数据

化敌为友:持久和平之道/(美)查尔斯·库普乾(Charlse A.Kupchan)著;宋伟等译.—北京:北京大学出版社,2017.3

(大战略研究丛书)

ISBN 978-7-301-27991-5

Ⅰ.①化…　Ⅱ.①查…　②宋…　Ⅲ.①战争与和平问题—研究　Ⅳ.①D068

中国版本图书馆 CIP 数据核字(2017)第 013083 号

书　　名	化敌为友:持久和平之道 HUA DI WEI YOU: CHIJIU HEPING ZHIDAO
著作责任者	〔美〕查尔斯·库普乾(Charlse A.Kupchan)　著 宋　伟　等译
责任编辑	张盈盈
标准书号	ISBN 978-7-301-27991-5
出版发行	北京大学出版社
地　　址	北京市海淀区成府路 205 号　100871
网　　址	http://www. pup. cn　　新浪微博:@北京大学出版社
电子信箱	ss@pup. pku. edu. cn
电　　话	邮购部 62752015　发行部 62750672　编辑部 62753121
印 刷 者	三河市博文印刷有限公司
经 销 者	新华书店
	650 毫米×980 毫米　16 开本　25.25 印张　371 千字 2017 年 3 月第 1 版　2017 年 3 月第 1 次印刷
定　　价	60.00 元

化敌为友

持久和平之道

〔美〕查尔斯·库普乾（Charles A. Kupchan）著　宋伟 等译

HOW ENEMIES BECOME FRIENDS

THE SOURCES OF STABLE PEACE